U0873531

道路桥梁工程建设

江　斗　刘　成　熊文斌　主编

中国石化出版社

图书在版编目(CIP)数据

道路桥梁工程建设 / 江斗，刘成，熊文斌主编 .
—北京：中国石化出版社，2020. 6
ISBN 978-7-5114-5819-3

Ⅰ. ①道… Ⅱ. ①江… ②刘… ③熊… Ⅲ. ①道路工
程②桥梁工程 Ⅳ. ①U41②U44

中国版本图书馆 CIP 数据核字(2020)第 077183 号

中国石化出版社出版发行
地址:北京市东城区安定门外大街 58 号
邮编:100011 电话:(010)57512500
发行部电话:(010)57512575
http://www.sinopec-press.com
E-mail:press@sinopec.com
北京柏力行彩印有限公司印刷
全国各地新华书店经销
*
787×1092 毫米 16 开本 21 印张 526 千字
2020 年 6 月第 1 版 2020 年 6 月第 1 次印刷
定价:98.00 元

《道路桥梁工程建设》
编　委　会

前 言

我国在桥梁建造技术上有着悠久的历史和光辉的成就。根据史料考证，在3000年前的周文王朝代，就有在渭河上架设浮桥和建造粗石桥的文字记载。隋、唐时期是我国古代桥梁的兴盛年代，其间在桥梁形式、桥梁结构方面有着很多创新，可谓“精心构思，丰富多彩”。宋代之后，建桥数量大增，桥梁的跨越能力、造型和功能又有所提高，在桥梁施工方面充分表现了我国古代工匠的智慧和艺术水平，成为我国桥梁建造史上的宝贵财富。新中国成立初期，我国的公路、城建部门改建和新建了数量可观的桥梁，通车里程比新中国成立前有了成倍的增长。但由于起重设备的限制，装配式桥梁仅在简支梁桥上使用，其他类型桥梁的施工仍多采用土牛胎、竹木支架、拱架现浇或砌筑施工。随着科学技术的进步，施工机具、设备和建筑材料的发展，桥梁施工技术得到了不断的改进、提高。

中国桥梁界基本掌握了国外的先进桥梁技术，并在运用中结合国情，有所改进和局部的创新，取得长足的进步，缩小了与发达国家的差距。进入21世纪后，沿长江的江苏省、湖北省和重庆市为发展经济建成了许多跨江大桥，其中包括一些破纪录跨度的大桥。

随着当前桥梁结构日益复杂，对桥梁施工工艺的要求也越来越高，虽然计算机技术和信息技术在桥梁设计应用中对桥梁优化设计起到了举足轻重的作用，但还是需要工程技术研究人员在实践工作中不断设计改造一系列关键性的施工机具设备，创造一些新的施工工艺，如管桩下沉、钻孔洗壁、循环压浆、悬拼调整、高强螺栓安装等，保证工程按质量要求完成。90年代以来，我国的交通事业和桥梁建设出现了一个全新的时期，突出体现在高速公路建设和国道系统的畅通以及桥梁技术、桥型、跨越能力和施工管理水平的升华。

作为路桥工程建设者，我自己都感到热血沸腾，激情澎湃，身处当下经济发展大潮中，我们也深切感受到了祖国强大带给我们的安全感和幸福感，我们应当珍惜这来之不易的太平盛世，静下心来踏实工作，扎实学习，为祖国贡献一份自己的力量。

本书以实践工作为基础，对路桥工程项目施工的工艺、材料、设备等各个阶段的实施技术、技术要点和方案选择及注意事项进行了全面的总结及研究。希望能为同行业的工程技术人员提供一些技术指导与参考，也感谢所有参与本书出版的作者与编委们，也希望通过我们的努力，真正地做到为祖国路桥事业添砖加瓦。

本书涵盖内容较多，编写难度较大，鉴于见识的浅薄与能力限制，加之编写时间紧迫，书中难免存在错误和不妥之处，敬请广大读者对本书提出宝贵意见和建议。

目　　录

第一章 绪 论

第一节 桥梁工程施工技术综述

一、桥梁施工方法概述

（一）桥梁基础施工

一般来说，桥梁基础工程发展到今天，已经克服了很多水文、地质条件的限制，所重视的是工程结构本身和经济效益。目前国内已经拥有了世界领先的一整套施工工艺及相应的设备，而特大桥梁基础已经向“组合基础”发展。扩大基础、桩基和沉井在各自的发展中又彼此“联合”。这种联合就是根据不同的水文、地质来发挥各类形式的特点而组成的一个整体，故出现了很多基础形式。桥梁基础工程由于在地面以下或在水中，涉及水和岩土的问题，从而增加了其复杂程度，使桥梁基础的施工无法采用统一的模式。但是根据桥梁基础工程的形式大致可以归纳为扩大基础桩和管桩基础、沉井基础、地下连续墙基础和组合基础。

（二）桥梁上部结构的施工

桥梁上部结构的施工方法，随着预应力混凝土的广泛应用，20 世纪 70 年代以后已经得到了迅速发展，并发生了重大的变革。在钢筋混凝土桥梁的时代，主要是采用现场浇注的施工方法。由于桥梁类型增加与跨径增大，构件生产的预制化、结构设计方法的进步、机械设备的发展，由此而引起施工方法的进步和发展，形成了多种多样的施工方法。主要有就地浇注法、预制安装法、悬臂施工法、转体施工法、顶推施工法、移动模架逐孔施工法、横移施工法、提升与浮运施工法等。

二、几项桥梁施工技术介绍

（一）预应力混凝土工程

JTG/T F50—2011《公路桥涵施工技术规范》中预应力筋编束规定，预应力筋由多根钢丝或钢绞线组成时，同束内应采用强度相等的预应力钢材。编束时，应逐根理顺，防止互相缠绕。钢筋的冷拉工艺采用控制应力或控制冷拉率的方法。从受力分析来考虑，编束时，梳理顺直，可防止钢丝或钢绞线在穿孔、张拉时由于互相缠绕紊乱而导致的受力不均匀现象。当受力不均匀时，将使有的钢丝达不到张拉控制应力，而有的则可能被拉断，造成预应力损失。JTG/T F50—2011《公路桥涵施工技术规范》后张法张拉第 2 条规定，预应力筋的张拉顺序应符合设计要求，当设计未规定时可采取分批、分阶段对称张拉。主要从受力角度要求后张法多根（束）预应力筋张拉时，应使张拉的合力作用线处的构件核心截面以内，防止构件截面产生过大的偏心受压和边缘拉力。对称张拉可避免或减少偏心力矩，宜分批、分阶段对称地进行。另外，按控制应力先张拉的预应力筋会因后批预应力筋张拉时所产生的混凝土弹性压缩而引起应力损失。综合考虑张拉力的影响，可减少预应力损失。预应力工程施工关键是如何正确地建立起设计要求的预应力(即结构的内应力)，而其最大的影响因素就是应力松弛带来的危害。为保证施工质量，预应力张拉必须严格按照程序规定执行且张拉后立即做好灌浆的准备，这些对控制应力损失的减少都非常关键。张拉过程中不仅要控制好应力值，而且要随时抽查预应力筋的增长值，同时要按照对称、均匀的方法进行张拉，张拉完并封锚以后，即可开始灌浆的工作，灌浆不仅减少应力的损失，而且封闭孔道，减少预应力筋的损失，并且使其与结构共同作用，提高结构的抗裂性。

(二) 临时支座的预制

在桥梁施工中，临时支座大多数采用预制的长方体混凝土块，在相应位置对称放置两块，待湿接头混凝土达到强度后再凿除，这样施工由于预制的混凝土块薄厚不均、摆放位置错动，以及梁板本身制作尺寸的误差，容易把临时支座压坏、压碎、挤动，影响梁板的标高或造成梁板位置偏离。有些临时支座由于梁板的拖动，紧靠在台帽里侧不易凿除，即使凿除后也不易清扫，给施工带来不必要的麻烦。临时支座的作用是减小和防止支架产生有害于施工的沉降。是否需要给支架设临时支座，一要看支架落地处是否坚实；二要看支架的荷载是否大；三要看施工的周期是否长。一般，雨天之后要检查支架、支座变形。

(三) 承台施工

为了开挖桥台基坑，必须选择有效的降水措施。根据市场的调研和现场的布设条件，采用轻型井点降水措施是最经济、最可行的办法。

在桥梁建设中，我们应该根据实际情况来选择适宜的施工方法和技术。现代桥梁建设的施工技术发展突飞猛进，不断地涌现出了先进的技术、设备和高科技材料。当然在建设的过程中，仍会遇到各种新问题，这就需要我们不断探求新方法、新技术。

施工技术作为整个工程建设中关键的组成部分，对其进行有效管理，不仅可以提升整个工程的建设质量，还可以确保工程在规定时间内竣工，对整个工程建设活动的开展具有重要意义。因此，在公路桥梁工程建设的过程中，必须要加强对施工技术管理，合理地对资源进行应用，使资源能够在建设工作中发挥出最大化的作用，从而确保在成本最低的基础上有效提升工程建设的质量与进度，并为建设企业带来更多的经济效益。

三、施工技术管理的基本工作

(一) 相关资料的收集与管理

在工程建设之前，施工单位应深层次地对工程项目进行研究，掌握工程的实际情况，并针对实际情况，收集与此相关的技术资料。并且建设单位通过面谈、电话、网络等多种形式，积极主动地与客户、监理机构进行交流与沟通，准确了解技术资料中的内容，并根据资料内容，将其分为不同的类型。除此之外，在整个道路桥梁施工技术管理当中，必须要对相关的资料进行收集与管理，只有这样，才会使施工技术在实际当中发挥出最大的价值，并针对不同类型资料的特点，制定出不同的管理方案，从而加强整个施工技术管理的质量。此外，在当前科学技术迅猛发展的基础上，信息化技术得到了更加广泛的应用，对公路桥梁工程施工技术进行管理时，也要跟上时代的步伐，加强信息化技术的应用，通过 CAD、BIM、

OA、电子档案等信息技术来对相关资料进行收集与管理，这样不仅会提高该项工作的效率，而且还更加符合资料共享的目的，使资料在工程建设当中发挥出更大的作用。

（二）科学地构建 QC 小组，完善施工技术研究

所谓的 QC 小组指的是质量管理小组，在整个工程建设活动中，由该小组对整个活动的质量进行监管与控制，从而确保整个建设活动能够按照方案有效实施下去，并提升工程的质量。从总体上来说，建设单位刚刚获得一个道路桥梁工程的建设权后，应从领导层内选取相应的人员成立 QC 小组，通过这些人员开展施工技术科研活动，并将其中的难点问题彻底解决。具体来说，该工作由以下两个内容构成。

一是整个工程的建设过程中，QC 小组持续地对工程建设情况进行观察与研究，总结出相应的规律，利用这些规律增强对施工技术的了解，特别是那些在实验室中无法模拟出来的内容。当 QC 小组对施工技术准确地了解之后，可以针对施工技术，结合工程建设的要求，编制出更加健全的规范标准体系。

二是 QC 小组对整个工程项目建设的管理，及时掌握工程中出现的技术难题，之后通过科学的技术手段将这些难题彻底解决，从而确保工程正常的建设，为工程的质量打下良好基础。

四、施工技术管理的对策

（一）明确管理责任，科学审查施工方案

为了确保施工技术管理中能够准确地划分责任，应制定出科学的责任制度，通过责任制度的激励与约束，有效提升各个部门与工作人员的积极性，使其在工作当中，能够严格遵守相关规定并开展各项工作。

如果在施工中出现质量问题，能够第一时间寻找出直接责任人，不仅有利于该问题的解决，而且还为整个工程的质量奠定良好基础。此外，施工技术管理往往也会与建设方案有直接的联系，保证施工技术满足建设方案的要求，可以使建设方案更好地落实到实际当中。因此，当工程的建设方案出现后，技术人员应积极主动地对方案进行研究，寻找出其中的缺陷，并做好记录，为工程建设提供有力支持。同时，技术人员针对建设方案的研究，详细了解整个工程的流程、方法、标准等内容，从而为施工技术更好的应用提供重要帮助。

除此之外，公路桥梁工程建设过程中，施工技术贯穿于整个工程内，通过施工技术的引导，利用现有的技术资源，确保工程质量达到要求的基础上，花最低的成本，并缩短建设时间，从而有效提高劳动生产率。

（二）加强施工质量管理

刘俊杰（2016）在道路桥梁施工管理与控制研究中指出，企业应当严格执行质量管理体系，在项目具有的特点基础上，构建起适用于公路桥梁工程施工项目的质量管理体系。在施工质量管理中，应当保证企业的全员参与，并在企业内部实施全面化管理，包括工程原材料的选择、成本与半成本的鉴别、施工各流程等工序与环节进行层层控制，以此保证施工工程质量，满足项目设计中的技术标准与要求。另外，全面质量管理中，不仅要考虑到技术方面因素，还应当注重对设备与材料的管理和控制。尽量在工程施工之前，准备好合格的设备及符合标准的材料，以预防为主为原则，避免材料和设备对工程质量造成影响。在做好施工前

的准备工作之后，需要加强对人为因素的控制。在此过程中，必须根据施工技术质量管理的相关活动，对工程质量事故进行预测。这样一来，就可以将事后质量检查，有效地转变为事前质量控制，根据有序的计划进行工程建设，将质量检查与防控纳入各个施工环节中，保证了施工项目的合格验收，使工程能够按照施工设计中的要求安全竣工。

（三）提升施工技术档案管理力度

樊江勇(2017)在绿色施工背景下的公路桥梁施工技术研究中指出，施工技术档案管理应当贯穿于整个施工过程，包括施工前的准备工作、竣工后的交付使用。在施工技术档案中，所记录的数据和内容必须符合事实、记录详细，且应当能够反映出整个施工流程。施工技术档案其中一份应当自留，另外一份应当上交给建设单位。而且，本单位存档的一份应当尽量详细，其内容应当包括：新施工相关的统计资料，施工新工艺，新材料、新结构的试验过程，施工图纸，竣工说明，施工组织设计，重大事故分析，施工中经验教训等，以此为后期的施工总结提供依据。向建设单位提交的施工技术档案，其内容应当包括：施工材料合格证明、成品试验资料、隐蔽工程验收表、设计变更审批资料、竣工项目表单、事故发生记录等。此外，还应当包括桥梁竣工后投入使用的一些注意事项及维护建议。各阶段工程中拍摄的照片及相应的电子文档，也应当保留在技术档案管理中。这些档案统一保存在工程公司档案馆中，不仅能够帮助建设单位及施工单位自身了解桥梁施工情况，还能够为日后的桥梁维护、维修改建提供必要依据。综上所述，作为整个公路桥梁工程建设中的重要组成部分，施工技术管理将会直接影响到整个工程的建设。因此，在公路桥梁建设时，应科学、合理地开展施工技术管理工作。想要达到这一目的，应明确管理责任，科学审查施工方案；加强施工质量管理；提升施工技术档案管理力度。只有这样对施工技术进行管理，才会使施工技术在实际当中发挥出最大的作用，有利于整个工程的建设。

五、桥梁工程施工技术现状及发展趋势

随着我国科学技术的不断提升，工程质量也在向着更好的方向发展，道路桥梁施工技术的整体水平也得到改善，道路桥梁建设也在向着更高效的方向发展。在发展的过程中虽然已经解决了大部分问题，但是仍有一些问题尚未解决，阻碍了我国道路桥梁施工技术的发展。为解决上述问题，需要有关人员进行进一步的探索，找到解决问题的方法。本文主要研究道路桥梁施工技术的提升问题，并对其中存在的问题进行了一定程度的分析，同时根据分析得出的结论给出了道路桥梁施工技术的发展目标和对道路桥梁施工技术提出的改进要求，从而为我国经济的发展提供技术上的支持和帮助。

（一）道路桥梁施工技术的发展现状

1. 由当下技术指导施工的道路桥梁存在着一些质量问题

首先是在原材料的选择上，由于材料购买人员对于原材料的质量要求不够高，在购买时过于随意，使得在施工过程中可能会用到质量不合格的原材料，如果监督人员再不仔细检查，那么这些质量不合格的材料将会被直接应用到道路桥梁的建设工程中，最终拉低整个道路或桥梁的质量。质量不好原材料的使用也增大了工程整体的风险，一旦出现问题，不仅会对行人带来伤害，还会影响到该地区的交通运行状况，甚者还会影响到施工方和承揽方的声誉，为其带来不必要的麻烦和损失。除了原材料的质量不合格之外，施工方工作质量也有待

提高，在施工过程中，施工方的工作质量会对工程整体质量产生影响，为了减少由于施工方疏忽造成的工作质量问题，应该安排相关人员进行定期的检查，并且经常在施工场地进行监督，一方面是为了避免施工方出现工作质量不好的问题，另一方面是为了及时解决突发问题，努力做到缩短工期的目的，为企业的发展创造更多的条件，建成更多质量可靠的道路桥梁工程。

2. 检查监督部门人员的素质不够高

在道路桥梁的施工过程中，大多企业都会配备专门负责监督和检查的人员，一方面是为了保证道路桥梁的质量可靠性，另一方面也是对施工人员起到监督作用，避免出现施工人员投机取巧的现象。因此，一旦检查监督部门的工作人员素质不够高，就会造成监督过程出现漏洞，甚至还会出现行贿的问题，从而导致道路桥梁的质量难以保证。从当下的社会现状来看，监督部门工作人员的整体素质还有待提高，在监督队伍中，大部分人储备的专业知识并不充足，对于道路桥梁的监督工作更是不认真做，面对施工过程中的一些突发状况，也不能及时地采取措施进行处理。因此，需要加强监督部门工作人员的专业素质，从而为道路桥梁承揽方带来更多的好处，减少更多的麻烦，为行人带来更多的便利。提升道路桥梁施工技术的发展水平。

（二）我国道路桥梁施工技术的发展趋势

1. 施工技术向节能减排方向发展

随着我国环境保护理念的提出，各个行业都开始为环保事业做出自己的努力，为了适应时代的发展，道路桥梁施工技术也要向着节能减排的方向发展。道路桥梁技术向节能减排方向发展一方面有利于道路桥梁技术的改进；另一方面也有助于提高道路桥梁的整体质量水平，为道路桥梁的发展提供技术上的支持。而道路桥梁施工技术向着节能减排的方向发展符合当下社会的发展趋势，响应了节能减排的号召，从而做到真正的绿色环保。我们可以通过完善混凝土制作技术来减少能源的消耗，从而减少对不可再生能源的使用，为后代留下更多宝贵的资源。

2. 道路桥梁结构向着多样化方向发展

随着社会的发展，社会对道路桥梁的占地面积和设计合理性也提出了一定的要求，从原来的地面施工，逐渐发展到现在的在空中进行建筑的方式，其不仅增大了对道路桥梁上方空间的利用，还减少了对地面面积的占用，从而提高了建筑工程的空间利用程度。除了空间上的节约之外，道路桥梁的多样化还有助于扩大其实用性，增加了道路桥梁外观的美观性，既符合当下人的审美，还推动了道路桥梁施工技术的提升，同时增大了设计图纸的难度系数，对图纸设计人员提出了更高的要求。而道路桥梁多样性也提升了道路桥梁整体的稳定性，增大了道路桥梁的整体强度，降低了出现坍塌事故的风险，有助于道路桥梁技术的提升和转变。

3. 道路桥梁的功能优化、结构加固

在我国道路桥梁的发展过程中，道路桥梁结构的稳定性和其功能的优化性逐渐受到越来越多的关注，人们也对道路桥梁的功能和结构提出了更高的要求。不仅要求其可以节约空间和占地面积，还要求其能增强道路桥梁的稳定性，优化道路桥梁的功能，例如在喷射混凝土对道路桥梁进行加固时，需要运用高压喷射器对钢筋网喷射混凝土，从而增强道路桥梁整体的稳固性，在喷射混凝土之后，还可以通过检测其各个部位的受力程度调整道路桥梁的施工方案，从而达到建成质量和技术水平高的建筑的目的。道路桥梁功能的优化有助于提升道路桥梁整体性能，从而远离豆腐渣工程，做到建成真正稳固和多功能的道路桥梁。

（三）总结

在我国的发展过程中，道路桥梁施工技术中存在的问题不断暴露出来，社会对道路桥梁施工技术的需求也越来越多。为了解决道路桥梁施工技术中存在的问题，我们给出了一些建议，同时对道路桥梁施工技术的现状以及未来的发展趋势做了一个简要的研究和说明。而且给出了一些可以提升道路桥梁施工技术的方法，希望可以为有关单位提供改革道路桥梁施工技术的思路，从而提升道路桥梁施工技术的水平，为道路桥梁施工技术的发展和创新提供支持。

第二节　道路工程施工技术综述

为了保障我国的经济快速发展，国家大力投资基础建设，推动了公路建设的快速发展，同时社会对道路的质量也提出了更高的要求，所以要求在道路路面施工技术和施工工艺方面要有新的进步。路面是道路的重要组成部分，不仅受到行车荷载的作用，而且受到外界自然环境的影响，比如温度、湿度、水和阳光等。路面工程的施工工艺和施工质量，直接影响到道路行车的速度、行车安全和道路的整体服务水平。道路面层根据荷载作用下的力学特征可以分为：柔性路面（沥青面层）和刚性路面（水泥混凝土面层）。

一、对路面面层的基本要求

（1）路面要有足够的强度。路面的整体和各组成部分，必须具有一定的强度，可以防止路面在各种力的作用下出现磨损、开裂、坑槽和沉陷等破坏现象，保证路面的使用寿命。

（2）路面要有足够的稳定性。路面的稳定性主要指路面的水稳定性、温度稳定性和时间稳定性。

（3）路面要有足够的平整度。路面平整度对于行车的速度、安全和舒适性有较大的影响，不平整的路面常常会有积水，加速了道路路面的破坏，路面等级越高对平整度的要求也越高。

（4）路面要有足够的抗滑性能。车辆在道路上行驶时，要求车轮与道路路面之间具备足够的摩擦阻力，尤其在雨天或冰滑的路面，为了保证行车的安全，路面应具有足够的抗滑性能，要求路面有足够的粗糙程度。

二、沥青路面

沥青路面具有表面平整、无接缝、行车舒适、耐磨、噪声低、施工工期短和适宜分期修建等特点，在路面工程中得到了广泛的应用。沥青路面的主要类型有沥青混凝土、沥青碎石、沥青灌入式和沥青表面处理等。沥青混凝土路面具有很高的密实度和强度，整体性强，透水性好，抵抗自然因素破坏作用的能力强，使用寿命长、耐久性好等特点。

沥青路面施工工艺流程为施工前准备工作、沥青混合料的拌和与运输、摊铺、压实等过程。

1. 施工前准备工作

施工前的准备工作主要有进场材料的质量检验、施工机械检查、修筑试验路段等。

（1）对料场的石料、砂、矿粉、沥青等做必要的实验检测；

（2）主要对拌和与运输设备、洒油机、摊铺机和压路机的规格、性能和运转性能进行检测检查；

（3）正式开工前，应根据计划和设计的混合料配合比铺筑实验路段，以确定合适的拌和时间和温度、摊铺的温度与速度、压实机械的合理组合、压实温度和压实方法、合理的作业长度等。

2. 沥青的拌和与运输

（1）沥青混合料的拌和要根据配料级配，严格控制各种材料的用量以及其加热温度。拌和后要求混合料应均匀一致，无花白、离析或结团成块等现象。要求每隔一段时间，抽样做沥青混合料的性能、矿料级配组成和沥青用量的检验。

（2）沥青混合料运输采用自卸汽车，运输过程中应注意混合料的保温，运输至摊铺地点时，要求沥青混合料的温度不得低于130℃。

3. 沥青混合料的摊铺

沥青混合料摊铺时，尽量采用整幅摊铺。在铺设的过程中，其纵向接缝应留10～20cm宽暂不碾压，用来作为后续摊铺的基准面，并要求有10cm左右的摊铺重叠。在摊铺施工过程中，摊铺机械安装自动找平基准装置，从而保证施工路面的平速度与厚度达到施工设计。在摊铺过程中，施工气温≥10℃，下雨时，禁止施工作业。在摊铺过程中，还应注意摊铺温度，摊铺温度≥130℃，且<165℃。

4. 沥青混合料的压实

沥青混合料的压实包括压实机械组合、压实方式等。

（1）目前常用的压路机有三轮静力压路机、轮胎压路机和振动压路机三种，压实机械的组合要根据工程实际来选择。

（2）压实程序分为初压、复压和终压三道工序。初压时，采用6～8t三轮静力压路机碾压2遍，温度要求在110～130℃，初压后检查平整度和路拱。复压采用10～12t振动压路机或轮胎压路机碾压4～6遍，直至稳定和无明显的轮迹，复压温度要求在90～110℃。终压时采用6～8t振动压路机（关闭振动装置）压2～4遍，温度要求在70～90℃。碾压时，应由路两边向路中心进行，三轮压路机每次碾压要求重叠为后轮宽度的1/2，双轮压路机每次重叠宜为30cm，压实速度一般为2～3.5km/h。

三、水泥混凝土路面

水泥混凝土路面具有刚度大、强度高、稳定性好、养护维修费用低、使用寿命长等优点，在道路工程特别是高等级、重交通的道路中已经得到广泛的应用。混凝土板的施工工艺流程：

安装模板、混凝土拌和与运输、混凝土摊铺和振捣、表面修整与养生、接缝处理和填缝等。

1. 安装模板

模板宜采用钢模板，弯道等非标准部位以及小型工程也可采用木模板。要求模板应无损伤，有足够的强度，内侧和顶、底面均应光洁、平整、顺直，局部变形≤3mm，模板安装高度应与混凝土路面板厚度一致，误差应≤2mm。在模板上预先作孔放置传力杆，传力杆与板面平行，间距不得>1cm。

2. 混凝土拌和与运输

混凝土拌和时严格按照技术指标和设计的配合比计量准确地拌制，混凝土运输过程中可能因蒸发和水化失水、颠簸使混凝土发生离析现象，影响混凝土的工作特性，应尽量缩短运输的距离与时间，特殊情况时，可以使用缓凝剂。

3. 混凝土摊铺和振捣

将混凝土按摊铺厚度均匀地铺在模板中，摊铺多以人工为主，如果采用摊铺机械摊铺时，常用摊铺机械有刮板式、箱式、螺旋式等三种形式。混凝土的振捣可采用振捣机或内部振动式振捣机对混凝土进行整平和捣实，靠近模板处的混凝土，可以采用插入式振捣器补充振捣。

4. 表面修整与养生

振实后的混凝土应进行整平、收光、压纹和养生。收光是使混凝土表面更加致密、平整和美观。压纹是提高水泥混凝土路面行车安全的重要措施。用纹理制作机对混凝土路面进行压槽或拉槽，使路面具有一定的粗糙度。混凝土养生可用洒水、薄膜覆盖、湿草或麻袋覆盖，养生时间一般为14d，养生期间禁止通行。

5. 接缝处理与填缝

混凝土结硬后，应适时切缝。切缝时间应控制混凝土获得足够的强度，切缝深度为板厚的1/3~1/4。混凝土板养生期满后应及时填缝，填缝内必须清扫干净并保持干燥。填缝材料为改性聚氯乙烯胶泥或橡胶沥青，灌注深度为3~4cm。

(一) 道路土基的施工

道路土基是道路质量的根基，无论是填土路堤，还是挖方路槽，如果土基处理不好，道路的施工质量就根本谈不上，对于这一点往往只是理论上的认识，而实际上往往被忽视。

1. 沟槽回填

进行道路施工过程中，往往会遇到某些沟槽回填施工，在回填覆土中，往往不按要求进行，会给道路质量留下严重的隐患。如沟槽内水不处理于净就回填土，使槽内回填上方含水量过高，有的将返建的旧油路油块、混凝土及其他大块旧料填入沟槽内，造成大块间的空隙很大；有的虽有沟槽根基土方，但没有经过压实处理或夯实处理不合格就回填等。

这些原因造成的后果是：很多道路建成后不久沟槽部位在行车作用下发生沉陷，出现沟槽两边的纵向裂缝及沟槽部位出现明显的凹槽现象。

要解决这类问题也并不困难。首先是领导重视，施工人员(从施工人员到班组工人)严格把关，不准带水还土，沥青块不准填入沟槽内，有条件的地区应进行撼沙方法处理。另外分层夯实，这一点必须坚持。不论填干黏土或其他材料，都必须夯实，目前人工夯实已很少采用而又无其他措施，采用将填沟材料填到土基表面后采用振动压路机辗压，已是唯一的方案。这种方法虽然使道路表面密实很好，但因为即使采用了振动压路机也受到实际有效压实深度的限制，有的也受宽度的约束，根本振实不了，对于深沟槽仍应采取分层夯实，最好不要采用木夯。我们应采用轻巧方便的机械夯实工具，以解决沟槽填土夯实问题。

2. 土基的密实度及平整度、土基横坡、盲沟及辗压

近几年在道路施工中，对于土路基的横坡的整理及辗压比较疏忽大意，认为土基何必花

那么大精力规规矩矩地按标高去整平辗压，更不用说整出路拱来，一般都是用挖掘机挖土稍加平整后，或者用推土机辗压一下，就开始铺筑路面底(基层)结构材料。同时对于绝对标高较低的土路基不加修整，只顾抢进度，而不考虑路基的盲沟及其他排水设施。这样的施工后果是：土基干整度差，标高不准，不是低便是高，低的地方造成筑路材料浪费；高地方承重层的厚度不够。而引起承重层强度不足使路面出现龟裂现象。

由于土基横坡不准或平整度差(土基横坡应与路面横坡一致)，造成重层(结构层)或面层的厚度下沉。因而影响道路的使用年限或者达不到设计年限要求，或者由于土路基的横坡未做好，或整平后未当天辗压，有的路段根本未布置盲沟的开设，遇雨天后排水不畅，大量水分被土基吸收，使土基在水中泡汤、面无法辗压，或者成为“弹簧土”，使路基形成同部翻浆现象，严重影响道路路面综合质量。

(二) 病害产生的原因

1. 主观原因

工程技术施工管理的好坏直接关系到工程的质量，有些发包商为了节省工程投资造价，降低工程成本，将工程单价压得很低，一些具备施工条件的单位很难接受此项工程。这样就给技术力量很低的单位来完成此项工程，他们以低廉的价格、简易的工序、拼揍的技术力量和施工机械进行施工，施工中管理不严格，监理水平有限，业务水平低，甚至没有试验室，缺乏必要的监管手段及措施。

2. 客观原因

路基是形成路面的主要基础，柔性路面在荷载的作用下，过量的弹性和塑性变形会产生表面翻浆和路面凸凹不平，其主要原因是路基强度不够所造成的，因而路面对路基支承的要求首先表现在路基抵抗变形的能力。

由于沥青材料及以沥青作为胶结的沥青面层，具有热软冷脆的特性，故沥青路面的病害形成主要表现为两个相反的方面：一是波浪、壅包和车辙；二是开裂，并进而形成坑凼或松动脱落。前者是沥青面层塑性变形逐渐累积的结果，与沥青的种类、稠度、用量及混合料的配合比有关；而后者则是沥青面层的抗变形能力小于路面的变形造成的，除此，在与产生波浪、拥包的因素有关外，实践还表明，其与整个路面的强度，特别是刚度有着密切的关系。

(三) 沥青混合料路面的通病及防治措施

1. 路面不平整

波浪、沥青撒布不均形成油垄，经过行车不断撞击而造成高低不平；壅包、面层较薄，以及面层与基层的黏结较差，容易产生此现象；坑槽、基层局部强度不足、在行车作用下容易产生。

可采取如下防治措施：轻微的波浪可在热季采用强行压平的方法处治，严重的波浪则需用热拌沥青混合料填平；一般采取铲平的办法来处治壅包；坑槽处治的方法是将坑槽范围挖成矩形，槽壁应垂直，在四周涂刷热沥青后，从基层到面层用与原结构相同的材料填补，并予以夯实。

2. 施工接缝处理不当

沥青路面的各种施工缝处，由于压实不足，容易产生台阶、裂缝、松散的现象。

可采取如下防治措施：纵横冷接缝必须按有关施工技术规范处理好，在摊铺新料前，须将已压实的路面边缘塌斜部分用切割机切除，切线顺直，侧壁垂直，清扫碎粒料后，涂刷0.3~0.6kg/m^{2}黏层沥青，然后再摊铺新料，并掌握好松铺系数；纵向接缝须采用合理的碾压工艺，在碾压纵向接缝时，压路机应先在已压实的路面上行走，碾压新铺层10~20cm，然后压实新铺部分，再伸过已压实路面10~20cm，接缝须得到充分压实，达到紧密、平顺的要求。

3. 其他通病

泛油，由于混合料中沥青用量偏多，沥青稠度太低引起的；啃边，沥青路面边缘不断缺损，参差不齐，路面宽度减小。可采取如下防治措施：可以根据泛油的轻重程度，采取铺撒较粗粒径的矿料予以处治；对啃边的处置方法是设置路缘石、加宽路面、加固路肩。

（四）水泥混凝土路面通病及防治措施

1. 混凝土板块裂缝

由于养生不够，表层风干收缩，产生网状、浅而细的发丝裂纹；由于角隅处基层接触面积较小，单位面积所承受的压力大，基层相对沉降就大，造成板下落空，失去支撑，角隅处便产生局部裂纹；切缝时间过迟，造成收缩裂缝和开放交通后路面基层有下沉，致使板块折裂；由于施工操作失误或原材料问题产生裂缝。

规范规定时间及时覆盖养生，养生期间必须经常保持湿润，绝不能曝晒和风干，养生时间一般不应少于14d；角隅处要注意对混凝土的振捣，必要时可加设角隅钢筋，软土路基地段，可作加固设计，做成钢筋混凝土路面板；切缝时间：当混凝土强度达到设计强度25%~30%时可以切缝。

2. 胀缝处破损、拱胀、错台、填缝料脱落

由于胀缝内的滑动传力杆位置不正确、胀缝下部嵌缝板与上部缝隙未对齐、胀缝材料不良或填灌工艺不当等原因造成混凝土路面在运营一段时间后，胀缝两侧的板面即出现裂缝、破损、出坑，严重时出现相邻两板块错台或拱起，胀缝中的填料被挤出路面被行车带走。

可采取如下防治措施：胀缝设传力杆的，传力杆必须设在板厚中央处；填缝料要选择耐热、耐寒性能好，粘结力好，不易脱落的材料；填料不宜填满缝隙全深，最好在浇灌填料前先用多孔柔性材料填塞缝底，然后再加填料；接缝产生挤碎面积不大，只有1~3cm的啃边时，可清除接缝中杂物，用沥青砂或密级配沥青混凝土补平夯实，当挤碎较严重时，可用切割机械将挤碎部分切出正规和直壁的槽形，然后清洗槽内杂物并晾干，用沥青砂或密级配沥青混凝土夯实补平。

（五）路基施工的重要性与特点

1. 公路路基施工的重要性

公路路基施工土方工程量巨大，分布不均匀，附属设施多，技术含量过高，不仅与自身的其他工作与设施，如路基排水，防护等相互制约，而且同公路工程的其他工程项目，如桥梁、隧道、附属设施互相交错，因此，公路路基施工在质量标准、技术操作、施工管理等方面具有特殊性，必须予以研究和不断改进。

2. 公路路基工程的主要特点

（1）高填与深挖的路基增多。为了减少横向交通干扰，必须在高等级公路设置横穿道。对平原区则只能以提高路基填土高度来满足设置下穿式通道的要求。因此，在平原区修筑高

等级公路，其路基填土高度一般应在 4~5cm 以上。

（2）特殊地质条件的路基增多。由于高等级公路线形的重要性，路线通过不良地质的机会较多。对路基工程而言，则需要考虑换土或改良和加固路基的问题，这就要求采取特殊施工工艺。

（3）路基中的桥涵和通道增多。高等级公路一般采取全封闭的方式，以保车辆的快速通行和安全行驶。由于公路要通过广大农村地区，为方便农村人口生产与生活，需增设较多的小桥和过水的涵洞、灌溉虹吸管，以及人行或农用机械通道。

（4）取土借土矛盾增大。当路线通过山区丘陵区时，由于线形标准的提高，设计时难以考虑好土方的填挖平衡，这些问题必须充分考虑到。当路线通过平原区时，由于路基两侧大都为良田，且我国的人均耕地少，为了减小取土占地的矛盾，有时不得不将路基设计成高架桥的形式。

3. 公路路基施工的质量要求

对于路基也提出了更高的质量要求。要求路基具有足够的稳定性。为了防止路基在投入使用的过程中，结构能不在行车荷载或者某些特殊环境条件下发生整体的失稳现象，能够保证在合理的使用条件下不发生形变或者破坏，就要从各地的地质环境条件出发，采取相应的措施，来确保路基整体结构的稳定程度。另一个方面，路基的强度也要满足条件。为了保证路基在不可抗外力的作用下能够不产生或者产生未超过允许范围内的形变，对路基的强度也要提出要求。还有一个关键的问题，就是要保证路基具有一定的水温稳定性。

（六）路基施工前的准备与路基的处理方式

1. 施工准备工作

根据业主提供的图纸及有关材料，组织技术人员进行全线水准点闭合及中级恢复定线工作。测设路基横断面，清除施工范围内的树木、差木、垃圾、有机物残渣及草皮和表土，拆除监理工程师指定的影响施工的结构障碍物，完善施工便道，做好临时排水工作，为路基施工做好准备，做到三通一平。测量仪器要在施工前进行校检，减少因仪器原因导致测量度的误差。现场的土工实验室要准备相应的试验仪器，要在路基施工前到场。试验仪器要按业主的要求进行检验，合格的要在仪器上进行标识。路基施工机械要按业主指定的时间、数量进场，并保证设备的完好。

2. 路堤基地的处理方式

地面表层的种植土含有各种草根和有机杂质，时间长容易腐烂，引起路基沉陷，所以对填方段和利用挖方段的原地面要消除表土。高速公路路基范围内的树根要全部挖掉，经过水田、池塘、洼地时，根据具体情况采用排水疏干、换填、抛石挤淤等处理措施，坑穴填平夯实，确保路堤的基地有足够的稳定性。

（七）选择施工填料的要求

（1）一般的土和石都可以用作路堤的填料，用卵石、碎石、砾石、粗砂等透水性良好的填料，只要分层填筑分层实，可不控制含水量，用黏性土等透水性不良的填料，应在接近最佳含水量情况下分层填筑与压实。

（2）淤泥、沼泽土、含残余树根和易于腐烂物质的土，不能用作填料，透水性很差，且干时坚硬难挖，具有较大的可塑性、粘结性和膨胀性，浸水后能长时间保持水分，因而承载能力低，也不能作为路堤填料。

（3）如果土壤含水量偏大，可在路上晾晒或掺 6%石灰，这种掺灰方法不可能像做石灰土基层那样均匀，使运至路上的土个别部分含水量还偏大，摊铺后不要急于碾压，要在铺开后，用犁翻拌，重耙切碎土块，进行晾晒。

（八）路堤填筑的技术方法

（1）水平分层填法：即按照横断面全宽分成水平层次，逐层向上填筑，如果原地面不平，应从最低处分层填起，每层土压实厚度应<20cm。

（2）纵向分层填筑法：地面纵坡>12%地段，可采用纵向分层填筑法施工，沿纵坡分层，逐层填压密实。当填至路堤的上部，仍应采用水平分层填筑法，因为其是填筑路基的基本方法，最能保证填土质量。

（九）控制施工碾压及密实度检测

（1）压实标准。路基压实标准是采用重型击实标准，根据路基填土的层次和公路的等级来确定相应的压实度，具体规定是：对于高等级公路路基的压实度标准，路槽底面以下 0~80cm 应≥95%，对于零填及路堑，路槽底面以下 0~30cm 应≥95%。

（2）压实方法。压实土层的密度随深度递减，表面 5cm 的密实度最高。碾压时，横向接头的轮迹应有一部分重叠，具体排压方法是第一台满轮前进，第二台采用 1/2 轮，第三台以下采用 1/3 错轮，达到要求的密度和遍数后，再用振动压路机振压，平整无轮迹为上。

（3）压实度检测频率。从大面积施工实际出发，在确定分层压实后，每千平方米施工单位自检点不应少于 3 点。检测中心抽检不少于 1 点，全部合格后监理工程才能允许施工单位进行下一层土的填筑。

（十）路基排水环节

（1）地下排水：最通常采用的地下排设施是排水沟、暗沟、渗沟、渗井、检查井。当地下水位较高，潜水层埋藏不深时，可采用排水沟或暗沟截流地下水及降低下水位，沟底宜埋入不透水层内。可当路基附近的地面水或浅层地下水无法排除，影响路基稳定时，可设置渗井，将地面水或地下水经渗井通过下透水层中的钻孔流入下层透水层中排除。为检查维修渗沟，每隔 30~50m 或在平面转折和坡度由陡变缓处宜设置检查井。

（2）路面排水：通常包括边沟、截水沟、跌水、急流槽以及拦水缘石、蒸发池。路面排水的任务是迅速排除路面范围内的降水，减少水从路面渗入，使之不冲刷路基边坡。路拱横坡应≥2%。雨水排出路面有两种方式。第一种是集中排水；第二种是分散排水。除了硬化路肩和加固路基边坡外，在经过地下水位较高的绿洲地带，也要防止边坡上部的植草向上生长挡住横向排水出路造成路表积水。

（十一）路基防护方面

其类型可分为两种。

（1）边坡坡面防护。主要是保护路基边坡表面，免受雨水冲刷，减缓温差及温度变化的影响，防止和延缓软弱岩土表面的风化、碎裂、剥蚀演变进程，从而保护路基边坡的整体稳定性，在一定程度上还可美化路容，协调自然环境。

（2）沿河河堤河岸冲刷防护。①直接防护：植物、砌石、石笼、挡土墙等。②间接防护：丁坝、顺坝等调治构造物以及改河营造护林带。

第二章　道路桥梁工程建设施工常用设备

一、道路桥梁施工常用设备的使用与选择

近年来，随着我国高等级公路建设的蓬勃发展，机械制造业为工程施工提供了大批性能优良的施工机械新品种。作为公路工程技术人员要了解或掌握施工机械的使用性能，对正确地选择施工机械，科学地进行机械化施工组织与管理，保证施工质量，加快工程进度，有着十分重要的意义。

（一）道路桥梁施工工程机械的分类

按我国机械制造业通常的分类，工程机械主要包括挖掘机械、铲土运输机械（推土机、铲运机、平地机等）、路面机械、压实机械、工程起重机械、施工机械、钢筋混凝土机械及风动工具等八大类。

作为生产工具的施工机械，其购价都很高，因此使用费用很高（以土方工程为例，设备费约占工程费的30%~40%），倘若工作环境（地形土壤、质量）复杂，工地施工条件（作业内容、路面场地情况）艰巨时，工程的机械设备费用将更高，为了使施工机械在施工过程中发挥其最大的经济效益，顺利地完成工程任务，必须选择最适合施工条件的机种。

（二）道路桥梁施工工程机械的最优选择

合理的选定机种，必须与施工条件、施工方法和技术经济效益联系起来，相互比较才能选出理想的机种。一般性机械选定的考虑要点是：能适应工地的土质、地形；能满足工程质量要求；在保证质量的前提下，不影响和损坏附近建成的建筑物；能高效率地完成需要的工作，机械运转费少而施工单价低；容易进行运转、维修，可靠性高；自动化和省力，安全而又不会污染环境，易于筹办又便于转移。

特殊性机械的选定：应根据施工的需要，必须引进特殊机械时，除了上述要点外，还要考虑以下几点：有无可代替的其他施工方法；引进特殊机械后是否具备经营管理的能力并能充分发挥特殊机械的效能；能不能成为今后新施工方法的典型。

根据机械选型要点，选出与其相适应的机种和数量后，还需要研究施工技术、施工组织，合理地进行配组。配组的方法，首先在已选定的施工机械中，确定机组的主体机械，然后配备所需的辅助机械，使之配套，形成单项工程机械化。这样可以提高机械化施工水平，逐步向全工程实行流水作业法的综合机械化发展。

为了使组合的每台机械都能在施工中发挥最大效率，机械选型配套应符合下列要求：在规定施工期内，机械应完成的工作量要充分利用主机的生产能力；主体机械与辅助机械以及运施工具之间各机械的工作能力要保持平衡，还要使机组得到合理的配合和使用。

二、道路桥梁施工机械设备管理技术及方法探究

随着我国交通行业不断地发展，国家对于道路桥梁工程施工的质量和效率关注度，也在

不断增加，从而有效地推动国家交通行业的发展；同时施工机械设备是保证施工效率的关键，目前存在着的维护意识不够、管理人员管理水平不够、施工设备与工程施工不匹配，以及管理制度不完善等现象，对于其发展有严重的阻碍作用。对此建立完善的管理制度、增加管理人员的素质、做好设备档案管理等措施，从而有效地促进施工机械设备管理技术的发展。

（一）管理的现状

道路桥梁工程施工中，常用到施工机械设备，主要包括挖掘机、推土机、悬挖钻机、履带吊机、轮胎吊机、架桥机、方驳、起重船、混凝土搅拌站、混凝土运输车以及发电机等，对于施工机械设备的管理，是为了更好地保证其施工进度、质量以及工作的效率。但是目前我国对于施工机械设备的管理，主要存在以下问题。

1. 施工机械设备应用不合理

对于道路桥梁工程的施工，往往会引进大量的施工机械设备，由于采购规划不当，导致部分的机械设备出现闲置的现象。同时缺乏专业人士的指导，采购的机械设备，其性能、规格型号往往与实际的工程施工需求不匹配，这种情况的发生，在影响工程质量、造成经济损失的同时，也存在一定的安全隐患，对此合理地采购和规划施工机械设备是非常有必要的。

2. 施工机械设备维修不够

对于施工机械设备的维修，是为了更好地保证其性能的发挥，但是目前很多的施工单位，对于施工机械设备的维修和养护不重视，主要的原因是由于施工单位机械设备维修意识不够，存在侥幸的心理，对于机械设备引发的危险没有预防概念；只注重经济利益，对于机械设备存在轻维护或是不维护的情况；有的施工单位为了减少施工的成本，减少机械设备保养和维修的次数，从而有效地降低费用的支出。

3. 管理制度不完善

目前多数的施工单位，对于道路桥梁工程的施工，存在重技术、进度的现象，随着我国安全第一、质量第一生产标准的提出，施工单位对于工程施工的安全性和质量、经济等方面也逐渐地加强了重视，并且制定了完善的管理制度；但是对于机械设备管理制度的建立，由于施工机械设备数量、型号繁琐，涉及的人员数量多，使其施工的机械设备管理制度建立不完善，导致施工机械设备人员的责任难以落实、分工不明确、管理措施难以落实等情况的出现，同时也直接影响经济管理制度、技术规范等制度的落实和完善。

（二）施工机械设备管理技术和方法

1. 管理技术和方法

筑路设备种类繁多，可提供分类管理，按照 ABC 管理法，其中 A 类为重要设备，B 类为主要设备，C 类为一般设备。对于机械设备的使用管理：首先，应当合理规划，保证重点，统筹兼顾；其次，使机械设备的规格、性能，与施工任务、适应环境相结合，当业主有其他要求时，严格地按其要求结合规范执行，同时当工作条件恶劣时，注重施工现场的科学指挥，大型设备、特殊设备要确定并完善领导和技术人员跟班作业制度；最后，协调调度机械设备的施工工序，使其更好地保证施工进度，保证机械设备的合理施工。同时各工区通用设备要严格地按照施工任务，以及机械设备的操作性能、规格，按照“养修兼并、预防为主”的原则，编制机械设备保养规划并完善，使其落实。集团公司项目部，也要加强监管工作。对特殊机械设备，进行专项管理，同时由项目部制定保养计划，监督组织实施。

衔接管理：集团公司项目部物资设备部，应当严格地按照国家、上级有关设备管理政策和规范，建立完善的机械设备台账。构建完善的设备维修、保养兼并策略，为施工项目的完成，提供设备保障。组织编制有关特殊设备的操作规范制度。各工区设备管理部门严格落实集团公司设备管理规定的制度，并完善地落实，对于施工设备的进场、调配、采购和租赁加强管理，同时做好机械设备统计报表等一系列的工作。

2. 管理的途径

（1）合理配置施工机械设备

对于施工机械设备的配置，要从全方位进行分析，从而更好地保证施工的进度和经济效益：首先，施工机械设备的采购人员，在工程建设施工之前，与相关的负责人共同对于项目施工方案、项目施工技术，以及对于机械设备的需求进行合理的分析，精确地制定出机械设备采购清单，先采购重要的施工机械设备，然后根据实际的需求，采购其他的辅助机械设备，从而更好地保证施工机械设备的性能、型号等可以得到合理的应用，有效地避免经济损失情况的发生；其次，管理人员将采购的机械设备进行合理的分配，使其通过设备的组合，从而有效地提升施工机械设备的性能，避免单种机械设备性能不能满足其施工需求情况的发生，在实际应用施工机械设备的同时，应当做出合理的调整，从而更好地保证其施工的质量；最后，将组合的机械设备，以主导机械设备操作为主，使其整体保持一致，从而更好地发挥其价值和效率。

（2）建立完善的管理制度

对于机械设备管理制度的完善，首先要适当地增加管理的资金投入，然后加强对于机械设备先进管理理念和模式的学习，从而制定先进化的机械设备管理制度；同时对于破旧的施工机械设备及时地进行更换，积极选用先进化、节能化、低耗性以及多功能性的机械设备，引导施工人员对于施工机械设备的管理和使用，有效地向着现代化工艺发展，从而有效地提升施工人员对于机械设备的管理、操作、维护以及安全意识，使其管理更加优化和国际化。

（3）注重机械设备的维修

首先根据实际的情况制定定期加护修理，以及不定期的计划外修理；其中计划修理包括大修、中修、小修、二度维修；计划外修理包括照故障以及事故修理。在维修的过程中，合理地采用击卸法、拉拨法、顶压法等，同时也要注重对于零部件的码放顺序以及修复工作，并合理地采用机械、电镀等修复方式。

（4）加强施工人员的管理

对于施工人员的管理，首先要开展一系列的技能培训活动，将安全教育、技能知识有效地进行落实；然后加强对于施工人员技能知识和安全常识的培训工作，成绩不合格的施工人员，要继续进行培训，使其每个施工人员都能更好地操作施工机械设备，从而有效地避免其操作的危险性和安全隐患。

第一节 桥梁施工常备式结构及应用

一、万能杆件

万能杆件是用以拼装各种形式的脚手架或临时性设施的多功能杆件。万能杆件调节段的调节弦杆用 120mm×12mm 等边角钢制作，长 2050mm 和 2650mm，其上钻 Φ28mm 的孔，孔间距为50mm，遍布全长，钉线55mm，两肢背上的孔相互错开，以实现每增加或减少50mm都能调节的目的。

肢背直角刨成圆弧，以适合同标准杆件的连接。调节段使用连接板B8、B11、B12、B13、B26、B29、B14、B43。各相关连接板依据调节尺寸的不同，板上孔组中心线变化相应的角度，板上斜杆端孔至力交汇点的距离也随调节尺寸的变化而变化，以使杆件中心线与力作用线重合。

调节斜杆所在中心线长度等于斜杆两端孔之距与端孔至力交汇点之距两倍的和。各调节板与调节尺寸一一对应，同一规格的调节板可用于几个调节尺寸，同一根调节斜杆也可用于几个调节尺寸。调节段使用的连接板，弦杆连接孔中心线与立杆端孔中心线之距为110mm，调节段所用立杆比标准立杆短20mm。

钢制万能杆件又称拼装式钢脚手架，可以组拼成衍架、墩架、塔架或龙门架等形式，以作为桥梁墩台、索塔的施工脚手架，必要时还可作为临时桥梁的墩台和桁架。万能杆件拆装容易，运输方便，利用效率高，可以大量节省辅助结构所需的木材，适用范围较广。用万能杆件组拼成桁架时其高度可为2m、4m及2m的倍数，当高度为2m时，腹杆为三角形；当高度和宽度为4m时，腹杆为菱形；高度超过6m时，则可做成多斜杆的形式。

桁架承载能力应根据荷载标限和跨度检算，可采用下列方法变更荷载能力：

(1) 变更组成杆件的杆件数目；

(2) 变更杆件的自由长度；

(3) 变更衍架的高度；

(4) 变更衍架的数目；

(5) 变更杆件组拼的结构形式。

用万能杆件组拼以墩架、塔架时，其柱与柱之距离可以和衍架完全一样，为2m倍数。

二、脚手架(支架)

脚手架指施工现场为工人操作并解决垂直和水平运输而搭设的各种支架，建筑界的通用术语，指建筑工地上用在外墙、内部装修或层高较高无法直接施工的地方。主要为了施工人员上下干活或外围安全网维护及高空安装构件等，脚手架制作材料通常有竹、木、钢管或合成材料等。有些工程也用脚手架当模板使用，此外在广告业、市政、交通路桥、矿山等部门也广泛被使用。

(一) 脚手架的分类

长期以来，由于架设工具本身及其构造技术和使用安全管理工作处于较为落后的状态，致使事故的发生率较高。我国现在使用的用钢管材料制作的脚手架有扣件式钢管脚手架、碗扣式钢管脚手架、承插式钢管脚手架、门式脚手架，还有各式各样的脚手架、挂挑脚手架以及其他钢管材料脚手架。从其材料和构造情况来着手，并可将其大致划分如下。

1. 按杆件的材料划分

(1) 单一规格钢管的脚手架。只使用一种规格的钢管，如扣件式钢管脚手架，只使用$\phi48\times3.5$的电焊钢管。

(2) 多种规格钢管组合的脚手架。由两种以上的不同规格的钢管构成，如门式脚手架。

(3) 以钢管为主的脚手架。即以钢管为主，并辅以其他型钢杆件所构成的脚手架，如设有槽钢顶托或底座的里脚手架，有连接钢板的挑脚手架等。碗扣式钢管脚手架当采用钢管横杆时，为单一钢管的脚手架；当采用型钢搭边横杆时，为以钢管为主的脚手架。

2. 按横杆与立杆之间的传递垂直力的方式划分

（1）靠接触面摩擦作用传力。即靠节点处的接触面压紧后的摩擦反力来支承横杆荷载并将其传给立杆，如扣件的作用通过上紧螺栓的正压力产生摩擦力。

（2）靠焊缝传力。大多数横杆与立杆的承插连结就是采用这种方式，门架也属于这种方式。

（3）直接承压传力。这种方式多见于横杆搁置在立杆顶端的里脚手架。

（4）靠销杆抗剪传力。即用销杆穿过横杆的立式连结板和立杆的孔洞实现连结、销杆双面受剪力作用。这种方法在横杆和立杆的连结中已不多见。

3. 在立杆与立杆的连结中，也有三种传力方式

（1）承插对接的支承传力。即上下立杆对接，采用连接棒或承插管来确保对接的良好状态。

（2）销杆连接的销杆抗剪传力。

（3）螺扣连接的啮合传力。即内管的外螺纹与外(套)管的内螺纹啮合传力。其中后两种传力方式多用于调节高度要求的立杆连接中按连结部件的固着方式和装设位置划分：

① 定距连接：即连结焊件在杆件上的定距设置，杆件长度定型，连结点间距定型；

② 不定距连结：即连结件为单杆件，通过上紧螺栓可夹持在杆件的任何部位上。

4. 按工人固定结点的作业方式划分

（1）插入打紧；

（2）拧紧螺栓。

不同类型的工程施工选用不同用途的脚手架和模板支架。目前，桥梁支撑架使用碗扣脚手架的居多，也有使用门式脚手架的。主体结构施工落地脚手架使用扣件脚手架的居多，脚手架立杆的纵距一般为1.2~1.8m；横距一般为0.9~1.5m。钢管扣件脚手架搭设中应注意地基平整坚实，设置底座和垫板，并有可靠的排水措施，防止积水浸泡地基。

根据连墙杆设置情况及荷载大小，常用敞开式双排脚手架。立杆横距一般为1.05~1.55m，砌筑脚手架步距一般为1.20~1.35m，装饰或砌筑、装饰两用的脚手架，立杆横距一般为1.80m，立杆纵距1.2~2.0m，其允许搭设高度为34~50m。当为单排设置时，立杆横距1.2~1.4m，立杆纵距1.5~2.0m，允许搭设高度为24m。纵向水平杆宜设置在立杆的内侧，其长度不宜小于3跨，纵向水平杆可采用对接扣件，也可采用搭接。如采用对接扣件方法，则对接扣件应交错布置；如采用搭接连接，搭接长度不应小于1m，并应等间距设置3个旋转扣件固定。

（二）脚手架的优缺点及适用范围

1. 门式钢管脚手架

（1）优点

① 门式钢管脚手架几何尺寸标准化；

② 结构合理，受力性能好，充分利用钢材强度，承载能力高；

③ 施工中装拆容易、架设效率高，省工省时、安全可靠、经济适用。

(2) 缺点

① 构架尺寸无任何灵活性，构架尺寸的任何改变都要换用另一种型号的门架及其配件；

② 交叉支撑易在中铰点处折断；

③ 定型脚手板较重；

④ 价格较贵。

(3) 适用范围

① 构造定型脚手架；

② 作梁的支撑架(承受竖向荷载)；

③ 构造活动工作台。

2. 碗扣式钢管脚手架

(1) 优点

① 多功能：能根据具体施工要求，组成不同组架尺寸、形状和承载能力的单、双排脚手架、支撑架、支撑柱、物料提升架、爬升脚手架、悬挑架等多种功能的施工装备。也可用于搭设施工棚、料棚、灯塔等构筑物。特别适合于搭设曲面脚手架和重载支撑架。

② 高功效：常用杆件最长为 3130mm，重 17. 07kg。整架拼拆速度比常规快 3~5 倍，拼拆快速省力，工人用一把铁锤即可完成全部作业，避免了螺栓操作带来的诸多不便。

③ 通用性强：主构件均采用普通的扣件式钢管脚手架之钢管，可用扣件同普通钢管连接，通用性强。

④ 承载力大：立杆连接是同轴心承插，横杆同立杆靠碗扣接头连接，接头具有可靠的抗弯、抗剪、抗扭力学性能。而且各杆件轴心线交于一点，节点在框架平面内，因此，结构稳固可靠，承载力大，整架承载力提高，约比同等情况的扣件式钢管脚手架提高 15%以上。

⑤ 安全可靠：接头设计时，考虑到上碗扣螺旋摩擦力和自重力作用，使接头具有可靠的自锁能力。作用于横杆上的载荷通过下碗扣传递给立杆，下碗扣具有很强的抗剪能力(最大为 199kN)。上碗扣即使没被压紧，横杆接头也不致脱出而造成事故。同时配备安全网支架、间横杆、脚手板、挡脚板、架梯、挑梁、连墙撑等杆配件，使用安全可靠。

⑥ 易于加工：主构件用 $\Phi48\times3.5$、Q235 焊接钢管，制造工艺简单，成本适中，可直接对现有扣件式脚手架进行加工改造，不需要复杂的加工设备。

⑦ 不易丢失：该脚手架无零散易丢失扣件，把构件丢失减少到最小程度。

⑧ 维修少：该脚手架构件消除了螺栓连接，构件经碰耐磕，一般锈蚀不影响拼拆作业，不需特殊养护、维修。

⑨ 便于管理：构件系列标准化，构件外表涂以橘黄色，美观大方，构件堆放整齐，便于现场材料管理，满足文明施工要求。

⑩ 易于运输：该脚手架最长构件 3130mm，最重构件 40. 53kg，便于搬运和运输。

(2) 缺点

① 横杆为几种尺寸的定型杆，立杆上碗扣节点按 0. 6m 间距设置，使构架尺寸受到限制；

② U 形连接销易丢；

③ 价格较贵。

(3) 适用范围

① 构筑各种形式的脚手架、模板和其他支撑架;

② 组装井字架;

③ 搭设坡道、工棚、看台及其他临时构筑物;

④ 构造强力组合支撑柱;

⑤ 构筑承受横向力作用的支撑架。

三、贝雷梁

贝雷梁是形成一定单元的钢架,可以拼接组装成很多构件、设备的结构。贝雷架长宽尺寸一般为 3m×1.5m,主要是用贝雷架组装成桁梁来支撑结构,贝雷架之间用螺栓固定,所以架设迅速快,机动性强,战时多用于河道、断崖处架设简易桥梁,现多用于工程施工,如龙门吊、施工平台、工程便道桥梁等。

贝雷梁现有进口和国产两种:国产贝雷桁节使用 16Mn 钢,销子用锰钢,插销用弹簧钢制造,焊条用 T505 型,桥面板和护轮木用松木或杉木。材料的容许应力按基本应力提高 30%,个别钢质杆件超过上述规定时,不得超过其屈服点的 85%。进口贝雷梁的材料屈服点强度为 351MPa,其容许应力可按 0.7×351=245MPa 考虑,销子允许应力可考虑与国产的销子一样。

进口贝雷梁规定:

(1) 桁架销子双剪状态允许剪力 550kN;

(2) 弦杆螺栓允许剪力 150kN,允许拉力 80kN;

(3) 摆动滚子(摇滚)最大容许载荷 210kN。

国产贝雷栓滚的最大容许荷载 250kN,平滚每一滚子最大荷载 60kN;其余可参考进口贝雷梁。

贝雷桥的最大特点,各部件间用销子或螺栓连接,装拆方便,用简单的工具和人力就能迅速建成,适用于战时与水毁紧急抢修。但是体积小容易丢失的零配件如销子、螺栓、插销等,应多备一些,便于丢失后予以补充,以免影响施工。

四、钢板桩

钢板桩是一种边缘带有联动装置,且这种联动装置可以自由组合以便形成一种连续紧密的挡土或者挡水墙的钢结构体。

(一) 钢板桩的应用

一些较常见的钢板桩应用在较为有效的岩土工程:围堰、河道分洪及控制、水处理系统围栏、防洪、围墙、防护堤、海岸护堤、隧道切口及隧道掩体、防波堤、堰墙、坡边固定、挡板墙。

(二) 使用钢板桩围栏的优点

不需开挖,最大限制地减少废物处置的问题;如需要,钢板桩使用后可以拔除;不受地形及深度地下水影响;不规则的开挖可以使用;可在船上使用,不需另安排场地。

(三) 钢板桩围堰介绍

钢板桩围堰是最常用的一种板桩围堰。钢板桩是带有锁口的一种型钢,其截面有直板形、槽形及 Z 形等，有各种大小尺寸及联锁形式。常见的有拉尔森式、拉克万纳式等。其优点为：强度高，容易打入坚硬土层；可在深水中施工，必要时加斜支撑成为一个围笼，防水性能好；能按需要组成各种外形的围堰，并可多次重复使用，因此其用途广泛。

（四）钢板桩施工流程

（1）施工准备工作：桩在打入前应将桩尖处的凹槽口封闭，避免泥土挤入，锁口应涂以黄油或其他油脂。对于年久失修、锁口变形、锈蚀严重的钢板桩，应进行整修矫正，弯曲变形的桩，可用油压千斤顶顶压或火烘等方法进行矫正。

（2）打桩流水段的划分。

（3）在打桩过程中，为保证钢板桩的垂直度，用两台经纬仪在两个方向加以控制。

（4）开始打设的一、二块钢板桩的位置和方向应确保精确，以便起到导向样板作用，故每打入 1m 应测量一次，打至预定深度后立即用钢筋或钢板与围檩支架电焊作临时固定。

第二节 桥梁施工常用的起重设备

一、架桥机

架桥机就是将预制好的梁片放置到预制好的桥墩上的设备。架桥机属于起重机范畴，其主要功能是将梁片提起，然后运送到位置后放下。但其与一般意义上的起重机有很大的不同，其要求的条件苛刻，并且在梁片上走行，或者叫纵移。架桥机分为架设公路桥机、常规铁路桥机、客运专线铁路桥机等几种。

架桥机是在公路、铁路轨道上行驶、用于整跨架设小跨梁的桥梁施工机械。因其架桥工效高，在中国铁路桥梁标准设计中，多考虑以其架设为设计原则。其机身庞大，超出铁路运输限界，须解体运送，到达工地后再组装使用。

我国常备的架桥机有三种，多用来分片架设钢筋或预应力混凝土梁。

（一）折叠单梁式架桥机

桥梁施工机械之一，其吊臂为一箱形梁，向前悬伸，在其前端有一能折叠的立柱(由左右两脚杆组成)，当所架梁片(或整梁)沿吊臂移动时，吊臂接近简支梁状态。架桥时，该机可在空载状态下自行驶入桥位，须先将梁片利用特制龙门吊机从铁路平板车上转移到特制运梁车上，再将此运梁车和架桥机后端对位，用行驶在架桥机吊臂上的两台吊梁小车将梁片吊起，沿吊臂前行，到达桥位落梁。为适应曲线架桥，该机的吊臂能在水平面内作少量摆动。梁片就位方法与双悬臂式架桥机所用方法相同(移梁或拨道)。该机的优点是：取消平衡重，不再需要机车顶推，喂梁不需桥头岔线，机械化程度提高，安全性能有所改善。吊重 130t 的胜利型架桥机即属此类。

（二）双悬臂式架桥机

桥梁施工机械之一，该型苏联使用较早。其前后臂都用钢板梁，吊重分为 45t 和 80t 两种，后续将双臂改为构架，吊重发展到 130t。这类架桥机不能自行，需用机车顶推。其前臂用来吊梁，后臂吊平衡重，前后臂都不能在水平面内摆动。架桥时，常需用特制 80t 小平车将梁片运到架桥机前臂的吊钩之下(称为喂梁)才能起吊。架桥机将梁吊起后，轴重增大，而桥头的新建路堤比较松软，因此，对架桥机吊梁行车地段必须采取加固措施。

（三）双梁式架桥机

红旗型架桥机和燎原型架桥机属此类，吊重皆为130t。其吊臂是由左右两条箱梁组成，两梁贯通机身并向前后端伸出。在两端都有由两腿杆组成的折叠立柱。红旗型两梁的中距为3.4m，燎原型的则为4.8m。横跨两条箱梁有两台桁车，能沿吊臂纵向行驶。吊梁小车置于桁车上，能沿桁车横向行驶。待架的梁片（或整梁）可用铁路平板车直接送到架桥机的后臂之下，用吊梁小车起吊后，凭桁车前移，再以吊梁小车横移，然后落梁就位。

这类架桥机的前后端都可吊梁及落梁；改变架梁方向时，不需要调头；为适应曲线架梁，前后臂都可在水平面内摆动；分片架设时不必移梁或拨道，梁即可就位；喂梁也不需要桥头岔线或特制运梁车。

除上述常备架桥机外，施工单位有时根据需要制作各种临时性架桥机。如在九江桥南岸引桥施工中，曾制成一台可吊重300t的专用架桥机，以整孔架设跨度40m的无砟无枕预应力混凝土梁。有的施工单位还常用常备钢脚手杆件、拆装式梁或军用梁等组成简易架桥机，用以及时完成架桥任务。

二、起重千斤顶与缆索起重机

（一）起重千斤顶

千斤顶是一种起重高度小（<1m）的最简单的起重设备，其分为机械式和液压式两种。机械式千斤顶又有齿条式与螺旋式两种，由于起重量小，操作费力，一般只用于机械维修工作，在修桥过程中不适用。液压式千斤顶结构紧凑，工作平稳，有自锁作用，故使用广泛。其缺点是起重高度有限，起升速度慢。千斤顶主要用于厂矿、交通运输等部门作为车辆修理及其他起重、支撑等工作。其结构轻巧坚固、灵活可靠，一人即可携带和操作，千斤顶是作为一种使用范围广泛的工具。

（二）缆索起重机

缆索起重机用于跨距很大，或跨越山谷、河流等障碍物的情况下吊运重物。由两个支架和支架之间钢缆组成，起重小车在钢缆上移运，进行重物的水平和垂直运送。由于缆索起重机的工作范围很大，吊运工作受地形影响很少，故在山区和峡谷等处应用较广。因此，缆索起重机广泛应用于桥梁建设。

缆索起重机是利用张紧在主副塔架之间的承载索作为载重小车行驶轨道的起重机，适用于地形复杂，难以通行的施工场地，如低洼地带的土方工程，水坝、河流、山谷等地区的物料输送。在主塔和副塔之间，张设一根承载索，作为载重小车的轨道，牵引机构牵引载重小车在承载索上来回行驶，运送物料。起升机构上下运动升降物料。主副塔架的行走机构，使主副塔架沿地面轨道同步行走。工作机构由主塔架上的司机室进行控制。

为了避免起升索和牵引索相互干扰，每隔一定距离以骑夹予以承托。为了悬挂骑夹，在两塔架之间张设专门的节索，索上按顺序有大小不同的索节，骑夹上也相应有大小不同的节孔，小车上设有矛形鞍棒，当小车从主塔向副塔行驶时，小车左侧的骑夹依次地停留在各节点处，将起升索和牵引索承托起来，右侧的骑夹逐个地被收集在矛形鞍棒上。副塔架多采用带平衡重的摆式结构，使承载索保持一定的张力，牵引索和节索都以一定的配重使之张紧。

根据不同要求，缆索起重机分固定式、辐射式和行走式等。固定式的主副塔架都是固定的，作业范围只沿着承载索一条线。辐射式的主塔架固定不动，副塔架沿一圆弧轨道行走，其作业范围为一扇形空间。行走式的主副塔架都在地面轨道上行走，作业范围大。缆索起重机有完善的信号指示和安全装置，司机通过室内指示器，进行远距离控制。指示器可指出重物在每一瞬间的垂直和水平的位置，甚至在有雾的气候情况下，也能保证起重机正常可靠地工作。

缆索起重机由塔式支架、承载装置、驱动装置、电气系统和安全保护装置等组成。塔式支架是缆索起重机的支承受力件；承载装置由承载钢丝绳、承码、钢丝绳的固定与调节装置，以及起重小车等组成；缆索起重机的驱动装置包括吊钩升降机构、小车行走机构和塔架行走机构的驱动；缆索起重机采用多个独立直流电动机驱动。

三、滑车组与卷扬机

(一) 滑车组

滑车组是由一定数量的定滑车和动滑车及绕过它们的绳索组成的。

滑车组根据跑头(滑车组的引出绳头)引出的方向不同，可分为以下三种：跑头自动滑车引出、跑头自定滑车引出、双联滑车组。跑头自动滑车引出：用力的方向与重物移动的方向一致；跑头自定滑车引出：用力的方向与重物移动的方向相反；双联滑车组：有两个跑头，可用两台卷扬机同时牵引。具有速度快1倍、受力较均衡、工作中滑车不会产生倾斜等优点。

滑车组中绳索有普通穿法和花穿法两种。普通穿法是将绳索自一侧滑轮开始，顺序地穿过中间的滑轮，最后从另一侧滑轮引出。这种穿法，滑车组在工作时，由于两侧钢丝绳的拉力相差较大，因此滑车在工作中不平稳，甚至会发生自锁现象(即重物不能靠自重下落)。花穿法的跑头从中间滑轮引出，两侧钢丝绳的拉力相差较小，故在用“三三”以上的滑车组时，宜用花穿法。

滑车组的使用：

(1) 使用前应查明它的允许荷载，检查滑车的各部分，看有无裂缝和损伤情况，滑轮转动是否灵活等；

(2) 滑车组穿好后，要慢慢地加力，绳索收紧后应检查各部分是否良好，有无卡绳之处，若有不妥，应立即修正，不能勉强工作；

(3) 滑车的吊钩(或吊环)中心应与起吊构件的重心在一条垂直线上，以免构件起吊后不平稳，滑车组上下滑车之间的最小距离一般为700~1200mm；

(4)滑车使用前后都要刷洗干净，轮轴应加油润滑，以减少磨损和防止锈蚀。

(二) 卷扬机

卷扬机(又叫绞车)是由人力或机械动力驱动卷筒、卷绕绳索来完成牵引工作的装置。可以垂直提升、水平或倾斜拽引重物，卷扬机分为手动卷扬机和电动卷扬机两种，现在以电动卷扬机为主，电动卷扬机由电动机、联轴节、制动器、齿轮箱和卷筒组成，共同安装在机架上。对于起升高度和装卸量大、工作频繁的情况，调速性能好能令空钩快速下降。对安装就位或敏感的物料能用较小速度。

常见的卷扬机吨位有：0.3t、0.5t、1t、1.5t、2t、3t、5t、6t、8t、10t、15t、20t、25t、

30t。其中大型液压双筒双制动卷扬机、变频带限位器绳槽的卷扬机常见型号有：JK0.5-JK5单卷筒快速卷扬机，JK0.5-JK12.5单卷筒慢速卷扬机，JKL1.6-JKL5溜放型快速卷扬机，JML5、JML6、JML10溜放型打桩用卷扬机，2JK2-2JML10双卷筒卷扬机，JT800、JT700型防爆提升卷扬机，JK0.3-JK15电控卷扬机。

卷扬机使用时的注意事项：

（1）卷筒上的钢丝绳应排列整齐，如发现重叠和斜绕时，应停机重新排列，严禁在转动中用手、脚拉踩钢丝绳，钢丝绳不许完全放出，最少应保留三圈；

（2）钢丝绳不许打结、扭绕，在一个节距内断线超过10%时，应予更换；

（3）作业中，任何人不得跨越钢丝绳，物体（物件）提升后，操作人员不得离开卷扬机，休息时物件或吊笼应降至地面；

（4）作业中，司机、信号员要同吊起物保持良好的可见度，司机与信号员应密切配合，服从信号，统一指挥；

（5）作业中如遇停电情况，应切断电源，将提升物降至地面；

（6）工作中要听从指挥人员的信号，信号不明或可能引起事故时应暂停操作，待弄清情况后方可继续作业；

（7）作业中突然停电，应立即拉开闸刀，将运送物放下；

（8）作业完毕，应将料盘落地、关锁电箱；

（9）钢丝绳在使用过程中与机械的磨损，自然的腐蚀局部损害难免，应间隔时间段涂刷保护油；

（10）严禁超载使用，即超过最大承载吨数。

四、龙门起重机

龙门起重机是水平桥架设置在两条支腿上构成门架形状的一种桥架型起重机。这种起重机在地面轨道上运行，主要用在露天储料场、船坞、电站、港口和铁路货站等地进行搬运和安装作业。

龙门起重机的起升机构、小车运行机构和桥架结构，与桥式起重机基本相同。

由于跨度大，起重机运行机构大多采用分别驱动方式，以防止起重机产生歪斜运行而增加阻力，甚至发生事故。桥架两侧的支腿一般都是刚性支腿；跨度超过30m时，常是一侧为刚性支腿，而另一侧通过球铰和桥架连接的柔性支腿，使门架成为静定系统。为防止在强风作用下滑行或翻倒，装有测风仪和与运行机构联锁的起重机夹轨器。

桥架可以是两端无悬臂的；也可以是一端有悬臂或两端都有悬臂的，以扩大作业范围。半龙门起重机桥架一端有支腿，另一端无支腿，直接在高台架上运行。

龙门起重机类型：

（1）普通龙门起重机：这种起重机用途最广泛，可以搬运各种成件物品和散状物料，起重量在100t以下，跨度为4~35m。用抓斗的普通门式起重机工作级别较高。

（2）水电站龙门起重机：主要用来吊运和启闭闸门，也可进行安装作业。起重量达80~500t，跨度较小，为8~16m；起升速度较低，为1~5m/min。这种起重机虽然不是经常吊运，但一旦使用工作却十分繁重，因此要适当提高工作级别。

(3) 造船龙门起重机：用于船台拼装船体，常备有两台起重小车，一台有两个主钩，在桥架上翼缘的轨道上运行；另一台有一个主钩和一个副钩，在桥架下翼缘的轨道上运行，以便翻转和吊装大型的船体分段。起重量一般为 100～1500t，跨度达 185m，起升速度为 2～15m/mim，还有 0.1～0.5m/min 的微动速度。

(4) 集装箱龙门起重机：用于集装箱码头。拖挂车将岸壁集装箱运载桥从船上卸下的集装箱运到堆场或后方后，由集装箱龙门起重机堆码起来或直接装车运走，可加快集装箱运载桥或其他起重机的周转。可堆放高 3～4 层、宽 6 排的集装箱的堆场，一般用轮胎式，也有用有轨式的。集装箱龙门起重机与集装箱跨车相比，其跨度和门架两侧的高度都较大。为适应港口码头的运输需要，这种起重机的工作级别较高。起升速度为 8～10m/min；跨度根据需要跨越的集装箱排数来决定，最大为 60m 左右，相应于 20ft、30ft、40ft 长集装箱的起重量分别约为 20t、25t 和 30t。

龙门起重机安全注意事项：

(1) 起吊重物时，吊钩钢丝绳应保持垂直，不准斜拖被吊物体；

(2) 所吊重物应找准重心，并捆扎牢固，有锐角的应用垫木垫好；

(3) 在重物未吊离地面前，起重机不得做回转运动；

(4) 提升或降下重物时，速度要均匀平稳，避免速度急剧变化，造成重物在空中摆动，发生危险。落下重物时，速度不宜过快，以免落地时摔坏重物；

(5) 起重机在吊重情况下，尽量避免起落臂杆。必须在吊重情况下起落臂杆时，起重量不得超过规定重量的 50%；

(6) 起重机在吊重情况下回转时，应密切注意周围是否有障碍物，若有障碍物应设法避开或清除；

(7) 起重机臂杆下不得有人员停留，并尽量避免人员通过；

(8) 两台起重机在同一轨道上作业，两机间距离应>3m；

(9) 两台起重机合吊一物体时，起重量不得超过两台总起重量的 75%，两台起重机走行、吊放动作要一致；

(10) 起重、变幅钢丝绳需每周检查一次，并作好记录，具体要求按起重钢丝绳有关规定执行；

(11) 空车走行或回转时，吊钩要离地面 2m 以上；

(12) 风力超过六级时，应立即停止工作，将臂杆转至顺风方向并适当落低，将吊钩挂牢。龙门吊须打好铁楔(止轨器)，并将吊钩升至上限。同时关好门窗，切断电源，拉好缆风绳。平时工作完毕后也应照此办理；

(13) 起重机平台上严禁堆放杂物件，以防在运行中掉下伤人，经常用的工具应放在操作室内的专用工具箱内；

(14) 运行中，不准突然变速或开倒车，以免引起重物在空中摆动，也不准同时开动两项以上(包括副钩)的操作机构；

(15) 开车时，操作人员的手不得离开控制器，运行中突然发生故障时，应采取措施将重物安全降落，然后切断电源，进行修理。严禁在运行中检修保养。

第三节　混凝土施工设备及其应用

一、混凝土搅拌机械

混凝土搅拌机是把水泥、砂石骨料和水混合并拌制成混凝土混合料的机械。主要由拌筒、加料和卸料机构、供水系统、原动机、传动机构、机架和支承装置等组成。

按工作性质分为间歇式(分批式)和连续式；按搅拌原理分为自落式和强制式；按安装方式分为固定式和移动式；按出料方式分为倾翻式和非倾翻式；按拌筒结构形式分为分离式、鼓筒式、双锥式、圆盘立轴式和圆槽卧轴式等。

自落式混凝土搅拌机的拌筒内壁上有径向布置的搅拌叶片。工作时，拌筒绕其水平轴线回转，加入拌筒内的物料，被叶片提升至一定高度后，借自重下落，这样周而复始的运动，达到均匀搅拌的效果。自落式混凝土搅拌机的结构简单，一般以搅拌塑性混凝土为主。

强制式混凝土搅拌机拌筒内的转轴臂架上装有搅拌叶片，加入拌筒内的物料，在搅拌叶片的强力搅动下，形成交叉的物流。这种搅拌方式远比自落搅拌方式作用强烈，主要适于搅拌干硬性混凝土。

连续式混凝土搅拌机装有螺旋状搅拌叶片，各种材料分别按配合比经连续称量后送入搅拌机内，搅拌好的混凝土从卸料端连续向外卸出。这种搅拌机的搅拌时间短，生产率高，其发展引人注目。

随着混凝土材料和施工工艺的发展，又相继出现了许多新型结构的混凝土搅拌机，如蒸汽加热式搅拌机、超临界转速搅拌机、声波搅拌机、无搅拌叶片的摇摆盘式搅拌机和二次搅拌的混凝土搅拌机等。

二、混凝土搅拌站

混凝土搅拌站主要由搅拌主机、物料称量系统、物料输送系统、物料储存系统和控制系统等5大系统和其他附属设施组成。

连续式搅拌站工艺过程：开始生产后各原材料按其距搅拌机进口的距离顺序启动均匀配料过程，同步到达拌缸口；各料按比例均匀进入搅拌机进口；搅拌机回旋搅拌的同时将料向前推进，料从进口开始搅拌/推进到出口即变为成品。生产到预先设定方量后，各材料按距搅拌机进口的距离顺序停止。从生产启动到生产结束，配料、搅拌、推进、出料是连续进行的。

连续式搅拌站的特点：主机工作平稳，原材料在相对较长的时间段均匀进入搅拌机，无间歇式突发投料过程，成品进车平稳，混凝土在较长时间段均匀进车，无间歇式突发卸料过程；空间占用较少，减少了成品斗及骨料中储斗，高度低、占地面积小，耐磨件磨损低，无冲击，平稳搅拌。

连续强制式水泥混凝土搅拌站优势：产量大、效率高，连续平稳工作，连续式搅拌站的单机产量高；搅拌均匀，进入搅拌机的混合料为均匀料，混合料在搅拌机内的搅拌过程为拌和及水化过程，因而搅拌时间可缩短；不漏浆，磨损小，连续式搅拌机进料端为干料搅拌以及两轴端均加有反螺旋，因此不存在漏浆问题；搅拌机对耐磨材料的要求也不高，故障低，连续式搅拌站所有设备启停次数仅为间隙式搅拌站的 1/7 ~ 1/3，因此设备寿命长，故障概率低。

间歇式搅拌站系统组成：搅拌系统为国外关键元件多维组装的双卧轴搅拌机；计量系统、骨料计量，标准型采用增量法计量，改进型采用电子秤减量法计量；粉料计量，搅拌机上方设水泥计量和粉煤灰计量斗，标准型搅拌站用交流接触器控制提升螺旋，无精配装置，改进型搅拌站用变频器实现配料粗、精配；水计量：采用三点悬挂式称量机构，配有粗、精配回路等装置，确保计量精度；外加剂计量：采用传感器载荷直接作用，配有粗、精配回路及计量箱、管路单独布置，保证计量精确；除尘系统，搅拌站设独立集中除尘器进行集中处理，除尘效果好，且避免了搅拌机腔内形成负压影响粉料计量精度。

三、混凝土输送泵和混凝土泵车

混凝土输送泵又名混凝土泵，由泵体和输送管组成，是一种利用压力将混凝土沿管道连续输送的机械，主要应用于房建、桥梁及隧道施工。目前主要分为闸板阀混凝土输送泵和 S 阀混凝土输送泵，再一种就是将泵体装在汽车底盘上，再装备可伸缩或曲折的布料杆而组成的泵车。混凝土大型输送装备用于高楼、高速公路、立交桥等大型混凝土工程的混凝土输送工作。

混凝土输送泵性能特点：

（1）采用三泵系统，液压回路互不干扰；

（2）具有反泵功能，利于及时排除堵管故障，并可短时间地停机待料；

（3）采用先进的 5 管分配阀，可自动补偿磨损间隙，密封性能好；

（4）采用耐磨合金板和浮动切割环，使用寿命长；

（5）长行程的料缸，延长了料缸和活塞的使用寿命；

（6）优化设计的料斗，便于清洗，吸料性能更好；

（7）自动集中润滑系统，保证机器运行中得到有效润滑；

（8）具有远程遥控作用，操作更加安全方便。

混凝土泵车是利用压力将混凝土沿管道连续输送的机械。混凝土泵车是在载重汽车底盘上进行改造而成的，如在底盘上安装有运动和动力传动装置、泵送和搅拌装置、布料装置以及其他一些辅助装置。混凝土泵车的动力通过动力分动箱将发动机的动力传送给液压泵组或者后桥，液压泵推动活塞带动混凝土泵工作，然后利用泵车上的布料杆和输送管，将混凝土输送到一定的高度和距离。

四、混凝土振捣设备

混凝土振动器振捣机械按其传递振动的方式分为内部振动器和外部式振动器。

（一）内部振动器

内部振动器又称为插入式振动器（振动棒），多用于振捣现浇基础、柱、梁、墙等结构构件和大体积基础的混凝土。采用插入式振动器捣实混凝土时，振动棒应垂直插入混凝土中，为使上、下层混凝土结合成整体，振动棒应插入下层混凝土 50mm。振动器移动间距不宜大于作用半径的 1.5 倍，振动器距离模板不应大于振动器作用半径的 1/2，振动器应避免碰撞钢筋、模板、芯管、吊环或预埋件。

（二）外部式振动器

外部式振动器又称为平板式振动器、附着式振动器，是将振动器安装在预制构件模板底部或侧部，振捣时将振动器放在浇好的混凝土结构表面，振动力能够通过振动器的底板传给混凝土。使用时振动器底板与混凝土接触，振捣到混凝土不再下沉，表面返出水泥浆时即可，再移动到下一个位置。平板振动器、附着式振动器的移动间距应保证振动器的底板可以覆盖到已振实部分的边缘。

第四节　预应力张拉设备及其应用

一、预应力千斤顶

预应力千斤顶是用于张拉钢绞线等预应力筋的专用千斤顶，预应力千斤顶需和高压油泵配合使用，张拉和回顶的动力均由高压油泵的高压油提供。预应力千斤顶结构紧凑，张拉时工作平稳，油压高，张拉力大，广泛应用于公路桥梁、铁路桥梁、水电坝体、高层建筑等预应力施工工程。

预应力千斤顶使用的注意事项：

（1）使用前应严格检查千斤顶的参数，切忌超压超载使用。张拉前检查油泵油量，并使千斤顶空行程运行几次以排空千斤顶及油管内的空气。

（2）前卡千斤顶主要用于初张拉和单根锚具张拉；普通穿心式千斤顶主要用于群锚整体张拉。安装锚具及千斤顶时，对直线预应力筋，应使张拉力的作用线与孔道中心线在张拉过程中相互重合；对曲线预应力筋，应使张拉力的作用线与孔道末端中心点的切线重合。张拉时预应力筋从工作锚、限位板、千斤顶中间穿过。预应力筋的张拉顺序应符合设计要求。

二、锚具类型及应用

预应力混凝土中所用的永久性锚固装置是在后张法结构或构件中，为保持预应力筋的拉力并将其传递到混凝土内部的锚固工具，也称之为预应力锚具。

锚具根据使用形式可分为两大类。

（1）张拉端锚具：安装在预应力筋端部且可以在预应力筋的张拉过程中始终对预应力筋保持锚固状态的锚固工具。张拉端锚具根据锚固形式的不同还可分为：用于张拉预应力钢绞线的夹片式锚具（YJM）、用于张拉高强钢丝的钢制锥形锚（GZM）、用于镦头后张拉高强钢丝的墩头锚（DM）、用于张拉精轧螺纹钢筋的螺母（YGM）、用于张拉多股平行钢丝束的冷铸镦头锚（LZM）等多种类型。

（2）固定端锚具：安装在预应力筋端部，通常埋入混凝土中且不用以张拉的锚具，也被称作挤压锚或者 P 锚。

应用领域：公路桥梁、铁路桥梁、城市立交、城市轻轨、高层建筑、水利水电大坝、港口码头、岩体护坡锚固、基础加固、隧道矿顶锚顶、预应力网架、地铁、大型楼堂馆所、仓库厂房、塔式建筑、重物提升、滑膜间歇推进、桥隧顶推、大型容器及船舶、轨枕、更换桥梁支座、桥梁及建筑物加固、钢筋工程、防磁及防腐工程（纤维锚具）、碳纤维加固、先张梁场施工、体外预应力工程、斜拉索、悬索等。

目前国内普遍采用的锚具规格有：M15-N 锚具、M13-N 锚具。施工安全注意事项：

(1) 预应力筋的切割，宜采用砂轮锯，不得采用电弧切割。

(2) 钢绞线编束时，应逐根理顺，捆扎成束，不得紊乱。钢绞线固定端的挤压型锚具或压花型锚具，应事先与承压板和螺旋筋进行组装。

(3) 施加预应力用的机具设备及仪表，应定期维护和标定。

(4) 预应力筋张拉前，应提供混凝土强度试压报告。当混凝土的抗压强度满足设计要求，且不低于设计强度等级的 75%后，方可施加预应力。

(5) 预应力筋张拉前，应清理承压板面，并检查承压板后面的混凝土质量。如该处混凝土有空洞现象，应在张拉前用环氧砂浆修补。

(6) 锚具安装时，锚板应对正，夹片应打紧，且片位要均匀，但打紧夹片时不得过重敲打，以免把夹片敲坏。

(7) 大吨位预应力筋正式张拉前，应会同专业人员进行试张拉，确认张拉工艺合理，张拉伸长值正常，并无有害裂缝出现后，方可成批张拉。必要时测定实际的孔道磨擦损失。对曲线预应力束不得采用小型千斤顶单根张拉，以免造成不必要的预应力损失。在张拉时，操作人员必须站在安全地带，做好防护措施，注意操作人员严禁站在张拉时和张拉好的预应力筋前端。

(8) 预应力筋在张拉时，应先从零加载至量测伸长值起点的初拉力，然后分级加载至所需的张拉力。

(9) 预应力筋的张拉管理，采取应力控制，伸长校核。实际伸长值与计算伸长值的允许偏差为-5%～+10%，如超过该值，应暂停张拉，采取措施予以调整后，方可继续张拉；如伸长值偏小，可采取超张拉措施，但张拉力限值不得大于 0.8MPa；在多波曲线预应力筋中，为了提高内支座处的张拉应力，减少张拉后锚具下口的张拉应力，可采取超张拉回松技术。

(10) 孔道灌浆要求密实，水泥浆强度等级不应低于 C30。

(11) 用连接器连接的多跨连续预应力筋的孔道灌浆，应张拉完一跨再灌注一跨，不得在各跨全部张拉完毕后一次灌浆。

(12) 预应力筋锚固后的外露长度，不宜小于 30mm，锚具应用封端混凝土保护。当需长期外露时，应采取防止锈蚀的措施；当钢绞线有浮锈时，请将锚固夹持段及其外端的钢绞线浮锈和污物清除干净，以免在安装和张拉时浮锈、污物填满夹片赤槽而造成滑丝。

(13) 工具夹片为三片式，工作夹片为二片，两者不可混用，工作锚不能当作工具锚，不能重复使用。

三、油泵车

油泵车是预应力张拉设备的重要组成部分，是实施张拉的动力源，其与张拉千斤顶配合构成液压系统回路，操作油泵车供给千斤顶高压油，并控制千斤顶动作，实现张拉预应力的目的。

油泵的类型：

(1) 方向助力油泵，主要是提供方向机高压油；

(2) 汽油泵，汽车发动时提供燃油系统充足的燃油压力；

(3) 波箱油泵，提供自动波箱管道充足压力；

(4) 机油泵，提供发动机润滑系统充足机油压力。

第五节　道路工程常用的施工机械设备

一、铲土运输机械

铲土运输机械由装载机、推土机、平地机、铲运机及矿用载重自卸车五大类组成。

推土机：机械履带推土机、液压履带推土机、液压轮胎推土机。

装载机：机械履带装载机、液压履带装载机、液压轮胎装载机、隧道型轮胎装载机。

铲运机：自行轮胎式铲运机、自动履带式铲运机、链板轮胎式铲运机、双发动机轮胎式铲运机、拖式机械铲运机、拖式液压铲运机。

平地机：自行机械式平地机、自行液压式平地机、拖式平地机。

翻斗车：前置式重力卸料翻斗车、后置式重力卸料翻斗车、液压翻斗车、铰接式液压翻斗车。

清除机：除根机、除荆机。

（一）推土机

推土机是一种工程车辆，前方装有大型的金属推土刀，使用时放下推土刀，向前铲削并推送泥、沙及石块等，推土刀位置和角度可以调整。推土机能单独完成挖土、运土和卸土工作，具有操作灵活、转动方便、所需工作面小、行驶速度快等特点。其主要适用于一至三类土的浅挖短运，如场地清理或平整、开挖深度不大的基坑以及回填、推筑高度不大的路基等。推土机可分为履带式和轮胎式两种。

履带式推土机附着牵引力大，接地比压小(0.04~0.13MPa)，爬坡能力强，但行驶速度低。轮胎式推土机行驶速度高、机动灵活、作业循环时间短、运输转移方便，但牵引力小，适用于需经常变换工地和野外工作的情况。

传动履带式推土机可分为通用型及专用型两种。通用型是按标准进行生产的机型，广泛用于土石方工程中。专用型用于特定的工况下，有采用三角形宽履带板以降低接地比压的湿地推土机和沼泽地推土机、水陆两用推土机、水下推土机、船舱推土机、无人驾驶推土机、高原型和高湿工况下作业的推土机等。

（二）平地机

平地机是土方工程中用于整形和平整作业的主要机械，利用刮刀平整地面的土方机械，刮刀装在机械前、后轮轴之间，能升降、倾斜、回转和外伸。动作灵活准确，操纵方便、平整场地有较高的精度，适用于构筑路基和路面、修筑边坡、开挖边沟，也可搅拌路面混合料、扫除积雪、推送散粒物料以及进行土路和碎石路的养护工作。广泛用于公路、机场等大面积的地面平整作业。

平地机是一种高速、高效、高精度和多用途的土方工程机械，可以完成公路重要场地、农田等大面积的地面平整和挖沟、刮坡、推土、排雪、疏松、压实、布料、拌和、助装和开荒等工作，是国防工程、矿山建设、道路修筑、水利建设和农田改良等施工中的重要设备。

（三）铲运机

铲运机是一种能综合完成挖土、运土、卸土、填筑、整平的机械。按行走机构的不同可分为拖式铲运机和自行式铲运机；按铲运机的操作系统的不同，又可分为液压式和索式铲运机。铲运机操作灵活，不受地形限制，不需特设道路，生产效率高。

（四）翻斗车

翻斗车是一种特殊的料斗可倾翻的短途输送物料的车辆，车身上安装有一个“斗”状容器，可以翻转以方便卸货。适用于建筑、水利、筑路、矿山等用作混凝土、砂石、土方、煤炭、矿石等用各种散装物料的短途运输，动力强劲，通常有机械回斗功能。

翻斗车由料斗和行走底架组成，料斗装在轮胎行走底架前部，借助斗内物料的重力或液压缸推力倾翻卸料。卸料按方位不同分前翻卸料、回转卸料、侧翻卸料、高支点卸料（卸料高度一定）和举升倾翻卸料（卸料高度可任意改变）等方式。为了适应工地道路不平，避免物料撒落，并做到卸料就位准确、迅速、操作省力，以及越野性能好和爬坡能力强，要求翻斗车行驶速度不能太快（一般最高车速在 20km/h 以下）。驱动桥在前（料斗在其上方）、驾驶座在后的翻斗车适用于短途运输砂、石、灰浆、砖块、混凝土等材料。

二、挖掘机与装载机

（一）挖掘机

挖掘机，又称挖掘机械，是用铲斗挖掘高于或低于承机面的物料，并装入运输车辆或卸至堆料场的土方机械。挖掘的物料主要是土壤、煤、泥沙以及经过预松后的土壤和岩石。

常见的挖掘机结构包括动力装置、工作装置、回转机构、操纵机构、传动机构、行走机构和辅助设施等。从外观上看，挖掘机由工作装置、上部转台、行走机构三部分组成。根据其构造和用途可以区分为履带式、轮胎式、步履式、全液压、半液压、全回转、非全回转、通用型、专用型、铰接式、伸缩臂式等多种类型。

常见的挖掘机按驱动方式有内燃机驱动挖掘机和电力驱动挖掘机两种，其中电动挖掘机主要应用在高原缺氧与地下矿井和其他一些易燃易爆的场所。

按照行走方式的不同，挖掘机可分为履带式挖掘机和轮式挖掘机。

按照传动方式的不同，挖掘机可分为液压挖掘机和机械挖掘机，机械挖掘机主要用在一些大型矿山上。

按照用途来分，挖掘机又可以分为通用挖掘机、矿用挖掘机、船用挖掘机、特种挖掘机等不同的类别。

按照铲斗来分，挖掘机又可以分为正铲挖掘机、反铲挖掘机、拉铲挖掘机和抓铲挖掘机。正铲挖掘机多用于挖掘地表以上的物料，反铲挖掘机多用于挖掘地表以下的物料。

（二）装载机

装载机是一种广泛用于公路、铁路、建筑、水电、港口、矿山等建设工程的土石方施工机械，其主要用于铲装土壤、砂石、石灰、煤炭等散状物料，也可对矿石、硬土等作轻度铲挖作业。换装不同的辅助工作装置还可进行推土、起重和其他物料如木材的装卸作业。在道路，特别是在高等级公路施工中，装载机用于路基工程的填挖、沥青混合料和水泥混凝土料场的集料与装料等作业，此外还可进行推运土壤、刮平地面和牵引其他机械等作业。

由于装载机具有作业速度快、效率高、机动性好、操作轻便等优点，因此成为工程建设中土石方施工的主要机种之一。

常用的单斗装载机，按发动机功率进行分类主要有以下几种：功率小于 74kW 为小型装载机；功率在 74 ~ 147kW 为中型装载机；功率在 147 ~ 515kW 为大型装载机；功率大于 515kW 为特大型装载机。

三、工程运输车辆

工程运输车辆主要指自卸汽车，自卸汽车是指通过液压或机械举升而自行卸载货物的车辆，又称翻斗车。由汽车底盘、液压举升机构、货箱和取力装置等部件组成。

自卸车在土木工程中，经常与挖掘机、装载机、带式输送机等工程机械联合作业，构成装、运、卸生产线，进行土方、砂石、散料的装卸运输工作。

按照品牌分类：东风自卸车、解放自卸车、欧曼自卸车、重汽斯太尔自卸车、红岩自卸车。

按照外形分类：单桥自卸车、双桥自卸车、平头自卸车、尖头自卸车、前四后八自卸车、双桥半挂自卸车、三桥半挂自卸车。

按照品种分类：小霸王自卸车、多利卡自卸车、140 自卸车、145 自卸车、153 自卸车、1208 自卸车、小金刚自卸车、大金刚自卸车。

按举升液压缸与车厢的连接形式分类：直推式倾斜机构、连杆式倾斜机构。

按照用途分类：农用自卸车、矿山自卸车、垃圾自卸车、煤炭运输自卸车、工程机械自卸车、污泥自卸车。

根据驱动模式的不同分为 6×4、8×4 自卸及半挂自卸车。

根据用途的不同还分为矿用自卸车，用于运输煤矿，沙石的自卸车；环卫绿化自卸车，用于运输垃圾的自卸车等。

根据车厢翻动的方向还有前举式和侧翻式自卸车，目前还有双向侧翻自卸车，主要应用于建筑工程。

四、压实机械

压实机械利用机械力使土壤、碎石等填层密实的土方机械。广泛用于地基、道路、飞机场、堤坝等工程，压实机械按工作原理分为：静力碾压式、冲击式、振动式和复合作用式等。

利用碾轮的重力作用或振动作用的振动式压路机，使被压层产生永久变形而密实。碾压和冲击作用的冲击式压路碾等，其碾轮分为光碾、槽碾、羊足碾和轮胎碾等。光碾压路机压实的表面平整光滑，使用最广，适用于各种路面、垫层、飞机场道面和广场等工程的压实。槽碾、羊足碾单位压力较大，压实层厚，适用于路基、堤坝的压实。轮胎式压路机轮胎气压可调节，可增减压重，单位压力可变，压实过程有揉搓作用，使压实层均匀密实，且不伤路面，适用于道路、广场等垫层的压实。

冲击式压实机械依靠机械的冲击力压实土壤，利用二冲程内燃机原理工作的火力夯、利用离心力原理工作的蛙夯和利用连杆机构及弹簧工作的快速冲击夯等，其特点是夯实厚度较大，适用于狭小面积及基坑的夯实。

振动式压实机械以机械激振力使材料颗粒在共振中重新排列而密实，如板式振动压实机。其特点是振动频率高，对黏结性低的松散土石，如砂土、碎石等压实效果较好。

复合作用压实机械有碾压和振动作用的振动压路机、碾压和冲击作用的冲击式压路碾等。

五、半刚性基层材料拌和机械

半刚性基层拌和机械主要有路拌法施工和厂拌法施工两种，路拌法施工主要有稳定土拌合机，厂拌法施工与水泥混凝土拌和方法基本上一样。

路拌法指的是采用人工或利用拖拉机(带铧犁)或稳定土拌和机在路上(路槽中)或沿线就地拌和混合料的施工方法。拌和深度应达稳定层底并宜侵入下承层5~10mm，以利上、下层黏结。严禁在拌和层底部留有素土夹层。通常应拌和两遍以上，在最后一遍拌和之前，必要时可先用多铧犁紧贴底面翻拌一遍。直接铺在土基上的拌和层也应避免素土夹层。对于三、四级公路，在没有专用拌和机械的情况下，可用农用旋转耕作机与多铧犁或平地机相配合进行拌和，但应注意拌和效果，拌和时间不能过长。

拌和站(又称拌合站)是工业建设中用于土建搅拌施工等大型机械的统称。拌和站用于高等级公路、城市道路、广场、机场的基层稳定土施工。可连续拌和生产不同级配的二灰砾石、石灰稳定土、工业废渣土稳定土成品料。拌和站细分为稳定土拌和站、水稳拌和站等类别。

稳定土拌和站分为移动式和固定式。移动式的拌和站各料仓带轮胎可以牵引行走，转场方便灵活，但生产能力较低。固定式稳定土拌和站，需要用混凝土打地基，再把设备固定其上，生产能力高。稳定土拌和站是专门用来拌和稳定土稳料的，主要拌合石灰、水泥、粉煤灰等结合料与土、砂砾或其他集料。水稳拌和站是专门用来拌和水稳料的，水稳料一般为水泥、粉煤灰、级配碎石、稳定土层料。

六、沥青路面施工机械

沥青路面施工机械主要有拌和楼和摊铺机械等。

(一) 拌和楼

拌和楼设备可生产沥青混合料、改性沥青混合料、彩色沥青混合料，完全满足修筑高速公路、等级公路、市政道路、机场、港口等需要。LQG系列沥青搅拌设备主要由配料系统、干燥系统、燃烧系统、热料提升、振动筛、热料储存仓、称量搅拌系统、沥青供给系统、粉料供给系统、除尘系统、成品料仓及控制系统等部分组成，包括级配机、振动筛、皮带给料机、粉料输送机、干燥拌合滚筒、煤粉燃烧器、除尘器、提升机、成品料仓、沥青供应系统、配电房、电气控制系统。

双滚筒5LB系列特点：间歇式烘干滚筒和搅拌滚筒整体设计，为客户降低投资成本；正转烘干，反转出料，中部引风，整机结构简单，易于操作；PLC可编程集中控制，触摸屏操作，自动手动切换自如；移动式的底盘结构，令运输与安装快捷、方便；燃煤燃油两用型燃烧炉，可根据需要选择。

移动强制式系列特点：间歇式烘干滚筒和双卧轴搅拌缸整体设计，搅拌更彻底，成品料质量更好；计量准确，质量稳定；正转烘干，反转出料，整机结构简单，易于操作；PLC

可编程集中控制，触摸屏操作，自动手动切换自如；移动式的底盘结构，令运输与安装快捷、方便；燃煤燃油两用型燃烧炉，可根据需要选择。

（二）摊铺机

摊铺机是一种主要用于高速公路上基层和面层各种材料摊铺作业的施工设备。

摊铺机分为两种类型：碎石摊铺机和沥青混凝土摊铺机。

碎石摊铺机：路面施工机械之一，是能够将碎石均匀地摊铺在路基上的施工机械，主要由料斗、支承滚轮、滑橇、V形刮板、加宽侧板和运行轮等组成。

沥青混凝土摊铺机：将沥青混合料均匀摊铺在道路基层上，并进行初步振实和整平的机械，分履带式和轮胎式两种。由牵引、摊铺和振实、熨平两部分组成，前者包括机架、动力装置、行走装置、料斗、料门、刮板输送器、螺旋摊铺器和驾驶室等。后者包括牵引臂、振实机构和熨平装置(由熨平板、厚度调节器、拱度调节器和加热装置等组成)。

七、水泥混凝土路面施工机械

水泥混凝土面层铺筑的技术方法有小型机具铺筑、滑模机械铺筑、轨道摊铺机铺筑、三辊轴机组铺筑和碾压混凝土等方法。

小型机具铺筑法在低等级的公路上应用比较多，主要有模板、平板振动器等。

滑模式水泥混凝土摊铺机(简称滑模摊铺机)是20世纪60年代中期，在轨道式摊铺机的基础上开发研制而成的一种路面施工专用设备，集混凝土的布料、计量、振捣、滑模挤压成型和平搓、抹平于一体，能自动、高质量、一次性地将混凝土料成型在路基上。用于公路施工的高档摊铺机还具有传力杆打入功能，在摊铺过程中自动将横向传力杆、中央拉杆和侧向拉杆按要求打入混凝土铺层中。

滑模技术的最突出特点就是取消了固定模板，变固定死模板为滑移式活动钢模，从而不需要准备大量的固定模板架设技术，仅采用拉线、激光、声呐、超声波等作为结构高程、位置、方向的参照系，一次连续施工完成条带状结构或构件。

第三章　土质路基施工

土质路基是公路工程建设中的重要内容，良好的土质路基工程建设能够保证公路路基承载性能，从而为行车安全提供可靠保证。但就当前公路工程建设的实际情况来看，土质路基工程施工极易受到多种因素的影响而出现施工质量问题，导致公路路基变形、沉降或路面坍塌，严重影响公路使用功能的发挥。此种情况下，加大力度探讨公路土质路基施工的质量控制措施是非常必要的。

一、土质路基施工重要性

路基施工质量的好坏将会直接影响到整个公路的施工质量，路基只有充分保障了强度与稳定性，才可以成为公路路面最结实的支撑体系，为路面承担大部分的承载压力，大大延长路面的生命周期。其次，质量合格的路基施工，不仅能够为施工企业收获可观的经济效益，还能为日后公路的养护检修工作提供极大的便利，减少维修费用的支出。而质量低劣的路基施工，势必会对路基与路面质量造成一定的影响，还会埋下很多安全隐患，很容易引发安全事故，造成严重的人员伤亡，使得公路整体的使用质量无法得到有效的保障，使企业承受巨大的经济损失。因此，加强做好路基施工质量管理工作是十分有必要的，加大对路基施工过程的监管力度，确保每一个施工工序能够有条不紊地进行，不断提高路基工程施工效率与质量，实现公路经济效益与社会效益和谐发展的目标。通常情况下，在实际的路基施工过程中，由于受到其他客观因素的影响，再加上路基施工本身就是一个规模庞大、施工复杂的工程项目，这也就加大了路基工程施工的难度，使得路基施工质量受到很大的影响，尤其是在一些地质条件较差的工程项目中，经常会发生一些突发状况，严重阻碍了施工进度的正常开展。所以，只有做好一切预防性措施，在出现问题时，及时采取有效的处理办法，才是保证路基工程施工质量的必要前提。

二、公路土质路基工程施工中的常见问题及质量控制措施

(一) 常见问题

在公路土质路基工程施工中，极易受到多种因素的影响而出现质量问题，严重影响公路工程建设质量，甚至给公路交通安全埋下严重的隐患。尤其在取土坑设置时极易出现乱挖取土的现象，严重影响土质路基施工的规范性。在路堤填筑施工中，受到施工人员操作安全意识不足以及施工水平不到位等因素的影响，极易出现施工方法错误或用料不当等问题，严重影响公路土质路基工程施工质量。水网及水田地区陆地修筑施工中，受到地势条件等因素的影响，极易出现水道纵横的问题，给土质路基工程施工质量产生严重影响。在多雨潮湿地区，路基施工中极易出现含水量较大问题，而在冻融翻浆地区，路基排水问题也有待科学化处理。

（二）质量控制措施

在公路土质路基施工中，为促进上述常见质量问题的妥善解决，应当积极采取科学合理的质量控制措施，以全面提高公路工程建设质量，为公路交通安全提供可靠保证。

第一，应当采取有效措施防治取土坑设置时的乱挖乱取土问题。这就要求施工技术人员严格规范自身施工行为，依照路基取土的原则开展具体施工操作，不断强化自身安全意识，充分意识到乱挖乱取土的危害性，从而保证土质路基施工中取土坑设置时相关施工操作的规范性。路基取土施工应当结合公路工程建设的具体情况开展综合分析，在对农业发展进行有效支援的基础上，选取浅挖宽取、坡地取平等施工方式，保证取土坑设置的规范性，从而为公路土质路基工程施工质量控制打下良好的基础。在这一过程中，应当充分做好技术交底工作，在土质路基工程施工中依照取土规划对取土坑进行合理设置，切实加强公路土质路基工程施工质量管理与控制。

第二，采取有效措施应对路堤填筑方法错误或使用填料不当问题。在公路土质路基施工中，施工技术人员应当开展充分的土质调查检测，明确土质路基工程施工中的用土规划，并制定科学合理的调配方案，以保证土质路基工程施工的顺利开展。在准确把握公路土质路基工程建设实际情况的基础上，对施工程序及层次进行合理安排，制定可行的施工方案，细化施工环节，并加强质量检查与控制，一旦发现存在施工质量问题应当及时进行纠正，以全面提高公路土质路基工程施工质量。

第三，多雨潮湿地区路基施工的措施。路基施工时，应特别注意排水，机具停放地、库房、生活区域，都应选在地势较高不易被水淹的地方，并要求有可靠排水防洪设施，预防洪水造成危害。含水量过大、过湿土深度在 2m 以内时，可挖去湿土，换填使用的干土或挖方石渣，分层压实到要求密实度。挖去淤泥后将土层湿土翻松，其厚度以能达到规定压实度为准，使之成为稳定土加固层。

总而言之，在公路工程建设中，土质路基施工作为一项关键环节，其施工的规范性与可靠性直接影响着整个公路工程建设质量。为加强公路土质路基工程施工质量控制，应当结合公路工程建设的具体类型出发，选择适宜的施工方法，规范土质路基施工技术，加强施工人员的安全生产教育，并对土质路基施工中的机械设备进行科学化管理，全面提高公路土质路基工程施工质量，保证公路建设事业的稳定健康发展。

第一节　路基施工方法及施工准备

一、相关概念阐述

（一）施工的重要性

路基是支撑路面的土工构筑物，在挖方地段，路基是开挖天然地层后形成的路堑，在填方地段，则是用土石填筑、压实后形成的路堤。由于路基在使用过程中要承受由路面传递而来的行车荷载作用并抵御各种环境因素的影响，因此要求路基必须具有足够的强度、良好的水温稳定性和耐久性。所谓路基施工，就是以设计文件和施工技术规范为依据，以工程质量为中心，有组织、有计划地将路基设计文件转化为工程实体的建筑活动。

路基施工的重要性，突出地表现为对工程质量的高标准要求。强度高、稳定性和耐久性良好的路基将成为路面结构的良好支承体系，有利于提高路面整体强度和使用性能，延长路面使用寿命；同时，还可以降低路面工程造价和公路养护维修费用。反之，若路基工程质量低劣，将给路面和路基自身留下许多隐患，路面的使用品质和使用寿命会因此而降低，甚至导致路基或路面破坏而中断交通，造成重大经济损失。尤其严重的是，路基自身存在的问题将后患无穷，难以根治，这会大大增加公路建成后的养护维修费用。因此，必须重视路基施工，确保路基工程质量，为提高公路建设的经济效益和社会效益提供切实的保障。

路基施工过程中需要处理大量技术问题。虽然路基施工主要是开挖、运输、填筑、压实等相对简单的工序，但由于在路基施工过程中存在着施工条件变化大、工程数量大、施工难度大、施工方法多样等特点，增加了保证路基工程质量的难度。特别是在进行工程地质不良地段路基、结构物或隐蔽工程较多地段路基施工时，常会遇到复杂的技术问题和各种突发性事故，进一步增加了确保路基施工质量的难度。可以说路基施工是简单的工序中蕴含着复杂的技术问题。

路基施工的重要性还在于工程质量受到多种因素的不利影响。在与公路沿线构造物的关系方面，路基自身的施工与公路排水、防护及加固等工程的施工相互制约，有时还与桥梁、隧道、路面等分项工程的施工相互交叉、相互影响，这无疑增加了组织管理的难度。在其他如气候、交通条件等方面，由于公路施工为野外作业，工程质量受气候条件影响很大，雨季时土质路基往往无法施工；交通运输的不便会使物资、设备和施工队伍调遣困难。所有这些因素的不利影响都必须采取必要的组织措施和技术措施加以克服，才能保证路基工程的质量。

（二）施工方法

路基工程通常主要为土石方工程。主要的施工方法有人工施工、简易机械施工、机械化施工及爆破施工等，施工时应根据工程性质、岩土类别、工程规模、施工期限、施工条件等选择一种或几种。

人工施工是传统的施工方法，施工时主要是工人用手工工具进行作业。这种方法劳动强度大、工资低、进度慢，且工程质量难以得到保证，已不适应现代公路工程施工的要求，只能作为其他施工方法的辅助和补充。

简易机械施工是在人工施工的基础上，对施工过程中劳动强度大和技术要求相对较高的工序用机具或简易机械完成，以利于加快工程进度、提高施工效率和工程质量。但这种施工方法工效有限，只能用于工程量较小、工期要求不严的路基或构造物施工，特别不适宜高速公路和一级公路路基的大规模施工。

机械化施工是通过合理选用施工机械，将各种机械科学地组织成有机的整体，优质、高效地进行路基施工的方法。若选用专业机械按路基施工要求对施工的各工序进行既分工又联合的作业，则为综合机械化施工。实现机械化施工是我国公路路基施工的发展方向，特别是对于工程量大、技术要求高、工期紧的高速公路和一级公路路基工程，必须采用机械化施工。组织机械化施工时，应使机械合理配套、科学组织，最大限度地发挥各种机械的效能。

爆破法施工是利用炸药爆炸的巨大能量炸松土石或将其移到预定位置。这种施工方法主要用于石质路堑的开挖，特殊情况下也用于土质路堑开挖或清除淤泥。在施工时采用的机械钻孔、机械清运，也属于机械化施工之列。

（三）施工准备工作

路基施工需要消耗大量的人工、物资、机械和时间等资源，是一项历时时间长、技术要求高的工作。路基施工前，必须根据工程的实际情况做好组织准备、物资准备和技术准备工作，使各项施工活动能按预定计划正常进行。在施工过程中，所有的施工活动都必须严格按有关施工规范进行，以确保工程质量，最后得到质量优良的路基实体。

1. 施工准备

（1）组织准备

开工前的组织准备工作主要是建立、健全工程管理机构和施工队伍，明确各自的施工范围和任务，制订施工过程中必要的规章制度，确定工程应达到的目标等。组织准备是其他准备工作的开始。

（2）物资准备

路基施工要投入大量的人工、机料和机具，因此开工前应进行所需材料的购进、采集、加工、调运和储备等工作，同时要检修或购置施工机械，做好施工人员的生活和设备的后勤保障准备，正所谓“兵马未动，粮草先行”。劳动力、机械设备和材料的准备工作是路基施工组织计划的重要组成部分。

（3）技术准备

路基施工前的技术准备包括制订施工组织计划、施工测量、施工前的复查与试验及清理施工现场等工作。对于高速公路和一级公路或采用新技术、新工艺及新材料的其他等级公路，除做好上述准备工作外，还应在大规模施工前铺筑试验路，为正式施工提供技术指导。

① 制订施工组织计划

制订路基施工的实施性施工组织计划是路基施工前非常重要的技术准备工作，施工单位应根据施工合同、设计文件、施工条件、工程量、施工难易程度以及设备、人员、材料供应情况和工期要求等认真编制。所编制的施工组织计划应针对工程实际、科学合理、易于操作，有利于保证工程质量和工程进度，做到“运筹帷幄”，使路基施工能连续、均衡地进行。

在编制过程中，施工单位应对设计文件和设计交底全面熟悉、认真研究，并组织有关人员进行现场核对和施工调查，若有必要，应按有关程序提出设计修改意见并报请变更设计。

② 施工测量

开工前应做好施工测量工作，内容包括控制点、中线、水准点复测，检查与补测横断面，校对和增加水准点等。开工前应全面恢复路中线并固定路线的交点、平曲线主点等主要控制桩，高速公路和一级公路应采用坐标法恢复主要控制桩。若设计文件中公路路线由导线控制，施工测量时必须做好导线点的复测工作以准确控制路线的平面位置。为满足施工要求，复测路中线时应对指示桩进行必要的加密和加固。若发现路中线与相邻施工段的中线或结构物中线不闭合，应及时查明原因并上报有关部门。若原设计路线长度丈量有错误或局部改线时，应作断链处理并相应调整纵坡。路基施工时，若使用设计单位设置的水准点，应进行校核并与国家水准点闭合；产生的闭合差应按有关规定处理，闭合差超出允许误差应查明原因并报告有关部门。为方便施工可增设水准点，但应可靠固定。施工前应对路基纵横断面进行检查和核对，并适当补测。根据已经恢复的路中线，按设计文件、施工规定和技术要求等标出路基用地界桩、路堤坡脚、路堑坡顶、边沟及路基附属设施的具体位置。为方便施工，还应在距路中线一定安全距离处设置控制桩，间距不宜大于50m，桩上标明桩号及路中心填挖高度。在路基施工过程中应采取有效措施保护所有测量标志，以免增加测量工作量，减少出现错误的可能。

③ 施工前的复查与试验

路基施工前，施工技术人员应对路基施工范围内的地形、地质、水文及水文地质情况进行详细调查。根据设计文件提供的资料，对取自挖方、借土场、料场的路堤填料进行复查和取样试验。用作填料的土应按土工试验规程测定其物理、力学等性质，以试验结果作为判定可否用作路基填料的依据。若使用新材料(如工业废渣等)填筑路堤，除对相应指标进行试验外，还应进行环境保护分析并提出报告，经批准后方可使用。

④ 清理施工现场

路基施工前应先办好有关土地的征用、占用手续，依法使用土地。路基范围内的既有建筑物、道路、沟渠、通信及电力设施等，施工单位应协同有关部门事先拆除或迁建。对路基附近的危险建筑物应进行适当加固，对文物古迹应妥善保护。

⑤ 铺筑试验路

高速公路和一级公路、特殊地区公路路基或采用新技术、新工艺、新材料修筑的路基，在正式施工前，应采用不同的施工方案和施工方法，铺筑试验路并进行相关试验分析，从中选出最佳施工方案和施工方法以指导大面积路基施工。所铺筑的试验路应具有代表性，施工机械和工艺过程要与后期全面施工时相同。通过试验路铺筑可确定不同压实机械压实各种填料的最佳含水量、适宜的松铺厚度、相应的碾压遍数、最佳机械配置和施工方法等。

2. 施工注意事项

(1) 严格按照设计文件和施工技术规范进行路基施工，以试验及测试结果作为检查、评定路基施工质量是否符合要求的主要依据。

(2) 加强施工排水，确保路基施工质量。施工排水有利于控制土的含水量，便于施工作业。路基施工前应先修筑截水沟、排水沟等排水设施。雨季施工时要加强工地临时排水，各施工作业面应及时整平、压实、封闭。填方地段施工作业面应根据土质情况和气候条件做成2%~4%的排水横坡；挖方路基施工作业面应根据路堑纵横断面情况，采取有效措施把积水排除。当地下水位较高或者有地下水渗流时，应根据地下水的位置和流量设置渗沟等适宜的地下排水设施。

(3) 合理取土、弃土。施工时取土-弃土应从方便路基施工、节约用地、保护耕地和农田水利设施等角度考虑，并注意取土、弃土后的排水畅通，避免对路基造成不利影响。

(4) 注意保护生态环境。路基施工时应尽量减少对自然植被及地形地貌的破坏，以免造成水土流失，不能避免时应适当进行绿地恢复。施工时清除的杂物应区别情况，予以妥善处理，不得随意倾弃于河流及水域中。

(5) 应因地制宜，合理利用当地材料和工业废料修筑路基，有效降低工程造价。

(6) 确保安全施工。必须贯彻安全生产的方针，制订施工安全措施，加强安全教育和检查，严格执行安全操作规程，避免造成人员伤亡和财产损失。

路基施工是公路施工的重要组成部分，在公路施工中一定要保证路基施工质量，消除隐患，确保公路建设的顺利进行，以及建成通车后的正常运营。

二、路基施工方法及工艺分析

（一）地基加固处理技术

1. 土工合成材料施工

土工合成材料多用于路基加固与边坡防护，其施工要点在于：

（1）土工合成材料的规格应符合设计要求；

（2）铺设前，下承层面应平整，铺设时应拉抻、拉紧，并采取措施固定；

（3）铺设多层土工材料时，其上、下层接缝应错开一定的距离；

（4）注意对已经铺设材料的保护。

2. 堆载预压

堆载预压的目的：预压土是将一超过设计荷载加在地基上，经超载预压一段时间后，再卸载预压土。经过预压后，受压土层各点的有效竖向应力大于设计荷载引起的相应点的附加总应力，则今后在设计荷载作用下地基土不会再发生主固结沉降，同时减小了次固结沉降，并推迟了次固结沉降的发生。

一般路基基床底层施工后，开始填筑预压土方，堆载预压土方的底面铺 1 层土工布，土工布幅宽≥2.0m，并考虑 0.2m 的搭接，铺设宽度大于堆载范围每侧量应≥1.5m，预压土碾压后平均重度应≥18kN/m^3。预压土堆载高度 3.0m，堆载边坡坡度 1∶1，工点端部纵向边坡以 1∶2 坡度向外延伸，桥头已架设地段以 1∶2 坡度向桥上延伸。堆载预压时间为 6 个月，具体卸载时间应根据沉降观测资料推算确定。

3. 强夯

强夯法又名动力固结法或动力压实法。这种方法是反复将夯锤（质量一般为 10~40t）提到一定高度使其自由落下（落距一般为 10~40m），给地基以冲击和振动能量，从而提高地基的承载力并降低其压缩性，改善地基性能。

强夯法适用于处理碎石土、砂土、低饱和度的粉土与黏性土、湿陷性黄土、素填土和杂填土等地基。

（1）施工要点

① 施工机械宜采用带有自动脱钩装置的履带式起重机或其他专用设备。采用履带式起重机时，可在臂杆端部设置辅助门架，或采取其他安全措施，防止落锤时机架倾覆。

② 强夯和强夯置换施工前，应在施工现场有代表性的场地上选取一个或几个试验区，进行试夯或试验性施工，对试夯场地进行检测，并与夯前测试数据进行对比，检验强夯效果，以验证强夯施工设计参数，并根据现场试夯效果对参数优化。

③ 各遍夯击之间应有一定的时间间隔，具体间隔时间参考设计提供参数。施工计划安排时应考虑该时间对进度的影响。

④ 强夯处理范围应大于路基基础范围，每边超出基础外缘的宽度宜为基底下设计处理深度的 1/2~2/3，并不宜小于 3m。

⑤ 强夯与岩溶注浆同时采用时，先进行强夯。

⑥ 当强夯施工所产生的振动对邻近建筑物或设备会产生有害影响时，应设置监测点，并采取挖隔振沟等隔振或防振措施。一般在建筑物 50m 范围内不宜采用强夯措施。当桥台

附近、涵洞附近需要进行强夯时，可先进行路基范围内的强夯后，再进行桥台、涵洞施工。

(2) 质量检测要求

① 施工完成后，间隔一定时间后对复合地基进行承载力检测，对于碎石土和砂土地基，其间隔时间可取 7~14d；粉土和黏性土地基可取 14~28d。强夯置换地基间隔时间可取 28d。测点数量及检测结果应满足设计要求或验收标准要求。

② 强夯夯坑中心偏移的允许偏差应≤0.1D(D 为夯锤直径)，按总夯击点的 10%，采用尺量检验。

(3) 技术质量控制措施

① 强夯前对施工范围内地质情况做详细调查，地面处理和场地平整应满足设计要求。

② 开夯时应检查锤重和落距，以确保单击夯击能量符合要求。

③ 为保证加固质量，应严格控制放线精度和落锤位置，在每遍夯击前，应对夯点放线进行复核。夯坑中心偏移量不超过设计允许值。若落锤位置偏移或坑底倾斜过大，可用碎石将坑底填平，然后进行下一次夯击。

④ 做好施工排水，特别在雨季必须及时排除夯坑或夯击场地的积水后，才能继续夯击。

4. 冲击压实

冲击压实技术是一种与冲击式压路机相结合的新型地基、土方工程压实技术，其击实能可达 2000~2500kJ，在公路及土坝工程中也有应用，其多用于路基的填前碾压、分层填土压实和填方达到标高后的追密压实等。

冲击压路机是用三边形轮子来产生集中的冲击能量达到压实土石填料的目的，由配套的重型工业牵引车在前方牵引。冲击压路机以其静能量来标定，能量按式(3-1)以千焦耳计：

$$E = mgh \tag{3-1}$$

式中，E 为能量，kJ；m 为动力不见的重量，kg；g 为重力常数，9.8m/s^2；h 为轮子外半径同内半径的差值，$h = R - r$。

施工要点：采用装载机或其他牵引机以 10~15km/h 的速度(根据机械参数控制在最佳速度)，从路堤外侧边缘绕圈进行碾压。

(1) 路堤碾压时，压路机应与路基边缘保持 0.6m 的安全距离，与结构物保持 3~5m 的安全距离；下有涵洞时，应确保涵洞顶填土厚度≥2m。

(2) 施工中应重视压轮的横向重叠和纵向错轮问题，叠压和错轮达不到要求时应及时予以调整，确保路基均匀受压。

(3) 对于已经形成路拱的路堤，冲击碾压应在路基横向上从低向高进行，即从路基边缘向中线进行。

(4) 碾压完成后，采用平地机平整场地，振动压路机将表层碾压密实。

5. CFG 桩

CFG 桩是水泥粉煤灰碎石桩的简称，由水泥、粉煤灰、碎石、石屑或砂加水拌和制成的一高黏结强度桩，多用于处理黏性土、粉土、砂土和已自重固结的素填土等地基，其受力和变形特性与素混凝土桩相似。

CFG 桩可以采用长螺旋钻孔灌注成桩法、长螺旋钻孔管内泵压混合料灌注成桩法及振动沉管灌注成桩法。具体施工方法应根据设计要求和现场地基土的性质、埋深，场地周边是否有居民，有无对振动反应敏感的设备等多种因素进行选择。

对于黏性土、粉土、淤泥质土采用振动沉管成桩工艺。

对存在夹有硬土层地质条件的地区，使用振动沉管机施工，会对已成的桩造成较大的振动，导致桩体被振裂或振断。对于灵敏度较高的土，振动会造成土的结构强度破坏、承载力下降。此时宜采用螺旋钻预引孔，再用振动沉管成桩工艺。

对于成孔质量要求高的地区，使用长螺旋钻孔管内泵压成桩工艺。

（1）CFG 桩(长螺旋钻机施工)施工工艺

钻机就位→钻孔至设计标高→泵送 CFG 桩混合料→边送料边提拔钻杆→成桩→钻机移位→清弃土凿桩头→CFG 桩复合地基检测→褥垫层施工及验收→CFG 桩复合地基验收→CFG 桩检测→单桩静载试验、小应变检测、复合地基承载力试验。

（2）技术要点

① CFG 桩配合比设计与混凝土配合比设计略有不同，应参考 GB/T 50146—2014《粉煤灰混凝土应用技术规范》，在配合比设计过程中应予以注意。

配合比设计可以参考如下经验公式：

混合料 28d 强度与水泥标号和灰水比有如下式(3-2)的关系：

$$fcu=0.366RBC(C/W-0.071) \tag{3-2}$$

式中：fcu 为混合料 28d 强度，MPa；RBC 为水泥标号；C 为单方水泥用量，kg；W 为单方水用量，kg。

水灰比 W/C 和粉灰比 F/C(F 为单方粉煤灰用量)有如式(3-3)的关系：

$$W/C=0.187+0.791F/C \tag{3-3}$$

混合料密度一般在 2.2～2.3g/cm^3。

振动沉管法施工，坍落度可以取 3～5cm。泵送时可取 16～20cm。

用水量比混凝土配比的用水量略大 2%～5%。

混合料中石屑与碎石(一般碎石粒径为 3～5cm)的组成比例用公式(3-4)石屑率表示：

$$\lambda=G_1/(G_1+G_2) \tag{3-4}$$

式中，λ 为石屑率，取 0.25～0.33；G_1 为单方混合料石屑用量，kg；G_2 为单方混合料碎石用量，kg。

② 施工现场做好材料计量设备的标定工作，保证计量准确。混合料生产能力应能满足现场施工需要，并有一定富余量。

③ 开工前应在施工场地范围内进行工艺性试桩，确定施工参数。

（3）质量检测要求

① 每个台班均须制作混合料检查试件，进行 28d 强度检验，强度不小于设计值。

② 成桩 28d 后应及时对成桩质量进行检测，采用低应变检测桩身质量，检测数量为工点总桩数的 10%；采用平板载荷试验检测复合地基承载力，检测数量为工点总桩数的 2‰，但不少于 3 点。

6. 刚性桩网结构

（1）原理

刚性桩网结构作用原理是上部填土和其他荷载通过独立桩帽上铺设的高强土工织物传递到桩上，通过合理的应力分摊之后，由桩土之间的共同作用来承受上部荷载，以便于控制路基的初始稳定和沉降，尤其是不均匀沉降。

刚性桩网结构的施工方法有打入桩、钻孔灌注桩等形式，现场多采用打入桩(管桩、方桩)结构。钻孔灌注桩的施工需要采用合适的钻机，其工艺与所选用的钻机类型相匹配。在对已经填筑路基进行加固处理时，多采用干法成孔，故多采用螺旋钻机、旋挖钻机等设备。本标段设计中多采用预制桩桩网结构对地基进行加固处理。

打入桩一般采用预制钢筋混凝土管桩或方桩，根据地质条件、桩型和桩体承载力可采用锤击法、振动法或静力法打入。

(2) 技术要点

① 桩位的正确布置：测量放线错误，使桩位偏差过大。

② 打入桩质量控制：保证桩长、桩身不出现断桩或裂缝，桩倾斜度偏差不超过规范要求，桩身进入设计持力层，保证单桩承载力达到设计要求。

③ 桩帽板的质量控制：桩帽板钢筋布置、混凝土强度应符合设计及相关规范要求。

④ 垫层施工质量控制：垫层所采用的土工材料质量应符合设计要求。

7. 刚性桩板结构

刚性桩板结构由下部钢筋混凝土桩基和上部钢筋混凝土承载板组成，钢筋混凝土承载板下部直接与路堤相连接，上部与上部结构相连接或者直接作为路面结构。

施工重点：桩板结构桩基础一般为1.2m大直径桩，桩基施工由于是在路堤填土上面施工，为了减少施工对其造成的不利影响，一般采用干法作业，需要选择合适的钻机进行。普通旋转钻机、冲击钻机等由于需要泥浆护壁，多不满足施工要求。建议采用旋挖钻机或全套筒钻机，配备相应的入土、入岩钻头。

8. 岩溶注浆及嵌补

岩溶填充注浆处理采用钻孔注浆的方法，把水泥浆液(可含粗砂、碎石)压入一定范围内的溶洞、岩溶通道、裂隙，将其填充密实，待其凝结硬化后，使岩溶基础整体加固，提高路基承载能力。

对于基床厚度范围内的溶沟、溶槽，将突出的坚硬岩石进行清爆，将堆积填充物予以换填，基床范围换填C15片石混凝土。对于影响路堑边坡稳定的坡面上的溶洞、溶槽和溶蚀凹坎，采取M7.5浆砌片石嵌补支顶加固。

对于规模不大、塌陷坑或土洞较深、开挖回填有困难的岩溶，一般以梁板跨越，梁板两端支承在可靠的岩、土体上。根据梁板的尺寸及现场具体情况，考虑采用预制梁板结构，然后吊装到位或者是现场浇筑法。

本标段岩溶分布较多，施工中应引起充分重视。

(1) 技术要点

① 注浆采用的材料：水泥、水玻璃、粗砂、粉煤灰等的质量应符合设计要求。通过室内试验和现场试验确定水泥砂浆的配合比、现场 质量控制参数。

② 注浆压力：灰岩中0.1~0.3MPa，岩土界面附近逐步加大到0.3~0.5MPa。

③ 注浆结束标准：当达到下列标准之一时，可结束该孔注浆。

a. 注浆孔口压力维持在0.2MPa左右，吸浆量不大于40L/min，维持30min；

b. 冒浆点已出注浆范围3~5m时；

c. 单孔注浆量达到平均注浆量的1.5~2.0倍，且进浆量明显减少时。

以上参数应通过工艺试验进行确认。

（2）质量控制

① 施工前结合设计勘探资料，对施工地段进行地质核查。

② 岩溶路基施工前先疏排地表水，防止地表水下渗；当设计有特殊要求时，按设计要求办理。

③ 进行注浆试验，确定浆液的配比、注浆压力等工艺技术参数。

④ 注浆过程中要做好技术资料和基础数据记录、整理和分析工作。

⑤ 注浆结束后及时用水泥砂浆封孔。

⑥ 加强注浆效果检测，保证注浆质量。

根据具体情况采用下列方法进行注浆效果检测：

a. 钻孔检查，检查孔数的5%，钻孔是一种最常用的质量检验方法，在处置范围内通过钻孔提取心样，然后对心样测试，取得土层物理力学参数，最终对工程质量进行综合评价；

b. 注浆前后，物探成果对比，检查注浆效果；

c. 按照设计提供的检测要求进行。

（二）路基填筑技术

1. 路堤填筑压实工艺流程

路堤填筑压实工艺流程如图3-1所示。

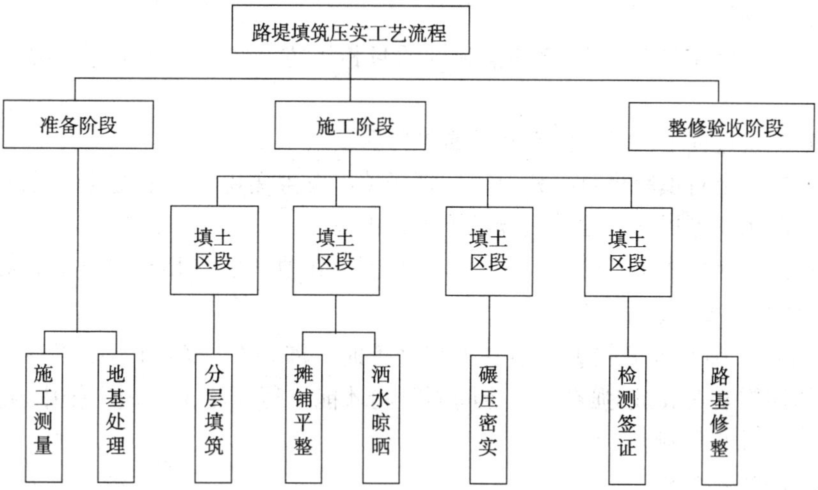

图3-1　路堤填筑压实工艺流程

2. 改良土施工

填料改良：在原土中添加某种材料，使之与土发生一定的物理化学反应，以改变原土的物理力学性质。填料改良已在国内外高速铁路、公路土方工程中广泛应用，各国均制订了自己的“技术准则”或“工法”。

物理改良：通过在原土中添加某种粒径的土（石）料，改善其级配（Cc，Cu）特性，提高物理力学性能及压实性。

化学改良：通过在原土中添加固化剂（水泥、石灰、粉煤灰等）使之发生物理化学反应（如阳离子交换、胶凝、碳化结块等作用），改善土的物理力学性质，增加强度。同时，降低填料的含水量，便于施工、压实。

基床表层采用级配碎石，基床底层及以下采用路堑、隧道弃渣之 A、B 组填料(应满足颗粒粒度和级配要求)，缺乏 A、B 组填料地段，设置 A、B 组填料集中取土场。

3. 基床表层施工

基床表层多铺设级配碎石，对于大面积的连续施工，可以采用摊铺机进行摊铺作业，但对于小面积、间断不连续地段的铺设，应结合现场选择合适的机械，精心组织施工、严格控制，保证施工质量。

4. 沥青混凝土施工

客运专线铁路在基床表层采用沥青混凝土作为路基防排水层。具体施工方法参照相关规定进行施工。

5. 过渡段施工

过渡段指路堤与各种结构物之间，路堤与路堑、路堑与隧道等衔接处的过渡区域。影响线路平顺性的薄弱环节。

为了保证线路在过渡段的刚度和工后沉降平稳过渡，设计上采取了多种措施进行处理。

本标段过渡段数量、结构形式多，各单位在施工过程中应注意合理的组织施工。

6. 质量检测

现场路基填筑施工质量检测作为控制施工质量的一个手段，应严格按照相关规范中的操作规定进行试验操作。

客运专线铁路路基填筑质量除了常规的质量检测方法外，还引入了 *Evd*、*Ev*2 等检测手段。

以往路基填筑过程中质量检测存在的常见问题：

(1) 未能按规定对填料进行抽样检查，现场填料发生变化后，不能及时提供相应的最大干密度、最佳含水率等指标，导致现场检测工作失控。

(2) 现场试验自检频率不够，仪器操作不规范。在地基系数 K30 的检测中尤为突出。

7. 地基加固处理地段的质量检测

采用 CFG 桩、强夯等措施进行地基加固处理时，需要对(复合)地基承载力进行检测，这些检测工作均需要在成桩/强夯后一定间隔时间才能进行，施工组织安排中应充分考虑这些间隔时间所造成的影响。

(三) 施工监测技术

路基施工监测工作包括了地基沉降观测和边坡稳定性观测等内容。观测的目的在于通过施工期间观测数据分析、判定路基结构的稳定性，同时通过长期观测数据的分析评价路基结构的变形发展情况，为后续施工提供理论支持。

1. 地基沉降观测目的

沉降推算：根据实测沉降观测资料，利用数学方法对后期沉降速率、总沉降量，以及工后沉降值进行计算分析。地基沉降观测是确保客运专线路基，尤其是松软土路基沉降得到有效控制的必须环节(工序)。

预测预压时间：在施工期任意时刻(T_n)，根据拟合曲线计算出满足工后沉降的时间(T)，预测还需预压的时间($T-T_n$)，指导下步施工计划的安排。

预测施工期沉降：合理预留沉降量。

过程控制：根据沉降观测资料控制填土速率，及时评价地基加固措施的有效性。

2. 路基沉降观测系统

路基沉降观测系统如图 3-2 所示。

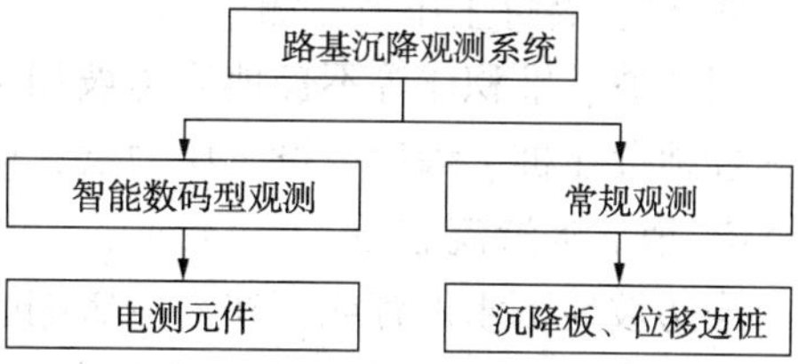

图 3-2　路基沉降观测系统

常规观测要求：按二级沉降观测要求，使用 D51 或 D505 型水准仪、因瓦合金标尺，按光学测微法观测。实施过程中应参照相关规定进行。

3. 边坡支挡施工监测

（1）边坡监测的情况

在如下情况下应进行边坡位移监测：

① 滑坡、堆积体等不良地质边坡；

② 白垩系、下第三系泥岩、粉砂岩、砂砾岩，元古界泥质板岩、千枚状板岩等软质岩高边坡，二迭、石炭、泥盆系的炭质页岩、砂页岩、煤系地层、泥岩等易浸水软化的软质岩及软硬互层路堑，边坡高度≥20m 时，或存在顺层现象或受构造影响结构面发育，发育不利结构面，边坡高度≥15m 时；

③ 土质高边坡，边坡高度≥15m 时。

（2）边坡监测内容

① 边坡地表位移监测；

② 深部位移监测；

③ 预应力锚索(锚固力)监测；

④ 桩(墙)背土压力监测；

⑤ 地下水渗流监测。

（3）边坡监测方法

① 边坡地表位移监测

观测桩法：建立射线网观测网，沿边坡或滑坡纵向每隔 30~50m 设置监测断面，每个断面分别位于路堑边坡的路肩，桩(墙)顶平台，边坡平台及堑顶外 5m、10m 设置观测桩。采用经纬仪或全站仪观测桩的位移情况来判定边坡稳定性。本方法为常规监测方法。

位移计法：选择代表性工点，特别是存在安全隐患的高边坡或不良地质边坡；沿该边坡或滑坡纵向每隔 30~50m 设置监测断面，在边坡成型后，分别于路堑边坡的桩(墙)顶平台(第一级边坡平台)、最高级边坡平台水平钻孔设置多点位移计。

② 深部位移监测

大型滑坡、堆积体等不良地质边坡和土质、软质岩路堑边坡高超过 25m(存在顺层、滑面等不利结构面时为 20m 以上)，进行深部位移变形监测；设置监测断面，在边坡成型后，在边坡平台竖直钻孔设置多点位移计测量岩土层内部水平位移或变形。

③ 预应力锚索(锚固力)监测

采用预应力锚索加固高边坡时，进行预应力锚索的锚固力监测，按设计要求选择一定数量的锚索，安装锚索计，进行锚固力监测。

④ 桩、墙背土压力监测

当滑坡、堆积体等不良地质边坡和土质、软质岩路堑边坡设置桩板墙或高挡墙时，选择代表性地段在桩、墙后埋设土压力盒，监测土压力的大小。

⑤ 地下水渗流监测

当边坡地下水发育或存在渗流影响时，钻孔埋设渗压计进行地下水渗流监测。

(4) 边坡监测周期及警戒值选择

① 监测周期

根据边坡工程安全等级、边坡稳定性和施工进程，对施工过程和施工后的一定时期进行长期监测。

② 各项监测内容警戒值

边坡变形控制应满足各类支护结构的验收标准，边坡稳定性验算应满足规范规定和设计要求。

三、具体施工方法准备探讨

路堤填筑施工按三阶段、四区段、八流程水平分层填筑。三阶段：准备阶段──→施工阶段──→检查签证阶段；四区段：填筑区──→摊铺平整区──→碾压区──→检验区；八流程：施工准备──→基底处理──→分层填筑──→摊铺整平──→碾压夯实──→检验签证──→路面基成型──→边坡整修。

(一) 施工准备

路堤工程开工前组织技术人员认真完成技术准备工作，主要包括全面熟悉施工设计图纸并进行核对；全面进行地质核查；交接桩及施工复测；测量、补桩、划线、复测导线点和水准控制点，并在施工范围内全面恢复中线；填料调查及试验；建设工地试验室；编制实施性施工组织设计及开工报告；进行技术培训等。同时施工队完成现场各项准备工作，主要包括修建进场便道，设置排水系统，建级配碎(砂砾)石、改良土拌合站等。

(二) 清基及地表处理

路基放样结束将填筑范围内的树木进行砍伐清理，将原地面表层的杂草、树根等杂物全部按设计要求清理干净，并挖好临时排水沟。在填筑前按照设计和规范要求进行基底清理、平整和碾压作业，使基底土层的强度和密度大致达到设计标准。

基底按规定做出地面横坡，对不符合规定的原地面横坡要进行处理，使地面平顺无坑，以利于排水。对有地下裂隙水的部位，设置排水盲沟。

(三) 试验段填筑

为指导路基填筑施工，掌握路基填筑施工的参数，保证路基工程达到优良，在正式施工前对不同填料、不同改良措施的路基进行工艺试验，确定填筑及改良工艺、技术参数及质量控制措施。选取典型的路基填筑地段进行路基试验段填筑施工，试验段长度应按不少于200m考虑，通过试验段确定本标段各种路基填料的填筑厚度、最佳含水量、碾压遍数及各类机具的合理配置等方案，结合设计、规范要求，以此指导本标段的路基填筑施工。

(四) 基床以下路堤填筑工艺及方法

逐段实施路基放样，用白灰标定边界范围。路堤填筑前，先根据填土高度和试验确定的分层厚度、压实机械及技术参数等，计算出分层数、松铺厚度及碾压遍数，现场绘出分层施工图，以便控制填土厚度，科学安排施工进度，合理调配施工机械。

按照试验段取得的施工参数、施工机械组合及碾压工艺等按“三阶段、四区段、八流程”的方法进行路基填筑施工。施工按填筑分层和作业区分段的方式，进行横断面全宽、纵向分层填筑。推土机配合装载机或挖掘机装料，自卸汽车运输，采用推土机配合平地机摊铺平整，振动压路机压实。

1. 一般填料路基填筑方法

一般填料指 A、B 组填料中块石、碎石、砾石类填料。一般路基填筑施工工艺流程见图 3-3。

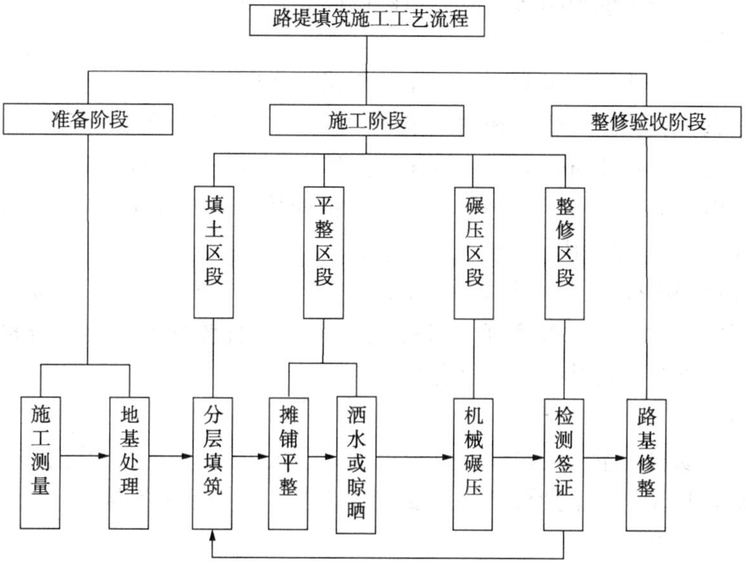

图 3-3　一般路基填筑施工工艺流程图

工艺方法如下：

(1) 分层填筑

路基填筑时应采取横断面全宽、纵向分层填筑的方式。当原地面高低不平时，从最低处分层填筑，由两边向中心填筑。为保证路堤全断面的压实度一致和完工后的路堤边缘有足够的压实度，边坡两侧各超填 0.5m，竣工时修坡整平。

填筑施工根据现场施工条件，采用推土机配合挖掘机或装载机装车，自卸汽车运输。施工时，根据填筑高度及由试验段确定的分层厚度、压实系数，由技术人员制定出计划分层数、压路机走行速度、碾压遍数，并绘出分层施工图，向施工队长、领工员、指挥卸土人员、压路机司机进行书面交底。施工队长、领工员负责控制松铺厚度，并配合机械随时进行厚度调整。

为节省摊铺平整时间，在运送填料时，严格控制倒土密度，根据车载量及松铺厚度计算卸车密度。

用不同填料填筑路堤时，各种填料禁止混杂填筑，每一水平层的全宽用同一种填料填筑，并做成横向 4%的排水坡。

(2) 摊铺平整

填筑区段完成一层卸土后，用推土机、平地机摊铺平整，做到填铺面在纵向和横向平顺均匀，以保证压路机压轮表面能均匀地接触填铺面进行碾压，达到碾压效果。

摊铺时边坡两侧各加宽 0.5m，在摊铺的同时利用推土机对路肩进行初步压实，并保证压路机压到路肩时不致发生滑坡。

(3) 洒水或晾晒

严格控制填料的含水量。含水量不超过试验中求得的最佳含水量的 2%或不低于最佳含水量的 3%。当含水量太低时，在表面洒水并尽可能地搅拌，待提高含水量后再摊铺碾压；当填料含水量超过规定时，则在摊铺后先晾晒，待降低含水量至最佳含水量时再碾压，填层厚度可适当减薄。在洒水或晾晒时，前、后两区段交叉施工。

(4) 机械碾压

填土压实作业用光轮压路机配合重型振动压路机碾压。

压实前，由领工员、压路机司机进行检查，确认层厚及平整度符合要求后，再进行碾压。用振动压路机进行碾压时，第一遍静压，然后先慢后快，由弱振至强振，最快行驶速度控制在 4km/h，由两边向中央纵向进退式进行。横向接头重叠 0.4~0.5m，前后相邻两区段间纵向重叠 1.5~2.0m。做到压实均匀，没有漏压、死角。

按照压实部位密度标准、填层厚度及控制压实遍数进行压实。压实遍数由试验人员根据试验段确定的压实系数提供。精密度和 K30 检测合格，且监理平行检测合格后，方可转入下一道工序。不合格时进行补压，直至合格。

(5) 检验签证

按验标要求对填料质量，填筑厚度，填层面纵、横方向平整度，路面坡，压实质量，边坡质量等进行检查验收，达不到标准的按要求进行整修合格后予签认。

(6) 路面、边坡整形

路堤按设计标高填筑完成后，每 20m 设一个断面三个桩(两个边桩，一个中桩)。进行高程测量，计算平整高度，施放路肩边线桩，修筑路拱，并用光轮压路机碾压一遍，使路面光洁无浮土，横向排水坡符合要求。

依据路肩边线桩，用人工按设计坡率挂线刷去超填部分。边坡刷去超填部分后进行整修夯实，整修后的边坡达到坡面平顺没有凹凸，转折处棱线明显，直线处平直，变化处平顺，压实度合格。

2. 改良土填筑方法

填料改良主要分为化学改良及物理改良两种。化学改良系指细粒土中掺入 3%~5%的水泥或 5%~8%的石灰进行改良；物理改良系指掺入 10%~25%的粗骨料(如砂、卵、砾、碎)石土进行改良。改良土均采用场拌法生产，质量标准必须满足设计要求。

(1) 改良土生产及运输

① 施工准备

做好拌和站的规划建设和碎土设备、稳定土拌和站设备安装调试，计量设备标定等工作，做好室内配合比、施工配合比设计，试样检测试验。

机械选型及布置：利用全强风化粉质砂岩(呈土状)作原料土，为了保证拌合质量，满足石灰改良土的细度要求，拟采用 Y5T-600A 液压碎土设备先进行破碎，然后用 WB5300 型自动计量拌和站拌和。先破碎后拌和。

② 破碎工艺

碎土设备与稳定土拌和站按“L”形进行平面组合。碎土直接进入拌和站配料仓。

正式破碎前须与下级稳定土拌和站进行联动联调，使两级设备的生产能力协调一致，以便达到最佳的质量和经济效果。

原料土的粒径须小于碎土设备的破碎能力，超过此限的土团剔除或改小。植物根茎在取土源处予以清除。

后台上料选用装载机上料。

破碎出料运输皮带的落料口对准下级稳定土拌和站的配料仓漏斗，破碎土可快速通过漏斗进入搅拌筒。随后添加改良剂，配备 2 只 100t 的粉体罐：一只储存石灰粉体；一只备用储存水泥粉体罐。改良剂粉体通过螺旋输送器添加到配料仓。

③ 拌和工艺

在正式拌和前，采用 Y5T-600A 液压碎土设备对填料进行粉碎处理，并调试所用的厂拌设备，保证拌和均匀。

采用 WB5300 拌和站对已破碎的填料进行拌和。在设定拌和产量时，将拌和产量设定在略大于破碎机产量的工况，使拌和站配料仓保持较少的存料，防止拌合站配料仓因进料过快而出现“粘”“堵”“拱”“卡”的现象。

改良土的含水量低于设计要求时，在拌和站这一级设备加水拌和。

采用雾化加水技术，加水量通过精密计量装置加以控制。

原状土和改良土混合料的实际含水量都要进行跟班检测，以便实时调整。

拌和成品混合料经皮带机运送进入储料仓。

④ 混合料运输

采用 15t 以上大型自卸车运输，成品仓前至少要有 3 台车在等待装料。在气候干燥、水分蒸发过快的天气条件下运输时，车斗加苫布覆盖，以保证混合料的含水量维持在允许的误差范围内。运料车不得在新铺且未碾压成型的层面上行驶。

（2）填筑施工

正式填筑前，先做试验段，通过试验选定改良土的松铺和压实厚度、压实方法（含机械组合）、碾压含水量等，报监理工程师批准后指导施工。

① 施工准备。主要做好路堤本体或下承层的检查验收、填筑宽度线放样、施工设备的选型与配套、施工人员的技术交底与培训等。

② 基床底层填筑前应根据所选的机械和填料种类进行填筑工艺试验。试验段的长度不小于 50m。

③ 基床底层填筑按“三阶段、四区段、八流程”的施工工艺组织施工，每个区段的长度应根据使用机械的能力、数量确定，一般宜在 200m 以上或以构造物为界。各区段或流程内严禁几种作业交叉进行。

④ 基床底层按照横断面全宽、纵向分层填筑。每层压实厚度≤30cm，并且最小压实厚度不宜<10cm。填料摊铺使用推土机进行初平，再用平地机进行平整，对于出现的坑洼进行平整。填层面无显著的局部凹凸，并做成向两侧横向排水坡。

⑤ 改良土混合料填筑时，必须严格控制其填料出场的含水率在工艺试验确定的施工允

许含水率范围内。施工前做好场地的临时排水和防雨措施，严禁雨天作业，避免低温施工、人为停工。确需停工时，必须做好养生，防止水分流失。

⑥ 改良土混合料接近最佳含水率时，用重型压路机在路基全宽内碾压至要求的压实密度，且表面无明显的轮迹。压实顺序应按先两侧后中间，先静压后弱振、再强振的操作程序进行碾压。各种压路机的最大碾压行驶速度不宜超过 4km/h。各区段交接处，应互相重叠压实，纵向搭接长度应≥2m，沿线路纵向行与行之间应压实重叠 0.4~0.5m，上、下两层填筑接头应错开≥3.0m。

⑦ 改良土的养护。改良土施工完后，应进行洒水养护，防止表面开裂，洒水养护次数应根据气温确定，以不干燥、不裂纹为原则。

3. *填石路堤填筑方法*

(1) 填石路堤施工工艺流程

填石路堤填筑施工工艺流程如图 3-4 所示。

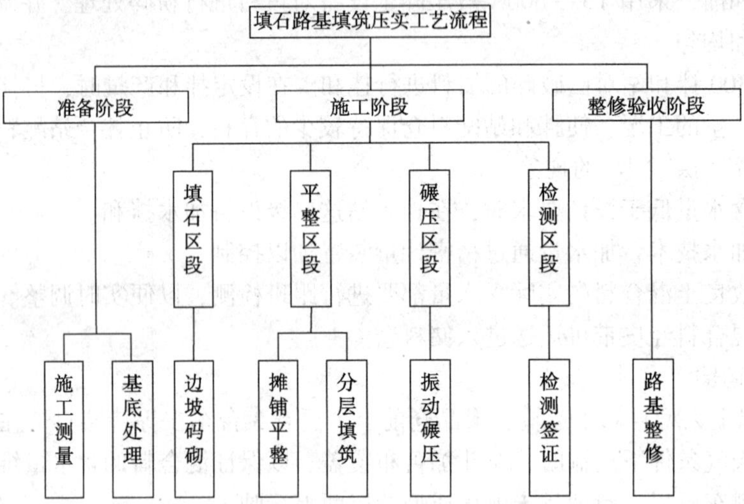

图 3-4　填石路堤填筑施工工艺流程图

(2) 填石路堤工艺方法

利用石方填筑路堤时，移挖作填的近距离石方采用推土机填筑施工，较远距离采用挖掘机、装载机装石方，自卸汽车运输，人工辅助推土机整平，重型振动压路机碾压密实。用于路基填筑的石料，选择符合规范要求、级配良好的石料，其最大粒径不超过层厚 2/3。对于较大粒径石料，用碎石机或小炮破碎后再装车运至填筑路段。填筑时，采用横断面全宽、纵断面分层填筑压实，每层填筑厚度按规范要求或由试验段工艺试验确定。较大石块填筑前进行破碎解体或码砌于坡脚，并在填筑前应提前安排好车辆运行路线，由专人指挥卸料，先低后高，先两侧后中央，然后用推土机均匀整平，使石料之间无明显高差，个别不平地段人工配合用细料找平。

碾压采用振动压路机分层碾压，直至压实层顶面稳定、无下沉、石块紧密、表面平整为止。碾压时行与行之间应重叠 0.4~0.5m，前、后相邻区段应重叠 1~2m。

(五) 路基填筑质量检验

检测用核子密度仪和 *Evd* 动弹模量检测仪进行，然后根据试铺段建立的核子密度仪和灌

砂法及 $K30$ 和 Evd、$Ev2$ 法之间的相互关系初步判断，能达到要求后，再用灌砂法和 K30 检测，提高检测效率，确保检测的时效性、真实性，避免因路基压实质量不合格而引起的重复检测。

1. 路基基床表层级配砂砾石或级配碎石压实标准、外形尺寸允许偏差

基床表层填筑压实标准按表 3-1 的要求，采用地基系数 $K30$、动态变形模量 Evd 和孔隙率 n 三项指标控制。

表 3-1　基床表层填筑压实标准

填料	压实标准		
	地基系数 $K30$/(MPa/m)	动态变形模量 Evd/MPa	孔隙率 n
级配砂砾石或级配碎石	≥190	≥55	<18%

基床表层外形尺寸允许偏差按表 3-2 的要求控制。

表 3-2　基床表层外形尺寸允许偏差

序　号	项　目	允许偏差
1	中线高程	±10mm
2	路肩高程	±10mm
3	中线至路肩边缘	0，+20mm
4	宽度	不小于设计值
5	横坡	±0. 5%
6	平整度	≤10mm
7	厚度	-20mm

2. 路基基床底层压实标准、外形尺寸允许偏差

基床底层压实质量按表 3-3 的要求，采用地基系数 $K30$、动态变形模量 Evd、压实系数 K(或孔隙率 n)三项指标控制。

表 3-3　基床底层压实质量标准

填料	压实标准	改良细粒土	砂类土及细砾土	碎石类及粗砾土
A、B 组填料及改良土	地基系数 $K30$/(MPa/m)	≥110	≥130	≥150
	动态变形模量 Evd/MPa	≥40	≥40	≥40
	压实系数 K	≥0. 95	—	—
	孔隙率 n	—	<28%	<28%

注：当改良土采用物理改良方法时，其压实标准应符合本表规定；当采用化学改良方法时，其压实标准除符合本表规定外，还应符合设计提出的技术要求。

3. 基床以下路堤填料及压实标准

原则上采用 A、B 组及 C 组中的块石、碎石、砾石类填料及改良土，但必须满足颗粒细度及级配要求，对细粒土(膨胀土、有机土等性质不稳定的土除外)、粉土和易风化软岩块石及其风化物等 C 组填料，应进行改良，同时采取边坡加筋、坡面防护等加固措施。

不同性质的填料应分别填筑，不得混填。每一水平层的全宽应用同一种填料填筑，每种

填料层累计总厚不宜<50cm。当上、下相邻填层使用不同种类及颗粒条件的填料时，其粒径应符合 $D15/d85 \leqslant 4$（两层渗水土间）或 $D15 \leqslant 0.5$mm（非渗水土与渗水土间）的要求。否则，两层之间应铺设隔离作用的土工合成材料。

路堤应沿横断面全宽、纵向分层填筑。当原地面高低不平时，应先从最低处分层填筑，两边向中部填筑。路基边坡两侧超填宽度不宜<50cm，竣工时应刷坡整平。

分层填筑厚度应根据压实机械压实能力、填料种类和要求的压实密度，通过现场工艺试验确定。采用碎石类土和砾石类土填筑时，分层的最大压实厚度不应>40cm；采用砂类土和改良细粒土填筑时，分层的最大压实厚度不应>30cm。分层填筑的最小分层厚度不宜<10cm。

基床以下路堤填筑压实质量按表 3-4 的要求控制。其中改良细粒土采用 $K30$ 和 K 两项指标，砂类土、细砾土、碎石类及粗砾土采用 $K30$ 和 n 两项指标。

表 3-4　基床以下路堤填筑压实质量标准

填料	压实标准	改良细粒土	砂类土及细砾土	碎石类及粗砾土
A、B 组及 C 组（不含细粒土、粉沙及易风化软质岩）填料及改良土	地基系数 $K30$/（MPa/m）	≥90	≥110	≥130
	压实系数 K	≥0.90	—	—
	孔隙率 n	—	<31%	<31%

基床以下路堤顶面外形尺寸允许偏差按表 3-5 的要求控制。

表 3-5　基床以下路堤顶面外形尺寸允许偏差

序　号	项　目	允许偏差
1	中线至边缘距离	±50mm
2	宽度	不小于设计值
3	横坡	±0.5%
4	平整度	不大于 15mm

4. 路堤边坡

路堤边坡采用加宽超填或专用边坡压实机械施工。当采用加宽超填方法时，超填宽度不宜<50cm。

路基施工时，填筑面应平整，并根据现场情况做必要的截水沟和急流槽等截、排水设施。

路基刷坡宜用刷坡机械进行刷坡。机械刷坡时应根据路肩线用坡度尺控制坡度。人工刷坡时采取挂方格网控制边坡平整度和坡度，方格网桩距不宜>10m。

第二节　土质路堤填筑

一、公路土质路基施工要点技术探讨

（一）基本要求

土质路基的挖填，首先必须搞好施工排水，包括开挖地面临时排水沟槽及设法降低地下水位，以便始终保持施工场地的干燥。这不仅因为土在干燥状态下易于操作，而且控制土的湿度是确保路堤填筑质量的关键。从有效控制土的含水量需要出发，土质路基的施工作业面不宜太大，以有利于组织快速施工，随挖随运，及时填筑压实成型，减少施工过程中的日晒雨淋，尽量保持土的天然湿度，避免过干或过湿。一般条件下土的天然含水量接近最佳值，必要时，应考虑人工洒水或晾干措施。雨季施工，尤应按照施工技术操作规程的有关规定，加强临时排水，确保路基质量。过湿填土，碾压后形成弹簧现象，必须挖除重填，必要时可采取其他相应的加固措施。

路基挖填范围内的地表障碍物，事先应予以拆除，其中包括原有房屋的拆迁树木和丛林茎根的清除，以及表层种植土、过湿土与设计文件或规程所规定之杂物等的清除。在此前提下，必要时按设计要求对路堤上层进行加固。路基取土与填筑，必须有条不紊，有计划、有步骤地进行操作，这不仅是文明施工的需要，而且是选择和合理利用填土的保证。不同性质的路基用土，除按规定予以废弃和适当处治外，一般不允许任意混填。路堑开挖，应在全横断面进行，自上而下一次成型，注意按设计要求准确放样，不断检查校正，边坡表面削齐拍平。路堑底面，如土质坚实，应尽量不扰动，予以整平压实，如果土质较差、水文条件不良，应根据路面强度设计要求，采取加深边沟，设置地下盲沟以及挖松表层一定深度原土层，重新分层填筑与压实或必要时予以换土和加固，以确保路堑底层土基的强度与稳定性达到规定标准，这对于修筑沥青类路面尤为重要。土质路堤，应视路基高度及设计要求，先着手清理或加固地基。潮湿地基尽量疏干预压，如果地下水位较高，因工期紧或其他原因无法疏干，第一层填土适当加厚或填以砂性土后再予以压实。一般情况下，路堤填土应在全宽范围内，分层填平，充分压实，每日施工结束时，表层填土应压实完毕，防止间隔期中雨淋或曝晒。路堤加宽或新旧土层搭接处，原土层挖成台阶，逐层填新土，不允许将薄层新填土层贴在原路基的表面。

路基原定设计要求及施工操作规程，是路基施工的依据及质量检验的标准，必须严格执行。遇有特殊情况，无法按原设计和规程实施，需按基建程序中规定的手续，会同有关单位协商解决。

（二）填挖方案

1. 路堤填筑

土质路堤(包括石质土)，按填土顺序可分为分层平铺和竖向填筑两种方案。分层平铺是基本的方案，如符合分层填平和压实的要求，则效果较好，且质量有保证，有条件时应尽量采用。

分层平铺有利于压实，可以保证强度，不同用土按规定层次填筑。其中正确方案要点是：不同用土水平分层，以保证强度均匀；透水性差的用土，如黏性土等，一般宜填于下层，表面成双向横坡，有利于排除积水，防止水害；同一层次有不同用土时，接搭处成斜面，以保证在该层厚度范围内强度比较均匀，防止产生明显变形。不正确的方案主要是指：未水平分层，有反坡积水，夹有冻土块和粗大石块，以及有陡坡斜面等，其主要问题亦在于强度不均匀和排水不利。此外，还应注意用土不含有害杂质(草木、有机物等)及未经处置的劣土(细粉土、膨胀土、盐渍土与腐殖土等)。桥涵、挡土墙等结构物的回填土，以砂性土为宜，防止不均匀沉降并按有关操作规程回填和夯实。

竖向填筑，指沿路中心线方向逐步向前深填，路线跨越深谷或池塘时，地面高差大，填土面积小，难以水平分层卸土，以及陡坡地段上半挖半填路基，局部路段横坡较陡或难以分层填筑等可采用竖向填筑方案。竖向填筑的质量在于密实程度，为此宜采用必要的技术措施。如选用振动式或锤式夯击机；选用沉陷量较小及粒径较均匀的砂石填料；路堤全宽一次成型；暂不修剪较高级的路面，容许短期内自然沉落。此外，尽量采用混合填筑方案，即下层竖向填筑，上层水平分层，必要时可考虑参照地基加固的注入、扩孔或强夯等措施，以保证填土具有足够的密实度。

2. 路堑开挖

土质路堑开挖，根据挖方数量大小及施工方法的不同，按掘进方向可分为纵向全宽掘进和横向通道掘进两种，同时又可在高度上分单层或双层和纵横掘进混合等(以上掘进方向依路线纵横方向命名)。纵向全宽掘进是在路线一端或两端，沿路线纵向向前开挖，单层掘进的高度，即等于路堑设计深度。掘进时逐段成型向前推进运土由相反方向送出。单层纵向掘进的高度，受到人工操作安全及机械操作有效因素的限制，如果施工时间紧迫，对于较深路堑，可采用双层掘进法，上层在前、下层随后，下层施工面上留有上层操作的出土和排水通道。此横向通道掘进是先在路堑纵向挖出通道，然后分段同时向横向掘进，加速施工进度，在开挖长而深的路堑时用。施工时可以分层和分段，层高和段长视施工方法而定。该法工作面多，但运土通道有限制，施工的干扰性增大，必须周密安排，以防在混乱中出现质量或安全事故。个别情况下，为了扩大施工面，加快施工进度，对土路堑的开挖，还可以考虑采用双层式纵横通道的混合掘进方案，同时沿纵横的正反方向，多施工面同时掘进。混合掘进方案的干扰性更大，一般仅限于人工施工，对于深路堑，如果挖方工程数量大及工期受到限制时可考虑采用。

(三) 机械化施工

常用的路基土方机械有松土机、平土机、推土机、铲运机和挖掘机(配以汽车运土)，此外还有压实机具及压力机械等。各种土方机械可进行单机作业，例如平土机、推土机及铲运机等；以挖掘机为代表的主机，需要配以松土、运土、平土及压实等相应机具，相互配套，综合完成路基施工任务。各种土方机械，按其性能，可以完成路基土方的部分或全部工作。选择机械种类和操作方案是组织施工的第一步，为能发挥机械的使用效率，必须根据工程性质、施工条件、机械性能择优选用。

工程实践证明，再多再好的机械设备，如果使用不当、组织管理不善、配合不协调，机械化施工就显示不出其优越性，甚至适得其反，造成浪费。各种机具设备，均有其独特性能和操作技巧，应配有专职人员使用与保养，严格执行操作规程。从整个施工组织管理以及指挥调度方面而言，组织机械化施工，应注意以下几点：建立健全施工管理体制与相应组织机构，一般宜成立专业化的机械施工队伍，以便统一经营管理，独立经济核算；对每项路基工程应有严密的施工组织计划，并合理选择施工方案，在服从总的调度计划安排下，各作业班组或主机，均编制具体计划；在综合机械化施工中，尤其是要加强作业计划工作；在机具设备有限制的条件下，要善于抓重点，所谓重点，是指工程重点，在综合机械化作业中，重点就是主机的生产效率。

总之，以上几点对非机械化施工，对整个路基工程及公路施工，均具有普遍的指导意义，对综合机械化作业具有更重要的指导意义。

二、土质路基施工注意事项及质量检测

路基的施工质量直接影响到路面，有些新建公路投入运行不久，路面就发生破坏或下陷，其主要原因之一是路基的施工质量问题。路基的各种病害关系到养护维修费用增加，乃至影响交通运输的畅通与安全，因此，对路基施工及质量检测要充分重视、合理实施。本文以沿黄线公路改建工程土质路基施工实例为依据，分析了路基施工的注意事项，并介绍了控制路基质量的检测方法。

（一）施工准备

1. 组织准备工作

组织准备工作主要是建立和健全施工组织管理机构，制定施工管理制度，明确施工任务，确立施工应达到的目标等。还要与有关单位及个人签订协议，在动工前将各种拆迁及征用土地工作处理完毕。对临时道路及工程房屋的修建、供水、供电、通信及必需的生活福利设施等的安装及建设等。

2. 技术准备工作

技术准备工作包括施工现场的勘察，核对与必要时修改设计文件，编制施工组织设计，施工测量、施工放样和清理施工现场等。

（1）建立健全质量保证体系。良好、健全的质量保证体系是工程施工的火车头，针对项目的特殊性制定本项目的质量保证体系，从项目的管理到项目的安全、施工、试验等，真正做到每个环节、每个部门各负其责，使工程施工得以顺利进行。

（2）确定材料试验数据。材料试验数据是工程施工依据，针对所用施工原材料，掌握材料的各项试验数据，确定材料的最大干密度、最佳含水量、CBR 等值，才能保证施工过程中各检测项目的准确性，最终保证工程质量。

3. 表土清理与压实

在路基施工范围内，对树根或有树根的表层土必须挖除，并将挖除的不带树根的表土运到指定的储料堆。对路基内腐殖土、有机质土进行清除，路基内如填筑有腐殖土、有机质土，随时间延长土质易腐烂，造成路基下沉。路堤基底的原状土如不符合 JTG F10—2006《公路路基施工技术规范》要求时，应进行换土，换填深度应≥30cm，根据不同的地质情况确定不同的填筑材料及深度。对已清表的表层根据规范要求进行整平压实，压实度应符合设计及规范要求方可进行下一工序。

（二）路基施工

1. 路堤填筑

（1）路堤填筑材料的选择

路堤填筑应用透水性良好的材料，尽量选择当地稳定性好且有一定强度的土石作为填筑材料，对生活垃圾、腐殖土、冻土等影响路基强度的土要严禁使用，如取好土确有困难，可将劣质土中掺加一定的外加剂，改良土质，提高其强度，如掺加石灰。用透水性不良及不透水的土填筑路堤时，需使其含水量接近最佳含水量时方可进行压实。

（2）路堤填筑对厚度的要求

路堤填筑应分层填筑压实，按设计及规范规定的层厚均匀填筑并压实，一般压实的松铺

为 30cm，才能保证压实度的稳定性。如果填筑过厚，压实层底部就很难达到要求的压实度，并且影响施工进度，填筑过薄则施工段难以形成板结层，影响结构层强度。

(3) 路堤填筑对宽度的要求

路堤填筑过程中对宽度也要有严格的要求，根据实际经验，路堤填筑的宽度一般要比设计宽度超出 30~50cm，如按实际填筑则边缘部分不易压实，路基边缘压实度很难保证。

2. 路堑开挖

开挖路堑前应首先处理好排水，并根据断面的土层分布、地形条件、施工方法，以及土方的利用和废弃情况综合考虑，力求做到运距短、占地少。路堑开挖的注意事项：(1)废土的处理，尽量考虑用于填土，弃土应弃置在指定地点；(2)路堑与路堤交界处的清表，遇土质不良须更换透水性好的土。

3. 试验段的铺筑

工地路基填筑开工前应进行试验路施工，总结出人员、机械配置和工艺控制、质量控制方法等，路基填筑厚度要根据试验段试验确定，因此，试验段铺筑对后续大面积施工起到指导作用。沿黄线改建工程在填筑路堤时采用分层填筑法。

4. 改建工程中加宽旧路堤的要求

(1) 所用土宜与旧路堤相同，否则宜选用透水性较好的土或选用接近于路堤的土；

(2) 清除地基上的杂草，并沿旧路边坡挖成向内倾斜的台阶(台阶宽度≥1m)，砂性土可不挖台阶。

5. 桥涵填土

为保证桥头路堤稳定，台背填土除设计文件另有规定外，一般应用砂性土或其他渗水性土填筑。填土长度：一般在上部为距翼墙尾端不小于台高加 2m；下部为距基础内缘不小于 2m。填土高度：从路堤顶面向下计算，在冰冻地区一般不小于 2.5m；无冰冻地区到高水位，均应填以渗水性土，其余部分可用与路堤相同的土填筑，并在其上设横向排水盲沟或铺向外倾斜的黏土或胶泥层。填土应分层夯实到要求的压实度，每层的压实厚度不得>30cm，桥台背后填土应与锥坡填土同时进行。

(三) 质量检测

质量检测的主要指标有压实度和路基弯沉及路基宽度、高程、平整度等。

1. 压实度

压实度是路基施工过程中质量检测的重要技术指标，不同的土质通过开挖、搬运，其原状结构已经被破坏，在今后的荷载下很容易出现大面积下沉及滑动，所以必须根据路基的不同土质及特殊地段进行压实，压实过程中应对摊铺厚度、材料含水量、压实机械及压实机械速度、碾压遍数严格控制，使压实度达到设计及规范要求。(1)首先根据现场所用材料确定最佳含水量及最大干密度。通过室内击实实验绘制密实度与含水率之间的关系曲线图，并确定最佳含水率及最大干密度。(2)针对不同路段及材料分别对已碾压完毕路段进行压实度检测，检测压实度一般采用灌砂法、环刀法、蜡封法、水袋法或核子密度仪法。本项目根据填土性能及填土深度采用灌砂法，用灌砂法检测压实度前应对标准砂的密度及锥体筒的锥体内体积进行标定。灌砂法取土坑的底面位置为每一压实层底部，取土时要将试坑内的试样全部取出，不得残留和漏掉。取出后称出湿试样并记录好，之后把称好的砂倒进灌砂筒。往试坑内灌砂完毕后，关掉开关，称剩余砂重，用灌砂前的砂重减去剩余砂重再除以标准砂密度得出土坑体积。再用湿试样重除以土坑体积得出湿密度。把试样均匀取出 1kg 放到试盘中用酒精烧 3 次，直至没有水分。再称剩余干土重量，用干土重量除以 1kg 得出含水量 w，用湿密度除以 $1+0.01w$ 得出干密度，最后确定压实度。压实度检测频率为每 200m 压实层测 4 处，对特殊路段可增加检测频率。如检测压实度达不到要求的压实度标准须再进行碾压，直至达到要求为止。

2. 路基弯沉

路基弯沉同样是路基检测重要指标，弯沉指标的好坏直接关系到以后路基的稳定性，对已压实完毕路段要进行路基弯沉检测，土方路基弯沉值检测一般用贝克曼梁或自动弯沉仪测量。贝克曼梁检测要注意检测车辆后轴标准轴载(100±1)kN、轮胎充气压力(0. 70±0. 05)MPa、单轮压面当量圆直径(21. 30±0. 5)cm，检测频率：每一双车道评定路基不超过 1km 检查 80～100 个点；多车道公路必须按车道数与双车道数之比，相应增加测点。自动弯沉仪的测量是利用了贝克曼梁的原理来进行的快速测定，检测频率与贝克曼梁相同。弯沉的检测应不大于设计要求值。

3. 路基宽度、高程及平整度的检验

路基宽度用米尺每 25m 检测一个断面；高程应用水准仪每 25m 按中桩边桩检测高程；平整度用 3m 直尺每 100m 测 2 处，每处 10 个点。路基施工的各个环节，每个程序都关系到整个工程项目的最终质量，做到从材料到施工到检测环环齐抓，最终保证工程的质量。

三、土质路基填挖方案

公路是线型建筑物，路基是线型建筑物的主体，其贯穿公路全线，与桥梁、隧道相连。因此，路基是公路的重要组成部分，其质量好坏，关系到整个公路的质量。路基又是路面的基础，与路面共同承受行车荷载的作用。多年来的实践证明，没有坚固、稳定的路基，就没有稳固的路面，路基的强度和稳定性是保证路面强度和稳定性的先决条件。因此，路基施工在一条公路建设项目中是很关键的。本文主要浅谈最常见的土质路基填挖方案。

（一）基底处理

1. 路堤的填筑

路堤填筑之前，首先要做基底处理，路堤基底是土石填料与原地面的接触部分。为使两者结合紧密，防止路堤沿基底发生滑动，或路堤填筑后产生过大的沉陷变形，可以根据基底的土质、坡度和植被情况及填土高度采取相应的处理措施。

(1) 对于密实度稳定的土质基底，当地面横坡缓于 1∶10 且路堤高度超过 0. 5m 时，基底可不做处理，路堤高度低于 0. 5m 时，应将原地面草皮清除干净；地面横坡为(1∶10)～(1∶1. 5)时，需铲除原地面草皮、杂物、积水和淤泥后再进行填筑；当地面横坡为(1∶5)～(1∶2. 5)时，在清除草皮杂物后，还将坡面挖成台阶，其宽度不小于 1m，高度为 0. 2～0. 3m，台阶顶面做成内倾 2%～4%的斜坡。如图 3-5 所示。当地面横坡陡于 1∶2. 5 时应挖成锯齿形；若为砂质土斜坡，则不宜挖台阶，

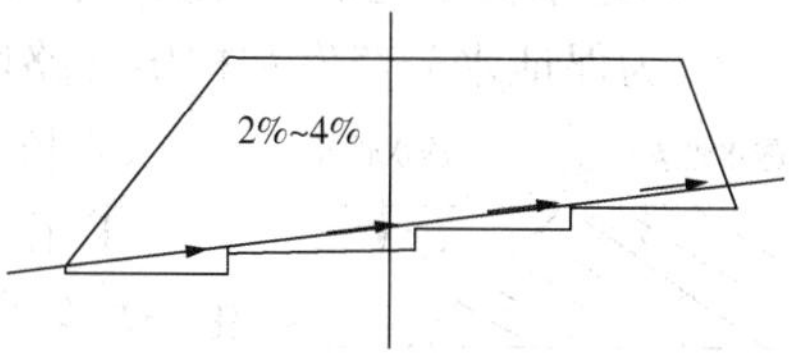

图 3-5　斜坡路基的处理

只要把土壤翻松即可。

（2）路线经过耕地或松土，地面横坡小于 1∶5 时，若松土厚度不大，需将原地面夯压密实再填土；若松土厚度较大，应将松土翻挖至紧密层，再分层填筑夯实。对于水田、塘堰，需先将基底疏干，必要时应采取排淤、换土等措施，将基底加固后再进行填筑。

（3）当路基受到地下水影响时，应予以拦截或排除，引地下水至路堤基础范围之外；如处理有困难时，则应在路堤底部填以渗透性好的土或不易风化的岩块。

（4）路堤基底的原状土的强度不符合要求时，应进行换填，其深度不小于 30cm，并予以分层压实，压实度达到下述规定要求：高速、一级和二级公路路堤基底的压实度不小于 85%，当路堤填土高度小于路床厚度（80cm）时，基底的压实度不宜小于路床的压实度标准。

2. 填料选择

由于沿线土石的性质和状态不同，所以路基的稳定性也有很大差异。为确保路堤的强度和稳定性，需尽可能选择当地稳定性良好的土石作填料。

石块、碎石土、卵石、砾石土、中粗砂等具有摩擦系数大、不易压缩、强度受水的影响小等优点，应优先选用。（2008 年 5 月 5335 棠西线桐柏境公路改建中，路基处理就采用碎石土与砾石土）

粉质低液限砂土、低液限黏土、中液限黏土以及高液限黏土，经压实后能获得足够的强度和稳定性，是比较理想的路堤填料，但必须注意土中的有机物质和易溶盐含量不应超出规定的数值。粉质低液限黏土、粉土和粉质中液限黏土等粉性土，水稳定性差，不宜作路堤填料。

液限很高的黏土透水性差，施工困难，影响质量，一般不用来填筑路基。

黄土属于粉质中液限黏土，具有大孔性结构，填筑路基必须注意做好排水及坡面防护。

3. 填土压实

填土压实是保证路堤填筑质量的关键，必须十分重视。弄清影响压实度的四个主要因素，即含水量、土质、压实功能、压实工具和方法。

4. 填筑方案

路堤填筑方案有三种：分层填筑法、竖向填筑法和混合法。

（1）分层填筑法是按照路堤设计横断面，自下而上逐层填筑，它可将不同性质的土，有规划地分层填筑和压实，易于获得必要的压实度和稳定性。每层填土的厚度，可按压实机具的有效压实深度和要求的压实度确定。在施工过程中，沿线的土质经常在变化，为不致将不同性质的土任意混填，以致造成路基病害，必须在施工前进行现场调查，拟定合理的调配方案。

正确地填筑方案应满足下述要求：

① 不同土质分层填筑，透水性差的土填筑下层时，其表面应做成一定的横坡，以保证来自上层透水性填土的水分及时排出；

② 为保证水分蒸发和排出，路堤不宜被透水性差的土层封闭；

③ 依强度和稳定性的要求，合理地安排不同土质的层位；

④ 在纵向采用不同的土质填筑的相邻两段路堤时，为防止发生不均匀变形，交接处应做成斜面，并将透水性差的土填在斜面的下部。如图 3-6 所示。

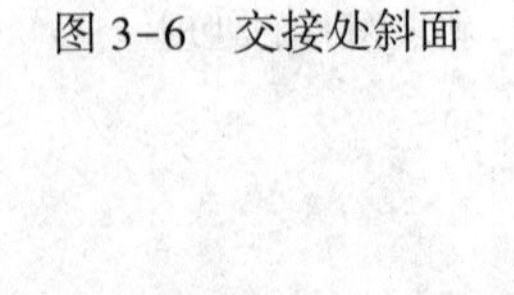

图 3-6　交接处斜面

桥头及涵洞(管)填土，为防止不均匀沉陷，应选择透水性好的砂性土填筑。桥台后面填土应与锥坡填土同时进行，轻型桥台的桥头填土应在桥两端同时进行，应认真做到水平分层填筑和夯实。涵洞两侧应水平分层对称地向上填筑，分层夯实，并注意压实度的均匀性。

(2) 竖向填筑法。在深谷陡坡填筑路堤，因运土困难，不宜采用分层填筑法，而改用竖向填筑法，从路堤的一端或两端的某一高度把土倾倒到路堤底部，并逐渐沿纵向向前填筑，竖向填筑因填土过厚不易压实，应注意采取有效措施。如图 3-7 所示。

(3) 混合填筑法。如因地形限制或堤身较高，不宜按以上两种方式自始至终进行填筑时，可采用混合填筑法。即路堤下层用竖向填筑，上层用水平分层填筑，使上部填土经分层压实获得所需要的压实度。如图 3-8 所示。

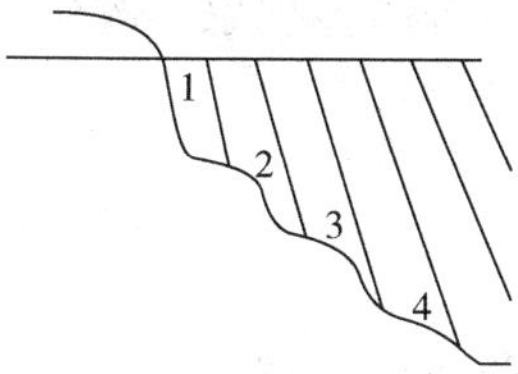

图 3-7　竖向填筑法

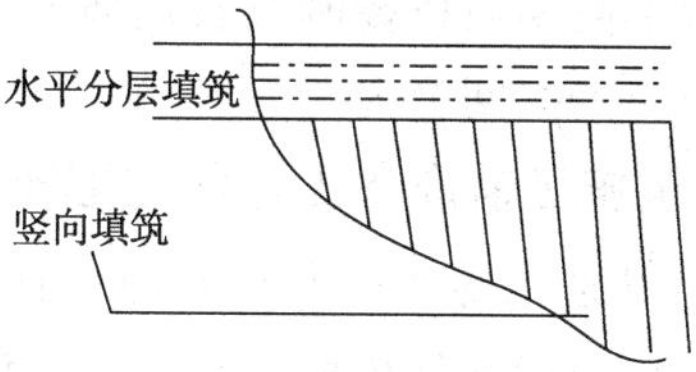

图 3-8　混合填筑法

（二）路堑开挖

路堑由天然地层形成，开挖后边坡易发生变形破坏，路基的病害常发生在路堑挖方地段，如滑坡、坍方、落石、路基翻浆等。所以为保证路堑的稳定性，在施工过程中应根据路堑的深、纵向长度，以及地形、地质、土石方调配等情况和机械设备条件等因素确定，以便加快施工进度，提高工作效率。

(1) 横向全宽挖掘法

横向全宽挖掘可按全断面横挖法，从路堑的一端或两端进行，此法适用于较短的路堑。

(2) 纵向开挖法

纵向开挖可分为分段纵挖法、分层纵挖法和通道纵挖法。分段纵挖法适用于路堑过长、运距过远的土方工程，如傍山路堑，一侧堑壁不厚不深，可适当地选择一个或几个地方将堑壁挖穿，把长堑分成几段开挖。分层纵挖法是沿线全宽，以深度不大的纵向分层开挖。通道纵挖法是先沿路堑纵向挖一通道，然后开挖两旁，此法是土方工程快速施工的有效方法。

(3) 混合法

混合式开挖法是将横挖法、通道纵挖法混合使用，即先顺路堑方向挖通通道，然后沿横向坡面挖掘，以增加开挖坡面。在较大的挖土地段，还可沿横向再挖沟，以装置传动设备或运土车辆。无论选择哪种施工方案，都必须考虑公路沿线的自然条件、工程量的大小、施工工期以及采用的机具等因素。另外，还需考虑土层的分布及利用，因地制宜地采取有效的工程措施，以保证路基的强度和稳定性。

四、土质填方路基施工质量的控制措施

路基是公路的重要组成部分，是路面的基础，与路面共同承受交通荷载的作用，是按路线位置和一定技术要求修筑的带状构物。路基施工质量的好坏将直接影响到路面的稳定性和整条路线的使用品质。对土质填方路基来说，影响施工质量的因素主要由土质、含水量、压

实功能(如机械性能、压实遍数及速度、土层厚度)及压实时外界自然和人为的其他因素等。本文结合作者多年施工经验，以××高速公路 CA 标 K91+240~K96+045.9 段为例对土质填方路基施工质量的控制进行一些粗浅的探讨。

随着高等级公路的飞速发展，公路行车的舒适性主要取决于路面质量，而据调查，我国路面产生早期损坏原因中因路基而造成的占 60%以上，而其中最主要原因是路基填筑施工质量控制不好。近年来，交通部先后颁发了公路路基设计、施工技术规范、公路土工试验规程、路基路面现场检测规程等规范、规程，极大地推进了公路路基工程技术的进步，提高工程质量水平和工效，同时也使路基工程质量监理有更好的操作性和指导性。

然而，我们也看到，目前在高等级公路路基工程施工，特别是路基填筑施工中，仍存在工程实体质量不高、质量控制及管理薄弱、试验检测滞后等诸多现象。改变这些现象，需要工程参建各单位的共同努力。

(一) 填筑施工前准备工作的监理要点

1. 测量、试验准备工作和提交的资料

目前，工程合同文件均要求承包人在路基填筑开工前要向监理上报施工方案和开工报告等资料，但由于各个项目的工程管理不同，承包人所报的资料也就粗细不一，甚至有些是敷衍应付，对路基施工缺乏有效指导。因此，在此阶段，监理需重点督促承包人做好以下施工准备工作并提交相应的资料。

(1) 不管承包合同中是否明确路基土石方为包干，承包人均应复测原地面，重新绘制出全线的纵、横断面图(可比设计简略)，结合对全线原地面、挖方、借土场的岩土试验、钻探勘察结果，分段、分区(93、94、96 压实区)、分类(清表土、填前压实沉降、地基处理、土、石等)计算土石方量，并合理地进行路堤填筑组合和纵横向调配，提交土石方调配表和调配图。

(2) 应提前及早做好土源的各种试验准备工作，并建立土工试验台账及土料使用台账、分段落压实度试验台账，以便监理及时掌握不同土源料的填筑位置、填筑数量，及时督促承包人根据合同要求按规定土方量进行承载比、击实、液塑限等试验。在很多工程中常出现没有及时进行岩土取样试验工作，承包人常以赶进度为由而不按要求进行承载比、击实、液塑限等试验。因此，监理要督促承包人提交并填写上述台账，并在施工中及时跟踪控制，如果发现某土源不适合路基填筑要求而需要外借土，可针对性地采取相应处理方案。

(3) 合理确定和划分作业段长度，作出分段、分层作业程序纵断面图，保证水平分层填筑，尽量减少接头，防止出现接坡和薄层。从填筑施工段横断面施工的最低点至上路床顶的高度，划分出计划填筑的层数编号及高程值的示意图，作为路基填筑施工《开工报告申请》的附件，如存在两段不同填筑高度的路基拉平时，其继续往上的层数应以整个填筑施工段统一考虑，即按层数多的填写。这样做，既方便控制路基的填筑施工，也可做到填筑层数的有序一致。一般情况下，较高路堤在填至下路堤(93 区)顶面倒数第五层之前的所有填筑可分段水平填筑(即按 0 纵坡控制)，填筑到倒数第五层时，开始调纵、横坡，进入 94 区后，按路线纵、横坡填筑。

2. 试验段

根据有关要求，工地路基填筑开工前都进行试验路施工，总结出人员、机械配置和工艺控制、质量控制方法等，根据2006年实施的JTG F10—2006《公路路基施工技术规范》(下面简称“路基规范”)，路基填筑厚度要根据试验段试验确定，因此，试验段铺筑对后续大面积施工起到指导作用。除一般试验要点外，监理还应重点关注：

(1) 压实度数据成果分析：要根据路基路面现场试验检测规程进行数据整理，对压实度特异值要舍去。

(2) 压实层厚、压实遍数、含水率、干密度之间的相互关系：由于室内击实试验与现场压路机压实际不同，因此，可在试验段确定现场实际的最佳含水率和最大干密度。如层厚不变，改变填土含水率与碾压遍数，测定对应之干密度，绘制含水率、干密度关系曲线。

依据这条曲线上确定该压路机可达到的最大干密度和相应的最佳含水率。在纵坐标上标出要求干密度 ρ_d 的点，(干密度 ρ_d 是通过室内击实试验，求出最大干密度 ρ_{dmax} 后，按要求的压实度算出的)，并从该点画一水平线与横坐标平行。这样可能出现三种情况：①该水平线在含水率干密度关系曲线上方通过；②该水平线与含水率干密度关系曲线的顶点相重合；③该水平线与含水率干密度关系曲线在两点相交，并由此而得 W_a、W_b。如果是第一种情况，则说明必须增加碾压遍数或减薄松铺厚度或改用较重的压路机。如果是第二种情况，则证明所选用的压路机、碾压遍数以及松铺厚度恰能满足要求，但碾压时对含水率要求严格，必须是最佳含水率，而不是一个范围，施工很难控制。如果是第三种情况，则证明压实机械选型、压实遍数、层厚是合适的，在 W_a 与 W_b 之间的任一含水率，都可保证路基所需之压实度，给施工创造了非常有利的条件。需要指出的是，合理含水率区间 $W_b \sim W_a$ 将与土质有很大的关系，对黏性土，该区间较小，对砂性土，该区间较大。对于路基土的干密度，其偏差系数常达3%~4%，因此，根据上述方法确定碾压遍数或碾压松铺厚度时，必须考虑这种不均匀性。还有含水率干密度关系曲线中的形状，如陡，则需要仔细控制含水率；如平稳，则不需要非常仔细控制含水率。特别在含水率小的一侧更是如此，因为碾压时，含水率不是那么敏感。

(二) 土质、填石、土石路堤填筑压实质量检测

路基填筑质量的好坏，压实度是最重要的内在指标之一，只有对路基进行充分压实，才能保证路基的强度、整体稳定性，并保证和延长公路的使用寿命。

在目前工程施工中，由于部分从业人员的素质参差不齐，以及对规范的理解不够透彻，在压实质量试验检测中存在一些观点争执的现象，甚至监理工程师之间也意见不同。另外，随着我国高等级公路飞速发展，填石、土石路堤成为大量采用的一种路基结构形式，我国广大工程技术人员对其质量检测与评价问题进行了广泛、深入的研究。特别是2006年实施的“路基规范”，根据各项目的科研成果对填石、土石路堤压实质量检测进行了总结和统一。

1. 土质、填石、土石路堤的界定方法

根据现行路基规范已明确的土石路堤、填石路堤定义，对于直接观察难于判断土石含量比例的，可在料场取已解小后的代表性土样按试验路方案进行摊铺、平整和碾压，在碾压好的平面上画出若干代表方格(2m×2m)，把方格土石挖出来，用37.5mm筛得土石含量比例，划分土、土石、填石路堤。然后，按JTG E41—2018《公路工程岩石试验规程》进行单轴饱和抗压强度试验，根据现行JTG D30—2015《公路路基设计规范》确定为硬质岩石(R≥60MPa)、中硬岩石(R：30~60MPa)、软质岩石(R：5~30MPa)。

2. 压实质量检测

(1) 填石路堤

路基规范中规定压实质量检测采取在试验路时采用孔隙率指标，确定施工工艺参数和压实沉降差作为检测双控制指标，同时结合外观检查的方法。对于孔隙率的计算，“路基规范”中提出填料干密度试验采用“水袋法”，笔者认为应明确为 JTG E40—2007《公路土工试验规程》(下面简称“土工规程”)中的“灌水法”，较为严谨。“路基规范”也未明确填料视密度是否需要测出所含粗细料后计算综合密度，笔者建议分别测定强、弱、微风化石料和残积土密度后计算综合密度。而沙庆林院士的研究认为，压实过程只是单个颗粒石料的相互接近，而不能使单个颗粒内部孔隙减少，不能采用视密度，而应采用毛体积相对密度。

(2) 土石路堤

① 中硬、硬质土石路堤

“路基规范”中规定压实质量检测采用在试验路时压实到最大干密度，即压实到规定压实度后确定施工工艺参数和压实沉降差作为检测双控制指标的方法。现场干密度试验采用“灌水法”，“路基规范”条文说明中提出要配制不同含石率的试样进行室内大筒击实试验，并确定不同含石率填料的最大干密度和最佳含水率，绘出不同含石率最大干密度曲线。

根据含石率和最大干密度关系曲线，在计算路基压实度时，通过现场测定的含石率，在曲线上找到对应的点，选取该点对应的最大干密度值。

应当提出的是，路基规范中提到进行室内大筒击实试验并未明确击实筒的尺寸，而根据土工规程的规定：“击实试验中轻型击实适用于粒径≤20mm 的土，重型击实适用于粒径≤40mm 的土”。因此，现场土石料没办法进行室内大筒击实试验。对此，笔者建议采用“土工规程”中的“表面振动压实仪法”或“振动台法”来确定不同含石量填料的最大干密度和最佳含水率。

另外，“路基规范”中规定对坚硬石料需根据不同粗料含量对细料的最大干密度进行修正，但未明确粗料与细料的界限粒径。根据“土工规程”，在“灌水法”试验中是以 60mm 作为细料与粗料(石块)的分界，“击实”试验中是以 40mm 作为分界；而据罗竟、邓延权、梁志锐等专家的研究，则以 5mm 作为分界。考虑到规范是以 37. 5mm 划分路堤类型的，笔者建议统一按 40mm 作为分界，与“土工规程”更为一致。

② 软质石料土石路堤

对于软质石料的压实质量检测，“路基规范”规定按土质路堤要求执行。但笔者认为该项规定要视现场石料性质及压实机械情况而定。理由是：根据“路基规范”规定，软质石料单轴饱和抗压强度 R 为 5~30MPa，而在目前我国公路工程中普遍采用的自重 20t 左右振动压路机碾压下，石块强度>20MPa 时，不易被压碎，即对于强度>20MPa 的软质石料，没办法按照土质路堤要求执行。因此，笔者建议对于软质石料土石路堤，当石块强度>15MPa 的，压实质量检测仍按中硬、硬质土石路堤规定执行；如果<15MPa 的则按土质路堤规定执行。

(3) 土质路堤

土质路堤的压实度检测中，最常用的是灌砂法。监理在用灌砂法对路基填筑进行压实度试验时应注意以下几方面：

① 在现场经常遇到土样中含有一部分粒径大于标准击实试验时试样粒径的颗粒，即超尺寸颗粒。按照要求，需进行密度调整。调整可采用两种方法：一是除去超尺寸颗粒的质量和体积，调整现场密度，此方法仅反映现场材料中较小尺寸颗粒的压实效果；二是调整室内标准击实最大干密度，此种方法也就是现行“路基规范”条文说明中提到的调整方法。由于目前公路工程施工是大规模机械施工，且工程进度快，如碰到超尺寸颗粒都进行调整，压实检测周期很长。故笔者建议按以下调整方法处理：如超尺寸颗粒只有一两颗，可直接将其放入试洞中，然后进行灌砂试验；如颗粒较多，放入试洞后会互相叠加，使灌入砂量减少，故需测出超尺寸颗粒体积 V 和质量 m，剔除其质量和体积后计算合适尺寸颗粒压实度，即上述第一种方法。

② 由于储砂筒砂面高度、砂的总重、标定罐深度、砂的颗粒组成等均在一定程度上影响量砂的密度。量砂密度标定准确与否，也将影响路基压实度的检测精度。所以，在进行路基压实度检测之前，标定工作不容忽视，必须引起足够的重视。

③ 现场测试时，应注意试坑深度应尽量等于标定时深度，坑壁笔直，上下口直径相等，避免上大、下小或上小、下大，避免出现压实度偏大的误差。

④ 由于采用灌砂试验周期长，施工单位经常不自检或自检点数不够，依靠编造数据来蒙骗监理工程师。监理工程师可以采取在现场数点(试验后会留下痕迹)的方法来控制，而且试验监理工程师应该积极与现场监理工程师配合，以确定报检路段、层次的符合性，避免让承包人钻空子。

（三）路堤填筑均匀性控制

路基工程质量通病主要有：路基整体或局部不均匀沉降；路基纵横向开裂；路基滑动或者边坡滑坍。其主要成因有工程地质、地形、水文气候、路堤填料、设计、施工等因素。其中属于施工原因造成的有：填筑顺序不当、未在全宽范围内分层填筑、填筑厚度不符合规定、填料质量不符合要求、不同性质的填料混填、路基压实达不到要求、施工过程中未注意排水等。其中压实原因已在上一章论述，因此，这一章重点谈谈压实原因以外的其他原因，即路堤填筑均匀性控制监理要点。

1. 地基承载力

必须注意是否有软弱夹层，特别是填石路堤可视为刚性路堤，对地基不均匀沉降较敏感，应予以足够重视。

2. 填料的均匀性和不同填料的组合

由于目前国情下，路基施工常受到征地拆迁、工期、资金到位、政府行政命令等多种复杂客观因素的影响，经常出现同一断面土、土石、石质三种类型路堤相互叠加的情况，如土石路堤或填石路堤上面继续填土质路堤。另外，工地上也常见到在填石路堤填筑过程中，每层填石顶面覆盖一层土作为整平层的现象。对于前一种现象，监理工程师应注意每种填料的连续厚度要符合规范要求，且要按规范要求设置过渡层。对于后一种现象，监理工程师应责令承包人停止该种作法，因为完工后会出现路面水下渗，细粒土被高压的下渗水带走填充到填石空隙中，最终导致路面下沉的严重后果。

如施工中土质多变，监理应督促承包人及早进行土工试验，上报后调整土方调配计划。为避免影响路基施工进度，至少应在路基填筑半个月前取样试验，每种土取样时应具有代表性，特别注意取土场或挖方利用段土质水平分层或土质渐变。采用挖石方用作填方时，应注意强、弱、微风化的强度变化，如某工程施工前，设计图纸揭示是泥质砂岩，属于软质岩，而施工中当挖掘机开挖去强风化层后，石方需进行爆破，经补充地质勘探，揭示为粉砂岩、砂岩，弱、微风化层强度为32~59MPa，而其强风化层则遇水易软化、崩解。可见，实际地质与原设计图经常存在不一致，监理应注意地质的变化，并督促承包人做好解决措施。

3. 现场卸料、摊铺施工工艺控制

监理应严格要求承包人做好填筑施工技术措施，如上土前应画方格网，对号卸土。土石和填石路堤则先集中卸料后，再用推土机推开整平，使填料得以不断翻滚跌落，避免粗细料分离，大块石"顶天立地"的现象出现，对超粒径的填料应要求进行人工破碎，使之满足粒径要求；对填充料明显偏少的段落，应补充细料嵌缝，要保证填满大粒径间的缝隙，并摊铺整平到平顺平整，以利于压路机进行碾压施工。

4. 特殊位置搭接处理

特殊位置处理包括相邻填筑路段之间搭接和半填半挖、路堤与路堑过渡段、新旧路交界、陡坡段、桥头、便道交接面处理。相邻路段先行施工的一段每填筑一层，应留出一个台阶，台阶宽度应符合规范要求，台阶端部的虚土应挖除。对于填挖交接部位，现场施工中常碰到>45°的陡坡的特殊情况，如果开挖台阶后不超出征地范围，施工中台阶级数可按45°控制，如果超出且征地十分困难，则应上报设计单位进行特殊处理。对于这些隐蔽工程的处理，监理工程师要加强控制，编制相应质量检验表格，做好影像资料记录。

桥头或便道缺口处理：桥梁施工时，由于征地等原因，便道或桥梁施工需要占用路基范围作为施工现场。由于路基填筑一层一层地提高，而便道没有随着提高，等到路基填筑到顶面后，再来补这个缺口，缺口部位工后沉降肯定比相邻部位要大。因此，监理应要求承包人认真挖好台阶搭接，且便道尽可能随着路基填筑的升高而升高。

（四）路堤外形尺寸控制

路基外形尺寸控制也就是保证路基平纵横线形、边坡坡度、宽度符合设计图纸要求。道路专业监理工程师和测量专业监理工程师应紧密配合，重点控制以下方面：

1. 中线偏位、宽度、坡度、线形控制

路基填筑在93区前可每填1m左右恢复中边桩测定路基标高及宽度，进行宽度检验并控制边坡的坡度，发现偏差时应及时调整，横坡应满足临时排水；进入93区顶倒数第五层，以及94、96区，则要求应每层拉线填筑，并检验宽度、高程、平整度、横坡。由于路床下路堤分层平整度要求规范未明确，因此，监理应与业主协商，制定合理的平整度要求，以便监理在路基填筑过程中进行控制。

另外，为省时简便，监理应要求承包人在桥涵结构物、挡土墙、排水沟边缘等醒目处，以红油漆作出明显标记，包括桩号、坐标、高程等信息，以便监理能在现场简便、快捷地进行目测控制。

2. 与边坡防护工程交叉施工时路堤边坡的控制

路基填筑中，为保证边缘得到足够压实，规范要求超宽填筑，因此，在平时施工中常存在边坡刷坡与防护排水工程施工相冲突的情况。如填筑高度较高，可在填筑到每级平台后进行刷坡、施工拱形护坡等防护工程，最上一级边坡则等路基填筑路床面后施工。在平常施工中，监理应重视对路基边坡的检查验收，避免防护工程施工后才发现边坡坡度不合格，做到事前控制。

（五）路基填筑质检资料

在目前施工中，常出现“重外业，轻内业”的情况，如资料及时性差，内容失实；格式不统一，内容不全，签认不完善，结论不明确，意见模糊；有明显的编造痕迹，逻辑关系不正确；管理薄弱，资料遗失。这其中既有施工单位自身因素的原因，也有业主、监理和质量监督部门的原因。如业主或监理指令滞后、模糊所产生的混乱和不统一，使得施工单位更换或补做资料，造成资料的失真与混乱。又如质检部门没制订统一的标准，或其编制的资料版本没有随施工技术或规范的不断更新而及时修订，使得资料编制人员无所适从。因此，完善的质检资料需要参建各方的参与配合。

作为监理人员，一定要重视质检资料的填写，应掌握资料的编制形式与要求，做好自身监理资料的整理，还应指导、检查监督施工单位的资料填写；对于资料整理所出现的问题，应与业主协商并提出意见。下面就日常一些关于路基填筑质检资料常遇到的错漏及易产生的理解分歧或需注意问题提出一些意见。

1. 路基填筑工程用表、排序、组卷

一般情况下，同一段落路基填筑质检(包括施工、检测、试验)用表及卷内排序可参照以下：土方路基质量检验评定表、土方路基质量检验报告单、施工放线测量记录、清理与掘除检查记录表、路基填筑施工记录表、路基挖台阶施工记录表、灌砂法(或灌水法、环刀法、核子密度仪)压实度检测记录表、水准测量记录表、沉降差观测记录表(石方、土石路堤才需要填)、宽度检测记录表、平整度检测记录表、边坡坡度检测记录表、弯沉检测记录表、高程及横坡度检测记录表、平面位置检查记录表、压实度统计汇总表(可与其他汇总表、统计表另外单独组卷，路基完成后才填)。

不同段落资料按照施工前划分的段落分层积累，文件材料形成时应注意桩号必须连续，相互之间桩号不能交叉，不同压实度区不宜一起排列层次(如 94 区、96 区应另从第 1 层开始)。组卷时按分段、层次排列。路基交验资料单独组卷。

2. 质检资料检查

监理相对于档案管理人员，更熟悉专业，对质检资料检查除格式、版面外，更应注重内容上的检查。如检测频率，数据修约，统计评定，整理是否符合评定标准、规范的要求，如对于压实度资料，可从时间一致性、工作量一致性、结果一致性进行检查，如压实度试验报告与施工记录、监理日记，灌砂法试验报告与标准砂标定、土工击实资料等是否吻合，压实度检测结果的离散性与现场试验结果的离散性是否基本符合。

3. 常见的质检资料编写、整理、归档问题

（1）当互通立交工程中存在两匝道中的部分路段形成整体路基情况，实在难以分开时，可归并至工程量较大的匝道一起进行检验、评定和归档。

（2）路基填筑 93 区以下一般不需每层都进行中边桩测量放样，可大约每填 4~5 层或监理工程师要求时进行中边桩测量放样。因此，不需每层填筑都附上中边桩放样资料。

（3）当设计边坡坡度由多级组成时，应对该全断面逐级进行检测和按级分别填写。

(4) 反压护道应按路基实测项目进行质量检验，压实度按 JTG F80/1—2017《公路工程质量检验评定标准　第一册　土建工程》中相关要求检验。

(5) 土工合成材料处置层中各实测项目的“下承层平整度拱度”在施工设计图未注明时，按照实际施工路段的相应路基(土方路基或石方路基)实测项目中的规定执行。下承层是砂垫层时，砂垫层平整度设计有规定时按设计要求执行，设计未注明时，应按土方路基实测项目中的规定执行。

(6) 基底换填处理应归入土石方分项工程，具体的质量检验项目及要求除按设计和有关施工规范执行外，还应按土方、石方路基实测项目进行质量检验，挖除原状土后还应检查基底的土质类型及承载力，以便确定挖除深度是否合适，常见错误是没有地基性质及承载力方面资料。

路基填筑质量对路面使用寿命影响很大，加强路基填筑施工质量控制是现场质量监理的关键工作。

五、公路工程土质路基压实施工技术

近年来，随着我国交通运输行业的迅速发展，公路工程项目数量逐渐增多。路基压实作业是公路工程项目施工的最终环节，压实质量直接决定了公路项目施工质量。一旦出现问题，将对以后道路的正常使用产生巨大的影响，并且还会增加工程后期维护与维修费用。在路基整体设计中，公路路基是最基础的部分，要想保证路基具有高强度和高稳定性的特质，就必须要加强路基的强度和稳定性。从结构上来看，公路路基属于线性结构，这些特点也决定了路基会更多地受自然因素影响。同时对公路路基产生影响的因素还有人为因素，比如说施工前的路基结构设计、施工中的方法还有后期的维护等。为了提高公路路基的强度和稳定性，保障公路路基具有较高的质量，必须要采取一定的措施，对路基进行压实质量控制。

(一) 土的压实机理

通常采用击实试验来了解土的特性，通过实验可以得到各种土的击实曲线，通过对曲线的观察可以了解到土的压实性比较复杂。目前认为影响土的压实特性的因素有很多，由于其会受到多种因素的影响，所以在进行压实控制时具有较高的难度。

土是气相、固相和液相的三相体，就是在土的组成结构中，土粒组成基本架构，在这个基础上以水和气体填充土粒之间的空隙。对土进行压实操作的目的是为了改变土块的形状和结构，让土体变得紧实，一般采用压实机械对土进行压实，在压实的过程中土粒之间的缝隙减小，土粒之间的排列顺序发生改变，形成了一个新的密实体，强化了土粒之间的摩擦和咬合程度，因此，土的强度和稳定性就会得到提高。

(二) 土基施工中的压实控制

1. 土样的选择

通过对多种类型的土样进行试验，得到使用粗粒料在施工碾压时效果最好，因为这种土样密度较大，对含水量的变化要求低，所以在控制含水量时可放宽要求。将这类土样投入使用后即使有大量的水侵入，其密度也不会发生改变，整体不会出现膨胀现象；如果减少水的含量，也不会出现收缩的现象。所以这类土对水的含量不敏感，具有较高的稳定性，在修建公路时可大量使用。细粒土当有大量水侵入时，其含水量会变大。初始含水量越高，膨胀率越小，也就是说，当土体中的含水量变小时，其体积会发生明显的收缩，这时就会导致土体发生开裂。在实际道路建设中，如果路基可能侵水，对于细粒土来说不能够在其含水量较小的状况下进行压实。

2. 压实遍数的影响

在探究压实遍数的试验中，主要对粗粒土和细粒土进行对比研究。得到如表 3-6 所示的属性。

表 3-6　试验粗粒土和细粒土的性能

类　　别	天然含水量	重型击实试验	
		$Pd_{max}/(g \cdot cm^{-3})$	ω_{opt}
细粒土	13.7	1.96	10.8
粗粒土	12.1	2.02	10.2

为了使压实试验的效果达到最佳，填料的含水率应控制好。含水量过高或过低都会影响压实效果。在实验中要结合工程的经验，选择六种含水量不同的填料。然后分别用粗粒土和细粒土对六种填料进行水力试验。实验中应使用不同的含水量的填料连续摊铺，保证不同填料的厚度都相同，在这里选定填铺的厚度为 40cm。将填料铺平整之后开始进行碾压。每压两遍用仪器对其压实系数进行测量并记录，得到结果如表 3-7 所示。

表 3-7　压实试验数据

含水量			4.6	6.3	7.7	9.6	12.5	15.5
碾压遍数 n	2	压实系数 K	0.821	0.857	0.867	0.913	0.878	0.872
	4		0.862	0.893	0.903	0.944	0.929	0.893
	6		0.872	0.929	0.954	0.944	0.964	0.908
	8		0.883	0.908	0.970	0.964	0.985	0.875
	10		0.883	0.913	0.924	0.959	0.964	0.908
	12		0.903	0.918	0.934	0.952	0.969	0.888

通过分析以上数据可以得到如下结论：路基的压实系数应大于 0.9，细粒土压实系数只要大于等于 0.9，碾压 3~4 次即可。如果含水量不在最佳范围内时至少要碾压 6 遍以上才可以达到要求；对于粗粒土来说，如果填料作用于容易被水侵入的地方堵上可以保证路基建筑的质量和稳定性，同时通过这种施工方式之后可以保证路基上方路面施工的平整性，在后续通车之后可以保证在大重量汽车通过时候，地基不会产生比较明显的形变问题，充分保证公路路基的整体施工质量要求。

通过对高速公路路基施工技术类型的分析和探讨，从中可以有效总结出在当前的高速公路修建工程中，路基工程是其中非常重要的施工环节，对保证高速公路工程整体稳定性方面有着重要保障。因此，相关工程建设单位需要在施工之前充分做好工程施工整体规划，将路基施工进行有效规划和调整，针对不同类型的施工地质，采取不同施工方式，充分保证工程施工整体的稳定性和经济性。

六、公路土质路堤试验段施工及检测技术

(一) 试验段施工的目的

通过土质路堤试验段施工，确定人员、挖运和摊铺机械的合理组合，压实设备的规格、碾压时间、碾压速度、碾压遍数，填料的松铺厚度，路基填料含水量的控制方法，试验检测方法等。调整施工组织方案，制定科学合理的施工工艺，为后续全面施工阶段提供依据和指导。

(二) 施工组织

1. 开工前期准备

土质路堤试验段施工的前期准备工作主要包括：

(1) 试验路段：尽量选择地势相对平坦、具有代表性的地段，长度一般不小于 100m；

(2) 路基填料：用于公路路基的填料要求挖取方便，压实容易，强度高，水稳定性好，其强度按 CBR 值确定，根据设计文件的要求选择合理的土场，并有经过试验监理工程师批复的填料击实报告；

(3) 施工人员：现场施工、测量、试验、管理人员要全部到位；

(4) 机械设备：土质路堤填筑常用推土机、铲运机、平地机、压路机、挖掘机、装载机等，保证机械设备调试完毕，状态良好；

(5) 施工组织计划：根据工程特点制定切实可行的施工组织计划，并经监理工程师批准后方可实施，土质路堤的作业方式有水平分层填筑、纵向分层填筑、横向填筑和联合填筑，根据实际地形和不同的填料选择适宜的作业方式；

(6) 施工便道：施工前必须保证施工便道的贯通，保证施工机械设备、人员能够顺利进入施工区域。

上诉准备工作完成后，根据两阶段施工图纸和监理工程师批复的测量成果，对试验路段进行测量放样，并认真填写施工放样报验单、施工放样测量记录、水准测量记录。同时用白灰线将路基填筑的边线和中线位置标出，并在 10m 桩的中桩和边桩处设置标记杆。根据以往的土质路基试验段的施工经验值和填料的土质等，一般拟定松铺系数为 1.2，松铺厚度为 30cm，用红色在标记杆上标出松铺厚度的具体位置，方便机械操作手在摊铺时有据可依。为能够较准确有效地控制填料的松铺厚度，需将填土路基试验路段布置成矩形的网格。根据自卸汽车的运输能力，一般情况下矩形网格的尺寸为 4m×15m，每个网格的卸料体积应为一车，网格用白灰线标出。

2. 填料挖运与摊铺

(1) 路基填料一般采用挖掘机、装载机配合自卸汽车的组合方式进行施工。开挖前，将土场内的表层腐殖土和树根等杂物清除，修整工作平台，方便汽车掉头、倒车等。根据实际地形采用适当的开挖方式(可参考土质路堑作业方法)，尽量减少对周边环境的扰动，做到文明施工。在进行填料装运的时候，要注意避免大尺寸粒径的填料过度得密集。在自卸汽车运输阶段，要安排自卸汽车走拟定好的运输路线。卸料时，安排专人指挥，按先两侧后中间，先低后高的方式进行卸料，根据每辆车的拉土量和网格间距调整卸土的间距，尽量保证不出现缺土或涌土。

（2）摊铺时使用推土机进行初平，在施工时摊铺与堆料尽量同时进行。推土机作业通常是由切土、推土、堆卸、空返四个环节组成，其作业效率取决于切满土的速度、距离，以及推土过程中切满刀片中的土散失量和推运速度。

初平结束后，立即使用平地机进行精平，防止填料表层水分蒸发。

3. 碾压

压实机械对土进行碾压时，一般以慢速效果最好，振动压路机压实速度以 2~4km/h 最为适宜。目前，土质路堤填筑使用的振动压路机自重在20T 以上，影响深度较大。羊足碾的压实速度可以快些。通过做试验段找出最佳效果的碾压速度。在整个全宽的填土上压实，宜采用纵向分行进行，直线段由两边向中间，曲线段有内向外碾压。两行之间的接头一般应重叠 1/4~1/3 轮迹，三轮压路机应重叠后轮的 1/2。碾压时先用振动压力机进行稳压一遍，之后开振碾压 3~6 遍不等，最后再次稳压 1 遍。在开振碾压过程中，要多次进行压实度检测，并做好施工记录，最后分别得出 93 区、94 区和 96 区压路机的压实遍数，以便指导后续的路堤施工。同时需要填写路基填方施工记录、路基填筑厚度检查记录、现场压实度（灌砂法）检测记录、路基宽度检测记录等。

4. 计算松铺系数

在试验段内选取三个断面，每个断面上取距中桩或边桩 1m、3m、5m 处三个点，测量其填前高程以及压路机稳压第一遍后的高程和压实结束后的高程，共 3 组数据，计算出每组数据的松铺厚度和压实厚度的算术平均值，松铺系数=松铺厚度/压实厚度。得出三个松铺系数，再次计算其算术平均值，为该类土在此机械组合施工中的松铺系数。

试验路段作业部分结束后要进行施工总结，从人员、机械设备的数量配备到施工工艺的改进，再到施工过程中质量控制的方法和指标，最终优化施工组织方案。

（三）质量控制及检验标准

工作人员在施工的时候，应该严格按照下列标准进行质量控制，确保每道工序施工完成后，质检人员进行检验合格后方可进行下一道工序。

1. 压实标准

非浸水路堤基床以下路堤的压实标准应根据填料类别采用双指标控制。浸水路堤的填筑压实质量（$K30$、n 或 K）的检验应符合相关规范的规定。

检验数量：沿试验段 100m 每压实层抽样检验压实系数 K（改良细粒土）或空隙率 n（砂类土和碎石类土）6 点，其中左、右距路肩边线 1m 各 2 点，路基中部 2 点，有反压护道地段每 100m 增加 1 个检测点；每断面每填高约 90cm 抽样检验地基系数 $K30$4 点，其中距路基边线 2m 处左、右各 1 点，路基中部 2 点。

基床底层普通填料、物理改良土压实标准应根据填料类别按表采用地基系数 $K30$、动态变形模量 Evd 和空隙率 n（或压实系数 K）三项指标控制。

检验数量：沿试验段每 100m 压实层抽样检验压实系数 K（改良细粒土）或空隙率 n（砂类土和碎石类土）6 点，其中左、右距路肩边线 1m 各 2 点，路基中部 2 点；每断面每填高约 90cm，抽样检验地基系数 $K30$、动态变形模量 Evd4 点，其中距路基边线 2m 处左、右各 1 点，路基中部两点。

2. 试验检测控制内容和检测方法

（1）原地面处理前，静力触探试验或动力触探试验，复核地基承载力，不满足设计要求的报建设、设计、监理变更。

(2) 原地面处理后，静力触探试验或动力触探试验，复核地基承载力应满足设计要求。

3. 试验成果

(1) 对不同填料、不同填层厚度，不同碾压编数的检测数据进行整理分析，绘出碾压遍数与 $K30$ 值和孔隙率 n 值变化曲线关系图，确定出不同填料、不同填层厚度的碾压遍数。

(2) 对不同填料、不同填层厚度的合理碾压遍数进行技术经济分析比较，确定最优的填层厚度和碾压遍数。

(3) 根据沉降观测结果计算整理观测数据，绘制填筑日期与沉降量的关系曲线图，以评估工后沉降是否能满足设计要求。

(4) 将以上各种施工记录和检测数据加以归纳总结，写出试验报告，报监理站审查批准。

我们对土质路基试验段施工的目的、试验段施工方案、试验段施工中的注意事项以及试验段施工中的质量检测等问题进行了详细的分析和探讨，由于路基试验段的施工质量对整个道路工程的填筑质量起到了至关重要的作用，因此只要提高了路基试验段施工的施工质量，便能够行之有效地提高道路建筑工程的填筑质量，为道路项目工程后续的施工提供详细而又准确的数据，同时也能够减少因缺少数据导致盲目施工而带来的财力物力的巨大浪费和损失，从而找到道路项目工程中最好、最优的施工方案。

第三节　土质路堑开挖

路堑开挖是路基施工中工程量最大、最普遍的施工内容，需多种机械进行施工。路堑可以分为土质路堑和石质路堑，本节着重讲述土质路堑的开挖问题。

一、路堑开挖的特点

(1) 开挖前均应先开挖截水沟，设法引走一切可能影响边坡稳定的地面水和地下水。

(2) 开挖时应按横断面自上而下，切不可逆转施工。

(3) 在地质不良拟设挡土墙的路堑中，路堑应分段开挖。

(4) 路堑弃土应按要求，整齐地堆放在路基一侧或两侧。

(5) 松软土地带或其他不符合要求的土质地段，要采取各种稳定处理措施。

二、土质路堑开挖方法

路堑开挖是将路基范围内设计标高之上的天然土体挖除，并运到填方地段或其他指定地点的施工活动。

1. 横挖法

在路线一端或两端，沿线呈纵向向前开挖。双层时，下层上留有上层操作的出土和排水通道。适用于平缓地面上短而浅的土石路堑，用挖装、车运机具施工。

2. 纵挖法

沿路堑纵向挖掘工作通道，再逐渐向两侧横挖。本法便于安排土方运输和展开工作断面，当开挖深度较大时，可将高度分成几个层次，安排多组台班在不同层次和前后错开的作业面上开挖，适用于开挖量大、较长的路堑。

3. 混合式开挖法

若开挖断面宽，开挖量大，可在开挖纵向通道的基础上再在横向开挖通道，提高工作效率。

4. 分段掘进法

若开挖长、大的路堑，可以沿路堑纵向选择一个或几个适宜处，将较薄的一侧路堑横向挖穿，将路堑在纵向分成几段，安排多组开挖断面，同时掘进。

三、路堑开挖原则及注意事项

1. 坡顶坡面检查

对危石、裂缝或其他不稳定情况必须进行妥善处理。开挖时，首先将表层腐殖土推开弃至指定弃土场，然后将利用土调配至填方路堤段进行填土，若试验发现有不合格土时同样弃至弃土场。

2. 开挖顺序

开挖从上而下、由中心向两边，逐层顺坡开挖，严禁掏底开挖。开挖过程中随时进行刷坡处理，使边坡一次成型。深挖路堑还应修出降坡台阶。

在岩层走向、倾角不利于边坡稳定及施工安全的地段，改成顺层开挖，不挖断岩层，采取措施减弱施工振动。

在设有挡墙的上述地段，采取短开挖或马口开挖，并设临时支护等措施。

3. 做保护层

在有护坡的边坡，当防护不能紧跟开挖时，暂时留一定的保护层，待做防护层时再刷坡挖够。

四、土质路堑开挖应注意的问题

(1) 路基开挖施工前，先修砌好截水沟。

(2) 开挖土方地段有含水层时，先行排水、止水，再行开挖。

(3) 土方地段的挖方路基施工标高，要考虑因压实而产生的下沉量，其值由试验确定；对路基设计标高表层的土做土工试验，如不符合规定，清除换填处理。

(4) 开挖过程中，派专人仔细调查开挖坡面稳定情况，发现问题及时加固处理。

(5) 加强测量控制，边坡随开挖随成型，保持边坡平顺。

(6) 路堑开挖前，应对路基用地范围内的树木、灌木丛进行砍伐或移植清理，对于房屋、电杆等一些设施要拆迁。

(7) 路堑开挖前，先做好截水沟，截水沟必须通过坑凹处时，应按路基堤填筑要求将凹处填平压实，然后开挖，防止不均匀沉陷和变形，开挖过程中，路基表面应设纵向、横向流水坡及出水口，以利于雨季的排水。

(8) 开挖路堑应根据边桩位置，预留 20~30cm 的保护层，以利于人工修坡，施工时逐层控制。边坡应挂线施工，保证边坡的平顺。

（9）严格按设计图纸尺寸，自上而下开挖，不得欠挖和超挖。严禁用爆破法和掏洞法开挖土方。

（10）开挖中发现土层性质有变化时，及时报监理工程师，合理修改方案。

（11）路堑开挖过程中，当路堑或边坡内发生地下水渗流时，应根据渗流水的位置及流量大小采取设置排水沟、集水井、渗沟等设施降低地下水位或将地下水排走。

（12）路堑开挖时应顺接好各台阶水沟，注意水沟的流水方向，台阶的平整度、宽度。对于土层性质发生变化地段的台阶，应根据现场实际情况报请监理工程师批准，加强边坡的防护。

（13）路堑路基开挖至路面标高时，应预留因压实而产生的下沉量。

五、土质路堑开挖施工要点

（1）先完成临时排水设施，确保施工区不积水，根据实际地形设置截水沟，截水沟应与全线路基排水系统顺接，确保水流通畅。

（2）上方开挖均应自上而下进行，不得乱挖、超挖，严禁掏底开挖。严格按设计图纸进行，开挖坡面一次性成型，且必须开挖一级、防护一级。

（3）在开挖至边坡线时，应留 30cm 厚度以便刷坡，同时应对已开挖坡面进行测量复核，以确保开挖坡面不欠挖、不超挖。

（4）开挖至零填及路堑路床部分时，应尽快进行路床施工，如不能及时进行，应在路床底面以上预留至少 30cm 厚的保护层，待路床基底压实前迅速挖除。

（5）路床施工前应先开挖排水边沟，防止边坡雨水排入路床。

（6）填挖结合部应在路堑端挖台阶与填方路堤相衔接，台阶宽度不宜<2m，设置 2%的倒坡，路床顶面衔接长度不宜<5m。

（7）路堑两侧均应设置纵向盲沟，含水路段加大盲沟深度至路床下 2~3m，坡顶截水沟在路堑开挖前必须完成。

（8）深路堑地段应在渗水量大的部位有针对性地设置仰斜式排水孔，在边沟底设置复式渗沟。

六、工程指导书实例

（一）目的

明确路堑施工作业的工艺流程、操作要点和相应的工艺标准，指导、规范路堑施工。

（二）路堑施工的一般规定

（1）土质、软质岩及强风化硬质岩路堑开挖前，首先完成排水系统，做好堑顶截、排水。临时排水设施应与原有排水系统及永久性排水设施相结合。按照“永临结合”的原则对临时排水设施进行周密规划，避免积水冲刷边坡、浸泡边坡坡脚和雨季对已成边坡的冲刷，并于路堑开挖施工前完成所有临时截、排水设施的施工，保持边坡的稳定。

（2）路堑开挖、基床处理、排水系统和弃土等，应根据地形、地质、气象、水文实际情况合理安排施工。

（3）路堑开挖应核对地质资料，开挖到换填标高后如发现地质资料与设计不符应及时反馈设计和监理单位。

(4) 开挖前应检查坡顶、裂缝、陷穴和其他不稳定情况并妥善处理。

(5) 土质路堑宜在旱季施工，当在雨季施工时，应集中力量快速施工，工作面应随时保持大于4%的坡度，路堑边坡不得受水浸泡、冲刷。

(6) 基床换填、边坡防护封闭应与开挖紧密衔接。

(7) 设有支挡结构的路堑边坡应分段开挖、分段施工。设计要求分层开挖、分层稳定的路堑边坡，应自上至下分层开挖、分层施工支挡工程。

(8) 路堑开挖施工，除需考虑当地的地形条件、采用的机具等因素外，还需考虑土层的分布及利用。

(三) 施工工艺及技术要求

1. 主要机械设备配置

挖掘机、装载机、推土机、铲运机、自卸汽车。

2. 施工方法及工艺

(1) 施工准备

① 施工前，仔细查明地上、地下有无管线，提前拆除。

② 开挖前，测量放线；按永临结合原则，做好堑顶防排水设施。

③ 在路堑施工前，根据设计图纸、相关文件、施工调查资料及此段路堑的特点编制详细且有针对性的路堑施工作业指导书或技术交底书。

(2) 路堑开挖施工

路堑开挖根据地形情况采用挖掘机配合自卸汽车运输或铲运机开挖运输，对施工场地狭窄地段无法进入机械时采用人工配合小型机具施工。靠近基床底层表面及边坡辅以人工开挖。

路堑挖方采用横向台阶分层开挖，深挖路堑采用“横向分层、纵向分段、阶梯掘进”的方式施工；合理安排运土通道与掘进工作面的位置及施工次序，做到运土、排水、挖掘、防护互不干扰，以确保开挖顺利进行。

按设计边坡自上而下分层逐层开挖方式，开挖面保持不小于4%的排水坡，严禁积水，并且保持边坡平顺。

每段开挖工作完成后，对边坡进行及时防护，当防护不能紧跟开挖进行，要暂时留一定厚度的保护层，待做护坡时再刷坡。

深挖路段安排先行施工。路基防护、排水工程与路基成型协调进行，深挖路堑开挖一阶、防护一阶，与路基成型平行流水作业，并紧随路基尽早完成。

当路堑开挖至基床底层上部的设计标高时，核查地质是否与设计资料相符，如出现设计与现场不符等技术问题，及时与相关单位联系解决；如与设计资料相符，按设计和规范要求进行地基处理施工，经检验合格后方可进行基床底层上部的填筑施工，其施工方法与路堤基床底层填筑施工相同。

路堑地段的附属工程及时施做，并紧随路基成型尽早完成。

路基相关配套工程与路基同步施工，并制定相应的保护措施，确保路基本体的整体性和密实性。

(3) 施工工艺

土质路堑施工工艺过程如图 3-9 所示。

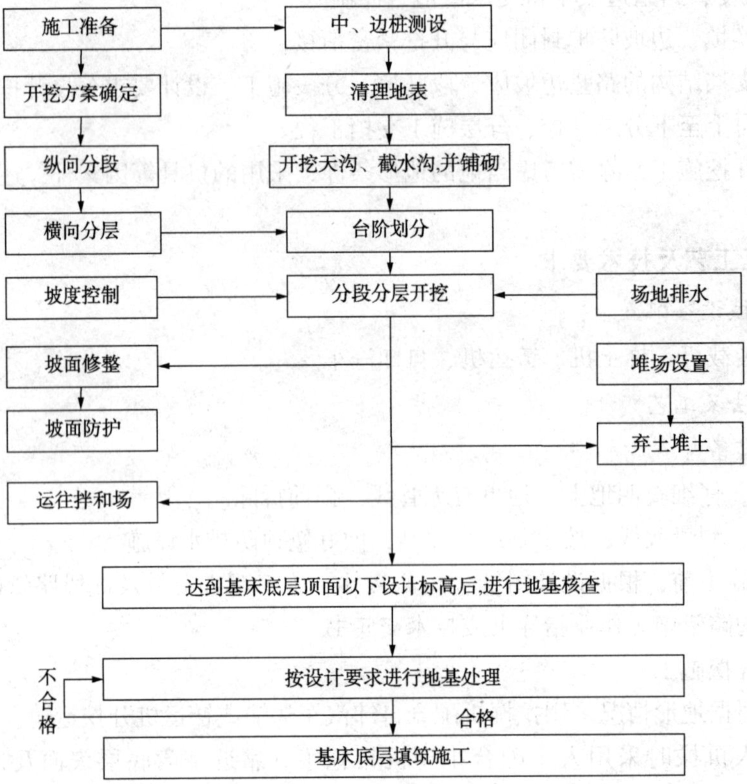

图 3-9 土质路堑施工工艺

3. 主要技术措施

(1) 技术措施

① 路堑开挖前，首先进行排水设施施工。做好天沟、截水沟，并做好防渗工作，保证边坡稳定。

② 开挖过程中经常检查边坡位置，防止边坡部位超挖和欠挖；边坡部位预留厚度≥20cm土层，采用人工配合机械进行边坡修整，并紧跟开挖进行；施工中及时测量，开挖至边坡平台时，预留≥20cm 保护土层，待人工施做平台及其上截水沟时开挖，表面做成向外侧 4%的排水坡。

③ 防护紧跟开挖，随挖随护。刷坡修整随时检查堑坡坡度，避免二次刷坡造成不必要的浪费。坡面坑穴、凹槽中的杂物清理后，嵌补平整。

④ 当开挖接近路堑换填底面设计标高时，及时测量开挖面标高，当路堑开挖至基床底层上部的设计标高时，核查地质是否与设计资料相符，如出现设计与现场不符等技术问题，及时与相关单位联系解决；如与设计资料相符，按设计和规范要求进行地基处理施工。

⑤ 弃土场设置应符合国家及地方环保要求。弃土至弃土场后，用推土机推平，大致碾

压平整，使之整齐、美观、稳定，周围砌筑防护设施，确保弃土堆周围及其上排水畅通，不对周围的建筑物、水源及其他任何设施产生干扰或损坏。

（2）注意事项

① 对坡面中出现的坑穴、凹槽杂物进行清理，嵌补平整。路堑较高时按设计做出平台位置，路堑平台做成一定坡度，确保不积水。

② 黄土路堑坡顶至相当于边坡高度再加5m距离内的地面坑洼进行填平，以确保路堑边坡的稳定。

③ 施工中保持坡面平整，严禁乱挖。若路堑边坡有变形迹象，不可随便刷方，立即研究对策，采取措施。

（四）路堑施工质量控制与检测

（1）认真按照要求的质量检测项目频率进行检验和控制。

（2）路堑开挖过程中始终保持排水系统畅通。

（3）路堑基床换填宽度、深度必须满足设计要求。

（4）边坡坡面应平整且稳定无隐患，局部凹凸差≤15cm。边坡防护封闭无变形、开裂。

检验数量：沿线路纵向每100m抽样检验5处。

检验方法：观察、尺量。

（5）刷坡修整随时检查堑坡坡度，路堑开挖边坡坡率不得偏陡。

检验数量：沿线路纵向每50m单侧边坡抽样检验8点（上、下部各4点）。

检验方法：吊线尺量计算或坡度尺量。

（6）路堑开挖至设计标高后，应核对路基面和边坡的水文地质和工程地质情况，当与设计不符时，应提出变更设计。

检验数量：全部检验；当与设计不符时，勘察设计单位现场确认。

检验方法：对照设计文件核对并详细记录。

（7）路堑边坡变坡点位置、边坡及侧沟平台位置、宽度允许偏差如表3-8所示。

表3-8　路堑边坡变坡点位置、边坡及侧沟平台的允许偏差

序号	检验项目	允许偏差	检验数量	检验方法
1	变坡点位置	±100mm	沿线路纵向每100m单侧边坡各抽样检验6点	水准仪测或尺量
2	平台位置	±100mm		水准仪测或尺量
3	平台宽度	±50mm		尺量

注：变坡点按路肩以上高度计，平台位置以平台顶面标高计。

第四节　土方机械化施工

一、土方机械的选择

土方机械化开挖应根据基础形式、工程规模、开挖深度、地质、地下水情况、土方量、运距、现场和机具设备条件、工期要求以及土方机械的特点等合理选择挖土机械，以充分发挥机械效率，节省机械费用，加速工程进度。

土方机械化施工常用机械有：推土机、铲运机、挖掘机(包括正铲、反铲、拉铲、抓铲等)、装载机等。

一般讲，深度不大的大面积基坑开挖，宜采用推土机或装载机推土、装土，用自卸汽车运土；对长度和宽度均较大的大面积土方一次开挖，可用铲运机铲土、运土、卸土、填筑作业；对面积较深的基础多采用 0.5m^3 或 1.0m^3 斗容量的液压正铲挖掘机，上层土方也可用铲运机或推土机进行开挖；如操作面狭窄，且有地下水，土体湿度大，可采用液压反铲挖掘机挖土，自卸汽车运土；在地下水中挖土，可用拉铲，效率较高；对地下水位较深，采取不排水时，亦可分层用不同机械开挖，先用正铲挖土机挖地下水位以上土方，再用拉铲或反铲挖地下水位以下土方，用自卸汽车将土方运出。

二、土方机械基本作业方法

(一) 推土机

1. 作业方法

推土机开挖的基本作业是铲土、运土和卸土三个工作行程和空载回驶行程。铲土时应根据土质情况，尽量采用最大切土深度在最短距离(6~10m)内完成，以便缩短低速运行时间，然后直接推运到预定地点。回填土和填沟渠时，铲刀不得超出土坡边沿。上下坡坡度不得超过 35°，横坡不得超过 10°。几台推土机同时作业，前后距离应>8m。

2. 提高生产率的方法

(1) 下坡推土法。在斜坡上，推土机顺下坡方向切土与堆运，借机械向下的重力作用切土，增大切土深度和运土数量，可提高生产率 30%~40%，但坡度不宜>15°，避免后退时爬坡困难。

(2) 槽形挖土法。推土机重复多次在一条作业线上切土和推土，使地面逐渐形成一条浅槽，再反复在沟槽中进行推土，以减少土从铲刀两侧漏散，可增加 10%~30%的推土量。槽的深度以 1m 左右为宜，槽与槽之间的土坑宽约 50m。适于运距较远，土层较厚时使用。

(3) 并列推土法。用 2~3 台推土机并列作业，以减少土体漏失量。铲刀相距 15~30cm，一般采用两机并列推土，可增大推土量 15%~30%。适于大面积场地平整及运送土用。

(4) 分堆集中、一次推送法。在硬质土中，切土深度不大，将土先积聚在一个或数个中间点，然后再整批推送到卸土区，使铲刀前保持满载。堆积距离不宜>30m，推土高度以 2m 内为宜。本法能提高生产效率 15%左右。适于距离较远、而土质又比较坚硬，或长距离分段送土时采用。

(5) 斜角推土法。将铲刀斜装在支架上或水平放置，并与前进方向成一倾斜角度(松土为 60°，坚实土为 45°)进行推土。本法可减少机械来回行驶，提高效率，但推土阻力较大，需较大功率的推土机。适于管沟推土回填、垂直方向无倒车余地或在坡脚及山坡下推土用。

(6) “之”字斜角推土法。推土机与回填的管沟或洼地边缘成“之”字或一定角度推土。本法可减少平均负荷距离和改善推集中土的条件，并可使推土机转角减少一半，可提高台班生产率，但需较宽的运行场地。适于回填基坑、槽、管沟时采用。

(7) 铲刀附加侧板法对于运送疏松土壤，且运距较大时，可在铲刀两边加装侧板，增加铲刀前的土方体积和减少推土漏失量。

（二）铲运机

1. 作业方法

铲运机的基本作业是铲土、运土、卸土三个工作行程和一个空载回驶行程。在施工中，由于挖填区的分布情况不同，为了提高生产效率，应根据不同施工条件(工程大小、运距长短、土的性质和地形条件等)，选择合理的开行路线和施工方法。

开行路线有如下几种：

（1）椭圆形开行路线。从挖方到填方按椭圆形路线回转。作业时应常调换方向行驶，以避免机械行驶部分的单侧磨损。适于长 100m 内，填土高 1.5m 内的路堤、路堑及基坑开挖、场地平整等工程。

（2）“8”字形开行路线。装土、运土和卸土时按“8”字形运行，一个循环完成两次挖土和卸土作业。装土和卸土沿直线开行时进行，转弯时刚好把土装完或倾卸完毕，但两条路线间的夹角 α 应$<60°$。本法可减少转弯次数和空车行驶距离，提高生产率，同时一个循环中两次转变方向不同，可避免机械行驶部分单侧磨损。适于开挖管沟、沟边卸土或取土坑较长(300~500m)的侧向取土、填筑路基以及场地平整等工程。

（3）大环形开行路线。从挖方到填方均按封闭的环形路线回转。当挖土和填土交替，而刚好填土区在挖土区的两端时，则可采用大环形路线，其优点是：一个循环能完成多次铲土和卸土，减少铲运机的转弯次数，提高生产效率。本法亦应常调换方向行驶，以避免机械行驶部分的单侧磨损。适于工作面很短(50~100m)和填方不高(0.1~1.5m)的路堤、路堑、基坑以及场地平整等工程。

（4）连续式开行路线。铲运机在同一直线段连续地进行铲土和卸土作业。本法可消除跑空车现象，减少转弯次数，提高生产效率，同时还可使整个填方面积得到均匀压实。适于大面积场地整平填方和挖方轮次交替出现的地段。

（5）锯齿形开行路线。铲运机从挖土地段到卸土地段，以及从卸土地段到挖土地段都是顺转弯，铲土和卸土交替地进行，直到工作段的末端才转 180°弯，然后再按相反方向作锯齿形开行。本法调头转弯次数相对减少，同时运行方向经常改变，使机械磨损减轻。适于工作地段很长(500m 以上)的路堤、堤坝修筑时。

（6）螺旋形开行路线。铲运机成螺旋形开行，每一循环装卸土两次。本法可提高工效和压实质量。适于填筑很宽的堤坝或开挖很宽的基坑、路堑。

2. 提高生产率的方法

（1）下坡铲土法。铲运机顺地势(坡度一般 3°~9°)下坡铲土，借机械往下运行重量产生的附加牵引力来增加切土深度和充盈数量，可提高生产率 25%左右，最大坡度不应超过 20°，铲土厚度以 20cm 为宜，平坦地形可将取土地段的一端先铲低，保持一定坡度向后延伸，创造下坡铲土条件，一般保持铲满铲斗的工作距离为 15~20cm。在大坡度上应放低铲斗，低速前进。适于斜坡地形大面积场地平整或推土回填沟渠用。

（2）跨铲法。在较坚硬的地段挖土时，采取预留土埂间隔铲土。土埂两边沟槽深度以≤ 0.3m、宽度<1.6m 为宜。本法铲土埂时增加了两个自由面，阻力减少，可缩短铲土时间和减少向外撒土，比一般方法可提高效率。适于较坚硬的土铲土回填或场地平整。

（3）交错铲土法。铲运机开始铲土的宽度取大一些，随着铲土阻力增加，适当减少铲土宽度，使铲运机能很快装满土。当铲第一排时，互相之间相隔铲斗一半宽度，铲第二排土则退离第一排挖土长度的一半位置，与第一排所挖各条交错开，以下所挖各排均与第二排相同。适于一般比较坚硬的土的场地平整。

(4) 助铲法。在坚硬的土体中，使用自行铲运机，另配一台推土机在铲运机的后拖杆上进行顶推，协助铲土，可缩短每次铲土时间，装满铲斗，可提高生产率30%左右，推土机在助铲的空余时间，可作松土和零星的平整工作。助铲法取土场宽不宜<20m，长度不宜<40m，采用一台推土机配合3~4台铲运机助铲时，铲运机的半周程距离不应<250m，几台铲运机要适当安排铲土次序和开行路线，互相交叉进行流水作业，以发挥推土机效率。适于地势平坦、土质坚硬、宽度大、长度长的大型场地平整工程。

(5) 双联铲运法。铲运机运土时所需牵引力较小，当下坡铲土时，可将两个铲斗前后串在一起，形成一起一落依次铲土、装土(又称双联单铲)。当地面较平坦时，采取将两个铲斗串成同时起落，同时进行铲土，又同时起斗开行(称为双联双铲)，前者可提高工效20%~30%，后者可提高工效约60%。适于较松软的土，进行大面积场地平整及筑堤时采用。

(三) 挖掘机

1. 正铲挖掘机

(1) 作业方法

正铲挖掘机的挖土特点是："前进向上、强制切土"。根据开挖路线与运输汽车相对位置的不同，一般有以下两种：

① 正向开挖，侧向装土法。正铲向前进方向挖土，汽车位于正铲的侧向装车。本法铲臂卸土回转角度最小(<90°)。装车方便，循环时间短，生产效率高。用于开挖工作面较大、深度不大的边坡、基坑(槽)、沟渠和路堑等，为最常用的开挖方法。

② 正向开挖，后方装土法。正铲向前进方向挖土，汽车停在正铲的后面。本法开挖工作面较大，但铲臂卸土回转角度较大(180°左右)，且汽车要侧向行车，增加工作循环时间，生产效率降低(回转角度180°，效率约降低23%；回转角度130°，约降低13%)。用于开挖工作面较小且较深的基坑(槽)、管沟和路堑等。

(2) 提高生产率的方法

① 分层开挖法。将开挖面按机械的合理高度分为多层开挖，当开挖面高度不能成为一次挖掘深度的整数倍时，则可在挖方的边缘或中部先开挖一条浅槽作为第一次挖土运输的线路，然后再逐次开挖直至基坑底部。用于开挖大型基坑或沟渠，工作面高度大于机械挖掘的合理高度时采用。

② 多层挖土法。将开挖面按机械的合理开挖高度，分为多层同时开挖，以加快开挖速度，土方可以分层运出，亦可分层递送，至最上层(或下层)用汽车运出。但两台挖土机沿前进方向，上层应先开挖，与下层保持30~50m距离。适于开挖高边坡或大型基坑。

③ 中心开挖法。正铲先在挖土区的中心开挖，当向前挖至回转角度超过90°时，则转向两侧开挖，运土汽车按"八"字形停放装土。本法开挖移位方便，回转角度小(<90°)。挖土区宽度宜在40m以上，以便于汽车靠近正铲装车。适用于开挖较宽的山坡地段或基坑、沟渠等。

④ 上下轮换开挖法。先将土层上部1m以下土挖深30~40cm，然后再挖土层上部1m厚

的土，如此上下轮换开挖。本法挖土阻力小，易装满铲斗，卸土容易。适于土层较高，土质不太硬，铲斗挖掘距离很短时使用。

⑤ 顺铲开挖法。正铲挖掘机铲斗从一侧向另一侧，一斗挨一斗地顺序进行开挖，每次挖土增加一个自由面，使阻力减小，易于挖掘。也可依据土质的坚硬程度使每次只挖2~3个斗牙位置的土。适于土质坚硬，挖土时不易装满铲斗，而且装土时间长时采用。

⑥ 间隔开挖法。在扇形工作面上第一铲与第二铲之间保留一定距离，使铲斗接触土体的摩擦面减少，两侧受力均匀，铲土速度加快，容易装满铲斗，生产效率高。适于开挖土质不太硬、较宽的边坡或基坑、沟渠等。

2. 反铲挖掘机

反铲挖掘机的挖土特点是："后退向下、强制切土"。根据挖掘机的开挖路线与运输汽车的相对位置不同，一般有以下四种：

(1) 沟端开挖法。反铲停于沟端，后退挖土，同时往沟一侧弃土或装汽车运走。挖掘宽度可不受机械最大挖掘半径的限制，臂杆回转半径仅45°~90°，同时可挖到最大深度。对较宽的基坑可采用此方法，其最大一次挖掘宽度为反铲有效挖掘半径的两倍，但汽车须停在机身后面装土，生产效率降低。适于一次成沟后退挖土，挖出土方随即运走时采用，或就地取土填筑路基或修筑堤坝等。

(2) 沟侧开挖法。反铲停于沟侧沿沟边开挖，汽车停在机旁装土或往沟一侧卸土。本法铲臂回转角度小，能将土弃于距沟边较远的地方，但挖土宽度比挖掘半径小，边坡不好控制，同时机身靠沟边停放，稳定性较差。用于横挖土体和需将土方甩到离沟边较远的距离时使用。

(3) 沟角开挖法。反铲位于沟前端的边角上，随着沟槽的掘进，机身沿着沟边往后作"之"字形移动。臂杆回转角度平均在45°左右，机身稳定性好，可挖较硬的土体，并能挖出一定的坡度。适于开挖土质较硬，宽度较小的沟槽(坑)。

(4) 多层接力开挖法。用两台或多台挖土机设在不同作业高度上同时挖土，边挖土，边将土传递到上层，由地表挖土机连挖土带装土；上部可用大型反铲，中、下层用大型或小型反铲，进行挖土和装土，均衡连续作业。一般两层挖土可挖深10m，三层可挖深15m左右。本法开挖较深基坑，一次开挖到设计标高，一次完成，可避免汽车在坑下装运作业，提高生产效率，且不必设专用垫道。适于开挖土质较好、深10m以上的大型基坑、沟槽和渠道。

3. 抓铲挖掘机

抓铲挖掘机的挖土特点是："直上直下、自重切土"。抓铲能在回转半径范围内开挖基坑上任何位置的土方，并可在任何高度上卸土(装车或弃土)。

对小型基坑，抓铲立于一侧抓土；对较宽的基坑，则在两侧或四侧抓土。抓铲应离基坑边一定距离，土方可直接装入自卸汽车运走，或堆弃在基坑旁或用推土机推到远处堆放。挖淤泥时，抓斗易被淤泥吸住，应避免用力过猛，以防翻车。抓铲施工，一般均需加配重。

(四) 装载机

作业方法与推土机基本类似，在土方工程中，也有铲装、转运、卸料、返回等四个过程(略)。

三、土方机械施工要点

(1) 土方开挖应绘制土方开挖图，确定开挖路线、顺序、范围、基底标高、边坡坡度、排水沟、集水井位置以及挖出的土方堆放地点等。绘制土方开挖图应尽可能使机械多挖，减少机械超挖和人工挖方。

(2) 大面积基础群基坑底标高不一，机械开挖次序一般采取先整片挖至平均标高，然后再挖个别较深部位。当一次开挖深度超过挖土机最大挖掘高度(5m以上)时，宜分2~3层开挖，并修筑10%~15%坡道，以便挖土及运输车辆进出。

(3) 基坑边角部位、机械开挖不到之处，应用少量人工配合清坡，将松土清至机械作业半径范围内，再用机械掏取运走。人工清土所占比例一般为1.5%~4%，修坡以厘米作限制误差。大基坑宜另配一台推土机清土、送土、运土。

(4) 挖掘机、运土汽车进出基坑的运输道路，应尽量利用基础一侧或两侧相邻的基础(以后需开挖的)部位，使它互相贯通作为车道，或利用提前挖除土方后的地下设施部位作为相邻的几个基坑开挖地下运输通道，以减少挖土量。

(5) 机械开挖应由深而浅，基底及边坡应预留一层150~300mm厚土层，用人工清底、修坡、找平，以保证基底标高和边坡坡度正确，避免超挖和土层遭受扰动。

(6) 做好机械的表面清洁和运输道路的清理工作，以提高挖土和运输效率。

(7) 基坑土方开挖可能影响邻近建筑物、管线安全使用时，必须有可靠的保护措施。

(8) 机械开挖施工时，应保护井点、支承等不受碰撞或损坏，同时应对平面控制桩、水准点、基坑平面位置、水平标高、边坡坡度等定期进行复测检查。

(9) 雨期开挖土方，工作面不宜过大，应逐段分期完成。如为软土地基，进入基坑行走需铺垫钢板或铺路基箱垫道。坑面、坑底排水系统应保持良好；汛期应有防洪措施，防止雨水浸入基坑。冬期开挖基坑，如挖完土隔一段时间施工，基础需预留适当厚度的松土，以防基土遭受冻结。

(10) 当基坑开挖局部遇露头岩石，应先采用控制爆破方法，将基岩松动、爆破成碎块，其块度应小于铲斗宽的2/3，再用挖土机挖出，可避免破坏邻近基础和地基；对大面积较深的基坑，宜采用打竖井的方法进行松爆，使一次基本达到要求深度。此项工作一般在工程平整场地时预先完成。在基坑内爆破，宜采用打眼放炮的方法，采用多炮眼、少装药、分层松动爆破，分层清渣，每层厚1.2m左右。

第五节　路基排水与防护设施施工

一、路基加固及边坡防护工程的施工方法

特殊地质及不良地质路基的地基加固处理主要采用了：换填、垫层、土工格栅、堆载预压、强夯压实、冲击压实、旋喷桩、CFG桩复合地基、岩溶钻孔注浆加固等。

路基坡面防护主要采用立体植被防护网、边坡土工格栅加筋、喷播植草、客土喷播植草、喷混植草护坡、干砌片石护坡、浆砌片石脚墙、截水骨架浆砌护坡、浆砌片石(内截水植草防护)、被动拦石网、主动防护网等结构进行防护。

路基支挡工程主要有片石 C15 混凝土挡土墙、板墙、桩基挡墙、预应力锚索、锚杆框架、锚杆格子梁等。

（一）附属工程土石方施工方法

路基及路肩上的附属构筑物（包括电缆槽、接触网、声屏障、综合接地线、信号电缆过轨钢管）的施工方法、施工时期应事先与有关单位商定，其设置不致损坏和危及路基土工结构物的安全。较大规模的土工作业，应与土工结构物同时施工；较小规模的土工作业，宜在土工结构物竣工或者接近竣工时，再开挖、设置和埋设。

综合接地线、信号电缆过轨钢管与路基填筑同步施工，电缆槽、接触网、声屏障、线间集水井待路基成型后整体切割或采用钻孔桩施工，但必须做好防渗漏封闭措施，路基刚性过渡段在施工过程中，预留电缆槽、接触网立柱基础、声屏障基础的位置，以免破坏刚性过渡段。

（二）混凝土及砌体施工方法

1. 干砌石施工方法

干砌片石护坡单层厚度一般为 0. 3m，双层厚度为 0. 6m，其下设（卵、砾）石垫层，厚 0. 15m。平台采用干砌片石加固时，干砌片石应嵌入边坡内 0. 2m，以防表水冲蚀。

干砌片石护坡表面应进行 M10 水泥砂浆勾缝，勾缝前先将松动、变形处修补整平完好。

砌体采用坚硬、不易风化的片石砌筑，片石强度不应低于 MU30，护坡砌筑前应将石料表面泥土冲洗干净。砌筑石块的施工顺序自下而上进行，石块应立砌，缝要错开，石块之间应镶紧，缝隙间用小石块填满塞紧。

2. 浆砌片石护坡、护墙施工方法

浆砌片石护坡（含浆砌片石拱形或方形植草窗护坡）、护墙圬工均为 M7. 5 浆砌片石，护坡厚度一般为 0. 3m；当采用浆砌片石护坡内设截水客土植草窗时，厚度为 0. 4m。

施工方法：护坡、护面墙施工前，先将坡面夯实整平，整修成新鲜坡面，并将边坡上的凹陷部分挖成台阶，用砌体相同的圬工砌补，避免出现空洞。然后根据设计图纸测量放线，挖掘机开挖基槽、人工配合清基；浆砌片石选用合格石料，现场机械拌和砂浆，采用挤浆法顺边坡自下而上，挂线砌筑。砌体要错缝砌筑，浆满缝实表面平整，勾凹缝。

浆砌片石护墙基础埋置在路肩线以下不小于 1. 0m，并不应高于侧沟砌体底面。为增进护墙的稳定性，凡高 8～10m 的护墙，于墙背中部设置耳墙一道；顶级护墙的墙顶设置墙帽，帽宽≥2. 0m，厚 0. 3m，并使其嵌入边坡内 0. 2m，以防表水灌入墙背。护墙高度>6m 时，墙顶应设栓绳环，间距 5m。

沿线路方向护坡每隔 10～20m 设一道伸缩缝，缝内填塞沥青麻筋；护坡上下左右每隔 2～3m 交错布置 ϕ0. 1m 泄水孔，泄水孔采用 PVC 管，孔后 0. 5m×0. 5m 范围内设卵、砾石窝状反滤层，厚 0. 3m。坡面适当位置设置台阶踏步，宽 0. 6m，单级高 0. 2m。

各类浆砌片石护坡、护墙工程除设计断面结构形式、尺寸各有不同外，其砌筑施工工艺、方法基本相同。

浆砌片石护坡、护墙严格按照设计、规范要求进行质量检测，确保砌体的结构尺寸、位置、埋置深度、沉降缝、泄水孔位置等满足要求。

3. 截水骨架护坡防护施工方法

本标段截水骨架护坡类型有拱形、方格形和“人”字形。

截水骨架、镶边、基础、边坡平台、踏步均采用 M7.5 浆砌片石就地砌筑。截水骨架的断面形式为L形，其中拱形、“人”字形的主骨架做成槽形，用以分流排除地表水。

拱形骨架由主骨架和支骨架组成，主骨架与边坡水平线垂直，间距 3m、4m 两种；支骨架呈弧形，垂直线路方向的间距为 3m、4m 两种。一般地区主骨架厚 0.4m，支骨架厚 0.4m。当用于膨胀土、红黏土、极软岩路堑边坡，骨架厚度为 0.6m；“人”字形骨架由主骨架和支骨架组成，主骨架与边坡水平垂直，间距为 6m、7m、8m 三种；支骨架与主骨架成 45°，按“人”字形铺设，垂直线路方向的间距为 3m、4m、5m 三种；方格骨架与边坡水平线成 45°，左右相互垂直铺设，方格间距为 3m、4m、5m 三种。

在骨架底部 0.5~1m 及顶部和两侧 0.5m 范围内，应用 M7.5 浆砌片石镶边加固，为便于养护，应于适当位置设置阶梯形踏步。

路基成型后人工刷坡，砌筑骨架前按设计要求在每条骨架的起讫点挂线放样，然后开挖骨架沟槽，沟槽尺寸根据骨架尺寸而定。挖槽后从坡脚向上砌筑片石，骨架完成后，截水骨架内根据地层岩性、风化程度、边坡高度选用合适的绿化方式。

截水骨架护坡工程所用的砂浆、混凝土应采用机械拌和。各种水泥砂浆、混凝土的强度等级和石料的强度均应符合设计要求，并应符合 TB 10210—2011《铁路混凝土与砌体工程施工规范》的有关规定。

（三）喷播植草施工方法

液压喷播植草护坡技术是利用液态播种原理，将草籽、肥料、黏着剂、纸浆、土壤改良剂和色素等按一定比例在混合箱内配水搅匀，通过机械加压喷射到坡面上而完成植草施工的绿化技术。

喷播植草的主要施工机械设备为喷植机、高压泵体、抽水机、高压喷料枪及喷料软管、洒水车等。

（1）对坡面进行清理、修整，边坡斜铺固土网垫或土工格室地段将充填土体拍实后，扒松表层土。

（2）按配方将种子、肥料、木纤维、保水剂、黏合剂等加水拌和，用喷播机均匀喷洒在坡面上。

（3）覆盖无纺布。

（4）洒水养护、绿化成坪。

喷播植草应选择地温、气温、降雨、风向、风速等条件适宜草种生长的季节施工，草种进行必要的预处理，以保证种子发芽快、成活率高。喷播前先在坡面洒水浸润边坡土体，播种初期定期浇水或根据天气情况洒水，确保种子发芽所需的水分及温度。幼苗长出后定期浇水施肥，使其快速成坪。成坪后注意防止病虫害，并针对性除草施肥。坡面喷播植草后，加强看护，避免牛羊牲畜及人为踩踏破坏，并避免被弃土弃碴覆盖。

（四）喷混植草施工方法

喷混植草是类似于客土喷播植草的一项生态防护技术。由黏土、谷壳、锯末、水泥、复合肥以及草木种子等通过一定配方拌合的混合物喷射在边坡上，喷射厚度一般为 0.06~0.1m，视坡率和坡面的破碎程度而定。对于边坡比较稳定者则可以直接在原始坡面上喷射混合物；对于边坡稳定性不足者，首先在坡面上打设锚杆并挂镀锌编织铁丝网起到稳定作用。

草籽应选用根系发达、茎矮叶茂并适于本地区成活的多年草种。喷播草籽含量每平方米≥25g；机编高镀锌铁丝网网条，其抗拉强度≥380kPa。

喷植前应修好天沟等排水设施，修整坡面，嵌补凹槽、坑洼、准备好喷植混合料等，喷植材料应随拌随喷。护坡喷植后，在20d内必须喷(洒)水养生(下雨例外)，务使喷植护坡始终具有足够水分，促使草籽发芽、生长。

(五)栽植乔木、灌木施工方法

1. 种植前的准备工作

(1)苗木准备

根据工程设计图纸，列出苗木的品种、数量、规格，落实苗木供应来源，以及运到栽植地的运输情况及方法。对符合规格、生长健壮、无病虫害的苗木，逐株做记号。高质量的苗木应具备的条件：根系发达完整，主根短直，接近根茎范围内有较多的侧根和须根，起苗后根系无劈裂；苗木粗壮通直；主侧枝分布均匀，能构成完美的树冠；无病虫害和机械损伤。

(2)植前整地及放线

根据设计图纸要求，栽植地土质应基本满足植物生长需要，如发现土质太差，在栽植前换填种植土，以保植株成活。

根据图纸，在现场找出苗木实际栽植位置，用白灰撒出灰点，进行定点放线。一般采用行列式放线法及等距弧线放线法。

(3)树穴的开挖

树穴开挖一般在运取苗木前1~2d进行。种植穴的大小依土球及根系情况而定，带土球的应比土球大16~20cm，穴的深度一般比球高度稍深10~20cm，栽植裸根苗木应保护根系充分舒展，树穴必须保证上下口径一致，避免出现上大下小的“锅底坑”，挖出的表土、心土应分别堆放。

2. 苗木栽植施工要点

(1)栽植时间：应尽量缩短起苗与栽苗之间的时间差，做到随起随栽。

(2)苗木运输：在运输过程中，所有植物必须有良好的包装，以保证不受太阳、风吹等不良气候的侵害。裸根植物的根系应沾泥浆，并包在稻草袋中，常绿树及灌木应有土球及草袋包装，到现场及种植前保持完好土球。

(3)苗木种植：将苗木的根系或土球放入树穴内，使其居中再将树木立起，保证垂直，然后分层回填种植土。一般每层20~30cm，先填较肥沃的表土，填土后将树根稍向上一提，使根系舒展，用锹把将土捣实，直至填满穴坑。土痕应略平稍高于坑口，防止栽植后出现陷落、下沉，导致树干基部积水腐烂。坑土填平后，用余土环树，筑起拦水围堰并拍实以利浇水，高度不低于15cm。

(4)苗木浇灌：新植苗木的浇灌应以天然水为佳，之后48h之内必须浇上一遍水，第二遍水随后进行，第三遍水在第二遍水后5~10d内进行。注意浇水必须浇足、浇透，浇完第三遍后，应及时封堰，并在树干基部周围堆成20~30cm高的土堆，以保持土壤内水分。

(六)客土植草施工方法

客土喷播植草是选用适合于特殊地质条件下的植物生长基质(客土)和种子，然后用挂网喷附的方式覆盖在坡面，从而实现对岩石边坡的绿化和防护。

客土喷播植草适用于风化程度较高的岩土边坡、块石土及其改良土填筑的路堤边坡，边坡率(1∶1)~(1∶1.5)；挂网(铁丝网、土工格栅)客土喷播植草主要适用于陡于1∶1的结构稳定的岩质和强风化岩边坡；较干旱地区或在旱季施工的填方地段边坡适用于客土喷播植草+保湿剂技术；而在雨水季节施工，适用于客土喷播植草+固化剂技术。

客土喷播植草的植物由多种草本、灌木组成，而且尽量采用与当地天然植被类似的种类，使植被可以实现从草坪到树木的演替，而且乡土植物更容易与自然融为一体。

锚杆挂网起防护、支承功能，对于边坡局部不稳定者，可以通过加大、加深锚杆稳定边坡或坡率陡者可以加密网或设置双层网。

(七) 高强金属柔性主动防护网施工方法

主动金属防护网由高强度钢绳网、格栅网、钢绳锚杆及锚固基础组成。

主动防护网：纵横交错的$\phi16$纵横向支承绳和$\phi12$纵横向支承绳与4.5m×4.5m正方形模式(边缘局部根据需要有时为4.5m×2.5m)布置的锚杆相连结并进行预张拉，支承绳构成的每个4.5m×4.5m网格内铺设一张钢丝绳网，钢丝绳网下铺格栅网。每张钢丝绳网与四周支承绳间用缝合绳连结并拉紧，该预张拉工艺能使系统对坡面施以一定的方向预紧压力，从而提高表层岩土体的稳定性，阻止崩塌落石的发生。

施工顺序及方法：

(1) 施工前先清除坡面上浮土及浮石。

(2) 锚杆孔位放线测定(根据地形条件，孔距可有0.3m的调整量)，并在每一孔位凿出深度不小于锚杆外露环套长度的凹坑，口径0.2m，深0.2m。

(3) 按设计锚固长度钻孔并清孔，孔径$\phi=42$mm，孔深比锚杆长0.2m；当受凿岩设备限制时，构成每根锚杆的两股钢绳分别锚入两个孔径不小于$\phi35$mm的锚孔内，形成“人”字形锚杆，夹角15°~30°，以达到相同的锚固效果。

(4) 锚孔注浆采用M30水泥砂浆(环套段不能注浆)，插入锚杆，锚杆的外露环套不能露出地表，以确保张拉后网绳紧贴地表。优先选用粒径≤3mm的中粗砂。

(5) 安装纵横向支承绳，张拉紧后两端各用2~4个(支承绳长度<15m时2个，>30m时4个，其间为3个)绳卡与锚杆外露环套固定连接。

(6) 从上向下铺设钢绳网并缝合，缝合绳为$\phi8$钢绳，每张钢绳网均用一根长约31cm的缝合绳与四周支承绳缝合并预张拉，缝合绳两端各用两个绳卡与网绳固定连接。

(八) 高强金属柔性被动拦石网施工方法

(1) 被动金属网由钢立柱、高强度菱形镀锌钢绳网、锚绳及锚固基础组成，钢立柱间距10m，拦石网高度一般为3~8m，其位置和标高根据现场地形实际情况适当调整。

(2) 锚杆施工前，根据设计要求和允许调整原则定出孔位。

(3) 钢柱的倾角应满足设计和施工要求，误差为±5°，不满足要求的可重新调整或增设下拉锚绳。

(4) 对于仰角大于45°斜坡上的防护网，施工时搭设脚手架或作业平台，加强对作业人员和坡面作业机具的保护。

(5) 拦石网钢柱基础，尽量采用人工开挖，必要时采用小药量装药控制爆破，并做好施工防护。

（九）土工布施工方法

用作反滤材料的土工布先做二检，检测合格方可使用，必须耐腐蚀、抗老化，具有良好的透水性能，其可使土体内形成排水通道，利用土工布增强土体的抗拉强度和抗变形能力，增强结构物的稳定性。等效孔径必须满足保土、透水和防淤堵设计准则要求；刺破强度和撕裂强度≥400kN，防顶破强度不小于 1.5kN。用作反滤材料的土工布的搭接宽度不宜小于 20cm。

（1）铺设土工布首先用料径较小的砂土或黏土找平、压实，并清除表面坚硬凸出物。

（2）铺设土工布时，应将强度高的方向置于路堤主要受力方向，当设计有特殊要求时按设计铺设。

（3）土工布的连接应牢固，受力方向连接强度不低于设计抗拉强度。

（4）土工布铺设时，必须拉紧展平插钉固定，并应与路基面密贴，不得有褶皱扭曲。

（5）铺设多层土工布时，其上、下层接缝应交替错开，错开距离不宜<0.5m。

（6）土工布不得直接铺设在碎石等坚硬的下承层上。应在土工布和碎石之间铺设 10cm 厚的中、粗砂保护层。

（7）严禁碾压及运输等设备直接在土工布上碾压或行走作业。

（十）复合土工膜施工方法

用于路基隔水防渗的复合土工膜或经编复合土工膜先做二检，检测合格方可使用，要求断裂强度应≥20kN/m，防顶破强度应≥2.5kN，垂直渗透系数≤10～11cm/s，PE 膜厚度≥0.3mm，复合土工膜的连接宜用黏结法、黏结宽度不宜<10cm，耐腐蚀、抗老化。

施工时，应避免石块重物直接砸在土工膜上，最好边施工边覆盖保护层，覆盖厚度不宜<30cm，土体要密实，避免不均匀下沉裂缝，防渗范围内的草皮树根要清除，与土工膜接触面铺设粒径小的砂土或黏土作保护层。铺设时土工膜不要拉的太紧，两端埋入土体部分成波状较好。铺设面要平整不能有凸凹现象，不能有锐物、石块、铁丝，要沿着一个方向铺，同时不要拉得太紧并留有一定伸缩量，以适应基体的变形，复合土工膜的接缝处理是施工的关键环节，直接影响路基工程使用寿命，采用黏结法。

（十一）土工格栅（加铺垫层）施工方法

土工格栅在本标段主要用于路堤边坡加筋补强和基底加固补强两种用途，先做二检，检测合格方可使用。

1. 材料准备

土工格栅采用双向拉伸型，极限抗拉强度≥25kN/m，延伸率≤10%。必须有产品合格证书。使用前按一定比例送样进行纵向抗拉强度和延伸率试验。进货后，存放在遮阳通风处，避免因过强紫外线照射导致材料老化，强度损失。

2. 土工格栅铺设

（1）首先将铺设土工格栅的下承层表面应整平、压实，并清除表面坚硬凸出物。清理好的地基或路基经检验合格后，然后铺设土工格栅，土工格栅铺设时要求平整拉直。

（2）铺设土工格栅时，沿线路横向采用整幅，不宜有接口。当需要接长土工格栅时接口不得超过两处，搭接宽度≥0.5m，采用塑料棒或防锈处理后的钢筋穿别两道进行连接，保证连接强度不小于材料强度。

（3）土工格栅连接应牢固，受力方向连接强度不低于设计抗拉强度。搭接接头按规范要求进行，搭接长度≥30cm，结点间隔 40cm，呈梅花形布置，并用乙烯绳绑扎，连接牢固。

（4）土工格栅铺设时，拉紧、展平、插钉固定，并与路基面密贴，不得有褶皱扭曲。

（5）铺设多层土工格栅时，其上、下层接缝交替错开，错开距离≥0. 5m。

（6）土工格栅上铺设填筑土时采用人工配合机械进行，散铺整平，待上覆≥0. 2m 填土后再从两边开始进行纵向压实。严禁碾压及运输等设备直接在土工格栅上碾压或行走作业。

铺设时随铺随覆盖，土工格栅铺设 48h 内上铺填料层覆盖。

3. 土工格栅施工注意事项

（1）按设计文件对格栅性能指标的规定要求向生产厂家订购幅宽 3. 0m、满足设计要求且各向同性(包括强度)的成品，以方便卷制的格栅沿线路纵向铺设，提高工效。

（2）土工格栅与分层路堤填筑同步施工，沿线路纵向搭接≥30cm，上、下层的接缝应交替错开，相错距离应≥0. 5m。

（3）土工格栅埋设于碎石中，土方填筑碾压时应注意避免尖利的石块可能对格栅造成的损伤，倾卸填筑土方不得对格栅形成冲击。

（4）格栅铺设必须展平、拉紧、插钉固定，并与路基面密贴，且与外侧边坡留有 20~30cm 的间距，以便于刷坡。

格栅的使用与铺设的其他事项按照相关规范执行。

（十二）排水材料[RCPX715D(A)]施工方法

该渗排水材料是一种以热熔性聚烃类制成的连续长纤维状多孔新型土工合成材料，又称为塑料盲沟、塑料暗渠等。主要作用是收集、排除土中的滞水，减小地下水压力。广泛应用于路基边坡防护、挡土墙墙背防护、浸水路堤的坡面防护工程及环境保护等建设项目的地下集排水工程。RCP-X715D(A)排水材料技术指标如表 3-9 所示。

表 3-9　RCP-X715D(A)技术指标

型号	厚度/mm	空隙率/%	剩余厚度/mm	压缩强度/kPa	耐酸碱稳定性
RCP-X715D(A)	15	≥90	12	≥50	稳定

（1）可根据工程情况，选用不同的材质。如用于极细砂、亚黏土、淤泥质土等工程，可选用等效孔径 0. 08~0. 2mm 的土工布，而通常土质可选用等效孔径<0. 075mm 的土工布。

（2）该渗排水材料的原材料比重小(约为 910~930kg/m^3)，具有良好的可裁剪性；柔韧性强，可以随着土体形状弯曲，与土体贴合紧密，保证渗水效果；易于铺设。

（3）铺设与土工格栅埋设基本相同，不同是用无纺土工布包裹一起使用，并使其两端与路边的排水系统相连，把水引排到明沟或暗沟里。渗排水材料的使用与铺设的其他事项按照相关规范执行。

（十三）垫层施工方法

（1）垫层主要适用于浅层软弱土、填土或不均匀地基的挖除换填垫层和地基加固处理的褥垫层；垫层一般选用中粗砂、砂砾石、碎石、卵石、砂卵砾石土等。

（2）换填垫层的厚度一般≥0. 5m，具体厚度按设计计算确定；当采用碎石垫层时，应采用级配良好的碎、砾石，不含植物残体、垃圾等杂质，含泥量应<5%，砂石的最大粒径≤50mm；施工分层铺填厚度 200~300mm，垫层的压实标准应满足路基各部分相应的要求。

（3）褥垫层一般选用未风化、级配良好的碎、砾石，不含植物残体、垃圾等杂质，含泥量≤5%，最大粒径≤30mm，垫层厚度0.3~0.8m，常用厚度为0.4~0.6m，具体厚度按设计计算确定。

（十四）旋喷桩施工方法

施工准备：旋喷桩施工前，清除施工场地内的表层杂填土、耕植土等，然后分层夯填黄黏土，压实度>93%。

钻机就位：施工前先进行场地平整，做好钻机定位，要求钻机安放保持水平，钻杆保持垂直，其垂直度偏差≤1.5%，钻头对准孔位中心，允许偏差在50mm以内，钻杆与钻孔方向一致。

钻孔插管：钻孔与插管同时施工为一道工序，射水成孔的同时插管至设计桩底标高位置，此时水压宜<1.0MPa。

喷射注浆：喷射注浆前检查高压设备和管路系统，并对安全阀进行测定，其运行可靠，注浆管接头的密封圈无破损、密封性能良好，注浆管及喷嘴内不得有任何杂物。

旋喷使用的水泥新鲜无结块，浆液宜在旋喷前0.5h以内配制，搅拌时间不得少于3min，浆液搅拌均匀，浆液存留不得超过4h，浆液水灰比按工程需要而定，一般取0.8~1.5，水泥浆比重控制在1.30~1.49，防止产生沉淀。单管法、双管法的高压水泥浆压力应大于20MPa。

喷射浆液前，先送高压水，后送浆液，再在底部旋喷1min，等达到预定喷射压力及喷射量后，边旋转边喷浆，同时控制不同土层提升速度，以防止浆管扭断。

喷射时做好压力、流量和冒浆量的量测工作，并按要求逐项记录，冒浆量控制在20%注浆量以内，大于注浆量20%或完全不冒浆时，查明原因并采取相应的措施。对冒出地面的浆液，经过滤、沉淀、除去杂质和调整浓度后方可回收使用。

喷射过程中钻杆的旋转和提升连续不断，如发生故障，停止提升和旋喷，以防止桩体中断，同时立即进行检查排除故障。

由于浆液析水特性，为防止产生收缩，停灰面高于设计桩顶标高，施工完成人工破除至桩顶设计标高，以保证桩顶质量。

冲洗及移动机具：当喷射提升到停灰面高程后，立即结束旋喷拔出注浆管，用清水彻底清洗泥浆泵和高压泵及管路，管内、机内不得残存浆液和其他杂物，在机具冲洗时保证场地整洁，禁止泥浆到处漫溢，然后将机具移动到下一孔位进行操作，相邻两桩施工间隔时间不得小于48h。

桩体质量检测应在成桩28d后进行，检验方法可采用开挖检查、钻孔取心、标准贯入试验、荷载试验等方法。

旋喷桩加固深度应穿透软弱土层（压缩层）到达无压缩层（硬层）以下不小于0.5m。

（十五）CFG桩施工方法

CFG桩即水泥粉煤灰碎石桩，该方法适用于处理黏性土、粉土、砂土、人工填土和淤泥质土等各种土性的地基。原理是通过沉管或长螺旋成孔，孔内灌注水泥、粉煤灰和碎石拌合料，形成低强度桩体复合地基。

（1）施工前应按设计要求由试验室进行配合比试验，施工时按配合比配制混合料。长螺旋钻孔、管内泵压混合料成桩施工的坍落度宜为160~200mm，振动沉管桩灌注成孔施工的坍落度宜为 30~50mm，振动沉管灌注成桩的后桩顶浮浆厚度不宜>200mm。每个工点开工前应按照室内配方先做试桩 2 根。

(2) 首先平整场地并填筑 20cm 厚砂砾垫层，测量放线，确定桩位，然后按设计方案确定的设计参数进行桩基施工，桩长根据沉管入土深度确定。

(3) CFG 桩施工以单打法(拔管后不再反插)成桩，施打顺序采用纵向隔排跳打的次序，尽量避免新打桩对已打桩的影响。

按设计桩位把预制好的混凝土锚头(桩靴)埋在预定的地表面，将打桩机移至锚头上方，并将空心钢管桩套在锚头上。钢管桩内外套管的下端面与桩靴的内外支承面相接触，上部与压盖连接，并通过钢缆与打桩机相连。

打桩机上的卷扬机往下拉动钢缆，使钢管桩压迫桩靴尖头一起压入土层(静压法)，或通过振动使钢管下沉到位(振动法)。沉管过程中每沉 1m 应记录电流表电流一次，并对土层变化予以说明。

CFG 桩加固深度应穿透软弱土层(压缩层)到达无压缩层(硬层)以下不小于 0.5m 到达设计深度后，分批往钢管内灌注混凝土，边振动边拔管(留下桩靴)。桩管内灌注混凝土时每次尽量多灌，混凝土的充盈系数不小于 1.15。

桩管内灌入混凝土后，先振动 5~10s，再开始拔管，第一次拔管高度应控制在能容纳第二次所需要灌入的混凝土为限，不宜拔的过高。拔管速度应均匀，一般控制在 0.6~0.8m/s，边振边拔，每拔 0.5~1.0m，停拔振动 5~10s。

反复上述内容，直至桩管全部拔出。

(4) 桩头处理：施工桩顶高出设计标高不少于 0.5m，CFG 桩成桩后达到一定强度(一般为 3~7d)时，开挖基坑，将桩顶质量较差的桩段用人工挖除。

(十六) 强夯压实施工方法

强夯法适于处理碎石土、砂土、低饱和度的粉土与黏性土、湿陷性黄土、素填土和杂填土等地基。

强夯施工前，根据设计拟定的强夯参数，进行强夯试验方案，夯后对试夯场地进行测试，并与夯前测试数据进行对比，检验强夯效果，确定正式施工采用的各项强夯参数，并报告监理工程师批准后开始强夯施工。

夯点的夯击次数按现场试夯得到的夯击次数和夯沉量关系曲线确定，且满足下列条件：

(1) 最后两击的平均夯沉量≤50mm，当夯击能≥4000kN/m²时，最后两击的平均夯沉量≤100mm；

(2) 夯坑周围地面不应发生过大的隆起；

(3) 不因夯坑过深而发生起锤困难。

试夯前进行详细的原位测试，取地面下 5~6m 以内原状土样进行室内试验，测定有关土性数据。试夯按照拟定的强夯参数进行，每夯击一次及时测量夯击坑及其周围的沉降量、隆起量和挤出量等地面变形，作好详细夯击记录，在土层的不同标高处埋设深层沉降标用以观测各深度的沉降量和有效的加固深度。

1. 施工设备

采用配套的强夯设备，按照一定顺序、夯击遍数和击数，对地基冲击夯实，配备平整设备，平整夯坑，最终达到地基平整密实。

2. 施工工艺

（1）在施工前先做好临时排水沟，将地表水引出地基加固处理范围。

（2）准确定出夯点位置、夯击范围，清理并平整场地。夯击点的位置、间距可根据试夯结果确定；强夯范围为超过路基两侧坡脚外宽度处理深度的1/2～1/3，且≥3.0m。

（3）起重机就位，使夯锤对准夯点位置，测量夯前锤点高程。将夯锤起吊至预定高度，待夯锤脱钩、自由下落后，放下吊钩，测量夯坑内及周围地面高程，计算夯沉量。

（4）每点夯击两次，夯点按试夯数据布置。

（5）按设计规定的夯击次数及控制标准，完成第一遍夯点的夯击。

（6）按规定的间歇时间，进行第二遍夯击，第二遍夯击点与第一遍夯点呈隔行跳打布置。

（7）施工时详细记录每一夯点的夯击能、夯击次数和每次夯沉量。

（8）逐次完成全部夯击遍数后，推土机将场地整平，测量夯后场地高程。

3. 质量控制与要求

（1）开夯前检查夯锤重量和落距，以确保单击夯击能满足设计要求。

（2）夯锤上设直径20～35cm的排气孔，避免产生“气垫效应”和“真空效应”。

（3）在每遍夯击前对夯点放线进行复核。夯完后检查夯坑位置，发现偏差或漏夯及时整平坑底并补夯。

（4）低能量满夯的搭接面积按搭接长度≥1/4夯锤直径控制。夯完最后一遍后，用推土机将场地整平。

（5）第一遍夯击完成后，根据测量的数据和结果，结合工程地质进行综合分析，对工艺参数进行必要的调整，更好地指导下一遍夯击。

（6）严格控制夯锤落点、夯锤落距、夯击击数、夯击遍数及间歇时间等。

（7）强夯夯坑中心偏移的允许偏差按≤0.1D（D为夯锤直径）控制，每次夯击后按总夯击点的10%检验并记录。

（8）强夯处理后地基的承载力通过现场载荷试验确定；夯后有效加固深度内土层的压缩模量采用原位测试和室内土工试验确定。

（十七）重锤夯实施工方法

重锤夯实是对地基进行夯实处理较经济实用的方法。

重锤夯实是用小型夯锤夯击，能量较小，是对土壤颗粒之间孔隙的压密，在地基浅层形成一层较密实的硬壳。

（1）重锤夯实法：一般采用轻型起重机或桅杆吊起重1.5～3.0t、底面直径1.0～1.5m的钢筋混凝土夯锤，起吊高度为2.5～4.5m，然后自由落下，一夯挨一夯对地基进行夯实。

（2）特点：可使用轻型起重设备，施工简便，费用较低，但布点较密，夯击遍数多，施工工期相对较长，同时夯击能量小，孔隙水难以消散，加固深度有限（一般深1.2～2.0m）。如果土壤含水量控制不当，易夯成橡皮土，处理较困难。适用于加固地下水位离地表为0.8m以上，层厚不大的黏性土、砂土、湿陷性黄土、不含大块的杂填土及回填土。

这种方法特别适于对非自重湿陷性黄土作浅层处理，经重锤表面夯实后，可消除湿性，地基密度增大，强度可提高30%，透水性显著降低。若用于杂填土可以减少其不均匀性，提高承载力(15%~25%)。采用重锤夯实法的注意事项：①施工前要进行地质勘探，并通过现场试夯确定有关技术参数(如夯锤重量和底面直径及落距、最后下沉量及相应的夯击遍数和总下沉量)；②夯实前，场地应平整后基坑底面的标高应高出设计标高，预留土层的厚度应为试夯时的总下沉量再加100~200mm。表面应用推土机预压两遍，以利于起重机行驶。③场地周围做好排水沟，按夯点布置测量放线，确定夯位，如地下水位较高，应在表面铺一层砂或砂石垫层，以防设备下陷，或采取降低地下水位等措施后再施夯，夯实时地基土的含水量应控制在最优含水量范围内。

(3) 重锤夯实应一夯挨一夯进行，在一次循环中同一夯位底部应连夯两下，下一循环的夯位，应与前一循环错开1/2锤底直径搭接。如此反复进行，在夯打最后一循环时，则用一夯压半夯的打法。重锤夯点离建筑物保持不小于10~15m的距离，一般不会对建筑物造成损害，降低承载能力和使用寿命，必要时可以采取防震或隔震措施，如开挖深度大于建筑物基础埋深的防震沟等。夯击前后，应对地基土进行室内土分析试验，野外标准贯入度、静力(轻便)触探、旁压仪试验(或野外荷载试验)，测定有关数据，以检验地基的实际影响深度。同时做好施工过程中的监测和记录工作，包括检查夯锤重量和落距、每个夯点的夯击次数、每击的夯沉量和每遍夯击后的地基平均变形值，并对各项参数及施工情况进行详细记录，作为质量控制和检验效果的依据。

(十八) 重型碾压施工方法

路基填筑地段在进行碾压处理前，首先清除地基处理范围内的地表耕植土，再采用T25以上重型压路机对原地面及填筑层进行碾压处理。

(1) 施工前选择长度≥100m的试验段，进行碾压试验，通过试验取得施工工艺参数，再指导全面施工。

(2) 碾压前，先检测待压实土体的含水量，如小于最佳碾压含水量，用洒水车洒水闷料一次。如有积水或过湿时，经排水晾干后再进行碾压。

(3) 选用T25型振动压路机，行驶速度3~6km/h，由外侧向内侧碾压，轮缘重叠30~40cm。

(4) 振动碾压完成后，用推土机整平，再用振动压路机静压平整。

(5) 在路基填筑施工过程中每填筑1.5m(涵洞顶部≥2.0m)进行一次振动碾压，碾压一次应碾压3~5遍为宜。

(十九) 堆载预压施工方法

预压法处理路基的目的是加快地基土沉降变形，减少路基运营后的工后沉降量，降低工程投资。采用预压地段应先安排路堤施工，保证路堤填土竣工后不少于1a以上的预压时间，路基剩余沉降量控制在无砟轨道路基要求的沉降允许范围内。

路基填筑施工至基床表层底面后，开始填筑预压土方，堆载预压土方的底面应铺一层土工布，设计超载预压土的高度一般≤2.5m。

预压完成后达到沉降控制要求后，清除预压土及土工布，并采用重型机械追密碾压后再填筑基床表层。

(二十) 岩溶地基施工方法

1. *岩溶注浆*

(1) 覆盖型岩溶注浆工程遵循“探灌结合”原则，施工封闭土、石界面形成隔水帷幕；

路堤地段注浆孔布置宜采用梅花形布置，孔间距5.0m×5.0m或7.0m×7.0m；路堤地段加固范围至路堤坡脚外约5.0m；路堑地段加固范围至侧沟平台外边缘。

（2）绘制注浆孔位布置图，并统一编号，注明施工顺序。现场测量注浆范围，定出注浆孔位置。注浆前做好场地清理、平整，设备布置，各种管线的连接，材料制备以及检查工作，做好符合环保要求的废浆隔离与回收设施以及施工记录等准备工作。

注浆水泥采用PO32.5水泥，水泥浆液水灰比为（0.8∶1）~（1∶1）。若遇空的岩溶通道、较大溶洞和裂隙处，视具体情况先灌注中粗砂或稀的水泥砂浆对溶蚀腔体进行充填，再采用粉煤灰水泥浆液或双液注浆。全充填溶洞一般采用单液注浆；当岩溶特别发育，注浆量很大时，应视需要采用水泥水玻璃38-48Be'进行双液注浆。注浆压力参数：灰岩中为0.1~0.3MPa，岩土界面附近逐步加大至0.3~0.5MPa。

（3）当注浆达到下列标准之一时，可结束该孔注浆：①注浆孔口压力维持在0.2MPa左右，吸浆量≤40L/min，维持30min；②冒浆点已出注浆范围外3~5m时。③单孔注浆量达到平均注浆量1.5~2.0倍，且进浆量明显减少时。当达不到上述结束标准时，应清孔再次注浆。

（4）为确保工程质量，在注浆浆液中掺入适当外加剂，施工中需进行现场对比试验。

2. 嵌补、换填

（1）对位于基床厚度范围内的溶沟、溶槽，应将突出的坚硬岩石进行清爆，将堆积填充物予以换填，基床范围换填C15片石混凝土。当基床厚度范围以下，堆积充填物强度较低，按设计对堆积物进行换填或加固。

（2）对溶洞无流动地下水且充填堆积物，顶板厚度不能满足要求时，可采用压浆进行处理。有条件时，空洞可以先填砂砾石或碎石再行压浆。

（3）对影响路堑边坡稳定的坡面上的溶洞、溶槽和溶蚀凹坎，采取M7.5浆砌片石嵌补支顶加固措施。

3. 注浆施工质量控制与要求

（1）进场注浆材料的种类、规格及质量必须检查产品质量证明文件，并现场抽样检验。水泥按同一产地、品种、规格且连续进场的≤200t为一批，每批抽样检验1组强度、安定性、凝结时间等。严禁使用受潮、结块、变质的加固料。

（2）施工过程中经常检查并记录注浆压力、浆液流量、注浆量，记录每孔注浆时间、浆液配合比及外加剂用量等施工参数。

（3）检查并记录每个注浆孔垂直偏斜率、孔位偏差、钻孔倾角。

（4）按注浆孔数5%钻孔取心检查浆液充填情况，直观判断注浆效果。裂隙岩溶、洞穴等须干钻取心，岩心采取率>90%。检查孔同时作为补浆孔。

（5）每工点注浆后进行物探检验，通过对注浆前后的物探成果资料进行对比，结合钻孔取心情况，判断注浆效果。

二、路基支挡工程施工方法

（一）片石混凝土挡墙施工方法

1. 基坑开挖

（1）根据测量放线进行开挖，开挖前，在上方做好防、排水设施。

(2) 土质地基时挖掘机能到位，用挖掘机开挖，不能到位时，人工开挖。在机械开挖基坑时必须预留一定厚度由人工开挖。

(3) 基坑挖好后，铺设厚 10cm 的碎石垫层，夯实至设计标高，经基底检测合格后进行挡土墙片石混凝土施工。

2. 立模

模板采用大块定型钢模，立模时采取内撑外顶的加固措施，脱模剂采用新机油，模板经检查合格后方准进行混凝土浇灌施工。按设计间隔设置伸缩缝，伸缩缝用沥青麻筋填塞。

3. 混凝土灌注与加填片石

拌和站集中拌制混凝土，混凝土搅拌运输车运输。混凝土通过溜槽灌注，混凝土自由落体高度≤2m。采用插入式振动棒振捣密实。加填片石时要选用粒径≥30cm 的无水锈、质地坚硬、无风化的片石，片石与片石之间应有≥30cm 的间隙，每层混凝土灌注完成后，加填一层片石，然后再灌注一层混凝土，片石层间混凝土厚度应≥30cm。

混凝土的强度达到 85%后进行拆模，同时采用草袋覆盖洒水养生。

4. 施工注意事项

(1) 挡土墙地面以上 0.2m 处每隔 2~3m 上下左右交错设置泄水孔，并设墙背砂砾石反滤层。在反滤层的最下面和最上面用黏土将反滤层封死，以免渗水浸泡路堤和挡墙基础。砌体采用草帘、麻袋覆盖，洒水养护，保持覆盖物湿润，养护时间≥14d。

(2) 挡墙沉降缝按总断面设计分段留设，采用低发泡聚乙烯泡沫塑料隔离，靠墙背一侧嵌 2cm 深橡胶沥青防水密封膏，并确保沉降缝竖直。

(3) 挡土墙砌体达到设计强度后，方可进行路基土方施工，挡墙背后填筑砂夹卵石等渗水性土，随路基土方填筑时回填、压实，边角压不到的部位采用冲击打夯机或平板振动夯夯实，泄水孔部位按设计要求增设反滤层。

(4) 碾压先从路基中部开始碾压，再向两边碾压，最后碾压挡墙附近(距挡墙 0.5m 以外)土方。先静压 1~2 遍，然后再进行振动碾压至要求密实度，最后对距挡墙 0.5~1.0m 范围内采用静压至要求密实度。

(5) 边部压实采用冲击打夯机或平板振动夯等小型机械作业，严禁采用打夯机接触挡土墙。

(6) 路基土方完成后，进行挡土墙帽石施工。

(7) 帽石混凝土施工时，清除墙顶的尘土和杂物，以便与挡墙连接牢固。帽石模板采用组合钢模，内撑外拉法加固；混凝土在拌和站拌合，吊车灌注入模，插入式振动棒捣固密实。顶面按设计要求做成向外的排水坡，防止墙顶积水渗入墙体背后。

(二) 锚杆框架梁施工方法

锚杆框架梁适于路堑边坡防护，施工前要求路堑边坡自上而下分层、分级开挖。分层高度控制在 4m 范围内，每一分层开挖完毕后，及时施工坡面锚杆并注浆加固，再进行下一分层的开挖；每一分级开挖完毕后，立即施工坡面防护工程，待坡面加固防护工程全部施工完毕后，方可进行下一级边坡的开挖，不得一次性拉槽至墙顶平台处再施作边坡防护工程。

锚杆施工前应选择相同的地层进行拉拔试验，试验孔数不少于 3 孔，以验证锚固段的设计指标，确定施工工艺及参数。同时，施工前应该做好地面排水系统，尽量避免雨季施工。

1. 锚杆施工

砂浆锚杆布置按照图纸设计进行。锚杆施工顺序为：清理边坡──→钻锚杆孔──→清孔──→注浆──→放入锚杆──→补浆──→安装端头垫板──→连接框架钢筋。

钻孔采用螺旋钻孔或锚杆钻机，钻孔孔位、深度、孔斜度应符合设计要求，定位偏差≤20mm，孔深不小于设计孔深，孔斜度不超过±1°。钻孔完成后必须用高压空气（风压0.2~0.4MPa）将孔中岩粉排除干净。

锚杆采用HRB335级热轧钢筋，应符合现行国家标准GB/T 1499.2《钢筋混凝土用钢 第2部分：热轧带肋钢筋》的规定。锚孔孔深一般6~8m，孔距3.0m，内采用2根ϕ20mm或ϕ25mm螺纹钢筋，钻孔孔径采用70mm，与坡面垂直施作。

锚杆孔必须采用干钻，不得采用水钻，孔径、深度应满足设计要求；地下水如具弱硫酸侵蚀性，锚杆水泥（砂）浆应采用抗侵蚀性水泥；锚孔内灌注M30水泥砂浆，水灰比宜为0.38~0.5，灰砂比宜为0.8~1.5，注浆采用孔底返浆法一次注浆技术，中途不得停注，注浆压力≥0.4MPa。

2. 框架钢筋绑扎

修整边坡，按照框架竖梁、横梁尺寸及模板厚度，精确挖出单根梁肋轮廓。先施工竖梁，并于接点处预留横梁钢筋，竖梁形成后，再施工横梁。绑扎钢筋，用砂浆垫块垫起，与坡面保持一定距离，并和短钢筋锚钉连接牢固。

3. 立模板、加支撑

用脚手架钢架杆支撑固定模板，模板底部要与基础紧密接触，以防跑浆、涨模。模板表面刷隔离剂，便于脱模。

4. 浇筑混凝土

框架混凝土灌注连续作业，边灌注边捣固。锚杆和框架的位置务必精确，在施工中确保框架和锚杆的位置准确。地下水如对混凝土具有弱硫酸侵蚀性，框架梁混凝土应添加抗侵蚀性外加剂。

5. 张拉锁定

采用千斤顶适当张拉，锚杆外露段向梁方向弯折大于10cm并封锚头。

（三）桩板挡土墙施工方法

桩板挡土墙设计为挖孔桩基础，钢筋混凝土桩柱、钢筋混凝土挡土板、面板采用定型钢模在预制场内集中预制，保证规格尺寸一致，桩柱采用定型钢模现场浇注。桩柱混凝土达到设计强度后边组装挡土板、边填筑路基土。

桩板挡土墙施工顺序为：测量放线──→挖孔桩施工──→浇注桩柱──→组装面板──→填筑路基土──→碾压密实──→灌注帽石混凝土──→墙面整修。

1. 挖孔桩施工

（1）挖孔桩基础采用人工开挖，混凝土护壁，卷扬机提升出渣。桩孔开挖时分节开挖，节高1m左右，挖一节立即支护一节。挖土由人工从上到下逐段用镐、锹进行，坚硬土层用锤、钎破碎，石方采用浅孔松动爆破。同一段内挖土次序为先中间后周边。按设计尺寸从上到下削土成形。弃土装入吊桶，用卷扬机提升。

（2）护壁混凝土采用就地搅拌、灌注，护壁模板采用钢模板组合而成，腕扣式钢管架支撑加固。护壁支模中心线以十字线对中，吊大线锤作中心控制用，以基准点测量孔深，以保证桩位、孔深和截面尺寸正确。护壁混凝土采用机械拌合，手推车运输，卷扬机吊斗入模，插入式振动器或人工插捣密实。

2. 桩柱施工

(1) 桩柱钢筋在加工场加工成型，运至现场绑扎，搭接接头交错设置，汽车吊吊装就位，报请现场监理检查合格后，进行桩身混凝土的浇注。

(2) 混凝土采用拌合机拌合，小型自卸汽车运输，漏斗导管法入模。

(3) 桩柱钢筋现场绑扎，模板采用定型钢模，现场按设计尺寸支立、加固稳固，搭设钢管架施工平台，浇注桩柱混凝土。

(4) 桩柱混凝土施工完毕后，地面以上采用塑料薄膜缠绕，洒水养生，至混凝土达到设计强度。

3. 面板预制

(1) 挡土墙面板在预制场内集中预制，模板采用定型加工钢模，保证面板凸、凹尺寸准确。

(2) 面板预埋拉筋环按设计要求采用圆钢加工，钢筋严禁冷拉处理。

(3) 面板混凝土采用拌合机拌合，人工运输、入模，平板式振动器振捣密实，覆膜法洒水养护，待混凝土达到设计强度后方可进行安装。

(4) 面板运输和堆放时单层竖立摆放，严禁平放、叠垒，底部和面板与车体之间夹垫稻草、麦秸等柔软物品，防止构件破损。

4. 面板组装

(1) 面板组装前按设计标高整平基底，面板组装采用汽车吊吊装，面板卡在桩柱的卡槽内，面板与面板之间、面板与桩柱之间采用砂浆填塞，确保面板组装平顺。

(2) 上层面板与下层面板对缝组装，相互咬合，以增加面板的整体性。板缝采用砂浆填塞密实，做到板缝宽窄均匀、顺直。

5. 填土压实

(1) 路基土方随挡墙施工，边组装面板，边进行路基土方施工。挡墙背后填筑砂夹卵石等渗水性土，随路基土方填筑时回填、压实，边角压不到的部位采用小型冲击夯或平板振动夯夯实，泄水孔部位按设计要求增设反滤层。

(2) 土方碾压先从路基中部开始碾压，再向两边碾压，最后碾压面板附近(距面 0.5m 以外)土方。先静压 1~2 遍，然后再进行振动碾压至要求密实度，最后对距面板 0.5~1.5m 范围内采用静压至要求密实度。

(3) 边部压实采用小型冲击夯或平板振动夯等小型机械作业，严禁打夯机接触面板和桩柱。

6. 施工要点

(1) 每根桩定位采用全站仪放样，桩身断面尺寸、中心位置、孔底高程、护壁厚度确保符合工程质量评定验收标准。井下爆破、主筋焊接和混凝土灌注严格执行有关施工技术规范和操作规程。

(2) 桩孔开挖采用跳桩开挖。桩体开挖及时施工护壁，开挖过程中，采用钢筋混凝土护壁，防止塌孔。

(3) 每次井壁开挖及衬砌立模，均从井口吊线，防止超欠挖及偏斜。竖向主筋或其他钢筋的搭接，避免设在土石分界处和滑动面处。

(4) 桩孔开挖成型后，可吊入钢筋笼，经过尺寸复合后进行混凝土的浇注，桩体混凝土必须连续灌注，不得断桩。当所有桩体浇筑完成，且混凝土强度达到设计强度的70%时，方可进行路基土石方开挖。

(5) 混凝土护壁随着路基土石方开挖而拆除，挡板吊装放入时注意挡板两端与桩身的搭接长度。

(6) 灌注桩身混凝土前冲洗护壁，清除杂物，按要求做好铺底。桩身混凝土灌注量大，灌注前充分做好各项准备工作，拌合站配有自动计量装置和足够混凝土的生产量，确保混凝土拌和质量一次浇筑全桩，不产生施工冷缝。

(四) 预应力锚索施工方法

锚索锚孔孔径为 ϕ110mm(或 130mm)，锚索材料采用高强度低松弛 ϕ15.24 的预应力钢绞线，钢绞线强度 R_b = 1860MPa，张拉控制应力为 930MPa；并采用与其配套的 QVM15-x 锚具系列，锚孔内灌注 M40 水泥砂浆，水泥采用 PO42.5 级普通硅酸盐水泥。

预应力锚索施工流程：施工准备⟶锚孔钻造⟶锚索制安⟶锚孔注浆⟶框架梁(锚梁、锚墩或十字架梁)施工⟶锚孔张拉锁定⟶验收封锚。其主要施工环节有两个：一是锚孔成孔，锚孔成孔的技术关键是如何防止孔壁坍塌、卡钻；二是锚孔注浆，注浆的技术关键是如何将孔底的空气、岩(土)沉渣和地下水体排出孔外，保证注浆饱满密实。

1. 锚孔测放

根据各工点工程立面图，按设计将锚孔位置准确测放在坡面上，孔位误差不得超过±20mm。如遇有刷方坡面不平顺或特殊困难场地时，需经设计监理单位认可，在确保坡体稳定和结构安全的前提下，适当放宽定位精度或调整锚孔定位。

2. 钻孔设备

岩层中采用潜孔钻机成孔；在岩层破碎或松软饱水等易于塌缩孔和卡钻、埋钻的地层中施工，必要时采用跟管钻进技术。

3. 钻机就位锚孔钻进施工

搭设满足相应承载能力和稳固条件的脚手架，根据坡面测放孔位，准确安装固定钻机，并严格认真进行机位调整，确保锚孔开钻就位纵横误差满足规范要求。

4. 钻进方式

钻孔要求须采用风动钻进，禁止采用水冲钻进，确保锚索施工不至于恶化边坡岩体的工程地质条件和保证孔壁的黏结性能。钻孔速度根据使用钻机性能和锚固地层控制，防止钻孔扭曲和变径，造成下锚困难或其他意外事故。

5. 钻进过程

钻进过程中对每个孔的地层变化、钻进状态(钻压、钻速)、地下水等情况作好施工记录。如遇塌孔、缩孔等不良钻进现象时，立即停钻，及时进行固壁灌浆处理(灌浆压力0.1~0.2MPa)，待水泥砂浆初凝后，重新扫孔钻进。

6. 孔位孔深

钻孔孔位、孔深、斜度符合设计要求。为确保锚孔直径，要求实际使用钻头直径不得小于设计孔径。为确保锚孔深度，孔深不小于设计孔深并且实际钻孔深度大于锚索设计长度0.5m以上。

7. 锚孔清理

钻进达到设计深度后，不能立即停钻，要求稳钻1~2min，防止孔底尖灭，达不到设计孔径。在钻孔完成后，使用高压空气(风压0.2~0.4MPa)将孔内岩粉及水体全部清除出孔外，以免降低水泥砂浆与孔壁岩土体的黏结强度。除相对坚硬完整的岩体外，不得采用高压水冲洗。若遇锚孔中有承压水流出，待水压、水量变小后方可下安锚筋与注浆，必要时在周围适当部位设置排水孔处理。如果设计要求处理锚孔内部积聚水体，一般采用灌浆封堵二次钻进等方法处理。

8. 锚孔检验

锚孔钻造结束并经现场监理检验合格后，进行下道工序。在现场监理旁站的条件下，一般根据设计孔径、钻头和标准钻杆检验孔径、孔深，要求验孔过程中钻头平顺推进，不产生冲击或抖动，钻具验送长度满足设计锚孔深度，退钻要求顺畅，用高压风吹验不存明显飞溅尘碴及水体现象。同时要求复查锚孔孔位、倾角和方位，锚孔施工分项工作全部合格后，即可认为锚孔钻造检验合格。

9. 锚索体制作及安装

安装前，要确保每根钢绞线顺直，不扭不叉，排列均匀，除锈、除油污，对有死弯、机械损伤及锈坑处剔除。锚索在锚固段，每隔1.0m设置一个对中支架，使锚索居中，自由段每隔1.0m用细铁丝绑扎，并要求涂强力防腐涂料，套ϕ(20~22)mm的PVC管，套管两端10~20cm长度范围内用黄油充填，外绕工程胶布固定。锚索的防锈、防腐处理应满足铁路路基支挡结构设计规范中提出的各项技术要求。锚头顶面必须与锚索轴线垂直。

安装锚索体前再次认真核对锚孔编号，确认无误后再用高压风吹孔，人工缓缓将锚索体放入孔内，用钢尺量出孔外露出的钢绞线长度，计算孔内锚索长度(误差控制在50mm范围内)，确保锚固长度。

10. 锚固注浆

注浆采用一次注浆法，将自由段涂满防锈油，套上波纹管，管内注满黄油，并严格封闭两端，一次将锚索的锚固段和张拉段注满，不能留空隙。砂浆经试验比选后确定施工配合比。实际注浆量一般要大于理论的注浆量，或以锚具排气孔不再排气且孔口浆液溢出浓浆作为注浆结束的标准。注浆结束后，将注浆管、注浆枪和注浆套管清洗干净。施工过程中，做好注浆记录。

11. 框架梁(锚梁、锚墩或十字架梁)施工

框架梁(锚梁、锚墩或十字架梁)采用C30混凝土现浇。框架梁截面采用0.4m×0.4m或0.4m×0.5m矩形截面；采用锚墩形式时，根据地层承载力及锚索吨位的不同采用不同尺寸的锚墩和承压板。首先基底先铺垫砂浆调平层，再进行钢筋制作安装，钢筋接头需错开，同一截面钢筋接头数不得超过钢筋总根数的1/2，且有焊接接头的截面之间的距离不得小于1m。如锚索与竖梁箍筋相干扰，可局部调整箍筋的间距。在锚孔周围钢筋较密集，混凝土浇注要仔细振捣，保证质量。承压板为预制钢筋混凝土正方形板，面板为受压构件，承压面积不小于1.0m×1.0m，边长可采用1.0m、1.2m、1.5m。

12. 锚索张拉及锁定、封锚

锚索张拉须在孔内砂浆及外锚头等达到设计强度后进行。首先通过现场张拉试验，确定张拉锁定工艺。锚索的张拉及锁定分级进行，严格按照操作规程执行。在设计张拉完成6~10d后再进行一次补偿张拉，然后加以锁定。

补偿张拉后，从锚具量起，留出长5~10cm钢绞线，其余部分截去，须用机械切割，严禁电弧烧割。最后用水泥净浆注满锚垫板及锚头各部分空隙，然后对锚头采用不低于20MPa的混凝土进行封锚，防止锈蚀和兼顾美观。

13. 施工要点

(1) 路堑开挖事先做好天沟、排水沟等排水措施，以防水流冲刷边坡及地表水流入路堑影响施工。

(2) 锚索边坡开挖采用控制爆破，并从上往下分层开挖，分层锚固。

(3) 锚索孔按设计图纸布置的孔位精确定位，垂直方向与水平方向的距离误差<0.02m；钻孔的倾角及水平角误差控制在1°以下，孔斜率小于1/50。

(4) 钻机机台保持稳定牢固，在钻孔反推力作用下仍能保证钻机稳定和钻孔方向；钻孔施工尽量不扰动钻孔周围岩层，钻孔结束后，从孔底向外继续清孔至少10min。

(5) 锚索材料确保达到设计强度要求。钢绞线按设计长度用无齿锯锯断，并清除其上油污、锈斑后再进行防腐处理。自由段涂防腐剂后，用无氯石油沥青涂刷，等沥青硬化后，再涂黄油套塑料螺旋套管。制好后的锚索禁止直接放在泥土上，以防污染。

(6) 严格控制水泥砂浆的质量，砂采用净化的河砂，并过筛分选。搅拌好的砂浆要再次过筛，以免水泥结块堵塞管路；注浆采用底孔注浆法，从孔底开始注浆。注浆时缓慢搅拌砂浆，直到注浆结束，砂浆灌注饱满密实。注浆材料固化前，禁止移动锚索。

(7) 张拉前应检查锚头等设备，确认合格后清污除锈。张拉前对张拉千斤顶油泵进行标定，给出千斤顶出力与压力表指示压强曲线。标定时千斤顶最大出力应多于锚索张拉时的值。

(8) 面板安装时确保与锚索轴线垂直，并与开挖坡面全面贴紧。张拉结束后，锚头部分应涂防腐剂，再用混凝土封闭。

(9) 正式施工前，按设计要求选3~5根锚索进行拉拔试验。试验中对锚索各部分变位形状做详细记录，根据试验结果确认设计荷载是否安全。拉拔、张拉试验时，应有设计、监理人员参加。

(10) 预应力锚索施工时应特别注意安全，严格加强现场安全管理，严格操作规程，以免发生危险，确保施工安全。

三、路基排水

(一) 路基排水工程设计要求

路基应有良好的排水设施，对受水浸泡易于松软的黏性土和易于软化的岩石路基，必须加强排水措施，保证路基边坡和地基的稳固。路基排水应布置合理，与桥涵、隧道、车站等排水设施衔接配合，并有足够的过水能力，避免农田失灌或冲毁。对于隔断即有地面天然排水系统和沿线农田灌溉排水设施地段，一般增设排灌涵和引排沟。为避免地表水对路基的侵蚀，路堤地段坡脚根据需要设置排水沟，路堑地段设置侧沟、天沟、边坡平台截水沟、吊沟等。

1. 地表排水设施

对路基有危害的地表水，应设置侧沟、天沟、排水沟及边坡平台截水沟，将水拦截引至路基范围以外，防止水流冲刷路基。

（1）路基排水设施的纵坡≥2‰；地面平坦地带或反坡排水地带，在困难情况下可减少至1‰。侧沟、天沟、排水沟及截水沟按1/50频率设计，沟顶高出设计水位0.2m。排水设施过水截面尺寸根据流量计算。

（2）软质岩、强风化或构造破碎的硬质岩路堑及土质岩路堑侧沟、天沟及排水沟采用C15混凝土预制块加固，侧沟底宽0.6m、深0.6~0.9m矩形沟，厚0.2m；天沟及排水沟采用深0.6m，底宽0.4m的梯形截面，厚0.15m。

（3）不易风化的硬质岩路堑采用梯形侧沟，底宽0.4m，深≥0.6m，表面采用M10水泥砂浆抹面，厚0.05m，局部用C15混凝土镶补；堑顶天沟采用M10水泥砂浆抹面，厚0.05m，局部用C15混凝土镶补；边坡平台尺寸采用底宽0.40m，深0.60m的矩形断面，采用M7.5浆砌片石封闭。

（4）骨架护坡的路堤，每侧边坡每隔15m的主骨架作为路堤顺边坡向的横向排水槽。采用立体植被网+喷播植草防护地段设顺坡向的横向排水槽，间距15m。

2. 路基基床防排水

（1）路基线间排水

对于路堤和土质、软质岩（含强风化硬质岩）路堑地段，路基轨道间表水汇入集水井，再通过埋设于路基内（基床表层下一定深度）的横向排水管将水引出路堤坡脚外或排水沟、路堑侧沟内，集水井和横向排水管的设置间距为50m；横向排水管采用ϕ150mm镀锌钢管或高强度耐压PVC塑料管。硬质岩路堑地段路基轨道间表水同样汇集入集水井，再通过埋设于路基内的横向排水管将水引入路堑侧沟内，集水井的设置间距为50m，排水管截面ϕ150m。

（2）基床表层及护肩的防排水

路基基床表层及两侧护肩的防排水目的是防止表水渗入基床及路基本体，路基基床表层铺设沥青混凝土防水层（无砟轨道路基为轨道基座边缘起）经电缆槽底部至路基边缘。

（3）基床及护肩的防排水

① 路堤、土质和软质岩路堑地段路基基床表层轨道板边缘至路肩设4%排水坡，并铺设沥青混凝土防水层（厚0.08m），基床表水经护肩顶面汇流入路堑侧沟或路堤两侧拦水坎，路堤地表段水再经路堤边坡的横向排水槽（每隔15m一处）排入排水沟或路堤坡脚外。

② 硬质岩路堑地段护肩底部铺0.05m中粗砂垫层，并沿线路纵向于护肩底部每隔2.0m预埋ϕ0.1m PVC横向泄水孔。

③ 电缆槽采用横向排水，于外侧壁下部预留泄水孔，同时底部铺设沥青混凝土防水层（厚0.04m），电缆槽与接触网基础或护肩相接处及本身纵向相接处填塞沥青混凝土，以防止表水渗入路基本体。

3. 地下水防排水措施

对路基有一定危害之地下水，应根据其性质和特征设置明沟、边坡支撑渗沟、渗水盲沟、渗水隧洞、渗井或排水斜孔等排水设施，特别顺层路堑、岩堆、滑坡路基应加强引排水措施。

（1）渗水盲沟

路基横向及纵向盲沟，盲沟高、宽均为 1.5m，采用土工布包裹碎石，渗沟底部设置 PVC 软式排水管，常用直径 100mm，底部设 M7.5 浆砌片石基础。

（2）边坡渗沟及支撑渗沟

① 路堑边坡渗沟设置间距一般为 10~15m，宽 1.5m，排水层最小厚度 1.0m。当为支撑渗沟时，渗沟中部采用干砌片石充填；当为边坡渗沟时，采用砂卵石充填，底部采用 M7.5 浆砌片石封闭，厚 0.3m。

② 边坡渗沟的排水层采用筛选洗净的卵石、碎石、砾石，若路基边坡较陡时应用片石充填；排水层与渗水的沟壁之间需设置反滤层，反滤层采用砂砾石或卵砾石，各层厚 0.15m。渗沟顶部覆以单层干砌片石，表面用水泥砂浆勾缝。

③ 当边坡支撑渗沟与拱形截水骨架护坡同时采用时，渗沟设在主骨架处，主骨架宽度与渗沟宽度相同。渗沟深度和间距在各工点设计中明确。

（3）排水斜孔

当滑坡、堆积体或路堑边坡地下水发育较深，或构造破碎带、储水层等集中发育地下水时，通过设置排水斜孔排出、排除地下水，增强边坡、不良地质体的稳定性。排水斜孔孔径一般采用 110mm，钻孔仰角一般为 10°~15°，困难时不应<5°，内置软式透水管。孔位布置、长度可根据含水层水文地质情况而定。

（4）防排水土工合成材料

① 用于路基隔水防渗的复合土工膜或经编复合土工膜：断裂强度≥20kN/m，防顶破强度≥2.5kN，垂直渗透系数≤10~11cm/s，PE 膜厚度≥0.3mm；复合土工膜的连接宜用黏结法，黏结宽度应≥10cm；耐腐蚀、抗老化。

② 用作反滤材料的土工织物：选用无纺土工织物，必须耐腐蚀、抗老化，具有较好的透水性能；等效孔径必须满足保土、透水和防淤堵设计准则要求；刺破强度和撕裂强度≥400kN，防顶破强度≥1.5kN。用作反滤材料的土工织物的搭接宽度应≥20cm。

③ 用作截排水的土工织物：用作排水的软式透水管应具有耐化学腐蚀，可在-25~60℃条件下使用，有良好的透水、渗滤、纵向排水功能，并具有较高抗拉、抗压强度和环形刚度。

④ 用于基床滤排水的软式透水管外观无撕裂、无孔洞、无明显脱纱、钢丝保护材料无脱落，一般外径采用 100mm，外径允许误差为±3.0mm。滤布纵向抗拉强度≥1.0kN/5cm，CBR 顶破强力≥2.8kN，渗透系数 $K20$≥0.1cm/s，等效孔径=0.06~0.25mm。

（二）路基排水工程施工方法

全线路基排水系统贯通，排入当地河沟及市政管网。施工方法为路基、路槽成型后及时开挖沟槽，施工时做到砌缝均匀、砂浆饱满、中缝填塞饱满、勾缝平顺，砌体内侧及沟底平顺，沟底不积水、不渗漏。

（1）砌体、混凝土所用材料、土工合成材料的品种、规格、质量要符合设计要求，进场时应经检验合格方可用于施工。

（2）新设排水系统要确保排水的顺畅，临时排水设施宜与永久性排水设施相结合，并与原有地表排水系统相适应。排出的水不得损害路基及附近建筑物地基、道路和农田。路堑侧沟的水流，原则上不得经隧道排出。

(3) 从下游出口向上游开挖排水沟渠。路堑施工先做好堑顶截、排水，并经常检查，防止渗漏。堑顶为土质或含有软弱夹层的岩层时，天沟及时铺砌或采取其他防渗措施。

(4) 排水设施沟基稳固，排水沟严禁设在未做处理的废碴、弃土上；沟形整齐，沟坡、沟底平顺，沟内无浮土及杂物；水沟排水不得对路基产生危害；天沟、吊沟应挖在原地面以下，不应在地面坑凹处通过；当需要通过时应按照路堤填筑压实的要求将坑凹填平，然后挖沟，并应防止填土沉降变形。

(5) 滑坡地段地面排水先做好滑坡体外的截、排水沟，并随开挖随铺砌。对施工用水严加管理，防止流入滑坡体内。滑坡体上不得积水，夯填密实裂缝，整平压实洼地。

(6) 线间集水井待路基成形后整体切割或采用钻孔桩施工，但必须做好防渗漏封闭措施，线间集水井横向排水管路基填筑施工中预埋。路基刚性过渡段在施工过程中，预留集水井的位置，以免破坏刚性过渡段。

第六节　路基修整、检查验收与维修

一、路基修整、检查验收与维修理论阐述

(一) 路基整修

(1) 路基工程基本完工后，必须进行全线的竣工测量，包括中线测量、横断面测量及高程测量，以作为竣工验收的依据。

(2) 当路基土石方工程基本完工时，应由施工单位会同施工监理人员，按设计文件要求检查路基中线、高程、宽度、边坡坡度和截、排水系统。根据检查结果编制整修计划，进行路基及排水系统整修。

(3) 土质路基表面的整修，可用机械配合人工切土或补土，并配合压路机械碾压。深路堑边坡整修应按设计要求坡度，自上而上进行削坡整修，不得在边坡上以土贴补。

石质路基边坡，应做到设计要求的边坡比。坡面上的松石、危石应及时清除。

(4) 边坡需要加固地段，应预留加固位置和厚度，使完工后的坡面与设计边坡一致。

当路堑边坡受雨水冲刷形成小冲沟时，应将原边坡挖成台阶，分层填补，仔细夯实。如填补的厚度很小(12~20cm)，而又非边坡加固地段时，可用种草整修的方法，以种植土来填补，但应顺适、美观、牢靠。

填方边坡受雨水冲刷形成冲沟或坍缺口时，应自下而上，分层挖台阶加宽填补夯实，再按设计坡面削坡，弯道内侧路肩边缘，应修建路肩拦水带。

(5) 填土经压实后，不得有松散、软弹、翻浆及表面不平整现象，如不合格，必须重新处理。

(6) 土质路基表面做到设计标高后宜用平地机刮平；石质路基表面应用石屑嵌缝紧密，平整，不得有坑槽和松石。

(7) 边沟的整修应挂线进行。对各种水沟的纵坡(包括取土坑纵坑)应仔细检查，应使沟底平整，排水畅通，凡不符合设计及规定要求的，应按规定整修。

截水沟、排水沟及边沟的断面、边坡坡度，应按设计要求办理。沟的表面应整齐、光滑。填补的凹坑应拍捶密实。

（8）整修路堤边坡表面时，应将其两侧超填的宽度切除。

（二）检查及验收

（1）当每一分项、分部工程完成时，应按批准的设计图纸、设计文件、技术规范的要求，对施工质量进行中间检查。

（2）在路基施工过程中在下列情况或阶段时，应进行中间检查：

① 地基准备工作完成后（清除地面杂草、淤泥等，及时在斜坡上完成台阶后）；

② 边坡加固前，应对其加固方法、形式、填挖方边坡加固的适用性，以及边坡坡度是否适当进行检查；

③ 发现已完工的土方工程及竣工后的路基被地面水浸淹（暴雨、洪水等）损坏时；

④ 取土坑及弃土堆超过原设计的数量时；

⑤ 遇意外的填土下陷及填挖方的边坡坍塌需增加土方及边坡加固工程数量时；

⑥ 在进行计划以外的附加土方工程（排水沟、截水沟、疏导工程等）时。

（3）遇下列隐蔽工程时，必须按照设计要求和本规范有关规定进行中间检查验收，凡不符合要求的项目不得进行下一工序。

① 路基渗沟回填土以前；

② 填方或挖方地段，按设计规定所做的换土工作完成后；

③ 对需采取特殊措施才能保证填方稳定的路基，在地基处理后（如泉水、溶洞、地下水处理后）；

④ 路基隔离层上填土以前；

⑤ 各类防护加固工程基础开挖后，应检查基底地质、标高、地下水情况。

（4）交工竣工验收时，应对下列项目进行检查、验收：

① 路基的平面位置；

② 路基宽度、标高、横坡和平整度；

③ 边直坡坡度及边坡加固；

④ 边沟和其他排水设施的尺寸及底面纵坡；

⑤ 防护工程的各部尺寸及位置；

⑥ 填土压实度和表面弯沉；

⑦ 取土坑、弃土堆、护坡道、截水沟、渗水井等位置和形式；

⑧ 隐蔽工程记录。

（5）路基工程全部完成时的交工及竣工验收的质量检查评定应遵照 JTG F80/1—2017《公路工程质量检验评定标准》（以下简称《标准》）有关规定办理。不符合设计、标准和规范的，应按标准和规定进行整修或处理。

（三）路基维修

（1）路基工程完工后路面未施工前及公路工程初验后至终验前，路基如有损毁，施工单位应负责维修，并保证路基排水设施完好，及时清除排水设施中淤积物、杂草等。

对较长时间中途停工和暂时不做路面的路基，也应做好排水设施，复工前应对路基各分项工程予以修整。

(2) 整修路基表面，应使其无坑槽，并保持规定的路拱，在路堤经雨水冲刷或其他原因发生裂缝沉陷时，应立即维修、加固或采取其他措施处理，并查明原因作出记录。遇路堑边坡塌方时，应及时清除。

(3) 在未经加固的高路堤和路堑边坡上，或在潮湿地区，对路基有害的积雪应及时清除。

(4) 当构造物有变形时，应详细查明原因予以修复，并采取相应的稳定措施。

(5) 路基工程完成后，每当大雨、连日暴雨或积雪融化后，应控制施工机械和车辆在土质路基通行。若不可避免时，应将碾压的坑槽中的积水及时排干，整平坑槽，对修复部分重新压实。

(四) 质量标准

1. *土方路基*

(1) 路基必须分层填筑压实，表面平整坚实，无软弹和翻浆现象，路拱合适，排水良好，压实度土壤强度和路床的整体强度符合设计要求。

(2) 挖方地段遇有树根、洞穴等必须进行处理，上边坡要平整整定。路床土质强度及压实度必须符合规定。

(3) 填方地段应在填土前排除地面积水和其他杂物、草皮、淤泥、腐殖土和冰块并平整压实。路堤边坡应修整密实、直顺、平整稳定、曲线圆滑，填料及路堤的整体强度必须符合设计要求。

(4) 取土坑、弃土堆的位置适当、整齐、无水土流失和淤塞河道情况。

(5) 土方路基允许偏差如表 3-10 所示。

表 3-10　土方路基允许偏差

项　次	检查项目	允许偏差	
		高速公路、一级公路	其他公路
1	路基压实度/%	不低于第 7 章及第 9 章的规定	
2	弯沉/0.01mm	≤设计计算值	
3	纵断高程/mm	10~20	10~30
4	是线偏位/mm	50	100
5	宽度/mm	≥设计值	
6	平整度/mm	20	30
7	横坡/%	±0.5	±0.5
8	边坡/mm	≤设计值	

2. *石方路基*

(1) 开炸石方应避免超量爆破，上边坡必须稳定；坡面的松石、危石必须清除干净。

(2) 路基表面应整修平整、边线直顺、曲线圆滑。

(3) 填方路基表面不得露有直径>15cm 的石块。

(4) 石方路基允许偏差如表 3-11 所示。

表 3-11　石方路基允许偏差

项　次	检查项目	允许偏差	
		高速公路、一级公路	其他公路
1	纵断高程/mm	10～30	10～50
2	中线偏位/mm	50	100
3	宽度/mm	≥设计值	≥设计值
4	平整度/mm	30	50
5	横坡/%	±0.5	±0.5
6	边坡/mm	≤设计值	≤设计值

3. 路肩

（1）路肩必须表面平整密实，不积水。

（2）路肩边缘直顺、曲线圆滑。

（3）路肩允许偏差如表 3-12 所示。

表 3-12　路肩允许偏差

项　次	检查项目	允许偏差
1	压实度	≥设计值
2	土路肩平整度/mm	20
3	硬路肩	10
4	宽度	≥设计值
5	横坡	±0.5%

4. 边沟(排水沟、截水沟)

（1）边沟线条直顺、曲线圆滑、沟底平整、排水通畅。

（2）浆砌片石边沟、砂浆应饱满密实，砂浆配合比符合设计要求。

（3）边沟勾缝平顺、缝宽均匀，无脱落现象。

（4）边沟断面均匀平整，无凸凹不平现象，沟底无积水现象。

（5）边沟(排水沟)允许偏差见表 3-13 所示。

表 3-13　边沟(排水沟)允许偏差

项　次	检查项目	允许偏差
1	沟底高程/mm	50
2	边沟断面尺寸	≥设计值
3	坡面坡度	≤设计值
4	铺砌厚度	≥设计值(有铺砌时)

5. 倒虹吸涵管

（1）涵管的进出水口所设的竖井，井身应竖直，井底标高应低于虹吸涵底标高。

（2）涵身应密实不漏水，浆砌结构应抹面。

（3）为防止泥砂堵塞虹涵管，在进水口竖井与虹吸道之间，应设网状拦泥栅。与倒虹涵、管进出口连接的沟渠，在一定长度内应进行加固。

二、水泥混凝土路面路基、基层及封层的检查与修整

我国十多年的施工实践表明，水泥混凝土路面在通车3年之内，因路基不稳定、不均匀沉降造成的断板及沉陷破坏占多数。大量的水泥混凝土路面早期破坏主要是由于路基和基层的不稳固支承造成的。路基不均匀沉降造成的面板破坏要远远超过面板自身问题带来的破坏。某山区高速公路，由于多数路段穿越高填深挖地段，在11km的路段内，通车半年后，就有高达7.87%的面板发生纵向断裂，其余横向断裂、板角断裂等不在少数。某跨越湿陷性黄土、膨胀土、盐渍土等不良地质路段的重载交通高速公路，通车2年后，在20km的路段内就有2.81%的面板发生各种不同形式的裂缝。其中一个桥台的填方段，地基边坡外凸15cm左右，波形护栏扭曲变形，砌石防护凸裂，硬路肩混凝土路面斜向产生6mm的裂缝。观测表明，路基最大沉降量为44.4mm。在挖除混凝土板时，发现板底局部与基层表面最大间隙为5mm。目前该路段在超载、重载交通作用下加速破坏，若不及时采取有效的补救措施，势必面临全线崩溃的危险。再如南方某处于膨胀土路基的新建二级公路，尚未通车就已发现多处填挖交界路面开裂，填挖交界最大沉降差50cm，局部板底脱空达10cm。大量的工程实践表明，路面结构特别是水泥混凝土路面结构必须修筑在稳定、密实、匀质的路基之上，这已经成为公路界的共识。

(一) 对路基沉降不均采取的措施

现有水泥混凝土路面板的力学分析均建立在板底均匀支承的假设之上，因此，在局部沉降不均的路段，这种假设不能得到满足，势必产生一定的附加应力。有关研究表明：由于支承不均引起的应力可增大20%~140%。附加应力的出现，急剧减少面板的使用寿命，当附加应力过大时，甚至会导致面板在一次荷载作用下发生断裂破坏。

1. 减少不均匀沉降量

施工规范明确规定：对于高速公路、一级公路和国、省道主干线二级公路，应对桥头、软弱路基、高填方路基、填挖交界路基等填筑路段的土基进行连续沉降观测，并采取切实有效的措施保证上述路段的路基稳固。

我国近年来建设的一些高速公路、一级公路已经进行了连续沉降观测，如湖南省湘耒、耒宜高速公路等。对于路基稳定性，即沉降量的数值要求，我国南、北方各省、区、市差异较大。北方相当多的省区气候较干燥，路基也比较稳定，因此认为每月不均匀沉降量≤2mm；每月均匀沉降量≤3mm；或10m范围内上路床测得的最小强度(CBR)差别≤1%；10m范围内弯沉差≤1%。由于要求过松，仍然会发生早期断板。而东部和南方各省区，由于降水量较多，路基含水量较大、软基路段多，则认为要求偏严。因此，施工技术人员可按当地路基情况和经验自行决定。在实际工程中，可以采取一些有效措施提高路基的稳固性。

(1) 对诸如桥头、软弱路基段、高填方路段、填挖交界路段的路基，其压实度可比JTG D30—2015《公路路基设计规范》的要求提高一级，即将规定的93%区提高到95%，95%区提高到96%，97%区提高到98%。

(2) 使用兰派等冲击式压路机或强夯击实填筑在粉质土以上的土路基。施工应注意，中、高塑性黏土不能采用这两种方式，一般而言低塑性黏土、粉土、砂砾土方能够冲击或夯实；采用冲击式压路机要提防将一定覆盖深度的通道和涵洞击裂和将周围建筑物震裂。

(3) 我国各省高速公路、一级公路上路床中已经大量使用石灰改善土和水泥改善土，目

前最厚的是安徽界阜蚌高速公路 800mm 厚的石灰改善土。石灰改善土或水泥改善土的掺用剂量比石灰土或水泥土基层要低得多，一般为 1/2~1/3 基层剂量。具体掺量应通过试验确定，改善土的施工关键是将胶凝材料和土拌和均匀。

2. 过渡路面

当路基未完全沉降，且要求必须通车时，为了避免和减少早期破坏，可在不稳定路段修筑过渡路面，待路基稳定后再做水泥混凝土永久路面结构层。这里的过渡路面包括沥青路面和预制混凝土砌块路面，混凝土砌块路面是从古老的石块路面发展而来的，其最大特点是维修方便、可随时更换。混凝土砌块路面实际上是用刚性材料制作的柔性路面，所以其设计方法是先按沥青路面计算厚度，然后再换算为砌块路面厚度。砌块路面不需要层层加铺改建，特别适用于非稳定路基上过渡路面，其主要缺点是平整度不高。我国的混凝土砌块路面发展很快，在人行道及城市道路上，比重增长较大，但在公路上，使用比例较小，主要原因是公路行业设计和施工两个规范均没有此种路面结构形式的技术规定。

3. 切缝诱导型小块水泥混凝土路面

切缝诱导型小块水泥混凝土路面结构形式和普通混凝土路面的施工工艺相似，只是在面板切缝时，减小切缝间距，将面板分成小块混凝土板，防止局部沉降不均路段产生的不规则裂缝，实践证明，这是一种有效的解决办法。如广东省梅汕公路，局部深沟的填方高达 100m 以上，填挖交界的沉降极不均匀。因此，在施工中，对局部沉降不均匀路段采用切缝诱导型小块混凝土路面结构形式，将混凝土面板的缩缝间距降至 1m，即将路面划分成 1m×1m 的小板。目前看来，使用效果相当好，在填挖交界路段没有出现不规则的裂缝。

（二）基(垫)层施工的特殊要求

垫层、基层除应满足 JTG D40—2011《公路水泥混凝土路面设计规范》和 JTG/T F20—2015《公路路面基层施工技术细则》的要求外，从减少路面病害和提高耐久性等角度考虑，尚有一些特殊要求。

1. 厚度、横坡和路拱的控制

基层厚度一般为等厚，但基层横坡可与路面相同，也可比路面稍大 0.15%~0.20%，并不得小于路面横坡。这实际上是将边缘行车道的面板做成加厚形式，面板设计厚度以内侧最薄部位的厚度为准。将上基层顶面做成加大横坡形式，这是针对我国各级公路面板的正常破坏最先从行车道低侧边缘开始断裂的现状提出的做法。美国一些州及欧盟国家规范也允许这样做。从大多数重车行驶位置、交通量、超轴载的作用大小以及面板使用寿命等因素综合考虑，这无疑是正确的做法，并与板厚双指标控制相一致。

2. 排除路面结构渗水

当硬路肩厚度比面层厚度薄时，应设置排水基层或排水盲沟，路缘石和土路肩底部应设置排水孔或铺设粒料排水层，确保渗入基层表面的水分顺利排除。切忌采用沥青硬路肩或土路肩将面板围成“蓄水槽”形式的路面。一旦水泥路面形成了“蓄水槽路”，在交通量较大的高速公路、一级公路上，即使相当耐冲刷的 6.5%水泥稳定级配碎石也可发生严重的水冲刷断板破坏，且集中在凹曲线的下凹点及大纵坡的底部，这些部位的承压水能够将粒径 20mm 的石子冲出，有效的解决办法是将渗入“蓄水槽”的水分及时排除。

（1）水泥稳定类上基层的水泥用量不得<4%，这是满足抗冲刷性的最低胶凝材料含量要

求，亦不得>6.5%，以防基层开裂。由于水泥粉煤灰和石灰粉煤灰稳定粒料半刚性基层的胶材总量偏大，抗冲刷性并不理想，但是国内却得到普遍使用，主要是经济性好。在特重、重交通的水泥混凝土路面上，改善基层耐冲刷性能差的办法是在其上做沥青稀浆封层，此法不仅改良层间的接触条件，减少基层裂缝对面板的影响，还能阻挡水分渗入基层，发生冲刷破坏。

(2) 水泥混凝土路面上基层不宜采用抗冲刷性较差的石灰土、石灰粉煤灰土、水泥土、水泥粉煤灰土，但可用于底基层。

(3) 未设置排水垫层和排水渗(盲)沟体系的各级公路水泥混凝土路面，不宜使用沥青表处、沥青灌入式和薄层沥青混合料硬路肩，防止路槽拦水形成“蓄水槽路”。已经产生了冲刷性破坏的沥青硬路肩的旧水泥路面在维修当中，应补设排水渗(盲)沟体系。实践证明，此举非常有效，一般在改造的当年，因冲刷脱空的断板率就将大为减少。

3. 基层作业面

面层施工前，至少提供可供10d工作量以上的合格基层，这是保证机械摊铺路面和基层实施流水作业的要求。无法实现流水作业的路面、边通车边改建的路面，以及基层长度较短的路段，无需满足此要求，但基层必须检验合格，方可开铺路面。

(三) 基层破坏检测与修复

水泥混凝土路面摊铺前，应对基层进行全面的检查，并对局部损坏进行修复，特别应注重对基层裂缝的修复处置。

1. 挤碎、隆起的半刚性基层

当基层发生挤碎、隆起破坏时，应当重新铺筑，同时加胀缝进行处理，并宜将面层中设置的缩缝或胀缝与之对齐。当面层胀缝确实无法对齐时，应保证横向缩缝与之对齐。这些措施主要是为了防止基层出现裂缝时，在施工期间水泥混凝土面板强度正在增长过程中发生断板破坏。基层拱胀主要有两个原因：其一是当气温较低时进行基层施工，当气温较高时，铺筑水泥混凝土路面板，由于温度升高引起的基层膨胀；二是基层水泥用量(胶材总量)偏大，基层强度过高，此时，半刚性基层已经达到或接近贫水泥混凝土基层强度和温度变形量，产生膨胀破坏。与半刚性基层不同的是，贫水泥混凝土基层必须进行切缝，以消除温差、湿差体积变形(膨胀或收缩)引起的破坏。

2. 基层温缩、干缩裂缝的处理办法

当基层产生非扩展性温缩、干缩裂缝时，应灌沥青密封防水，还应在裂缝上用热沥青粘贴油毡、土工布或土工织物，其覆盖宽度应≥1000mm；距裂缝最窄处应≥300mm。对基层温缩、干缩裂缝进行修复的目的是，防止施工期间面板强度正在发展过程中产生反射断板。当基层产生纵向扩展裂缝时，应分析造成纵向裂缝扩展的原因，采取有效的路基稳固措施根治裂缝，且宜在纵向裂缝所在的整个面板内，距板底1/3高度增设补强钢筋网，补强钢筋网到裂缝端部不宜<5m。无论是沥青混凝土路面或水泥混凝土路面，基层纵向裂缝的解决一直是最棘手的问题。国内多段高速公路由于没有处理好纵向裂缝问题，结果路面铺筑完成后，纵向裂缝蔓延几百米甚至数公里，破坏非常严重，必须引起高度重视。导致基层纵向裂缝的原因很多、很复杂，当判明为路基引起的纵向裂缝，应先对路基进行稳固处理。

(1) 对于高填方湿软路基不均匀沉降引起的拉开型、正在扩展的纵向裂缝，首先，采用与基层等厚的(贫)混凝土横梁截断裂缝前端，阻止裂缝继续延伸；然后，采用旋孔灌注桩、碎石桩、砂桩、反压护道等措施处治至路基稳定。

(2) 对于过湿土高填方路堤，纵向裂缝向外弯曲的，可判断为已经形成了滑移面，应采用打桩、铆栓或高压灌浆等方式处置稳定。

(3) 对于扩展缓慢的裂缝，可同时做粘覆防裂层和配置防裂钢筋网。

3. 碾压成坑部位的修复

被施工车辆碾压成坑的部位，应当挖除并用贫水泥混凝土修复。表面粗糙度过大，可能引发断板的部位采用沥青封层降低摩阻系数，防止早期断板。

(四) 封层的设置及修复要求

1. 滑动封闭层

高速公路、一级公路半刚性基层表面可作沥青表处或乳化沥青稀浆封层。沥青表处时，宜洒热沥青和 $2\sim3m^3/1000m^2$ 的石屑，并按规定压实处理，两者的最薄厚度均不宜 $<5mm$。封层可起到防止断板、防水冲刷、延长疲劳寿命、保护基层和养生等多种有益作用，在近5年我国新建高速公路和一级公路水泥路面上已经全面普及使用，达到了预期使用效果。

2. 塑料薄膜封层

在各级公路有可能被水淹没浸泡路面的路段，可采用较厚的坚韧塑料薄膜和密闭土工膜覆盖(上)基层防水。膜两侧边缘宜与路基同宽，纵、横搭接宽度不应 $<200mm$，并采用黏结剂粘牢。在路面铺筑卸料过程中，应及时清扫遗漏在薄膜表面的混凝土和砂石颗粒，防止薄膜被车轮碾破。使用塑料薄膜作防水封层是南欧国家在一般水泥路面上的常规做法。当封层出现局部损坏时，摊铺前应采用相同的封层材料进行修补，经质量检验合格后，方可铺筑水泥混凝土面层。

通过上述分析我们可以得出如下结论：

(1) 稳固的基层是保证水泥混凝土路面满足设计使用寿命的关键；

(2) 提高压实标准，采用冲击夯实、改善土路床或采用过渡路面，是解决沉降不均的有效方法；

(3) 及时排除基层的积水，可以大大减少脱空引起的断板；

(4) 水泥混凝土路面进行施工前，必须对基层产生的各种裂缝进行修复，这是减少面板发生早期破坏的有效措施之一；

(5) 封层的设置有助于减少面板底部和基层顶面之间的磨阻力，减少断板发生的可能，封层的防水作用也可避免板底积水引起脱空破坏。

大量的工程实践表明，稳固的下部结构层是水泥混凝土路面正常使用的前提，因此，在施工中，应重视板底支承结构层的质量，扎扎实实打好基础，才能铺筑出优质的水泥混凝土路面。

第四章　道路基层(底基层)施工

路面的分类：

(1) 柔性路面——沥青路面：刚度较小，抗弯拉强度较低，主要靠抗压、抗剪强度来承受车辆荷载作用的路面；主要包括各种基层(水泥灰凝土除外)和各类沥青面层、碎砾石面层、块石面层所组成的路面结构。

(2) 刚性路面——水泥混凝土路面：主要指水泥混凝土做面层或基层的路面结构。刚性路面与柔性路面的主要区别在于路面的破坏状态和它分布荷载到路基上的状态有所不同。

(3) 半刚性路面：采用二灰(石灰、粉煤灰)或水泥稳定土或水泥处治砂砾基层，这些基层的特性前期强度较低，但随着时间的推移，其强度和刚度不断增大。这类基层叫做半刚性基层，含有这类基层的路面结构称为半刚性路面。

一、级配碎石基层、底基层施工

级配碎、砾石基层由各种粗集料按最佳级配原理修筑而成的。级配碎石、砾石是用大小不同的材料按一定比例配合、逐级填充空隙，并借黏土粘结的，经过压实后，能形成充实结构。级配碎石、砾石基层强度是由摩阻力和黏结力构成，具有一定的水稳性和力学强度。

1. 材料要求

粗细碎石集料和石屑各占一定比例的混合料，当其颗粒组成符合密级配要求时，称级配碎石。级配碎石做基层时，材料应该满足下列要求：

(1) 石料应具有足够的强度；

(2) 碎、砾石的压碎值，高等级公路≤30%，一般公路≤35%；

(3) 碎、砾石中的扁平、长条颗粒总含量应≤20%；

(4) 用于基层时，碎、砾石的最大粒径应≤40mm，用作底基层时，碎、砾石的最大粒径应≤50mm；

(5) 石屑或其他细集料是指碎石场的细筛余料，或专门轧制的细碎石集料，其颗粒组成为0~10mm，并具有良好的级配；

(6) 天然砂砾的颗粒尺寸应该合适，必要时应筛除其中的超尺寸颗粒。天然砂砾或粗砂应有较好的级配。

2. 级配碎、砾石基层施工

级配碎、砾石施工应做到：集料级配满足要求，配料要准确，细料的塑性指数要符合规定，掌握好松铺厚度，路拱横坡符合规定，拌和均匀，避免粗细颗粒离析。级配碎、砾石施工路拌法和集中拌和法两种施工方法。

(1) 施工放样：恢复中线，并在两侧路肩边缘外0.3~0.5m设指示桩，逐个断面进行高程测量，并在指示桩上标记结构层的设计高度。

(2) 准备底基层：土基或垫层等底基层的表面应平整、坚实，具有一定的路拱，没有松散材料和软弱地方。底基层的平整度和压实度应满足规范要求。

对于底基层，压实度检查和弯沉测定的结果不符合要求的，应采用补充碾压、换填好料、挖开晾晒等措施。

检查各断面的标高是否满足要求。槽式断面路段两侧路肩每隔5~10m应交错开挖泄水沟。

(3) 计算材料用量：根据各路段基层或底基层的宽度、厚度及预定的干密度，计算所需要的各种集料的数量，并推算每车材料的堆放间距。

(4) 运输和摊铺集料：同一料场的路段，运输应由远到近按计算的间距堆放，堆放的时间不宜过长，一般仅提前数天。料堆间每隔一定距离应留缺口用以排水。

(5) 拌和及整形：拌和时，稳定土拌和机应拌2遍以上，且深度应到级配碎石底层，最后一遍拌和前，可先用拌和机贴底面翻拌一遍。结束时，混合料的含水量应均匀，并较最佳含水量大1%左右，且不应出现离析现象。

平地机整平，并具有一定的路拱后，用压路机快速初压一遍，再用平地机进行整平和整形。

在整形中，应禁止车辆通行。

(6) 碾压：整形后，应立即用12t以上三轮压路机、振动压路机或轮胎压路机进行碾压。应由两侧路肩向路中心，由曲线内侧向外侧进行碾压，后轮应重叠1/2轮宽，且须超过两段的接缝处。一般需碾压6~8遍，并使表面没有明显轮迹。头两遍的速度宜为1.5~1.7km/h，以后为2.0~2.5km/h。

(7) 接缝处理：作业段的衔接处，应搭接拌和。第一段拌和后，应留5~8m不碾压。第二段施工时，将留下的部分一起加水拌和，整平后一起碾压。

集中拌和法施工：

级配碎石混合料在中心站利用强制式拌和机、卧式双转轴桨叶式拌和机、普通混凝土拌和机等进行集中拌和。将混合料运到现场后，用沥青混凝土摊铺机、水泥混凝土摊铺机或稳定土摊铺机等摊铺混合料。

集中拌和法施工的基本要求：

① 正式拌和前，应先调试所用的设备，使混合料的组成和含水量达到规定要求；

② 运到现场的混合料，应按计算的间距堆放；

③ 应设专人消除集料的离析现象；

④ 用平地机进行整形与碾压，满足施工规范要求；

⑤ 进行横向接缝与纵向缝的处理，处理方法正确、规范。

二、半刚性基层施工

半刚性基层分类：有结合料稳定类、有机结合料类、无机结合料类、无结合料的粒料类。

(一) 半刚性基层分类

按结合料种类和强度形成机理的不同，半刚性基层分为石灰稳定类、水泥稳定类及工业废渣稳定类三种。

1. *石灰稳定类基层*

在粉碎的土和原状松散的土(包括各种粗、中、细粒土)中掺入适量的石灰和水，按照一定技术要求，经拌和，在最佳含水量下摊铺、压实及养生，其抗压强度符合规定要求的路面基层。

(1) 石灰稳定土强度形成原理

① 离子交换作用：石灰在溶液中电离出来的钙离子(Ca^{2+})与土中的钠、氢、钾离子产生离子交换作用。是土发生初期变化的主要原因。

② 结晶作用：生成氢氧化钙结晶网格，具有水硬性。

③ 火山灰作用：熟石灰的游离 Ca^{2+} 与土中的活性氧化硅 SiO_2 和氧化铝 Al_2O_3 作用生成含水的硅酸钙和铝酸钙的化学反应，是石灰土获得强度和水稳定性的基本原因。

④ 碳酸化作用：在土中的 $Ca(OH)_2$ 与空气中的二氧化碳作用，大大提高了土的强度和整体性。

初期，主要表现为土的结团、塑性降低、最佳含水量增加和最大密实度减少等。后期主要表现为结晶结构的形成，从而提高其板体性、强度和稳定性。

(2) 石灰对土性质的影响

① 塑性：由于离子交换作用，形成团粒结构，土的塑性指数下降很多。

② 压实性：石灰的掺加，使土的最佳含水量增加而最大密实度降低。

③ 强度：石灰对土的影响，最主要的是提高强度。

(3) 影响强度的因素

① 土质：塑性指数为 15~20 的黏性土较好；粒料和砂性土不宜；有机质含量大不宜。

② 灰质：消石灰粉或生石灰粉，Ⅲ级以上的技术标准，妥善保管。

③ 石灰剂量：存在最佳石灰剂量，对于黏性土及粉性土为 8%~14%；对砂性土则为 9%~16%。

④ 含水量：通过标准击实试验确定最佳含水量。

⑤ 密实度：随密实度的增加而增长；密实度每增减 1%，强度约增减 4%左右。

⑥ 石灰土的龄期及养生条件：温度高可使反应过程加快，一定的湿度为结晶和火山灰反应提供了必要的水。强度随龄期而缓慢增长(强度增长期可达 8~10 年以上)。

(4) 石灰土基层的应用

石灰稳定土一般可以用于各类路面的基层或底基层。石灰土因其水稳定性较差不应做高速公路或一级公路的基层，必要时可以用作底基层。在冰冻地区的潮湿路段以及其他地区的过分潮湿路段，也不宜采用石灰土做基层。

(5) 石灰稳定土基层缩裂防治

① 控制压实含水量。

② 严格控制压实标准。

③ 温缩的最不利季节是材料处于最佳含水量附近，而且温度在 0~-10℃时。

④ 干缩的最不利情况是石灰稳定土成形初期。

⑤ 石灰稳定土施工结束后要及早铺筑面层，使石灰土基层含水量不发生大变化，可减轻干缩裂隙。

⑥ 在石灰稳定土中掺加集料(砂砾、碎石等)。

⑦ 为了防止基层裂缝的反射，国内外常采取以下措施：

a. 设置沥青碎石或沥青贯入式连结层；b. 铺筑级配碎石过渡层；c. 土工织物夹层；d. 应力吸收层(5AMI)；e. 锯缝；f. 预裂。

2. 水泥稳定类基层

在粉碎的或原状松散的土(包括各种粗、中、细粒土)中，掺入适当水泥和水，按照技术要求，经拌和摊铺，在最佳含水量时压实及养护成型，其抗压强度符合规定要求，以此修建的路面基层称水泥稳定类基层。

当用水泥稳定细粒土(砂性土、粉性土或黏性土)时，简称水泥土。不能作为高速公路或一级公路的基层，只能用做底基层。在高等级的水泥混凝土路面板下，水泥土不能做基层。

① 土质

土的类别和性质是影响水泥稳定土强度的重要因素，各类砂砾土、砂土、粉土和黏土均可用水泥稳定，但稳定效果不同。一般要求土的塑性指数≤17。

② 水泥

a. 水泥成分：

a) 各种类型的水泥都可以用于稳定土；

b) 水泥矿物成分是决定水泥土强度的主导因素，通常情况下硅酸盐水泥的稳定效果好，而铝酸盐水泥较差；

c) 一般不采用快硬水泥或早强水泥(施工的时间要求)。

b. 水泥剂量：

a) 水泥土的强度随水泥剂量的增加而增长；

b) 但过多的水泥用量，虽获得强度的增加，在经济上却不一定合理，存在一个经济用量，应该注意，过多的水泥，在效果上不一定显著，且容易开裂。试验和研究证明，水泥剂量为4%~8%较为合理。

③ 含水量

含水量对水泥稳定土强度影响很大；存在一个能达到最大密实度的最佳含水量。对于砂性土，最高强度含水量较最佳密实度的含水量小；而对于黏性土，则相反。

④ 施工工艺过程

a. 拌和愈均匀，强度愈高。

b. 需要湿法养生，温度愈高，强度增长愈快。

3. 工业废渣稳定类基层

用一定数量的石灰与粉煤灰、水泥与粉煤灰或石灰与煤渣等混合料与其他集料或土配合，在最佳含水量下，经拌和、压实及养生后得到的混合料，其抗压强度符合规定时即得到工业废渣稳定类基层。

意义：各城市的工矿单位常有大量废渣需要处理。利用这些废渣修路，既可解决城市中筑路材料来源的困难，又可为工厂解决废渣的堆放和处理问题，具有较大的经济意义。

常用的工业废渣主要有：各种石灰下脚料、电石渣、漂白粉下脚料、飞灰和炉底灰、水淬渣、各种煤渣。

各种工业废渣的主要成分：二氧化硅、氧化铝或氧化钙。

(1) 特点及应用场合

这些材料一般可以与石灰共同作用，在有水的条件下，产生火山灰反应，稳定各种粒径不同的土，形成具有一定强度的板体性材料。

石灰稳定工业废渣基层特点：水硬性、缓凝性、强度高、稳定性好，成板体，且强度随龄期不断增加，抗水、抗冻、抗裂而且收缩性小，适应各种气候环境和水文地质条件等特点。石灰稳定工业废渣常用作高级或次高级路面的基层或底基层，最常用的是粉煤灰。

(2) 工业废渣基层的主要类型

石灰煤渣基层(简称二渣)：用煤渣和石灰按一定配合比加水拌和、摊铺、碾压而成的基层。在二渣中加入一定量的粗骨料成为三渣。

石灰水淬渣基层(简称水淬渣基层)：水淬化铁炉渣与石灰按一定配合比混合，加水拌匀、摊铺、碾压而成的基层。

石灰粉煤灰土基层(二灰土)：以石灰、粉煤灰与土按一定配合比混合，加水拌匀、摊铺、碾压并养护而成型的一种基层结构。

(二) 材料要求

使用质量符合要求的原材料及合理、正确的混合料组成设计是铺筑高质量路面基层的重要保证。

1. 原材料试验项目

原材料试验项目如表 4-1 所示。

表 4-1　试验项目

含水量试验	相对密度、吸水率试验	石灰有效氧化钙和氧化镁含量测定
颗粒筛析	压碎值试验	烧失量测定
液限和塑限试验	有机质和硫酸盐含量试验	粉煤灰化学成分及细度

2. 原材料质量要求

(1) 集料和土

对集料和土的要求是能被经济地粉碎，满足一定级配要求，便于碾压成型，并应满足以下表 4-2 指标要求。

表 4-2　相关指标要求

液限和塑性指数	颗粒组成	压碎值	硫酸盐及腐殖质

(2) 无机结合料

无机结合料各项目及标准如表 4-3 所示。

表 4-3　无机结合料各项目及标准

项目	标　准	项目	标　准
水泥	终凝时间≥6h	煤渣松	干密度 700~1000kg/m³，最大粒径<30mm
石灰	三级以上消石灰或生石灰	水	无
粉煤灰	符合主要成分、烧失量、粒径等要求		

(三) 混合料组成设计

1. 设计目的

以设计文件和施工技术规范规定的混合料强度为设计参数，通过试验选择最适宜稳定的集料或土，确定结合料剂量和混合料最佳含水量。

2. 混合料试验

混合料试验项目如表 4-4 所示。

表 4-4　试验项目

重型击实试验最大干密度和最佳含水量	承载比试验 CBR 值	抗压强度试验重要指标

3. 混合料组成设计的步骤

(1) 通过试验、检验拟采用的结合料、集料和土的各项技术指标，初步确定适宜的原材料；

(2) 确定混合料中各类原材料所占通过比例；

(3) 通过击实试验测定最大干密度和最佳含水量；

(4) 承载比试验和抗压强度试验；

(5) 根据强度标准及要求，选择最适宜的原材料及其混合料组成方案。

具体步骤：制备混合料──→击实试验──→强度试验──→确定混合料剂量。

三、路面基层、底基层施工

路面基层施工方法通常有场拌法和路拌法两种基本的类型。高等级公路的半刚性基层一般采用场拌法，而低等级公路半刚性基层可以采用路拌法。

(一) 铺筑试验路段

高速公路和一级公路，使用新技术、新材料及新工艺的半刚性基层。

目的：(1)优化施工工艺；(2)检验施工设备的可靠性；(3)制定可行的施工组织计划；(4)提出质量控制措施。

(二) 场拌法施工

1. 场拌法施工工艺

(1) 底基层准备与施工放样

底基层(底基层或土基)应满足质量标准，同时做到平整、密实、无松散和“无弹簧”等不良现象。满足高程和横断面宽度等几何尺寸的要求。

施工放样主要是恢复路中线，直线段每隔 20m、曲线段每隔 10~15m 设一中桩，并在路缘设置指示桩，且表明设计高程和松铺厚度。

(2) 备料

备料原则：

① 原材料符合质量要求；

② 不同原材料分别堆放，不得混杂；

③ 水泥防潮、石灰消解；

④ 防止雨淋。

(3) 拌和与摊铺

注意事项：

① 运输过程应避免水分流失；

② 水泥和水泥石灰稳定类要求尽快拌和、摊铺、碾压成型，工业废渣稳定类也要求 24h 内完成；

③ 高等级公路要求应用摊铺机或专用稳定土摊铺设备。

(4) 碾压

碾压设备：12t 以上振动压路机，三轮压路机或轮胎式压路机。

碾压原则：先轻后重，先慢后快，先边后中。

半刚性基层的压实质量应符合规范规定的压实度要求。

(5) 养生与交通管制

注意事项：

① 保湿养生，养生周期不少于 7d；

② 水泥稳定类碾压完成后立即开始养生，石灰或工业废渣类碾压完成 3d 内开始养生；

③ 进行交通管制，限制重型车辆通过。

(三) 路拌法施工

施工工艺：底基层准备──→施工测量──→备料──→摊铺──→拌和──→整形──→碾压──→养生。

注意事项：

① 在准备完毕的底基层上备料；

② 备料数量根据配合比，几何尺寸，所需干密度、宽度和厚度等综合计算；

③ 充分拌和，严禁在拌和底层出现留有“素土”或夹层。

(四) 施工应注意的问题

1. 施工季节的掌握

季节：春末-夏季-秋初。温度：5℃以上。冻前成型期：第一次重冰冻(-3～-5℃)，水泥类，15～30d；石灰、二灰，30～45d。

雨季施工水泥稳定类结构层时，勿使水泥混合料遭雨淋，并采取措施排除表面水。

2. 底基层准备

检查底基层(压实度、平整度、高程、横坡度、平面尺寸、表面松散、弹簧等要处理)，底基层是稳定细粒土时铺筑上层前应先拉毛下层。

3. 材料的储存

(1) 水泥注意防潮，路拌法宜选用袋装水泥；场拌法宜选用散装水泥。

(2) 覆盖封存，生石灰块使用前 7～10d 应充分消解、保湿、防尘，不可过湿成团。

(3) 粉煤灰含有足够的水分防止扬尘，料堆保持湿润，或者覆盖。

(4) 在潮湿多雨的地区或者其他地区的雨季施工时，应保护集料(特别是细集料防雨淋)，且及时调整施工拌和加水量。

4. 施工作业中应注意的问题

(1) 尽量采用沥青混凝土摊铺机或稳定土摊铺机摊铺混合料。

(2) 水泥稳定类必须采用流水作业法，尽可能缩短从加水拌和到碾压终了的延迟时间。

(3) 路拌法施工不应超过 3~4h，并应短于水泥的终凝时间。

(4) 采用集中厂拌法施工时，延迟时间不应超过 2h。

(5) 要综合考虑水泥终凝时间对施工运输车辆、运距、摊铺碾压时间的要求，必要时添加缓凝剂，确保施工顺利进行。

(五) 正确的养生

下基层施工完毕后，可立即铺上基层，不需养生；基层完工后，养生期一般不宜少于 7d。湿砂 7~10cm 或草帘+洒水；水泥稳定上基层采用沥青乳液进行养生；石灰稳定土洒水养生，不应过湿或忽干忽湿。

封层：石灰稳定类材料用于沥青路面的基层时，除层铺法表面处治外，应在基层上做下封层。

隔水垫层：过湿路段和冰冻地区的潮湿路段不应直接铺筑石灰土底基层，应在其下设置隔水垫层。

四、路面底基层和基层施工方法及说明

工程无填方，均为挖方路基，压实度采用重型压实标准，即：挖方路面底面以下的压实度为 95%。配料必须准确，水泥必须摊铺均匀(路拌法)，洒水、拌和必须均匀。严格掌握基层、底基层厚度，基层、底基层路拱横坡应与面层一致，下一层比上一层每侧宽出 30cm。在混合料处于或略大于最佳含水量时进行碾压，基层、底基层压实度要求分别大于 98%与 97%，应采用流水作业法施工。尽可能缩短从加水拌和到碾压终了的延迟时间。必须保湿养生，不使水泥稳定石屑层表面干燥，养生期≥7d。基层抗压强度应>3MPa 且<4MPa，回弹模量为 1300MPa；底基层抗压强度应达到 2. 0MPa，回弹模量为 1000MPa。

(一) 水泥稳定碎石基层施工方法

对于路基应进行横坡度、压实度、弯沉值、高程等指标的检测。凡不符合设计要求的路段，必须根据具体情况，分别采用补充碾压、换填好的材料、挖开晾晒等措施，使其达到标准。另外，在路基上恢复中线，直线段每 15~20m 设一桩，平曲线段每 5~10m 设一桩，并在两侧路肩边缘边外 0. 3~0. 5m 设指示桩；进行水平测量，并在两侧指示桩上明显标出底基层边缘的设计标高。

1. 水泥稳定碎石施工工艺

水泥稳定碎石施工工艺如图 4-1 所示。

2. 水泥稳定碎石施工方法

根据设计要求，20cm 厚 5%水泥稳定碎石基层及 16cm 厚 4%水泥稳定碎石底基层。

施工方法如下：

(1) 底基层(路床整形)验收：对于底基层(路床)应进行横坡度、压实度、弯沉值、高程等指标的检测。凡不符合设计要求的路段，必须根据具体情况，分别采用补充碾压、换填好的材料、挖开晾晒等措施，使其达到标准。

在施工基层前，底基层面要先洒水湿润。且避免雨天施工。

(2) 施工放样：底基层(路床整形)施工完毕，经监理工程师检验合格后放样出路中线

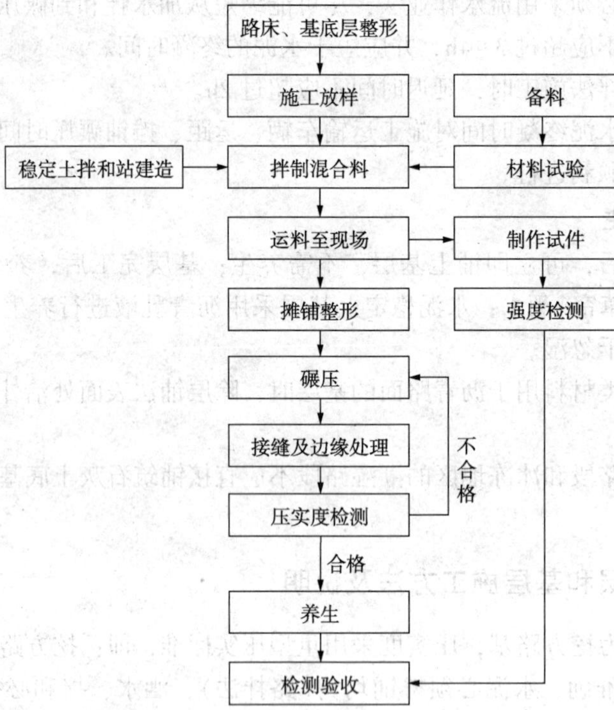

图 4-1 水泥稳定碎石施工工艺

及基层边线，每 10m 打桩(如遇有竖向设计或平曲线半径较小的路段应适当加密)，用水准仪测出其实铺厚度，再乘以松铺系数约 1.30，以 $H=1.30H0$ 的数值打桩拉线，控制基层摊铺厚度。

(3) 稳定土拌和站：稳定土拌和站由 2 套 WBZ500 型拌和机、配料机组成。布置示意图如图 4-2 所示。

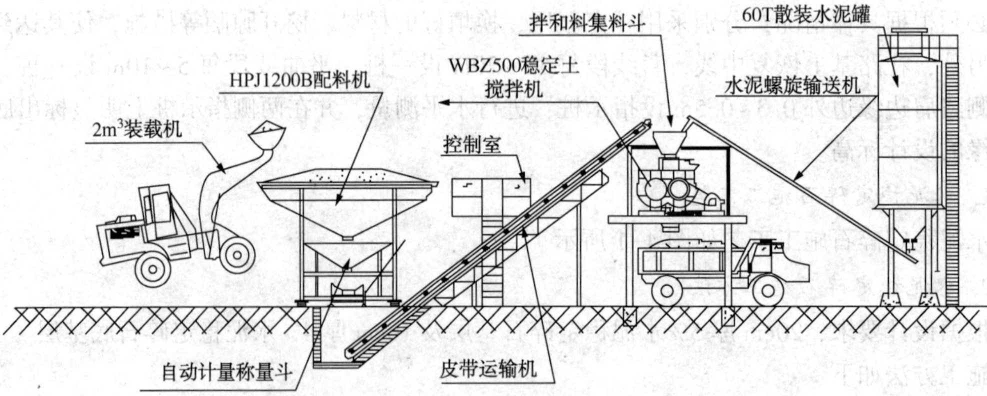

图 4-2 稳定土拌和站布置示意图

(4) 稳定土拌和：因石屑、碎石的塑性指数较小，混合料采用自落式拌和机集中拌制。拌和时尽量选用级配较好的碎石料场，如果级配较差的需采用人为掺和石屑、粗砂等，尽量达到最佳级配。拌制前应作试验，确定混合料的最佳含水量，按最佳含水量增加 0.5% 的水量进行拌料。拌和完毕，随机取样，每日一次，制备试件，送试验室进行无侧限抗压强度和干密度检验。

(5) 运料：混合料采用自卸车运送。运输时，视天气情况加以覆盖，以防水分蒸发。

(6) 摊铺、整形：混合料的摊铺及其整形均采用人工配合摊铺机摊铺、找平处理。为增加底基层与基层之间的黏结性，在铺筑基层时，应在底基层表面撒少量水泥粉。每次摊铺宽度 5~6m，前后两次摊铺应错开，保证前后摊铺搭接处在水泥初凝前碾压成一整体。

(7) 碾压：碾压时应先轻压 2 遍(不加振动)，然后重压 4~6 遍(加振动)，(具体遍数以压实参数为准)，碾压时，应重叠 1/2 轮宽，碾压长度以 50~70m 为宜。

水泥稳定碎石料，从拌和到压实成型，不要超过 3h。

(8) 接缝处理：用于基层或底基层同厚的方木做支承，以使纵横缝垂直相接。

(9) 养生：水泥稳定碎石在碾压成型并经压实度检查合格后，即开始养生。养生采用麻袋满铺，洒水覆盖进行，保持表面湿润。养生期一般为 7d(视天气情况而定)，养生期间，限制重型车辆通行。

(二) 水泥稳定碎石基层施工质量要求及其检测

水泥稳定石屑垫层按相关规范的要求进行施工质量检测和控制，如表 4-5 所示。

表 4-5　施工质量检测项目与方法

项次	检查项目		质量标准		检查方法和频率
			底基层	基层	
1	压实度	标准值	96%	98%	以每天完成段落为评定单位，检查 6 处(灌沙法)
		极限低值	92%	94%	
2	平整度/mm		12		用 3m 直尺，每 200m 测 2 处，每处连续 10 尺
3	纵断高程/mm		+5、-20	+5、-15	用水准仪每 200m 检测 4 点
4	宽度/mm		≥设计值		每 200 检测 4 处
5	厚度/m	均值	-12	-10	每 200m 每车道检测 1 点
		单个值	-30	-20	
6	横坡/%		±0.5		用水准仪每 200m 测 4 断面
7	弯沉值		符合设计要求		

第一节　半刚性基层材料的要求及组成设计

一、半刚性基层材料的性质及设计施工要求

半刚性基层材料是现在国内外修建高等级公路路面时使用最普遍的一类基层材料。在近年来总结过施工成功经验，但也出现过不少问题，从一些新修建高级沥青路面发生严重损坏的情况调查分析，问题发生在基层和路基的因素占多数。因此，围绕高等级公路修建技术问题，不少单位对于半刚性有关资料进行了较为系统的研究。本文将根据有关资料并结合工程实践分析几类半刚性基层材料的强度形成原理、力学特性及应用中的一些技术问题。

(一) 半刚性基层材料强度形成原理

半刚性基层材料均为石灰、水泥等胶凝材料加固或稳定粒料所得刚度较大的整体性材料，其整体强度的形成，主要是靠水泥水化物及石灰硬化后的胶结作用，以及胶结料中的 Ca^{2+} 与细粒土成分中的 K^{+}、Na^{+} 发生离子交换作用或火山灰反应生成新的水化物。这些水化物凝结硬化后本身具有很高的强度，与细粒土作用后还可降低细粒土吸附综合体中的电位，使土中的胶体颗粒产生"絮凝"和"粗化"，从而增强细粒土的"抗土"能力。进行材料组成设计，来选择合适的稳定剂品种用量，以保证半刚性基层强度，指导施工、降低工程造价。另外从环境因素来看，材料颗粒接触的紧密程度、温度、湿度和养护时间长短也有重要影响。因而施工和养护条件是否有利于半刚性基层材料的强度发展，也是值得认真注意的。提高压实度、选择施工季节、采取湿养措施等都可以提高半刚性基层的强度。

(二) 半刚性基层材料的物理力学特性

1. 应力应变特性

有关疲劳试验得出：当疲劳荷载下的应力水平从 0. 875 降到 0. 685 时（相当于减小约 20%），则疲劳破坏次数可从 1.3×10^{-5} 依次增加到 1.2×10^{-6} 次，约增加 9 倍。从应变控制的疲劳试验结果分析还发现，当初始主应变从 3.25×10^{-4} 增大到 3.77×10^{-4} 时（约增大 16%），则应变发展时的疲劳加载次数可从 10^{6} 次减少至 5.5×10^{-3}。这些试验分析表明，当采用半刚性基层材料时，若设法降低材料的内力或初始应变水平，将大大有利于提高材料的疲劳寿命。

2. 非荷载变形特性

半刚性基层材料的非荷载变形特性，包括干燥收缩变形和温度收缩变形。半刚性基层材料在 180d 龄期的收缩变形大。含细粒土的半刚性基层材料的收缩性比稳定粒料类大几倍，水泥稳定粒料类材料的收缩变形又大于二灰类材料，而且当水泥剂量超过 6%时材料的收缩变形将成倍增加；灰土类材料的收缩大于灰材料。各种材料的干缩变形均大于温缩变形。若从稳定剂种类分析，以灰稳定类材料的收缩变形为最小。

(三) 半刚性基层材料的设计施工要求

采用半刚性基层材料时，必须根据这一类材料的物理-力学特性，在设计中提出能充分发挥其抗压强度高、回弹模量大的特性而克服其抗弯拉强度小、易开裂等弱点的结构组合方案。施工时要对进料、拌和、摊铺、碾压和养护等各工序把好质量关。

1. 合理的结构组合

在柔性路面设计中，合理的结构组合是保证路面整体强度和稳定性的重要条件。路面的结构组合，一般要从三个方面考虑，即路面层数、各层的单层厚度及层间模量比。

有关半刚性基层材料的单层厚度，经有关试验和结构计算结果表明，宜稍厚而不宜减薄，单层厚度应>15cm。但考虑到目前常用压路机的压实厚度不宜超过 20cm，所以认为半刚性基层材料适宜的单层厚度为 18~20cm。

半刚性基层材料的下卧层模量大小对半刚性基层的内力影响很大，根据理论分析，薄面层半刚性基层的下卧层刚度每增加 20MPa，基层底面的弯拉应力平均减少 13%，若按有关疲劳试验所得应力-疲劳方程计算，这样则可将路面的使用寿命提高 3~4 倍。因此，设法提高土基强度，在半刚性基层下设置水稳性好、模量较大的垫层或底基层，都是有利于提高路面整体强度和疲劳寿命的。

在进行路面结构组合设计时，应尽量避免将含细粒土成分多的半刚性材料(如石灰土、水泥土等设置在上层，其原因是：

(1)含细料多的材料收缩变形大，易形成收缩裂缝影响面层，即容易产生“反射裂缝”。

(2)细粒土结构耐磨性差，在施工机械和交通车辆的行驶下，表面易磨耗产生粉尘，有害于基层与面层的连结。

(3)当面层出现裂缝后，雨水下渗全基层顶面使细料粉尘形成泥浆，天长日久，在缝口处出现冒泥则进一步加速面层裂缝扩展和基层顶面软化，继而导致路面损坏。

基于这些原因，在国内最近修建的一级公路或高速公路中，基层材料均采用了水泥稳定粒料或石灰粉煤灰稳定粒料。

2. 加强材料组成设计试验

从经济性角度考虑，半刚性基层的主导材料是就地开采的沿线材料或就近取用的地方材料，如细粒土、碎石、砂砾或工业废渣等。这些材料性质变化较大，因此必须通过组成设计试验，才能正确选用合适的稳定剂品种用量。土质变化很明显，因而试验得到的结果不一样。有些仅用石灰稳定即可达到规范要求的强度指标；有些则需要添加水泥，否则不能满足要求，如果采用某一种相同配比，要么会引起技术上的失误，要么则影响路面的经济性。

在进行材料组成设计时，最好能多设定几组材料配合比，这样虽然要增加一些试验工作量，但有利于更全面了解材料性质变化，便于掌握施工质量。在试验室增加不同稳定剂量品种用量和不同粒料成分比例的试验组数，既可以充分了解材料配比变化对混合料性质的影响，还可以利用组成设计试验资料分析判断基层施工质量的合格程度。

有了合理的路面结构组合和合适的基层材料，最后还要通过施工来完成。由于高级路面的技术要求完全不同于中、低级路面，因此必须加强机械化施工的能力和加强各工序的质量管理，才能达到设计的技术指标和要求。

二、半刚性基层材料结构类型与组成计算

(一)半刚性基层材料结构类型划分

随着对基层材料应用要求的提高和对基层材料性能认识的深人，研究和工程应用中均显现出集料在混合料中的分布状态对材料性能影响的重要性，有必要在传统配合比设计的组成成分要求的基础上，进一步提出组成结构要求。本研究中将半刚性基层材料划分为悬浮密实、骨架密实和骨架孔隙三种类型。划分这三种类型时，首先应明确混合料的集料中粗集料与细集料的分界尺寸。目前，从强度、变形以及稳定性方面来看，多数研究认为：以筛孔尺寸为4.75mm作为粗细集料的分界尺寸比较合理，划分以上三种结构类型的主要标准是粗集料经压实后，粗颗粒间空隙体积与压实后起填充作用的细料体积之间的关系。悬浮密实型混合料中细料的压实体积应大于粗集料形成的空隙体积，即粗集料在压实混合料中处于“悬浮状态”；骨架密实型混合料中细料的压实体积应“临界”于粗集料形成的空隙体积，粗集料在压实混合料中有一定“骨架作用”；骨架孔隙型混合料中细料的压实体积则小于粗集料形成的空隙体积，压实混合料中形成“骨架”的粗集料之间存有一定的孔隙。规范中提出的各类无机结合料稳定粒料类基层材料，其级配是按最大密实原理设计的连续级配，从结构类型特征上看，属于悬浮密实结构类型。试验资料表明，按现行规范级配中值选配的各级集料，无

论是以 9.5mm、4.75mm 还是 2.36mm 作为粗细集料的分界尺寸，压实后的粗集料孔隙体积均大于细集料(包括水泥结合料)压实体积，即处于悬浮密实状态。我国地域辽阔，各地自然环境条件差异很大，规范给出悬浮密实型的级配范围，设计人员大多在满足级配范围的情况下，通过调节结合料剂量来满足强度要求，忽略了通过采用不同的集料级配来改变半刚性基层材料的性能，这样不利于基层设计人员根据当地实际情况进行半刚性基层材料的组成设计。

(二) 半刚性基层粗集料骨架结构性能

半刚性基层材料属于混合材料，按结构类型划分可以划分悬浮密实结构、骨架密实结构和骨架孔隙结构。在悬浮密实结构中矿质材料的粒径由大到小形成连续型密实混合料，但因较大的颗粒都被小一档颗粒挤开，因此看起来大颗粒是以悬浮状态处于小颗粒之中。这种结构通常密实度很大，但各级集料均为次级集料所隔开，通常认为不能直接接触形成骨架。实际上在悬浮密实型半刚性基层材料中基本没有形成骨架作用，而其中嵌挤的石料粒径分布较宽，4.75mm 以上的粗集料在混合料中的骨架作用很小，故材料的性能更多地取决于结合料。在骨架密实结构和骨架孔隙结构中明确地提出了应该使用粒径较大的石料形成骨架，而且已有的试验表明，粒径较大的石料形成的骨架结构各方面的性能会提高很多。在骨架密实结构和骨架孔隙结构中，粗颗粒能够互相嵌挤形成骨架，并在混合料成型后是承担外力的主要部分，细集料及无机结合料的水化生成物主要起约束粗集料的作用，因此有必要对粗集料形成的骨架结构做较深入的研究，虽然单独粗集料骨架的性能与混合料中粗集料骨架的性能有差别，但仍然能够反映问题，研究结果可以为粗、细集料的选择提供依据。

研究内包括：

(1) 粗集料级配类型对其空隙率、应力应变性能、破碎程度等的影响；

(2) 不同的压实方式下粗集料骨架性能。

1. 试验方案

(1) 试验级配的选择

矿料级配的选择历来有理论法和经验法两种方法。其中矿料级配理论主要有两种：一种是以最大密度曲线理论为代表的密实理论；另一种是建立在粒子干涉理论之上的填充理论。最大密度曲线理论主要描述连续级配(包括连续和折断连续)的粒径分布，用于计算连续级配，粒子干涉理论不仅可用于计算连续级配，而且可用于计算间断级配。

富勒最大密度曲线最初由 W、B、Fuller 研究提出，细集料级配曲线为椭圆形曲线，粗集料级配曲线为与该椭圆曲线相切的直线，由这两部分曲线组成的级配曲线可使所配混合料的密度达到最大。由于这种曲线计算较为复杂，后经改进简化为抛物线曲线，即认为矿质混合料的颗粒级配曲线愈接近抛物线，则密度愈大，这便是富勒的“最大密度曲线”。

集料颗粒在筛孔尺寸 d 上的通过百分率 $p(\%)$ 可表示为：

$$\rho^2=kd \tag{4-1}$$

式中，d 为集料中颗粒的筛孔尺寸，mm；k 为统计参数。

当颗粒粒径 d=最大粒径 D 时，通过量 $P=100\%$，即有，

$$K=100^2\times\frac{1}{D}$$

所以代入原式有：

$$\rho=\left(\frac{d}{D}\right)^{n}0.5\times100\%$$

泰波认为：富勒的最大密度曲线是一种较理想的颗粒级配曲线，d 的指数不固定，实际应用中矿质混合料的级配曲线应该允许在一定范围内波动，所以泰波将富勒公式发展成为：

$$\rho=\left(\frac{d}{D}\right)^{n}\times100\% \tag{4-2}$$

式中，D 为集料的最大粒径，mm；n 为级配指数。

实际应用中，许多研究者认为这一公式颗粒粒径 d 取 0.5 时，密度最大。所以，现在人们一般认为 d 的 0.5 次常作为最大密度曲线．粗集料在形成骨架结构时，4.75~26.5mm 的各档石料有多种组成方式，按照常见的级配形式，可以有连续级配、多级嵌挤级配和单一粒径级配，也有人提出过在粗集料中采用多级填充级配，但这种级配不易实现。在试验中选定了 a、b、c、d、e、f、g、h、i 等 9 种粗集料级配，通过实验分析可以发现：级配 a、b、c 属于连续级配，它们分别是利用泰波公式计算 n 值分别取 0.3、0.5、0.7 后得到，相比之下级配 a 中粗颗粒少，细颗粒多，级配 c 粗颗粒最多而细颗粒最少，级配 b 介于两者之间；级配 d、e、f 属于以某一档粒径为主的多级嵌挤级配，其中级配 d 中 19.0~26.5mm 的含量占多数，级配 e 中 16.0~19.0mm 的含量较多，级配 f 中 9.5~13.2mm 的含量多；级配 g、h、i 则属于单一粒径级配，其中级配 g 的粒径范围为 4.75~9.5mm，级配 h 的粒径范围是 13.2~16.0mm，级配 i 的粒径范围在 19.0~26.5mm。

（2）粗、细集料分界尺寸及最大粒径

一般来说，道路材料多属于混合材料，这类材料受到外力的破坏时大多是由于材料的抗剪强度 τ 不足。

$$\tau=c+\mathrm{tg}\phi$$

式中，c 为黏结力，ϕ 为各材料内部摩擦阻力。

可见抗剪强度与材料内部的摩擦阻力和黏结力密切相关。半刚性基层材料也不例外，在骨架密实结构中若能够提高材料内部的内摩阻角，则有助于提高材料整体的抗剪强度。以往的实验表明：在碎石组成的集料中，随着碎石粒径的增加，碎石集料的内摩阻角也会显著地提高。因此，对于骨架密实结构和骨架孔隙结构来说，形成骨架结构的石料应该偏粗一些。根据已有的资料，一般将粗、细集料的分界尺寸定为 4.75mm，即通过 4.75mm 筛孔的石料处于细集料，4.75mm 以上的石料则属于粗集料。关于基层材料粗集料的最大粒径参照目前规范中的级配范围可以定为 26.5mm。

（3）粗集料压实方式

不同的压实方式对粗集料骨架的形成有很大影响，为了找出各压实方式下形成骨架的空隙率、变形特性、破碎程度等的变化规律，在试验中对粗集料采用了振动压实设备上振法压实、振动台下振法压实和用铁锤敲击筒壁等三种压实方式。将石料烘干，并称重，将石料放入拌料盘中，用喷壶向干燥石料喷水，直至石料表面均被水淋湿，再次称重，将配制好的粗集料装入直径为 15cm 的钢模中开始按不同方式压实。振动参数按如下取值：频率 28Hz，配重上 3 下 6(静压力为 104kPa)，活动偏心块与固定偏心块之间夹角为 60°；振动台的振动频率为 50Hz，采用振动台法时将钢模放置在振动台上，在钢模中倒入碎石后，加上 3000g 的配重块。采用敲击法时，倒入碎石后，也加上 3000g 的配重块，并用铁锤沿筒壁四周敲击

60 次。在试验中曾经试过采用铁棒插捣，但插捣后的碎石表面不平整，这给体积测量带来较大困难，最后放弃这种方法。

（4）石料的性质

石料为石灰岩，压碎值为 10.4%。按照 JTG E42—2005《公路工程集料试验规程》的相关规定，采用容量瓶法测定各级尺寸石料的表观密度，结果如表 4-6 所示。

表 4-6　容量瓶法测定各级尺寸石料的表观密度

粗集料密度						
粒径/mm	26.5	19.0	16.0	13.2	9.50	4.75
密度/(g/cm^3)	2.783	2.841	2.831	2.833	2.730	2.736

2. 粗集料骨架孔隙率试验

混合料压实后，粗集料形成空隙体积的大小对骨架密实和骨架孔隙结构类型材料有重要影响。首先空隙率的大小决定着细集料、结合料以及水分的用量，其次混合料中粗骨料空隙多少、分布情况对材料整体的性能影响很大。试验中，分别对以上九种不同级配的粗集料按照不同的压实方式进行压实，然后计算空隙率，具体操作如下：

（1）将石料烘干，并称重记为 $W_{干粗料}$；

（2）用喷壶向干燥石料喷水，直至石料表面均被水淋湿，称重记为 $W_{二粗集料}$；

（3）将配制好的粗集料装入直径为 15cm 的钢模中进行压实；

（4）压实后，测量粗集料表面至钢模顶部的距离，以便计算出压实后粗集料所占体积 $V_{粗集料}$。

按照下式计算压实后粗集料的孔隙率：

$$V_{孔隙率}=V_{粗集料}-W_{干粗集料}/100/(P_1/\gamma_1+P_2/\gamma_2+\cdots\cdots+P_n/\gamma_n)-(W_{湿粗集料}-W_{干粗集料})$$

$$孔隙率=V_{空隙}/V_{粗集料}$$

式中，P、P_2……P_n 表示粗集料中各种粒径石料所占百分比；γ_1、γ_2……γ_n 表示各粒径石料的表观密度。

通过对实验结果进行分析可以看出：

（1）对于试验中采用的几种集料级配中，连续级配经过压实后粗骨料之间的空隙率最小，多级嵌挤类型的级配形成的空隙率居中，而由单一粒径组成的粗集料骨架形成的空隙率最大。

（2）在三种压实方式中，用振动压实设备进行上振法压实后的粗集料骨架孔隙率最小。上振法能够较好地模拟振动压路机的实际工作状况，而且粗骨料在上压力持续不断地高频振动压实过程中可以有效地减少石料与石料之间的摩阻力，从而使得石料能够最大限度地互相靠拢，所以集料的空隙率最小。在集料上表面放置一定重量的重物后用铁锤不断地敲击钢模的外壁也能够使得集料中的粗骨料产生横向振动，并在每次的振动过程中不断地相互靠近，与振动压实相比频率很低。在进行试验之前曾经预想粗骨料在利用振动台下振后的空隙率会比敲击法后的空隙率小，但试验结果却显示出相反的结果，这是因为在振动台上试验的过程中，高频振动的振动台将钢模连同集料一起不断地振动，集料刚达到密实又会在振动时被振松，这种频繁反复的过程使得集料难以达到非常密实的程度，因此，这种方式作用后的集料空隙率最大。开始试验之前曾经试过用压力机静压粗集料，但发现有石料破碎的情况，压实过程不断可以听到石料被挤碎时发出的声音，集料破碎后与原级配不符，接下来的试验就没有意义，因此没有采用静压法。

3. 粗集料骨架应力应变特性试验

粗集料压实后，材料力与回弹变形之间的关系可以反映出粗集料骨架的回弹模量大小，也能够反映出骨架在受到外力作用时的变形情况。一般而言，如果希望骨架能够充分地发挥作用，骨架在受到外力时变形应尽可能地小一些。在试验过程中分别对九种级配的粗集料进行压实，然后用路强仪对压实后的粗集料骨架进行加载、卸载试验。

具体试验为：加载速度 5mm/min，加载时荷载分为 6 级，每级为 0.1MPa，每次加载后稳定 1min 后读数，卸载后也在稳定 1min 后读数。

通过分析试验结果可以看出：

（1）同一种级配在不同的压实方式中上振法压实后的粗集料骨架加载时变形最小，而且回弹变形也最小；敲击法压实后的集料加载时变形和回弹变形居中；振动台法压实后的集料变形最大。

（2）上振法压实后各级配类型在各级荷载下的变形情况，荷载作用下变形量由小到大的次序为，级配 a<级配 d<级配 c<级配 f<级配 b<级配 i<级配 g<级配 h<级配 e。敲击法压实后粗集料骨架变形由小到大的次序为，级配 c<级配 b<级配 a<级配 d<级配 e<级配 i<级配 h<级配 g<级配 f。下振法形成的粗集料骨架的变形由小到大次序为，级配 d<级配 b<级配 h<级配 i<级配 a<级配 f<级配 c<级配 e<级配 g。所以不同级配的粗集料在不同的压实方式下形成的骨架结构在受到相同荷载作用时变形量是不同的，但总的看来连续级配的粗集料骨架比多级嵌挤和单一粒径级配的变形量小。

4. 粗集料骨架贯入试验

CBR 试验是美国加利福尼亚洲提出的一种评价道路材料承载力的试验方法，要求试样在直径为(152±0.5)mm、高度为(170±1)mm 的金属铜内成型，并将试样在水中保持 24h，然后采用直径为 5cm 的金属压头对试样的表面加力，加载时以 1～1.25mm/min 的速度控制压入变形，并记录每次压入时的单位压力，直至变形量达到规定值。在试样饱水和加载过程中，需要在试样的表面安放一定重量的环形砝码。计算 CBR 值时一般采用 CBR2.5 时的单位压力。本次试验中采用的圆柱贯入方法类似于 CBR 试验，所不同的是压实后的碎石集料饱水时间为 1h，而且在饱水和加载过程中也没有在集料的表面安放环形砝码，该试验的主要目的在于衡量集料不同级配在不同压实方式下局部抗剪能力的大小。

通过分析试验结果可以看出：

（1）在相同的压实方式下级配 a、d、i 的局部抗剪能力大于其他几种级配类型，原因在于与其他几种级配比较，这三种级配的集料中粗颗粒的含量相对较多；

（2）同属于连续级配的三种集料 a、b、c 抗剪能力大体相同；

（3）多级嵌挤级配中的三种级配局部抗剪能力依次为：级配 d 最大，级配 e 居中，级配 f 最小；

（4）在单级级配的三种级配中，级配 i 的抗剪能力最好，级配 g 次之，级配 h 最差；

（5）在几种不同的压实方式中采用上振法压实后的集料局部抗剪能力最好，手工敲击筒壁压实后的集料抗剪能力居中，振动台振动后的集料局部抗剪能力最差。

5. 粗集料骨架破碎试验

粗集料骨架在受到压力的作用下，其中的石料会发生破碎，不同级配的粗集料骨架在外力作用下破碎程度有所不同。在骨架密实和骨架孔隙结构中，为保证骨架作用不至于因石料破碎太多而整体“失稳”，粗集料需要采用恰当的级配类型。在粗集料骨架破碎试验中，可以采用两种试验方式：一是施加作用力使不同级配组成石料的压缩变形相同，在粗集料骨架变形相同的情况下观察石料的破碎程度；二是对不同的粗集料骨架施加相同的作用力。在作用力相同的前提下比较他们之间的破碎差异。在试验中采用了第二种方式。试验时，先将不同级配的粗集料分别采用上振法的压实方式压实，然后将压实后的粗集料连同钢模一起放在200t 压力机上，开启压力机，以 5mm/min 的速率对石料进行压实，直至压力达到 50t。将压实后的粗集料进行筛分试验，以确定石料被压碎后的级配情况，将压碎前、后粗集料各级筛孔的通过率相减并取绝对值后相加作为衡量破碎程度的指标。

通过分析试验结果可以看出：

（1）连续级配粗集料中的三种级配的破碎情况大致相同：26. 5 ~ 31. 5mm、19 ~ 26. 5mm、16. 0 ~ 19. 0mm 以及 13. 2 ~ 16. 0mm 的石料均有破碎。其中骨架内部 26. 5 ~ 31. 5mm 的石料大多只是边缘或棱角受损，石料碎裂成几块的情况只在表面有。相比之下 19. 0 ~ 26. 5mm、16. 0 ~ 19. 0mm 以及 13. 0 ~ 16. 0mm 等粒径较小的石料破碎更多一些。4. 75 ~ 9. 5mm 的石料破碎的较多，2. 36mm 以下的含量主要是因为此档料破碎后而增加。

（2）在多级嵌挤级配的三种级配中，共同的特点是含量较多的粒径破碎量较多。级配 d 中 19. 0 ~ 26. 5mm 含量多，由于这档石料与 26. 5 ~ 31. 5mm 的粒径接近，因此，26. 5 ~ 31. 5mm 也有破碎。

（3）在达到相同压力的条件下，粒径小的石料含量越大集料整体破碎程度越严重，而且在试验过程中压缩变形也较大。随着粗粒径石料含量的增加，粗集料骨架抵抗外力的能力也随之提高，在相同的作用力下石料破碎程度也小，而且变形也相对较小。

（4）相同压力时，粒径相同的石料在不同级配的集料中的破碎情况也有所不同。

经过分析，破碎程度与以下因素有关：

（1）空隙率的大小。空隙率小的粗集料中石料与石料之间能够更加紧密地接触，且石料接触面积相对也较大，在相同的外力作用时能够更有效地将应力分散。空隙率大的集料中除了石料之间应力分散不好之外，多余的空间为石料的进一步破碎提供了可能性。

（2）与集料中不同粒径石料的含量有关。一般而言，（破碎设备）颗粒较大的石料和颗粒较小的石料不容易被挤碎，原因：对于大颗粒的石料形状比较好，片平状和针片状含量相对较少，小颗粒的石料在混合料中用于填充空隙，除非大颗粒被挤碎后空隙变小，否则受到的力较小。最容易被挤碎的是中档粒径的石料，这些石料中片平状及针片状含量较多，在受力后容易被破碎成粒径更小的石料。

（3）粒径的石料在钢模中所处的位置不同，破碎情况也存在差异。处于钢模上面，在试验时与压力机钢制压头直接接触的石料破碎程度大于处在钢模中部的石料。

通过以上的分析，提高粗集料骨架结构承载能力、降低集料整体破碎程度，应该从三方面入手：一是应该使集料中粒径较大的石料含量多一些；二是集料的级配组成应该有利于降低空隙率；三是在压实过程中应该采用合适的压实方法，如对于粒径大的石料含量大的集料应该采用振动压实方式。

三、骨架密实结构半刚性基层材料混合料组成计算

半刚性基层混合料配比设计中，一项重要的工作就是确定混合料中集料的级配。因此，对于悬浮密实结构的混合料配比设计，可直接参照相关规范中的级配范围确定。对于骨架密实结构和骨架孔隙结构而言，目前的规范中并没有给出集料的级配范围或设计方法，设计人员无法从规范中得到参考。实际上，无论是悬浮密实结构、骨架密实结构还是骨架孔隙结构，粗集料形成的空隙体积与细集料、结合料所占体积之间的关系是决定结构类型属性的关键所在，而且在三种结构类型中骨架密实结构对这种关系最为敏感，骨架孔隙结构次之。

已有的级配曲线中各种粒径石料的百分比是以石料的重量为标准计算得到的，没有考虑集料之间粗细两部分的填充关系。由于悬浮密实结构对混合料中各档料之间的填充关系没有太严的要求，故完全可以这样做。但对于骨架密实结构来说，各档料之间，尤其是粗集料骨架形成的空隙体积与细料所能占有的空间之间有较为严格的要求，其与集料空隙体积和集料占有的体积密切相关。对于级配相同、重量相同，但材质、料源不同的两种粗集料来说，在相同的压实条件下，粗骨料形成的空隙体积是有差别的。这种差别源于材料粒径的分布、石料颗粒的形状以及石料表面纹理状况等因素。同样道理，级配相同、重量相同，但材质、料源不同的细集料在相同压实条件下所占有的体积也是不同的，通常密度大的占的体积较小，密度小的细集料会占据较大的空间。因此，即使粗、细集料的用量比例完全相同，但由于材料的差异，最终得到的结果也不同。再者，在实际施工中，粗集料和细集料在很多情况下并非同一种材质，粗集料可能用碎石，细集料可能用石屑，也可能用天然砂。所以得到骨架密实结构集料级配最可靠的方法是根据实际情况，以4.25mm为分界，将整个集料分成粗集料和细集料两部分，通过试验、计算来确定粗、细集料之间的体积比例。对于一个具体工程来说，可以将确定好的粗、细集料按重量换算成通常的级配曲线。

（一）水泥稳定类骨架密实结构混合料组成计算

1. 水泥稳定类骨架密实结构粗集料选择

对于骨架密实类半刚性基层材料结构来说，确定混合料中粗集料级配应该考虑到下面几个因素：粗集料形成骨架后，剩余空隙体积的大小、骨架结构的力学性能(应力—应变性能)、骨架结构在外力作用下的破碎状况及其面部抵抗剪切破坏的能力等。在以上几个因素中最主要的应该是剩余空隙率。粗骨料的剩余空隙体积直接决定着混合料中能够容纳多少填充物。在水泥稳定类骨架密实结构混合料的拌和、压实阶段，填充物是由水泥、细集料和水组成的水泥细料浆。水泥稳定碎石类骨架密实结构的粗骨料空隙应该小一些，而且数量相对较少、稠度合适的填充物有利于较好地裹覆在石料的表面，并在拌和、运输、压实过程中随粗骨料一起移动，从而减少离析。从前面的粗骨料试验结果可以看出，连续级配的粗集料空隙率相对较小，而且应力应变性能、面部抗剪切能力较好，只是在外力作用下破碎程度不如多级嵌挤级配，但连续级配中各档料含量相对均匀，有利于抗离析，因此对于水泥碎石类骨架密实结构，宜选用连续级配类型的粗集料。

2. 水泥稳定类骨架密实结构细集料选择

在骨架密实结构类型的半刚性基层材料中，细集料的作用与在悬浮密实结构中有所不同，在悬浮密实类结构中，细集料分散在混合料的各处与粗集料、水泥浆一起形成强度，粗

集料在某种意义上更多地起填充作用，但是在骨架密实结构中，细集料与水泥浆混合在一起充当填充物。在混合料被压实成型以后，这种填充物起到两方面作用：一是将粗集料粘在一起；二是形成约束骨架，将粗集料约束住，使粗集料形成的骨架能够充分地发挥作用。在骨架密实结构中，对细集料级配和最大粒径有较严格的要求：首先细集料的最大粒径不应太大，以免将粗集料撑开，影响骨架结构的性能；再者细集料的级配应有利于细集料在与水泥混合后形成更为密实的结构。因此在级配上，细集料应该选用容易密实的连续级配，最大粒径应≤4. 75mm，而且 2. 36~4. 75mm 的颗粒也不能太多。

3. 水泥稳定类骨架密实结构混合料组成计算方法

所谓“体积法”是指在骨架密实结构中用来计算各种集料组成比例的一种方法。采用体积法时，首先应确定出混合料中骨架结构中空隙的体积，再通过适当的方法确定填充在骨架孔隙中的填充物的体积，当两者相等时，从理论上说就可以形成骨架密实结构。在沥青混合料 SMA 的材料组成设计中采用的便是“体积法”。实际上，体积法不但可用来计算骨架密实结构，也可以用来计算骨架孔隙结构，所不同的是：在建立骨架孔隙体积与起填充作用的填充物体积之间的关系时，不再采用使两者相等的条件，而是需要相应的系数。

采用体积法计算水泥稳定碎石骨架密实结构混合料组成时，需要确定出如下约束条件：

(1) 水泥剂量宜在 3%~6%；

(2) 混合料经过压实后，粗集料形成的空隙体积应等于由水泥、细集料和水组成的填充物体积，在进行水泥稳定碎石骨架密实结构材料配比计算前相关参数确定的具体做法如下：

① 用容量瓶或网法测定粗集料的表现密度；

② 按照粗集料级配要求选择 4500g 左右粗集料并称重；

③ 计算粗集料实体所占体积；

④ 将粗集料表面用水喷湿，将喷湿后的粗集料倒入直径为 15cm 的钢模中，采用振动压实设备振动压实。(振动参数：频率 28~30Hz，静面压力 104MPa，偏心块夹角 90°)：

⑤ 用钢尺仔细量取振实后石料表面距筒边缘的高度，测量时按径向测 4 次，取其平均值，并计算出粗骨料所占体积；

⑥ 根据重量一定的粗集料压实后骨架所占体积及其实体所占体积，可以计算出粗颗粒骨架内部的空隙体积；

⑦ 用击实法或振动法测定水泥、细集料的最大干实度，此值也可在 2. 0~2. 2 取，混合料中水泥用量大时取高限，水泥用量小时取低限。

$$\begin{cases} \dfrac{x}{y+W_{粗料}}=A \\ \dfrac{x+y}{\rho_{水泥、细集料}}=B \end{cases}$$

式中，X 为混合料中水泥的用量，g；Y 为混合料中细料的用量，g；$W_{粗料}$ 为装满标准容器后粗料的质量，g；$\rho_{水泥、细集料}$ 为水泥、细集料的最大干密度，g/cm^3；A 为混合料中预定水泥计量，%；B 为通过试验确定出的粗集料空隙体积，cm^3。

通过以上二元一次方程组，可以求出水泥和细集料的用量，由此得到了满足水泥剂量和空隙关系等条件下水泥、细集料和粗集料质量之间的用量比例。计算出的水泥、细集料、粗集料质量之和与混合料总体积之比为理论上的最大干密度。粗集料骨架孔隙率的确定方法对粗、细集料的比例有重要的影响，通常对于材料级配、重量相同的粗集料而言，形成骨架时有三种形态：自然堆积状态、松装状态和紧装状态。自然堆积状态指将集料倒入容器后不施加任何外力促使其进一步密实。松装状态指集料倒入后用铁棒捣插而形成的状态。紧装状态指对集料施加了压力或振动力，或其他措施促使颗粒与颗粒之间紧密接触。一般情况下，自然堆积状态下的粗集料空隙率最大，松装状态下的空隙率居中(有时其中的差别可以达到10%左右)，紧装状态的空隙率最小。因此，在确定粗集料空隙率时，采用自然堆积状态计算出的细料会最多，松装状态计算出的细料居中，而采用紧装状态计算出的细料最少。骨架结构形成的空隙与填充料体积之间的关系，对骨架密实结构的影响如下：

$V_{骨架孔隙} > V_{水泥+细料+水}$ ⟶混合料空隙增大；

$V_{骨架孔隙} = V_{水泥+细料+水}$ ⟶理想状态；

$V_{骨架孔隙} < V_{水泥+细料+水}$ ⟶偏向悬浮状态。

一般要在拌和、压实过程中不可能做到理想状态，当不能处于理想状态时，应该偏向于使骨架形成的空隙体积稍大于填充料的体积，以便保证骨架在混合料中的主要作用，因此在通过实验确定粗集料骨架孔隙体积时，建议使粗集料处于紧装状态。进一步需要确定的是混合料的用水量。虽然在前面通过试验可以测定出水泥和细集料的最佳含水量，而且也计算出来水泥和细集料的用量，并由此可以计算出混合料中水泥和细集料的用水量，但这两项之和并不能代表混合料拌制过程中需要的水量，其原因有两个方面：首先，在拌制混合料时，占比例最大的粗集料需要一部分水使其表面达到湿润状态，试验结果证明，这个用水量随着石料的用量、石料级配等因素的不同而存在差异；另外，在以上三种水分的基础上，混合料的拌制过程中可能需要增加或减少水分，以便在一定的压实条件下能够达到最大干密度。因此，为了确定出能够更符合实际情况的压实标准，需要通过试验在以上工作的基础上确定混合料的最大干密度及相应的最佳综合含水量。对于骨架密实结构类型水泥碎石而言，最合适的试验方法为振动法。

采用上述公式计算出骨架密实结构水泥碎石时，公式中有的参数是通过单因素试验测定的，有的则是根据经验所得。参数取值不可能完全反映混合料在拌和、压实中的实际情况，因此在正式采用计算得到的配比之前，需要成型一定数量的试件，将其切开后观察断面情况，判断混合料是否密实，粗集料是否相互嵌挤形成骨架，并据此做出一些调整。有必要时，还应该对混合料的抗离析性进行检验。

混合料中各个组成部分的计算完毕，并采用振动压实的方法确定出最大干密度和最佳含水量后，并不能认为所确定出的混合料组成一定能够用于实际生产，还需要进一步对其抗离析性能进行评估。目前，抗离析问题在水泥稳定粒料的配比设计中没有专门得到考虑，在实际应用中仅在施工中提出了一些能够避免混合料离析的措施，这与目前规范中水泥稳定粒料类的结构类型属于密实悬浮结构有关，在密实悬浮结构中细料的比例偏多，粗颗粒悬浮在细料中，理想的情况是粗颗粒能够均匀地分散在细料之中，发生离析时会影响粗料在细料中分布的均匀性，但对于密实悬浮结构的混合料来说，粗料、细料之间少量的离析并不会对结构类型有太大的改变。但是对于骨架密实型的水泥稳定粒料而言，需要细料部分能够正好填充到粗料形成的空隙中，出现离析后细料不能有效地起到填充作用，局部细料增多或减少就会严重地改变混合料的结构类型。

在骨架密实结构水泥稳定碎石的拌合、运输、摊铺和压实阶段，水泥的主要作用是与水一起形成水泥浆，将粗、细集料以微弱的黏结力混在一起，当黏结力足够时，较细的集料就能够黏附在较粗的石料上，并随粗集料一起移动，离析现象不明显，反之当结合料浆体不能提供足够的黏结力时，细集料就难以附着在较粗石料的表面，并在混合料的拌合、摊铺压实过程中与粗石料分开，造成离析现象。试验中发现稠度一定的浆体能够提供较大的黏结力，稠度过大或过小都会降低黏结力，而水泥浆的稠度取决于浆体中水分的含量和水泥的数量。因此，在压实骨架密实类或骨架孔隙类半刚性基层时，加水量在考虑以压实标准试验中确定的最佳含水量为准的同时，还应该从抗离析角度考虑，适当地增加或减少用水量。此外，影响离析的因素还有混合料中集料的级配组成和最大粒径。设计出的混合料应在现有的拌和、压实条件下尽量减少离析的程度，否则当压实后的混合料级配与原始设计级配偏差过大时，对混合料的性能有较大的影响。在室内试验中，对于混合料拌和过程中的抗离析性能可通过下面试验方法进行：

(1) 将确定好的混合料按预定含水量配好，并在料盘中充分地拌和；

(2) 将拌和好的混合料聚拢成堆，用铲将其均匀地分成四份；

(3) 取出其中的一份，放入孔径为2.36mm的标准筛中，并用水冲洗，直至混合料中的水泥被基本冲洗干净；

(4) 将筛子上的混合料放入烘箱烘干，将烘干的石料进行筛分试验，并将筛分结果与混合料中集料的原始级配作对比，如果要考察压实过程中混合料的离析程度，可以将刚压实的试件分别沿水平和垂直方向分为4份，采用(3)、(4)步的方法进行试验，计算出每个粒径上原始级配与试验后级配的代数差，将代数差取绝对值后相加，相加后的数值反映出试验后级配曲线与原始级配曲线的偏差程度，在此称之为离析度，如果混合料在拌和的过程中没有出现离析现象，这部分混合料的级配与原始级配应该一致，离析度为0，离析度数值越大说明偏差越严重，也就意味着混合料离析越严重。

(二) 二灰稳定类骨架密实结构基层混合料组成计算

1. 二灰稳定类骨架密实结构粗集料选择

石灰、粉煤灰、细集料和水在混合料成型中是充当填充物，但在成型以后，石灰与粉煤灰会发生火山灰反应，形成的水化产物的含量多少是影响二灰碎石整体强度的重要因素，而且只有当石灰、粉煤灰、细集料形成的固化填充物数量达到一定程度时，才能有效地约束粗集料。与水泥碎石骨架密实结构相比，在二灰碎石类骨架密实结构中，粗集料形成的空隙体积应该大一些，这是因为较大的空隙率可以填充更多的石灰与粉煤灰，石灰、粉煤灰的密度比水泥小，同样质量的条件下，石灰，粉煤灰需要占据更多的空间。根据以前的初步试验，二灰碎石骨架密实结构中石灰与粉煤灰在混合料中所占比例应≥20%，而且在不影响粗集料形成骨架的前提下二灰所占的比例应尽可能地大一些。除此以外，混合料中不能缺少细集料，而细集料也需要占去部分剩余空隙。根据前面粗集料试验结果，在几种级配中，多级嵌挤类级配的粗集料形成的空隙比连续级配的大一些，比单级级配粗集料形成的骨架小，其他性能如力学性能、石料破碎程度以及局部抵抗剪切的能力居中，当粗集料空隙中填入石灰、粉煤灰和细集料一并形成强度后，这些性能会有所改善。此外，在试验中观察到二灰碎石骨架密实结构中由于石灰、粉煤灰占的比例大，由二灰与细集料形成的“综合结合料”与粗集料有较好的黏附性，离析现象比预想的情况好得多，因此虽然在混合料中多级嵌挤级配的粗集料骨架离析性，不如采用连续级配的粗集料，但对于二灰稳定类而言没有太大问题。因此，在二灰碎石骨架密实结构中推荐使用多级嵌挤类级配的粗集料。

2. 二灰稳定类骨架密实结构细集料选择

细集料在水泥碎石骨架密实结构和二灰碎石骨架密实结构中的用量有很大差别。假设在粗集料形成的骨架结构相同的情况下，在水泥稳定碎石中由于水泥用量一般较少，本身密度大，占有空间小，所以大部分的骨架孔隙需要用细集料来填充。对于二灰稳定碎石而言，石灰、粉煤灰用量很大，且密度较小，占的体积要大的多，所需要的细集料相对要少。为了使石灰、粉煤灰、细集料和水形成的二灰细料浆具有更好的裹附性，与水泥碎石骨架密实结构中的细集料相比二灰碎石骨架密实结构中使用的细集料可以相对偏细一些。

(三) 二灰稳定类骨架密实结构混合料设计方法

与水泥稳定碎石骨架密实结构设计类似，通常在设计二灰碎石骨架密实结构 15%时，也需要在一定的条件下进行，其中包括石灰与粉煤灰的比例 15%，以及石灰、粉煤灰与集料之间的比例 15%。采用体积法设计二灰碎石骨架密实结构的大体思路与设计水泥碎石类骨架 15%密实结构的基本一致，所不同的是起填充和粘接作用的填充物发生了变化，使得 15%约束条件有了变化，二灰稳定碎石骨架密实结构的约束条件为：

(1) 石灰与粉煤灰的比例通常取 1∶3 或 1∶4；

(2) 石灰、粉煤灰与集料之间的比例，对于骨架密实结构二灰碎石，这个比例应在 15%～25%；

(3) 石灰、粉煤灰、细集料和水组成的填充物体积应等于粗集料骨架形成的空隙体积。

计算前相关参数确定的具体做法如下：

(1) 用容量瓶或网法测定粗集料的表现密度；

(2) 按照粗集料级配要求选择 4500g 左右粗集料并称重；

(3) 计算粗集料实体所占体积；

(4) 将粗集料表面用水喷湿，将喷湿后的粗集料倒入直径为 15cm 的钢模中，采用振动压实设备振动压实(振动参数：频率 28～30zH，静面压力 104MPa，偏心块夹角 90°)；

(5) 用钢尺仔细量取振实后石料表面距筒边缘的高度，测量时按径向测 4 次，取其平均值，并计算出粗骨料所占体积；

(6) 根据重量一定的粗集料压实后骨架所占体积及其实体所占体积，可以计算出粗颗粒骨架内部的空隙体积；

(7) 用击实法或振动法测定石灰、粉煤灰、细集料混合料的最大干密度，根据试验，在常用的二灰含量下，混合料中二灰细集料的最大干密度为 1. 2～1. 59g/cm^3。若二灰的含量大，取低值，二灰含量少则取高值；试验完毕得到各参数后，将各参数结果代入下式中计算：

$$\begin{cases} \dfrac{a}{b}=A \\ \dfrac{(a+b)}{(c+W_{\text{粗料}})}=B \\ \dfrac{(a+b+c)}{\rho_{\text{石灰、粉煤灰、细集料}}}=C \end{cases}$$

式中，a 为混合料中石灰的用量，g；b 为混合料中粉煤灰的用量，g；c 为混合料中细料的用量，g；$W_{粗料}$为粗集料的质量，g；$\rho_{石灰、粉煤灰、细集料}$为石灰、粉煤灰、细集料的最大干密度，g/cm^3；A为混合料中预定的石灰与粉煤灰之比,%；B为混合料中预定的石灰、粉煤灰与粗、细集料之比,%；C为通过试验确定出的粗集料空隙体积，cm^3。

通过求解三元一次方程组，可以得到满足以上约束条件下骨架密实结构时，石灰、粉煤灰、细集料的质量，结合已知的粗集料质量，便可以得出各材料在混合料中所占的质量百分比。同时将石灰、粉煤灰、细集料、粗集料质量相加后除以总体积也可以初步确定出混合料的最大干密度。因为计算公式中一些参数是通过试验分别测出的，而当各种材料混合后在压实过程中会发生一些变化，所以与水泥碎石骨架密实结构相同，通过公式计算出的最大干密度和最佳含水量只是理论上的大致数值，最终符合实际情况的压实标准还是应当采用振动法来确定，关于振动法确定压实标准(最大干密度、最佳含水量)的试验方法在第二章中有详细说明，此处不再叙述。

在正式采用或制备试件之前，应先根据以上通过计算和试验得出的材料组成和压实标准，按照振动压实法成型2~3个试件，12~24h后，可以将试件打开或锯开观察试件内部的结构。首先看试件内部>4.75mm的粗骨料是否嵌挤，若没有形成嵌挤，则应适当地减少细集料含量，如果试件中有较多的空洞，则说明细集料偏少，应该适当地增加一些细集料。与水泥稳定碎石骨架密实结构不同的是二灰稳定碎石骨架密实结构的抗离析性能较好。在试验过程中发现，在向混合料中加水之前，石料与二灰之间离析严重，二灰和细料总是在料盘的最底层，但按照预定的重量加入水并拌和以后二灰及细料会很好地黏附在粒径较粗的石料上，而且振动成型过程中抗离析性能仍然较好。因此对于二灰碎石稳定类骨架密实结构来说，不需要进行抗离析试验。

四、骨架孔隙结构半刚性基层材料混合料组成计算

骨架孔隙结构类型的基层主要是用于目前出现的排水基层，从半刚性材料来说，可以用的结合料只有水泥，所以在此只讨论水泥稳定碎石类的骨架孔隙结构。与骨架密实类半刚性基层一样，目前的规范中没有提供相应的集料级配范围。在水泥稳定碎石骨架孔隙结构混合料的压实过程中，从集料角度来看，可以将其分为粗集料和细集料两部分。粗集料形成骨架结构，其空隙被以细集料为主的水泥细集料浆所填充，与骨架密实结构不同的是填充料在填充骨架孔隙时需要留出足够的空间，作为排水基层首先应该满足排水要求。孔隙率越高，排水性能越好，为迅速地排除渗入路面结构中的自由水，必须充分地保证一定的空隙。因此，排水基层材料的空隙率是重要的指标。空隙率不能太小，也不能过大。空隙率太小时，流入基层的水难以通畅地排除，排水基层失去意义，空隙率太大，材料在行车荷载作用下的强度、耐久性、稳定性均受影响。根据排水性能要求和国内外的经验，骨架孔隙类水泥稳定碎石的孔隙率应该在15%~25%。

从材料整体结构上看，混合料的孔隙通常由三部分组成，即连通孔隙、半连通孔隙和闭口孔隙。从排水角度来看，混合料中的孔隙又可以分为有效孔隙和无效孔隙。有效孔隙中，外界自由水可以充满并可以在其中流动。在无效孔隙中水分不能进入，也不能在其中流动。对于水泥稳定碎石排水基层而言，较多的孔隙是有效排水的前提条件，但随着混合料孔隙率的增大，其抗压强度，抗折强度会随之下降。为保证强度，水泥稳定碎石排水基层在材料组成设计时水泥剂量应大一些，但是水泥剂量达到一定程度后对混合料的有效孔隙有较大影

响，有试验表明，当水泥剂量增加1%时，混合料的空隙率降低约2%。骨架孔隙通常水泥剂量应在8%~10%。根据以上分析，从集料级配来看，骨架孔隙结构混合料的材料配比计算与第三节的骨架密实结构混合料类似，主要是确定粗集料、细集料用量比，当石料种类、石料的颗粒形状发生变化后，比例关系也会随着改变。

（一）骨架孔隙结构中粗集料级配的选择

与水泥碎石骨架密实结构不同的是水泥碎石骨架孔隙结构中需要保持一定的空隙率(通常在15%~20%左右)，所以细集料的用量相比之下要少一些。在缺乏细集料填充的情况下，粗集料形成的骨架结构对混合料的整体路用性能将起到重要作用。对于骨架孔隙类水泥碎石而言，并非粗集料能够提供的剩余空隙越大越好，空隙越大，混合料在满足空隙率的条件下，需要的细集料也会增加，骨架孔隙结构的混合料在压实过程中，由于粗骨料的支撑作用，粗骨料之间的细集料并不受到压实作用，而只是相对松散地分布在粗骨料空隙之中，在振动压实过程中，过多的细集料会和水泥浆一起沉积在混合料的底层，这两种分布方式对于排水性能有不利影响。根据前面对粗集料骨架结构的试验，连续级配的粗集料在不同的压实方式下，空隙率最小，但空隙率仍然在30%以上，从空隙率要求角度是完全可以满足要求的。连续级配的粗集料，力学性能及抗破碎能力也较好，所以骨架孔隙结构中的粗集料级配宜与水泥碎石骨架密实结构一样，采用连续级配。

（二）骨架孔隙中细集料的选择

骨架孔隙结构中对细集料没有特殊的要求，只是细集料中2.36~4.75mm的粒径含量不能太多，以免对粗集料形成骨架产生干涉，在具体使用时应偏细一些，偏细的集料更容易在水泥浆的作用下黏附在粗集料上。

（三）水泥稳定碎石骨架孔隙结构混合料组成计算方法

水泥稳定碎石骨架孔隙结构的混合料组成计算方法仍然需要采用体积法，计算思路与骨架密实结构类型相同，但前提条件有所不同。计算的前提条件如下：

（1）水泥剂量：按照已有资料和前期实验结果，对于水泥碎石骨架孔隙结构水泥剂量应在8%~10%。

（2）混合料经过压实，形成骨架孔隙结构后，混合料的剩余空隙率应在15%~20%。水泥碎石骨架孔隙结构在计算参数的取值方面与水泥碎石骨架密实结构有区别，原因在于骨架孔隙结构混合料的压实过程中由水泥、细集料和水组成的填充物并不受到压实作用。在进行水泥稳定碎石骨架孔隙结构设计时，也需要通过试验确定出几个参数，计算前相关参数确定的具体做法如下：

① 用容量瓶或网法测定粗集料的表现密度；

② 按照粗集料级配要求选择4500g左右粗集料并称重；

③ 计算粗集料实体所占体积；

④ 将粗集料表面用水喷湿，将喷湿后的粗集料倒入直径为15cm的钢模中，采用振动压实设备振动压实。(振动参数：频率28~30Hz，静面压力104MPa，偏心块夹角90°)；

⑤ 用钢尺仔细量取振实后石料表面距筒边缘的高度，测量时按径向测4次，取其平均值，并计算出粗骨料所占体积；

⑥ 根据重量一定的粗集料压实后骨架所占体积及其实体所占体积，可以计算出粗颗粒

骨架内部的空隙体积；

⑦ 测定水泥细集料浆的密度；

a. 取一金属容器，并秤重计为 W_1。

b. 将水泥、细集料和水拌和后倒入金属容器中，并在坚实的地面上轻磕数下，使其表面基本水平，测定并计算水泥细集料浆的体积。

c. 称量装有水泥细集料浆的金属容器的总重，计为 W_1，W_2-W_1 为水泥细集料浆的重量。

d. 取出部分水泥细集料浆，放入烘箱，测定其含水量。

e. 计算水泥细集料浆的干密度。

与骨架密实结构水泥稳定碎石中水泥、细集料干密度的测定方法相比较，骨架孔隙结构水泥碎石中水泥细集料干密度的测定不需要通过击实试验确定。其原因是在骨架孔隙结构类型材料的压实过程中，水泥细集料浆体本不受压实作用。将相关的试验结果带入下面的方程组中：

$$\begin{cases}\dfrac{x}{y+W_{粗料}}=A\\[2ex]\dfrac{\rho_{水泥细集料}}{B}=C\end{cases}$$

式中，x 为混合料中水泥的用量，g；y 为混合料中细料的用量，g；$W_{粗料}$ 为粗料的质量，g；$\rho_{水泥细集料}$ 为水泥细集料干密度，g/cm^3；A 为混合料中预定水泥计量，%；B 为通过试验确定出的粗集料空隙体积，cm^3；C 为混合料预定空隙率，cm^3。

通过以上方程组，可以计算出满足水泥剂量、混合料空隙率等条件下水泥和细集料的用量比例。根据计算出的混合料干料重量和试验中得出的混合料总体积，还可以计算出混合料的最大干密度。与水泥、二灰碎石类骨架密实结构一样，计算得到的各种材料的用量骨架孔隙结构水泥碎石材料组成计算完后，也需要通过振动法确定最大干密度和最佳含水量。需要注意的是骨架孔隙结构中粗集料多、细集料少，混合料对含水量非常敏感，含水量大时，在振动过程中水泥浆会从钢模底部的缝隙流走，并使细料在底部沉积。在正式制备试件前，应该按照确定出的材料配比在最大干密度和最佳含水量的条件下成型几个试件，观察试件在成型过程中有无异常，如离析现象、以及成型好的试件中空隙是否分布均匀，如有必要还应该对试件做渗水试验，确定渗水系数是否满足要求。如果试件成型时有细集料沉底和水泥浆流出时，应适当减少含水量，并减少最大干密度。若在渗水试验中，渗水系数偏小，则说明细集料偏多，空隙率不够，需要减少细集料。

第二节　半刚性基层施工

一、半刚性基层施工要点及质量控制

半刚性基层由于其特殊的承上启下的连接作用，使得其在施工中的要求较为严格。半刚性基层在公路路面结构中已经是一种比较成熟的结构，随着我国公路建设速度的不断加快，沥青混凝土路面成为主流，而沥青混凝土面层的刚度小，荷载分布能力弱，需设基层作为半刚性沥青路的主要承重层。因此，基层施工控制尤为重要，而水泥稳定碎石作为一种常用的

基层结构，在日前广为推广应用的基础上，其施工质量的控制尤其应得到足够的重视。

(一) 半刚性基层的施工要点

在进行大面积施工以前(正式开工前至少1个月)，修筑一定长度的试验路段很有必要。目前在我国高等级公路基层实践中，许多施工单位通过修筑试验路段来进行施工优化组合，把主要问题找出来并加以解决，由此提出标准施工法用以指导大面积施工，从而使整个工程的施工质量提高，施工进度加快，取得了显着的经济效益。在修筑试验路段中，承包人应向监理工程师提供用于试验路段的原材料、混合料、组成设计以及备料、拌合、摊铺、碾压、养护设备一览表和施工程序、施工工艺及操作计划等详细说明，并由监理工程师审核批准。

试验路段经监理工程师验收后，便可以进行半刚性基层的大面积施工。以水泥稳定碎石为例，简要介绍一下商丘市在进行水泥稳定碎石施工中总结的施工方法和一些要注意的问题：

1. 组成设计

水泥稳定碎石的组成设计应根据规范要求的强度标准，通过实验选取最适宜于稳定的碎石级配，我市在选用碎石上采用三种规格的石料进行掺配，即10~20mm、5~10mm、5mm以下(按32：28：40的比例掺配)并确定必需的水泥剂量(水泥剂量是影响水泥稳定碎石的主要指标，考虑到施工离散性的影响，实际施工时水泥剂量比原设计值增加0.5%)和混合料的最佳含水量(含水量是水泥级配碎石中又一项重要控制指标。含水量小造成混合料难以成型，压实度达不到要求；含水量过大，碾压有明显的轮迹，局部出现弹簧，成型3d后有明显的干缩裂缝，所以考虑到拌和、运输、摊铺过程中水分的散失，可适当增加2%的含水量)，在需要改善碎石的级配比例时，还应注意掺和料的比例。

2. 拌和

集中拌和时，必须掌握下列各个要点：

(1) 土块应粉碎，最大尺寸应<15mm为宜；

(2) 配料要精确；

(3) 含水量要略大于最佳值，使混合料运到现场摊铺后碾压时的含水量不小于最佳值；

(4) 拌和要均匀。

在正式拌制混合料之前，必须先调试所用厂拌设备，使混合料的颗粒组成和含水量都达到规定的要求。原集料的颗粒组成发生变化时，应重新调试设备。

3. 运输

为了节省倒车时间和提高摊铺的均匀度，采用15t以上自卸汽车。确保车况良好，上班前对车况进行检查，排除故障，防止装料后不能卸车造成混合料的浪费。

4. 摊铺

摊铺前对底基层进行严格的标高检查，间隔10m，逐点挂钢丝绳，再利用挂好的钢丝绳纵向5m、横向检查底基层标高，发现不合格点进行局部处理。摊铺机就位后，要重新抽检钢丝绳的标高，配好固定架。摊铺时先将摊铺机烫平板升起，按松铺厚度垫好方木，方木应配置两套，薄厚搭配。摊铺过程中，摊铺机的布料输送器和螺旋输送器相配套，料堆略高于螺旋输送器的中轴线，最好连续作业，匀速前进，经常用拉线绳检查松铺标高和平整度，发现问题及时处理。夯锤行程选择在4~5mm，摊铺速度2~5m/min。

5. 碾压

摊铺后立即用压路机在路基全宽内进行碾压(每一流水作业段以 200m 为宜)，直线段：由两侧路肩向路中心碾压。平曲线段：由内侧路肩向外侧路肩进行碾压。碾压时，应重叠 1/2 轮宽，后轮必须超过两段的接缝处，后轮压完路面全宽时，即为 1 遍，应在规定的时间内(一般不超过水泥的终凝时间)碾压到要求的密实度。

在实际控制施工时应随时掌握松铺厚度，控制碾压遍数和组合方式，及时检测压实度，采用密实度控制施工，发现碾压不到位，及时补压，杜绝不合格产品出现。

6. 切缝

为防止水泥碎石基层产生的不均匀干缩裂缝，通过近两年对水泥碎石基层的研究探索，一般采用在养生 7d 后及时用切缝机每 20m 切一道横缝，切缝深度为设计厚度的 1/3，然后用沥青灌缝，并上铺土工布。路面宽度超过 9m 采用两幅摊铺时，纵缝应垂直相接。土工布的宽度纵缝一般宽为 80cm，横缝为 60cm。近两年采用该方法自治的水泥碎石基层大大减少了其横身不规则裂缝。

7. 养生

水泥稳定碎石是水硬性材料，碾压完成后及时进行养生，保持路面湿润不干燥，养生期≥7d。养生是一道十分重要的工序，在 7d 的养生期内，严禁车辆通行，在施工路段两头设好标志牌说明理由。

(二) 质量控制

(1) 半刚性基层的施工季节应当掌握好，宜在春末或夏季施工，施工的最低温应在 5℃以上，并保证在冻前有一定的成型期，在雨季施工时应特别注意天气变化，防止无机混合料受雨淋并采取措施排除表面水，降雨时应停止施工，已摊铺的混合料应尽快碾压密实。混合料堆积时间不应过长，尤其是雨季施工，一定要做到当天堆置，当天摊铺、整形、碾压。其次，路拌法施工中对于土与粉煤灰的用量控制，在施工中，石灰剂量可以在实验室检测，土与粉煤灰的比例只能在施工中加以控制，若控制不好，不仅影响强度，还会使压实度检测失去意义。拌和机、压路机等机械严禁在已经完成的或正在碾压的路段上调头或急刹车，以保证结构层表面不受破坏。若必须在上面调头时，应采取保护措施，如加铺覆盖层等。

(2) 干缩裂缝、反射裂缝是半刚性基层容易出现的病害，如何减少裂缝的产生成为了现在施工半刚性基层的主要问题，本人就此问题提出几点自己的看法：

① 控制集料中细料的含量和塑性指数，以减少集料中的黏土含量，混合料中通过 0.075mm 筛孔的颗粒含量最好<3%；

② 控制水泥的早期强度不过高；

③ 在达到强度标准的前提下，采用最小的水泥剂量。改善集料级配，减少水泥用量，使水泥剂量≤5%；

④ 控制施工碾压时的含水量不超过基层施工规范所规定的值；

⑤ 水泥稳定基层养生结束和喷洒透层沥青或做下封层后，应立即铺筑沥青面层，保护基层混合料不使其过分变干和产生干缩裂缝。

在我国，由于近年来改革开放步伐的逐渐加快，国家基础设施进入现代化建设，尤其是高级公路建设事业。总结和讨论高等级公路施工中的技术问题，对加快我国公路建设现代化步伐、提高工程质量、节约投资等具有十分重要的现实意义。

二、公路半刚性基层施工方法及其应注意的问题

在路面结构中，基层是直接位于路面面层之下的主要承重层。半刚性基层是用由无机结合料与集料或土组成的混合料铺筑的、具有一定厚度的路面结构层，这类基层具有整体性好、强度高、刚度大、水稳定性好、经济效益佳等特点，是二级以上公路的主要基层类型。一般来说，当公路的半刚性基层对强度、平整度等性能要求高的时候，应采用厂拌法施工，要求不高的话可以采用路拌法施工。

（一）路拌法施工

路拌法的施工程序如下：准备下承层⟶施工放样⟶备料⟶摊铺土⟶洒水闷料⟶整平和轻压⟶摆放和摊铺水泥⟶拌和(干拌)⟶加水湿拌⟶整形⟶碾压⟶养护。

水泥稳定的下承层表面应平整、坚实，具有规定的路拱。应依据料场土含水量及运输车辆的运载量来确定料堆之间的距离。在堆料之前应先洒水，使其表面湿润，但不应过分潮湿而造成泥泞。集料用装载机或挖掘机装车，自卸汽车运输。

摊铺土这一工序应在摊铺水泥的前一天进行。应当根据工程进度控制摊铺土的长度，只要能够满足次日施工所需即可。在雨季施工，如遇到次日有雨的情况，则不宜提前摊铺土。可采用推土机或平地机等大型机械设备将集料按预定宽度均匀、平整摊铺。同时，要确保其中不含土块、超尺寸颗粒及其他杂物。同时，应及时检验，以保证松铺材料层的厚度符合预计要求。在必要时，可以适当进行减料或补料工作。除洒水车外，严禁其他车辆在土层上通过。在整平人工摊铺的土层之后，可运用机械设备碾压几遍，确保摊铺面保持平整，并具有一定的压实度。二级及二级以上的公路基层拌和方法，主要是采用专门的稳定土拌和机进行拌和，并应配备专人跟随，以实时监督检查拌和的深度并配合拌和机操作员随时进行调整。拌和深度应可至稳定层底，侵入下承层达5~10mm时最为适宜。拌和之后，若混合料缺乏水，则可以采用喷管式洒水车洒水补充。补充足够的水量后重新加以拌和，尽量使水分在混合料中均匀分布。拌和机械紧跟于洒水车之后进行拌和，尤其是在纵坡大的路段上，二者的紧密配合可有效减少水分流失。

混合料拌和均匀后，可采用平地机进行初步整形，具体做法是：直线施工路段从两侧向中心刮平；平曲线施工路段则由内向外刮平，可反复若干次直至平整。然后，再视具体情况，立即用拖拉机、平地机或轮胎压路机在初平路段上再快速碾压几遍，以提前暴露道路的潜在问题，最后再用平地机按上述方法进行整形，整形前用齿耙将轮迹低洼处表层50mm以上耙松，并按上述方法再进行碾压。

路宽、压路机轮宽及轮距等参数是制定碾压方案的重要依据，在确保各部分路面被碾压次数一致的基础上，两侧路面还要再根据实际情况多压2~3遍。整形完成后，通常情况下需再碾压6~8遍。

（二）厂拌法施工

厂拌法施工的程序为：准备工作⟶备料⟶混合料的拌和⟶运输⟶摊铺⟶整形⟶碾压⟶接缝处理⟶养护。

正式开工前，应选取长度约为100~200m的典型路段进行施工试验，实时监测试验全过程并记录下各种数据，如松铺厚度、标高碾压含水量、碾压遍数等，应一边试验一边总结施

工经验，最后确定最佳施工方案，使之成为实际施工时的重要指导。应当将不同粒级的碎石或砾石以及细集料(如石屑和砂)进行隔离，分堆放置。可采用沥青混凝土或稳定土摊铺机根据比例要求对配料进行充分拌和，使之符合施工要求。不同的混合料，其摊铺时间及碾压要求也有所不同，同时还应根据集料和混合料含水量的大小来调整加水量，在拌和过程中和运输中应尽量采用大吨位的自卸汽车将拌和好的混合料运送到铺筑现场，在卸料和运输过程中要尽量避免中途停车和颠簸，以确保混合料的延迟时间及混合料均匀不产生离析。建设高速公路及一级公路时，可采用水泥混凝土摊铺机、沥青混合料摊铺机或专用稳定土摊铺机等大型机械设备进行摊铺。在实际的摊铺过程中，应配备专人跟随，以便及时进行修整。要按设计要求控制好基层的厚度和高程，确保基层具有一定的承载能力。建设二、三、四级公路时，如果没有摊铺机械时，可以用摊铺箱或自动平地机代替进行混合料摊铺。在用摊铺机摊铺混合料时要切记不可中断，若因故不得不中断且时间超过 2h 以上，则需要采取有效措施进行处理。

可采用超过 12t 的振动压路机、三轮压路机或轮胎压路机等重型机械对摊铺整干后的混合料进行碾压。碾压时可分别依据直线路段及平曲线路段的不同特点，把握好“前轻后重”的原则，安排压路机先慢后快地作业，其中，直线施工路段应从两侧向中心碾压，平曲线施工路段则要从内侧逐步向外侧碾压。在碾压过程中，如果施工路段局部不符合施工设计要求时，必须将这些局部路面重新翻松、拌和并再次碾实。水泥稳定土需要湿法养生，如果含水量过少，会对水泥稳定土的强度不利。半刚性基层碾压完毕，应进行保湿养生，养生期≥7d。养生期内应确保基层表面的湿润或潮湿。养生期间内还应尽量封闭交通，在雨季施工的话，应该特别注意天气变化，采取必要的预防措施。

(三) 施工应注意的问题

1. 施工季节

温度对于半刚性材料的强度增长影响很大。春末或夏季是半刚性基层施工的最佳时机。施工期间应确保最低气温在 5℃以上；在冰冻地区，当温度不能达到要求时，则碾压成型的半刚性基层应采取必要的措施以防冻融破坏。石灰稳定类结构层最好能在温暖或热的气候环境中养护 15d 以上，并尽量避免在雨季施工。如果一定要在雨季施工，就应特别注意气候变化，采取措施避免雨水淋湿结合料或混合料。降雨时必须停止施工并及时排除地表水，确保已经运到路上混合料含水量不要超过标准，已经摊铺的混合料则应尽快碾压密实。

2. 表面低洼处的处理和分层施工的措施及养护

水泥稳定土基层碾压后的低洼处，严禁用薄层贴补法进行找平，留待面层施工时处理。基层分两层施工时，在铺筑上层前，应在下层顶面先撒薄层水泥净浆。必须保湿养护，不使稳定土层表面干燥，也不应忽干忽湿。

3. 压路机与压实厚度

应采用 12t 以上的重型压路机对水泥稳定土结构层进行碾压，要确保每层的压实厚度<150mm；如果采用振动羊足碾和三轮压路机进行配合作业，则每层的压实厚度还可以尝试着增加一些。若压实厚度超过了相关规定，施工人员应分层进行压实，同时确保每层的最小压实厚度<100mm，最下层可以略厚实一些。对于稳定细粒土或用摊铺机摊铺的混合料，应按照“先轻后重”的原则选择压路机。

第三节　粒料类基层(底基层)施工

一、粒料类基层概述

(一) 粒料的分类

(1) 嵌锁型：泥结碎石、泥灰结碎石、填隙碎石。

(2) 级配型：级配碎石、级配砾石、天然砂砾、级配碎砾石。

(二) 级配碎石

1. 适用范围

适用于各级公路的基层和底基层。

(1) 用于高速、一级公路基层或半刚性路面中间层时应采用集中厂拌法(用沥青混凝土摊铺机或其他碎石摊铺机摊铺)；用于高速、一级公路底基层时可以采用集中厂拌法(用沥青混凝土摊铺机或其他碎石摊铺机)或路拌法(人工或平地机摊铺、稳定土拌和机拌合、平地机整形)。

(2) 用于二级公路时可采用集中厂拌法(自动平地机或摊铺箱摊铺)或路拌法(人工或平地机摊铺、稳定土拌和机拌合、平地机整形)。

(3) 用于二级以下公路时可采用集中厂拌法(自动平地机或摊铺箱摊铺)或路拌法(人工或平地机摊铺、平地机或多铧犁与缺口圆盘耙配合进行拌合、平地机整形)。

2. 材料的要求

(1) 用于二级和二级以上公路的基层和底基层时：

① 应预先筛分成几组粒径不同的碎石和 4.75mm 以下的石屑组配而成；

② 其颗粒组成应符合相应的试验规程要求，且级配曲线为平滑曲线，塑性指数应符合规定要求。

(2) 用于二级以下公路的基层和底基层时，可用未筛分碎石和石屑组配而成。

(3) 用于二级和二级以下公路的基层和底基层时，最大粒径 37.5mm；用于高速和一级公路或半刚性路面中间层时，最大粒径 31.5mm。

(4) 碎石中针片状颗粒含量≤20%，且碎石中不应有黏土块、植物等有害物质。

(5) 缺乏石屑时可以用细砂砾或粗砂代替。

(三) 路拌法施工

1. 下承层准备

(1) 检查下承层的标高、横坡、宽度、压实度、平整度。

(2) 对于土基必须用 12~15t 压路机碾压 3~4 遍，并进行检查，对松散、弹簧的部位进行处理。

2. 测量放样

(1) 恢复线路中线和边桩。

(2) 在道路两侧设置指示桩，桩上标记出级配碎石基层施工的设计标高。

(3) 路拌法施工时需要在下承层上划分布料网格。

3. 备料

（1）计算单位长度需要碎石和石屑的数量，根据每车料的数量，计算出堆放距离。

（2）可以在料场混合碎石和石屑，也可以在现场拌合，碎石含水量应较最大含水量超过1%。

4. 运输集料

（1）集料装车时每车集料数量应基本相同。

（2）严格控制集料堆放的距离。

（3）同一料场的集料，应由远到进卸料，料堆每隔一段距离应留一缺口，便于车辆和设备通过。

（4）集料应在摊铺前数天运送，不能堆置时间过长。

5. 集料摊铺

（1）摊铺应采用人工或平地机。

（2）应事先通过试验确定集料的松铺系数，人工摊铺松铺系数一般为1.4~1.5，平地机摊铺时一般为1.25~1.35。采用三轮压路机碾压时，压实层厚≤15~18cm，采用重型振动压路机或轮胎压路机时，压实层厚≤20cm。

（3）路肩与行车道应同时摊铺。

（4）摊铺后的混合料应表面平整，并具有规定的路拱。

6. 集料拌合

（1）二级及二级以上公路，应采用专用的稳定土拌和机；二级以下公路可采用平地机或多铧犁与缺口圆盘耙配合进行拌合。

（2）用稳定土拌和机时，应拌2遍以上，拌合深度应直到级配碎石层底。

（3）用平地机拌合，宜拌合5~6遍，使石屑均匀分布于级配碎石中，平地机的工作长度每段宜300~500m。平地机刀片的安装角度要满足要求。

（4）拌合结束后，石屑应均匀分布于碎石中，含水量均匀，并较最大含水量大1%左右，同时没有粗细集料离析。

7. 整形

采用平地机将拌合均匀的集料按照规定的路拱进行整平和整形，整形过程中要注意消除粗细集料离析。整形应由低处向高处进行。

8. 碾压

（1）当集料的含水量等于或略大于最佳含水量时进行碾压。

（2）碾压应采用12t以上的三轮压路机，也可以采用重型振动压路机或轮胎压路机。

（3）一般需碾压6~8遍，至无明显轮迹为止，碾压速度前两遍以1.5~1.7km/h为宜，之后2~2.5km/h。

（4）碾压应由低处向高处进行。尽量使各部分碾压的次数基本相同，路面两侧应多压2~3遍。

（5）碾压时后轮应重叠1/2轮宽，后轮必须超过两段的接缝处。

（6）含土的级配碎石层应进行滚浆碾压，直至碎石层中无多余的细土泛出为止，泛出的浆应清除干净。

（7）压实度的要求：用作半刚性路面的中间层时≥100%；用作基层时≥98%；用作底基层时≥96%。

9. 横缝的处理

应采用搭接拌合，前一段拌合后，留5~8m不进行碾压，待后段施工时，与前段未碾压部分重新一起拌合，并整平、碾压。

10. 纵缝的处理

应避免纵缝。必须设置纵缝时，采用搭接拌合，前一段施工时全宽碾压密实，待后段施工时，将前段碾压密实的部分约30cm宽度范围的级配碎石重新翻松，并与后施工段一起再次拌合，并整平、碾压。

11. 养护

未洒透层沥青或未铺筑封层时，禁止开放交通，以保护表层不受损坏。

（四）集中厂拌法施工

1. 集中拌合设备

（1）强制式拌和机、卧式双转轴桨叶式拌和机、普通水泥混凝土拌和机。

（2）集料拌合前，需对设备进行调试，使混合料的含水量和颗粒组成符合规定要求，当混合料的颗粒组成发生明显变化时，应重新进行调试。

（3）对于高速和一级公路，应采用不同粒级的单一粒径碎石和石屑，按照规定的配合比在拌和机内拌制。

2. 摊铺设备

（1）高速和一级公路，应采用沥青混凝土摊铺机或其他碎石摊铺机。

（2）二级和二级以下公路，可以采用自动平地机或摊铺箱。

3. 横缝的处理

用摊铺机摊铺时，第一天摊铺未压实的混合料，与第二天摊铺的混合料一起碾压，但应注意此部分混合料的含水量，必要时洒水。

4. 纵缝的处理

尽量避免纵缝，必须设置纵缝时，应采用垂直相接，不应斜接。

5. 碾压与养护

碾压与养护同路拌法施工基本相同。

（五）级配砾石、级配碎砾石、天然砂砾

1. 适用范围

适用于轻交通的二级和二级以下公路的基层，各级公路的底基层。

2. 材料要求

（1）级配砾石：

① 其颗粒组成应符合相应的试验规程要求，且级配曲线为平滑曲线，塑性指数应符合规定要求；

② 用于基层时，最大粒径37.5mm，用于底基层时，最大粒径53mm；

③ 碎石中针片状颗粒含量≤20%，且碎石中不应有黏土块、植物等有害物质。

（2）级配碎砾石：由未筛分碎石和颗粒组成合适的含细集料较多的砂砾组配而成。

（3）天然砂砾：颗粒组成、级配、塑性指数符合规定要求时可以使用。

3. 施工方法

与级配碎石施工方法相同。

（六）填隙碎石

1. 适用范围

适用于二级以下公路的基层和各级公路的底基层。

2. 材料要求

（1）用于基层时，最大粒径 53mm；用于底基层时，最大粒径 63mm。

（2）碎石中针片状颗粒含量≤15%，且碎石中不应有黏土块、植物等有害物质。

（3）填隙料可采用最大粒径<10mm 的砂砾或粗砂。

（4）细集料应保持干燥。

（5）填隙料用量约为粗碎石量的 30%~40%。

（七）施工方法

（1）下承层准备：同级配碎石施工。

（2）测量放样：同级配碎石施工。

（3）备料：同级配碎石施工。

（4）运输粗碎石：同级配碎石施工。

（5）摊铺粗碎石：

① 摊铺应采用平地机；

② 每层的松铺厚度可以取粗碎石最大粒径的 1.5~2 倍；

③ 路肩与行车道应同时摊铺；

④ 摊铺后的混合料应表面平整，并具有规定的路拱。

（6）初压：用 8t 两轮压路机碾压 3~4 遍，使粗碎石稳定就位。

（7）撒铺填隙料：用石屑撒布机将干燥的填隙料均匀地撒布在压稳的粗碎石层上，松铺厚度 2.5~3cm，必要时采用人工或机械扫均匀。

（8）振动碾压：采用振动压路机或重型振动板慢速碾压，将填隙料振入粗碎石的孔隙中。

（9）再次撒铺填隙料：用石屑撒布机将干燥的填隙料均匀地撒布在压稳的粗碎石层上，松铺厚度 2~2.5cm，必要时采用人工或机械扫均匀。

（10）再次振动碾压：采用振动压路机或重型振动板慢速碾压，将填隙料振入粗碎石的孔隙中。

① 对于局部填料不足的部位进行人工找补，填料多余的部位应扫除。

② 再次振动碾压后，如还有未填满的孔隙，应补撒填隙料，并继续振动碾压，直到全部孔隙都被填满为止。

③ 碾压完成后的，表面必须能看见粗碎石，不能使填隙料覆盖粗碎石层。如上层为薄沥青面层时，粗碎石外露棱角应为 3~5mm；如填隙碎石分层铺筑时，应外露 5~10mm。

(11) 干法施工：

① 洒水：在粗碎石孔隙填满后，在表面洒少量水，宜为 3kg/m^{2}以上；

② 终压：用 12~15t 三轮压路机碾压 1~2 遍，碾压过程中粗碎石层不应有任何的蠕动现象；

③ 碾压后的填隙碎石，基层的固体体积率≥85%，底基层的固体体积率≥83%。

(12) 湿法施工：

① 洒水饱和：在粗碎石孔隙填满后，立即用洒水车洒水，直到饱和，但应避免过多水浸泡下承层；

② 碾压滚浆：用 12~15t 三轮压路机跟在洒水车后面碾压，将填隙料继续扫入所出现的孔隙中，必要时再添加新的填隙料，洒水和碾压应一直进行到填隙料和水形成粉浆为止，粉浆应填满全部孔隙，并在压路机轮前形成波纹状；

③ 干燥：碾压完成后，让水分蒸发一段时间，直至结构层变干；

④ 清理多余的填隙料，如上层为薄沥青面层时，粗碎石外露棱角应为 3~5mm；如填隙碎石分层铺筑时，应外露 5~10mm；

⑤ 碾压后的填隙碎石，基层的固体体积率≥85%，底基层的固体体积率≥83%。

(13) 养护：未洒透层沥青或未铺筑封层时，禁止开放交通，以保护表层不受损坏。

二、路桥工程中粒料类基层施工工艺

众所周知，粒料类基层是施工中必不可少的基层类型，近些年来人们在粒料类基层的施工和处理方面还存在着误区，认为只要搅拌均匀，就可以进行应用，这种想法是不符合实际的，在项目的施工过程中，会遇到很多方面的问题，基层处理不好，问题无法解决，整体的建筑质量就无法保证，因此做好基层施工工作，是施工中最重要的环节。

(一) 粒料类基层及其材料质量要求

在路桥工程中，需要使用的粒料类基层主要有以下几种：

1. 级配碎石基层

所谓级配碎石基层是指由粗碎石、细碎石和石屑共同搅拌而成的建筑材料，这种建筑材料主要应用在各级的公路基层建筑之中，是路桥工程的底基层部分。同时，级配碎石基层可以用作薄沥青路面和基层之间的加固部分，起到防止沥青层开裂的作用，同时可以避免裂缝的产生。对于符合级配要求的碎石来说，可以采用不同的颗粒和石屑进行搅拌，只要是符合安全生产要求的部分，都可以用这种碎石基层进行处理，保证其圆滑度。一般来说，级配碎石基层的强度和基础材料有关，碎石之间的密度越高，级配碎石基层越坚固。因此，作为建筑材料的填充物，级配碎石基层是符合要求的。碎石基层的压碎值直接决定其用途，数值小于 26%的主要用于高速公路和一级的公路基层，数值在 30%以下的可以用于二级公路，以此类推。

对于石屑和其他一些集料来说，可以采用细料材料专门进行处理，这种专门扎制的细碎石集料和天然砂砾都可以用于路政工程的实施。如果级配碎石基层中所含有的密实度较大，可塑性要求高一些，尤其是对于降水量的要求，一般在 600mm 以下，对于基层没有影响，而在潮湿和多雨的地区，需要数值在 100mm 以下，方可符合要求。

2. 级配砾石颗粒

级配砾石颗粒是一种常见的路桥工程价值材料，其曲线更为圆滑，当可塑性较高的时候，塑性的指数和细土的含量有一定的比例，而级配砾石的使用场合和级配碎石基层基本相同，对于不同的道路施工，需要不同的数值要求。

3. 填隙碎石基层

重点需要介绍的是填隙碎石在路桥工程中的应用，一般来说，填隙碎石基层是使用单一的粗碎石为主要的骨料，用石屑作为整体建筑的填隙材料的一种道路施工形式。在我国，这种施工形式主要是应用于二级及以下的道路施工，因其对于材料的密实度要求过小，因此可以使用填隙碎石结构。填隙碎石在使用中主要是应用于大型的骨架之间，充当碎石使用，提高了密实性，才能够保证整体的强度和稳定性。如果使用中没有碎石，可以用粗砂代替，各种坚硬的岩石也可以用作这方面使用，提高抗压能力，是做好基层工作的前提和关键。

（二）施工方法

1. 级配碎(砾)石基层施工

级配碎石和砾石的施工需要采用搅拌法进行，基本的工序是：首先进行下承层的工作和施工的放样工作，其次进行主材料和集料的运输工作，搅拌、洒水、整形、碾压，各个工序相继进行。

采用集中厂拌法施工，施工工序为：准备下承层⟶施工放样⟶混合料拌和与摊铺⟶整形⟶碾压⟶做封层。

下承层准备与施工放样按半刚性基层施工的方法和要求进行；运输和摊铺集料是确保级配碎(砾)石基层施工质量的关键工序之一，通过准确配料、均匀摊铺可使碎(砾)石混合料具有规定的级配，从而达到规定的强度等级技术要求。

施工时根据拟定的混合料配合比、基层宽度与厚度及预订达到的干密度等计算确定各规格集料的用量，以先粗后细的顺序将集料分层平铺在下承层上，然后用人工或平地机进行摊平；级配碎(砾)石混合料可用稳定土拌和机、自动平地机、多铧犁与缺口圆盘耙相配合拌和，拌和应均匀，避免出现集料离析现象。混合料拌和均匀即可按松铺厚度摊平，级配碎石的松铺系数为1.4~1.5，级配砾石的松铺系数为1.25~1.35。表面整理成规定的路拱横坡，随后用拖拉机、平地机或轮胎压路机在初平的混合料上快速碾压1~2遍，使潜在的不平整部位暴露出来，再用平地机整平。混合料整形完毕，含水率等于或略大于最佳含水量时，用12t以上三轮压路机或振动压路机碾压。在直线段，有路肩开始向路中心碾压；在平曲线段，由弯道里侧向外侧碾压，碾压轮重叠1/2轮宽，后轮超过施工段接缝。后轮压完路面全宽即为一遍，一般应碾压6~8遍，直到符合规定的密实度，表面无轮迹为止。

压路机碾压头2遍的速度为1.5~1.7km/h，然后为2.0~2.5km/h。路面外侧应多压2~3遍。对于含细土的级配碎(砾)石，应进行滚浆碾压，一直到碎(砾)石基层中无多余细土泛到表面为止，反倒表面的泥浆应清除干净。用级配碎石做基层时，压实度应≥98%；做基底层时，压实度应≥96%。用级配砾石做基层时，压实度应≥89%，CBR值应≥60%；做底基层时，压实度应≥96%，中等交通条件下CBR值应≥60%，轻交通条件下CBR值应≥40%。

级配碎石用做薄沥青面层与半刚性基层间的中间层时，主要起防治反射裂缝的作用，碎石混合料应采用强制式搅拌机、卧式双转轴桨叶式拌和机或普通水泥混凝土拌和机等几种拌和，用沥青混凝土摊铺机、水泥混凝土摊铺机或稳定土摊铺机摊铺，这样可使其具有良好的强度和稳定性，表面平整，质量明显高于路拌法施工的基层。

2. 填隙碎石基层施工

填隙碎石基层施工的顺序为：准备下承层⟶施工放样⟶运输和摊铺粗骨料⟶稳压⟶撒布石屑⟶振动压实⟶第二次撒布石屑⟶振动压实⟶局部补撒石屑并扫匀⟶振动压实，填满空隙⟶洒水饱和(湿法)或洒少量水(干法)⟶碾压。其中，运输摊铺粗骨料及振动压实是确保施工质量的关键。填隙碎石施工时，细集料应干燥，采用振动压路机充分碾压，尽量是粗碎石骨料的空隙被细集料填充密实，而填隙料又不覆盖粗碎石表面自成一层，粗碎石应“露子”。填隙碎石的压实度用固体体积率来表示，用作基层时，应≥83%；用作底基层时，不应≥85%。

(三) 粒料类基层施工质量检查

1. 施工前的准备

材料必须按相关技术规范进行各种试验，基层采用32. 5号水泥，必须弃用快硬、早强、受潮变质水泥，同时要使组成设计符合抗压强度要求。

2. 施工要求

水泥稳定基层的施工要求分述如下：水泥稳定混合料的拌和应采用厂拌法；厂拌的拌和设备在配调试时应得到相关技术人员同意，使拌和混合料颗粒组成、水泥含量达到规定要求。

随着我国路桥工程的发展，各种新兴的技术材料被广泛地使用，同时对于粒料类基层的使用进入到新的发展阶段，合理而高效的施工是路桥工程施工的重点和难点，需要作出更多的努力。

第四节　质量管理与检查验收

当前，我国在公路建设方面的投入还是非常巨大的，特别是在基础道路建设上取得了世界瞩目的成就，其建设里程已经名列世界前茅。当然，就公路工程技术本身而言，我国与发达国家还是有明显差距的，为此我们不断学习国外的先进技术和经验，已经逐步形成了有中国特色的成套技术。目前，我国公路工程病害仍然是一个严峻的问题，引起病害的因素很多，其中路基不稳固是造成病害的主要原因之一，因此在路基施工的过程中，非常有必要对其质量进行严格的控制。

一、公路路基施工质量控制的重要性

公路铺设是一个时间长、建设范围大的工程，并且路基施工的技术含量要求非常高，如果路基施工质量不过关，就会引起质量病害。在通常情况下，路基施工要经过挖掘、运输、填埋等许多工序，而且是在室外工作，工作环境恶劣，尤其是在多雨季节施工，受气候因素影响较大。在施工过程中，如果路基施工达不到设计要求，就会出现下陷、边坡失稳等质量通病，在受到外力或载荷的作用下就会发生形变，导致公路病害的发生，不仅阻碍正常的交通运行，对行车的安全还会造成威胁，给旅客的生命安全和财产带来严重的损失。因此，在公路路基的施工过程中，必须对施工的技术进行研究和更新，对施工质量的检查验收制度进

行健全和完善，对所需的机械设备进行配备和维护，对施工队伍的专业和素质进行提高。

二、公路工程路基施工质量的控制措施

路面基层(底基层)的施工质量管理包括所用材料的标准试验、铺筑试验段、施工过程中的质量管理和检查验收(工序间)。必须建立、健全工地试验、质量检查及工序间的交接验收等制度。试验、检验应做到原始记录齐全，数据真实可靠。

(一) 材料质量检验

路面基层(底基层)在组织现场施工前及在施工过程中，原材料(包括土)或混合料发生变化时，必须对拟采用的材料进行规定的基本性质试验，评定材料质量和性能是否符合要求。

(1) 对用作底基层和基层的原材料进行试验，如含水率、颗粒分析、压碎值、有机质和硫酸盐含量等。

(2) 对初步确定使用的底基层和基层混合料，包括不用结合料稳定的材料进行试验，如重型击实试验、承载比、抗压强度、延迟时间等。

(二) 施工过程中的质量管理与控制

路面基层(底基层)施工过程中，施工单位应随时对施工质量进行自检，工序间实行交接验收，前一工序经检验合格后，方可进行下一个工序。凡经检验不合格的段落，必须进行补救，使其达到要求。对于无机结合料稳定类基层，应钻心取样检验其整体性。水泥稳定类基层的龄期 7~10d 时，可取出完整的钻心。二灰稳定类基层的龄期 20~28d 时，可取出完整的钻心。如果路面钻机取不出水泥稳定类基层或二灰稳定类基层的完整钻心，则应找出不合格基层的界限，进行返工处理。

(三) 交工验收阶段的工程质量检查

路面基层(底基层)施工完毕，施工单位应在全线以 1km 长的路段为一个评定单位，采用大流水作业法施工时，也可以每天完成的段落为评定单位。检查的内容包括工程竣工后的外形检查和质量控制。检查验收的目的是判定完成的路面结构层是否满足设计文件与施工规范的要求。需要注意地是，路基碾压检验是最重要的，重型压路机在准备验收的路基上应错轮碾压 3~4 遍，能暴露潜在的薄弱位，以便及时进行必要的处理；计算的弯沉值即是极限高值；以每天完成段落为评定单位时，检查数量可取低值，以 1km 为评定单位时，检查数量应取高值。

(四) 做好养护管理工作

在实际施工中，工程技术人员和管理人员对关键控制点进行严格监控，还是可以在一定程度上提高施工质量的。另外，还要做好养护管理工作，在公路基层施工前就可制定合理的养护计划，采取合理的养护措施，保证人员和设备的完整性，确保路基的整体质量。

总之，公路路基工程是一项非常复杂的系统工程，对其施工质量进行控制关系着公路工程的使用寿命和使用安全，因此公路路基施工企业必须强化施工质量控制的意识，建立完善的施工质量控制体系，严格按照相应的控制规范施工，保证每道工序在严密的监控之下完成。只有将路基施工质量控制做好，才能防止各种道路病害的发生，才能促进工程建设事业的健康发展。

第五章　沥青路面施工

一、沥青路面的分类

在矿质材料中，采用各种方式掺入沥青材料修筑而成的各种类型路面，统称为沥青路面。

沥青路面由于使用了黏结力较强的沥青材料，使矿料之间的黏聚力大大加强，从而提高了混合料的强度和稳定性，使路面的使用质量大为提高，延长了路面的使用寿命。沥青路面具有表面平整、无接缝行车舒适、振动小、噪声低、施工期短、养护维修简便、适宜分期修建等优点，因而得到广泛应用。其缺点是易受履带车辆和尖硬物件所损坏，表面常被磨光而影响行车安全。沥青路面受外界气温的影响较明显，夏季易软而冬季易脆，施工受季节和气候影响较大，在低温季节和雨季，除乳化沥青外，一般不能施工。

（一）按强度构成原理分类

沥青路面按强度构成原理可分为密实类和嵌挤类两大类。

（1）密实类沥青路面要求矿料的级配按最大密度原则设计，其强度和稳定性主要取决于材料的黏结力和内摩阻力。在温度升高、受潮以及荷载作用时间延长时，因受黏结力变化的影响，路面强度会降低。密实类沥青路面按其空隙率大小又可分为 I 型和 H 型两种：I 型混合料中含有较多的粒径<0. 5mm 和 0. 074mm 的矿料颗粒，剩余孔隙率<6%，混合料致密而耐久，但其热稳定性较差；H 型混合料中<0. 5mm 的矿料颗粒含量较少，剩余孔隙率为 4%～10%，其热稳定性较好，但容易渗水。

（2）嵌挤类沥青路面要求采用颗粒尺寸较为均一的矿料，路面的强度和稳定性主要依靠骨料之相互嵌挤所产生的内摩阻力，而黏结力起次要作用。嵌挤类沥青路面热稳定性较好，但因空隙率较大、易渗水，因而耐久性较差。

（二）按施工工艺分类

按施工工艺的不同，沥青路面可分为层铺法、路拌法和厂拌法三类。

（1）层铺法是采用分层洒布沥青，分层铺撒矿料和碾压的方法修筑。其主要优点是施工工艺和设备简便、工效高、进度快、造价较低；缺点是路面成型期长，需要经过一个炎热季节行车碾压反油期，路面方能成型。用此法修筑的路面有沥青表面处治和沥青贯入式两种。

（2）路拌法即在施工现场以不同的方式（人工的或机械的）将矿料和沥青材料就地拌和摊铺和碾压密实而成的沥青路面。其特点是通过拌和，沥青分布比层铺法均匀，可以缩短路面成型期，但因所用矿料为冷料，需使用稠度较低的沥青材料，故混合料强度较低。路拌法较有利于就地取材，路拌沥青碎（砾）石混合料即按此法施工。

（3）厂拌法即集中设置拌和基地，采用专用设备，将矿料和沥青加热拌和，然后将混合料运至工地热铺热压而成的路面。此法生产的混合料质量高，路面使用寿命长，但一次性投资的建筑费用也较高。沥青混凝土和热拌沥青碎石路面即用此法施工。

二、沥青路面对基层的要求

沥青面层施工前应对基层进行检查，当基层的质量符合要求后方能修筑沥青面层。沥青路面的基层应符合下列要求。

(一) 具有足够的强度和适宜的刚度

我国沥青路面的特点是面层较薄，整个路面的承载能力主要靠基层来满足。因此，基层材料必须能承受车轮荷载的作用，具有足够的强度；基层的刚度也应与面层相配，如面层和基层的刚度差别过大，则面层会由于过大的拉应力或拉应变而破坏。使用强度和刚度较高的基层可以适当减薄沥青面层，降低工程造价。

(二) 具有良好的水稳定性

沥青面层，特别是表面处治和贯入式，在使用初期，透水性较大，雨季时表面水有可能透过沥青面层而进入基层和底基层中，导致基层材料含水量增加及强度降低。因此，必须用水稳定性好的材料作基层。

(三) 干燥收缩及温度收缩变形较小

因为基层的干缩及冷缩裂缝会引起路面面层的反射裂缝，所以要求基层不能有太大的干燥收缩和温度收缩变形。

(四) 表面高程应符合要求

多年来的工程实践证明，采用半刚性基层较之其他基层有整体强度高、板体性好、耐久等特点，故新建的沥青路面可选用水泥、石灰、粉煤灰等无机结合料稳定土或粒料的半刚性基层及填隙碎石、级配碎石、级配砾石基层，也可使用沥青贯入式、沥青碎石或碾压式水泥混凝土基层。

三、沥青路面类型的选择

采用不同的施工工艺和材料可以修筑成不同类型的沥青路面。因此必须根据路面的使用要求和施工的具体条件，按照技术经济原则综合考虑，选定最适当的路面类型。

选择沥青路面的类型，一方面要根据任务要求(道路的等级、交通量、使用年限、修建费用等)和工程特点(施工季节、施工期限、基层状况等)，另一方面还应考虑材料供应情况、施工机具、劳力和施工技术条件等因素。

一般来说，公路等级越高、道路上行驶的车辆轴载越大，对路面的要求就越高，相应地应选择较高级的路面。因此，在高速公路及一、二级公路上宜选择沥青混凝土或热拌沥青碎石路面(高级路面)；而次高级路面，如路拌沥青碎石、沥青贯入式及沥青表面处治则适宜于二、三级公路。但在某些特殊情况下，如国防或名胜游览区公路，即使公路等级不高、交通量不大，也可选择较高级的路面类型及较厚的路面厚度。

从施工季节的角度来考虑，当天气较冷时，以热拌冷铺或冷拌冷铺式的较为适宜。对工期要求较紧的，采用厂拌法最好。

四、沥青路面材料的一般要求

(一) 沥青材料

沥青路面的沥青材料可采用道路石油沥青、煤沥青、乳化沥青、液体石油沥青等。使用时，应根据交通量、气候条件、施工方法、沥青面层类型、材料来源等情况选用。沥青到货时应附有炼油厂的沥青质量检验单，且必须按规定进行试验，经评定合格后方能使用。

（二）粗集

用于沥青路面的粗集料包括碎石、破碎砾石、筛选砾石、矿渣等。粗集料应该洁净、干燥、无风化、无杂质、具有足够的强度和耐磨耗性。路面抗滑表层粗集料应选用坚硬、耐磨、抗冲击性能好的碎石或破碎砾石，不得使用筛选砾石、矿渣及软质集料。筛选砾石仅适用于三级及三级以下公路的沥青表面处治或拌和法施工的沥青面层的下面层，不得用于贯入式路面及拌和法施工的沥青面层的中、上面层。

（三）细集料

沥青面层的细集料可采用天然砂、机制砂及石屑。细集料应洁净、干燥、无风化、无杂质，并有适当的颗粒组成。细集料还应与沥青有良好的黏结能力。

（四）填料

沥青混合料的填料一般多采用石灰岩磨细得到的矿粉，原石料中的泥土杂质应除净，矿粉要求干燥、洁净，当采用水泥、石灰、粉煤灰作填料时，其用量不宜超过矿料总量的2%。

五、沥青路面施工工艺

1. 洒布法沥青路面面层施工

用洒布法施工的沥青路面面层，有沥青表面处治和沥青贯入式两种，沥青表面处治是用沥青和细料矿料分层铺筑成厚度≤3cm的薄层路面面层，通常采用层铺法施工，按照洒布沥青及铺撒矿料的层次的多少，可分为单层式、双层式和三层式3种，单层式和双层式为三层式的一部分。

三层式表面处治的施工工艺：

清理基层。在表面处治施工前，应将路面基层清扫干净，使基层的矿料大部分外露，并保持干燥；若基层整体强度不足时，则应先予以补强。

洒透层（或黏层）沥青。洒布第一层沥青要洒布均匀，当发现洒布沥青后有空白、缺边时，应立即用人工补洒，有积聚时应立即刮除。施工时应采用沥青洒布车喷洒沥青，其洒布长度应与矿料撒布能力相协调。沥青洒布温度应根据施工气温以及沥青标号确定，一般情况下，石油沥青宜为130~170℃，煤沥青宜为80~120℃，乳化沥青宜在常温下散布。铺撒第一层矿料：洒布主层沥青后，应立即用矿料撒布机或人工撒布第一层矿料。矿料要撒布均匀，达到全面覆盖一层、厚度一致、矿料不重叠、不露沥青，当局部有缺料或过多处，应适当找补或扫除。

碾压。撒布一段矿料后，用60~80kN双轮压路机碾压。碾压时，应从一侧路缘压向路中，宜碾压3~4遍，其速度开始应≤2km/h，以后可适当增加。

洒第二层沥青，撒布第二层矿料，碾压，再洒第三层沥青，撒布第三层矿料，碾压。初期养护：沥青表面处治后，应进行初期养护。当发现有泛油时，应在泛油部位补撒与最后一层矿料规格相同的嵌缝料并使之均匀；当有过多的浮动矿料，应扫出路外；当有其他损坏现象时，应及时修补。

沥青贯入式路面属多孔结构，为防止路表水侵入和增强路面的水稳定性，其面层的最上层应撒布封层料或加铺拌和层，而当沥青贯入层作为连结层时，可不撒布表面封层料。沥青贯入式路面适用于二级及二级以下的公路，其厚度宜为 4~8cm，但乳化沥青贯入式路面厚度应≤5cm，当贯入层上部加铺拌和层的沥青混合料面层时，总厚度宜为 6~10cm，其中拌合层的厚度宜为 2~4cm。

沥青贯入式路面的施工工艺流程为：清扫基层——→洒透层或黏层沥青(乳化沥青贯入式或沥青贯入式厚度<5cm)——→撒主层矿料——→碾压——→洒布第一遍沥青——→撒布第一遍嵌缝料——→碾压——→洒布第二遍沥青——→撒第二遍嵌缝料——→碾压——→洒布第三遍沥青——→撒封层料——→碾压——→初期养护。

2. 热拌沥青混合料路面施工

热拌沥青混合料路面施工可分为沥青混合料的拌制与运输和现场铺筑两阶段。

在拌制沥青混合料之前，应根据确定的配合比进行试拌，试拌时对所用的各种矿料及沥青应严格计量，对试样的沥青混合料进行试验以后，即可选定施工配合比。

铺筑施工工艺：

基层准备和放样。铺筑沥青混合料前，应检查确认下层的质量，当下层质量不符合要求，或未按规定洒布透层、黏层沥青或铺热下封层时，不得铺筑沥青面层。为了控制混合料的摊铺厚度，在准备好基层之后，应进行测量放样，即沿路面中心线和 1/4 路面宽度处设置样桩，标出混合料松铺厚度。当采用自动调平摊铺机时，应放出引导摊铺机运行走向和标高的控制基准线。

摊铺。热拌沥青混合料应采用机械摊铺，对高速公路和一级公路宜采用 2 台以上摊铺机联合摊铺，以减少纵向次冷按缝，相邻两台摊铺机纵向相距 10~30m，横向应有 5cm 宽度摊铺重叠。沥青混合料摊铺机摊铺过程是由自卸汽车将混合料卸在料斗内，经传送器将混合料往后传到螺旋摊铺器，随着摊铺机前进，螺旋摊铺器即在摊铺带宽度上均匀地摊铺混合料，随后捣实，并由摊平板整平。

碾压。压实后的沥青混合料应符合平整度和压实度的要求，因此，沥青混合料每层的碾压成型厚度应≤10cm，否则应分层摊铺和压实，其碾压过程分为初压、复压和终压三个阶段。初压是在混合料摊铺后较高温度下进行，宜采用 60~80kN 双轮压路机慢速度均匀碾压 2 遍，碾压温度应符合施工温度的要求，初压后应检查平整度，路拱必要时应予以适当调整；复压是在初压后，采用重型轮式压路式或振动压路机碾压 4~6 遍，要达到要求的压实度，并无显著轮迹，因此，复压是达到规定密实度的主要阶段；终压紧接着复压进行，终压选择 60~80kN 的双轮压路机碾压≥2 遍，并应消除在碾压过程中产生的轮迹和确保路表面良好的平整度。

接缝施工。沥青路面的各种施工，包括纵缝、横缝和新旧路的接缝等处，往往由于压实不足，容易产生台阶、裂缝、松散等质量事故，影响路面的平整度和耐久性。接缝的内容、要求和注意事项如下：摊铺时采用梯队作业的纵过热接缝。施工时应将先铺的已铺混合料留下 10~20cm 宽度暂时不碾压，作为后摊铺部分的高程基准面。纵缝应在后铺部分摊铺后立即进行碾压，压路机应大部分压在已先铺碾压好的路面上，仅有 10~15cm 的宽度压在新铺的车道上，然后逐渐移动跨缝碾压以消除缝迹。

半幅施工或与旧沥青路面连接的纵缝，不能采用热接缝时，宜加设挡板或采用切刀切齐。铺另半幅前必须将缝边缘清扫干净，并刷黏层沥青。摊铺时应重叠在已铺层上 5~10cm，摊铺后用人工将摊铺在前半幅上面的混合料铲走。碾压时先在已压实的路面上行驶，碾压新铺层 10~15cm，然后再逐渐移动跨过纵缝，将纵缝碾压紧密。上、下层的纵缝应错开 15cm 以上。表层的纵缝应顺直，且位于车道的画线位置横缝应与路中线垂直。相邻两幅及上、下层的横缝应错位 1m 以上。对高速公路和一级公路，中面层、下面层的横向接缝可斜接，但在上面层应做成垂直的平头缝，即平接。其他等级公路的各层均可斜按。铺筑接缝时，可在已压实的部分上面铺设一些热混合料使之预热软化，以加强新旧混合料的黏结。但在开始碾压前应将预热用的混合料铲除。

斜接缝的搭接长度与厚度有关，宜为 0. 4~0. 8m。搭接处应清扫干净并洒黏层沥青，斜接缝应充分压实并搭接平整。

平接缝应做到紧密黏结、充分压实、连接平顺。接缝处应清扫干净，切齐，边缘涂黏层沥青，并在其压实后用热烙铁烫平，再在缝口涂黏层沥青，撒石粉封口，以防渗水。

第一节　沥青混合料的材料要求

一、沥青混合料原材料的质量控制

（一）概述

近年来，我国公路建设每年都在快速增长，但不少公路通车不久就出现了路面质量上的病害，沥青路面修建质量的好坏，影响环节很多：从原材料的选用、配合比的设计、拌和楼的生产，到摊铺机的摊铺等都有密切关系。从沥青混合料的整个生产来说，拌和楼的生产工艺只是其中加工提炼的一个中心环节。在整个生产过程中，输入的是各种矿料、沥青等原材料，输出的是沥青混合料产品。显而易见，输入的原材料质量和拌和楼的生产工艺是决定沥青混合料产品质量的两大关键环节，我国目前原材料碎石的生产方面，还处于个体、分散的加工方式，施工单位往往从石料的进场开始，就已经混进不少的隐患和弊端，所谓“病从口入”，给拌和楼的生产带来许多潜在危机和先天性不足。对这个问题的复杂性、严重性，如果缺乏足够认识和重视，如果从“第一关”就没有把住的话，往后是很难搞好沥青混合料的生产质量的。

（二）沥青混合料组成

沥青混合料主要是由矿料和有机结合料这两大部分组成，矿料又依其颗粒级配的组成称做集料，并按其粗、细分为粗集料(主骨料的组成部分)、细集料(主要由石屑、天然砂、机制砂等组成)、填充料(主要指石灰石矿粉)，也包括其他如水泥、消石灰粉、合成纤维等各种掺加材料。可以说在原材料方面问题最多的往往发生在碎石材料的生产与供应方面。

（三）路用碎石

路用碎石的质量好坏是举足轻重的，是左右着沥青路面修建质量的前提，所以从选料定货开始，就要严格把住这一关。当前地方采石加工在尚未形成正规系列化生产的状况下，从采石、破碎、加工，到产品供应，还处于分散、多变、规格杂乱而不稳定的状态，与正规沥青路面的使用要求相差甚远。面对这样一种复杂现状，首先要求材料采购人员要懂一些基本的专业知识，对于所用碎石的质量规格概念要清楚，到了石场，有一定的临场观察、分析能力。对于一些较为复杂且又零散的石料生产，非一般性采购业务者所能胜任，就应该派出专业技术主管、试验验测人员亲自去石场进行调研，就地采样筛分，制定生产标准，洽商具体选购事宜。

一般来说，石场生产者都带有很大的习惯性和倾向性，比如历来为工民建筑或铁路道碴供料者，无论是在石料规格上还是生产流程上，都已形成规模，“轻车熟路”了，如再有一定的存货，也就不愿再为高速公路专门做任何更改和调整了，总想凑合对付。而沥青路面用料，要求十分严格，非一般水泥混凝土用料规格可比，应严格要求石场按混合料需要的规格和质量安排生产，在满足质量前提下，价格可以另议，质量规格上不能迁就，二者主次分清，而不因小失大，为后续大批的进料打好基础。

在碎石的规格尺寸上，石场的叫法也往往是不准确的、笼统的，出售的与实有的规格之间差别甚大。因为石场的加工筛分，在以往的圆孔筛试验标准时期，已经形成了习惯叫法。如今，采用新方孔筛试验标准，如果对这两种筛孔间的对应关系搞不清楚的话，是很难将工程标准中真正要求的规格执行好。此外，主骨料的最大颗粒尺寸问题，也是一个不容忽视或误解的环节，就以 AC-25I，AC-20I 和 AC-16I 这 3 种类型的沥青混凝土来说，其中的 25、20 和 16 只是代表术语中 90(95)%~100%通过百分率上限筛孔的尺寸，也称为最大公称尺寸，而不是其最大颗粒尺寸，实际上的最大颗粒尺寸，也即 100%通过百分率的筛孔尺寸，应分别是 31.5mm，26.5mm 和 19mm。如果忽略了这点，就可能误购成 25mm，20mm 和 16mm 以下的碎石，比真正标准要求的尺寸恰恰偏细、降低了一个档次，施工现场发生这类问题不是少数。同是一个山场上进的碎石，尺寸掌握好的，铺筑效果也好；掌握差的，铺出的路面也就偏碎、偏细，效果就差。

(四) 石屑与天然砂

石屑和天然砂是细集料的主要组成部分，在沥青混凝土中，石屑、砂和矿粉三者用量往往要占到混合料总量 1/3~1/4。石屑是碎石在破碎过程中筛下的最后一级含有石粉的碎屑材料，其中往往含有原石料中的一些易碎脆弱成分。如果片石、毛料是取自开山放炮，山场上的覆盖层再清除不净，石屑中石粉的含土成分就会偏高，而出现塑性指数超标问题。特别是石场多年积存下来的石屑、石粉的含量一般都相当高，0.075mm 以下颗粒含量往往是在 12%以上。看上去虽然没有超出规范高限的 15%，但对沥青混合料的生产已经十分不利。这些过量的石粉，在通过拌和楼的燃烧筒高温干燥的过程中，大都被吸到布袋除尘装置加以回收，而后又提升到填料仓，有的是与矿粉分别(二次)来计量的，也有的是混在一起一次计量，之后再进入拌缸加以拌和。过多的石粉，特别是混在一起一次计量控制的，回收的粉尘只能是随着螺旋推进器的转速加入，其配合比例是很难做到定量控制，不仅会给除尘装置增添了额外负担，而且规范明确限定回收粉尘用量一般不超得过填料总量的 1/2，甚至 1/3，像表面层许多工程规定不得使用回收粉尘，这些过多的粉尘只能是废弃掉，既增加能耗又污染环境，所以采购时，一定要“货比三家”。

石屑中石粉过多，不仅会带来严重污染，而且在二次筛分的箱体内与除尘管道之间原本是保持密封相连而将粉尘抽吸起来的，这些过多的碎屑、粉尘极易侵入到机件的内部和间隙，造成机件磨损、变形、卡阻、路泄漏、封堵不严、料口关闭失灵等弊病，甚至到了生产紧张的后期，导致布袋除尘装置的效率严重衰降。而且这些过量的回收粉尘，对于那些只能依靠固定转速的螺旋推进器送入料填仓拌缸的老式拌和楼来说，其用量比例也是无法得以控制的。当然，石屑偏粗，石粉少了，也并非正常，因为其中的细、粉颗粒成分又少了，当然需要多量的天然砂、机制砂和矿粉来做补充，而过量用砂，又会因其软弱颗粒，酸性矿物成分的增多，带来一些不利因素。所以，根本的方法就是从石屑的进料规格把住关口，严格限制粉料含量。根据经验，石屑中小于 0.075mm 颗粒通过量宜在 4%～8%的范围比较合适。

天然砂在通过地质上的水力搬运，水相沉积之后，一般来讲，颗粒都趋于圆钝，颗粒一般偏细，也较均匀干净，其中粉、黏土颗粒含量极低，小于 0.075mm 颗粒含量一般都在 1%～2%以下。一般的中、细砂里，0.6mm 以下的颗粒成份约可占到总量的 2/3 左右，而石屑的粒度范围比天然砂要宽，0.6mm 以上成份可占到总量的 2/3 左右，且其 0.6mm 以下的各级细粉颗粒也都有相当含量，这些颗粒成份对于常规混合料的级配组合都是非常需要的。由于石屑和砂两者的粗细不同，大体可在 0.3mm 筛孔前后，级配曲线出现交叉。在 4.75～1.18mm 筛孔区间，石屑中的这些颗粒成份少于天然砂；而在 1.18～0.3mm 筛孔区间，天然砂中的这些颗粒成份又多于石屑；到了 0.075mm 以下，石屑的石粉成份又明显多于天然砂。两者的组合可以“取长补短”，从颗粒级配上构成较好的优化组合。由于天然砂中 0.075mm 粉粒含量极低，也就有条件来容纳更多的石灰石矿粉来做集料，以改善提高沥青胶浆与矿料之间的黏结性能。近两三年来，有趋于限制使用天然砂颗粒的做法，而代之以棱角尖锐的硬质岩加工的机制砂，其中困难的问题是，在混合料的级配组成上，要想用机制砂的颗粒，又甩不掉硬质岩的石粉，在既要求级配曲线的连续均匀，又要保证必要石灰石石粉填料的数量等方面还存在不少问题和困难，所以，在沥青混合料中，往往是石屑、天然砂都要使用，缺一不可。

关键是二者的比例要恰当，应根据石屑、砂质的优劣矿物成分，有害及风化程度和颗粒组成来做取舍与调整，过多用砂会影响矿料与沥青的黏附性，而过多使用石屑又会造成过多的回收粉尘。铺筑过程表明，这两种情况在热拌热铺沥青混合料的压实成型中，都会影响到混合料的黏结力，容易出现轻微推移和横向细小裂纹。

（五）硬质岩的使用

为了改善和提高沥青表面层的抗滑、耐磨性，延长道路的使用寿命，近几年来，我国各地多条高速公路，在实厚 4cm 的沥青表面层上，广泛采用了硬质岩碎石来做骨料。从采用的程度来看，大体可以分作两种情况：一种是只将集料中 10～20mm、5～10mm 的主骨料采用硬质岩碎石，其余像石屑、天然砂、填料等仍按常规做法，采用石灰岩集料和填料；另一种情况则是近几年的发展，将硬质岩的使用范围又扩大到除了主骨料之外，原石灰岩石屑也改换为 3.5mm 硬质岩粗石屑和 3mm 以下硬质岩机制砂。近硬质岩集料就有四种，加上天然砂共是五种，分别由五个冷料仓进料。还有的又将 3mm 以下的机制砂再加一道筛孔 1.5mm 左右的筛网，一分为二，又从机制砂里过出一种约在 1mm 以下的硬质岩粗石粉，这样一来，仅硬质岩集料就有 10～20mm、5～10mm、3.5mm、1.3mm 和 1mm 以下粗石粉五种。实际上，石场的这种筛分，只能是一个粗略的分级，硬质岩矿粉依然存留在粗石粉里，又往往因地、石、机的不同，在颗粒成分上都会产生很大的不均匀性和波动，在 3mm 以下的机制砂和粗石粉中，含粉情况都是相间各异、变动非常大的。如此不稳定的细、粉集料会给日后拌和楼生产配合比、级配组成的控制，带来许多难以补救的困扰和弊端，而且这类基性、酸性岩石的矿粉，对于沥青、矿料间的黏结也是极为不利，一旦遇水，这种单一的沥青薄膜就容易被水所剥离，导致油膜脱落，矿料裸露等水损害破坏。

从路面的行车安全与使用寿命来看，考虑到硬质岩的某些利弊与权衡，主骨料采用硬质岩 10~20mm、5~10mm 的颗粒集料，是可以起到主体骨架和抗滑耐磨效果。对于 5mm 以下石屑之类的细集料，应根据当地取材条件，采用石灰岩石屑和天然砂之类材料，而不强求全部采用硬质岩的做法也是有很多可取之处的。

当然，由于各地取材条件广泛、因地各异、复杂多变，如果说当地砂源质地差、有害矿物成分多，而就近石场硬质岩石屑又有足够的储量存货，石粉含量低，能够保证加工机制砂的规格稳定、均匀，也不失为一种可取的办法，重要的问题仍是尽可能限制硬质岩石粉，降低到最小限度。或者有条件时，从当地石灰岩石屑中加工机制砂来掺用或取代天然砂，也是一种解决办法。对于硬质岩石料的应用，目前各种情况的使用效果都比较成功，只是使用年限尚短，究竟采用到一个什么样的程度和粒度范围，很多问题都有待于实践去进行验证。不可贸然就下结论。

从目前应用角度上讲，需要反复强调的是，不论采用何种矿料、集料和加工方法，重要的是保证规格上的稳定与均匀，这是做好沥青混合料生产的关键。

二、沥青混合料材料组成与技术要求

（一）沥青混合料

沥青混合料所用沥青应根据气候条件和沥青混合料类型、道路等级、交通性质、路面类型、施工方法以及当地使用经验等，经过技术论证后确定。选择沥青的基本原则是：在使用条件相同的情况下，黏度较大的黏稠沥青所配置的混合料具有较高的力学性能和稳定性，但如果强度过高，则沥青混合料的低温变形能力较差，沥青路面容易产生开裂；反之采用黏度较低的沥青所配置的混合料在低温时具有较好的变形能力，但在夏季高温时往往会由于稳定性不足使沥青路面产生较大的变形。为此，选择沥青等级，在夏季温度高或高温持续时间长的地区，应采用温度高的沥青；在冬季寒冷地区，宜采用温度低、黏度较小的沥青。对于昼夜温差较大的地区还应考虑选择针入度指数较大、感温性较低的沥青。对于重载交通、高速公路等渠化交通公路，山区及丘陵区上坡路段，服务区、停车场等行车速度较慢的路段，为了提高沥青混合料的强度和承裁力，应选用稠度大的沥青，即提高高温气候分区的温度水平来选择沥青。对于交通量小、公路等级低的路段可选用黏度略小的沥青。

（二）粗集料

1. 粗集料的物理力学性质要求

沥青层用粗集料包括碎石、破碎砾石、筛选砾石、钢渣、矿渣等，高速公路和一线公路、城市快速公路、主干路沥青路面表层的粗集料应选用坚硬、耐磨、抗冲击性好的碎石或破碎砾石，不得使用筛选砾石、矿渣及软质集料。当坚硬石料来源缺乏时，允许掺加一定比例较小粒径的普通粗集料，掺加比例根据试验确定。在以骨架原则设计的沥青混合料中不得掺加其他粗集料。粗集料应洁净、干燥、表面粗糙、形状接近立方体，且无风化、不含杂质，并具有足够的强度、耐磨耗性。

破碎砾石应采用粒径>50mm 的颗粒轧制，破碎前必须清洗，含泥量≤1%。钢渣作为粗集料时，仅限于三级及三级以下公路和次干公路以下的城市道路，并应经过试验论证取得许可后使用。钢渣破碎后应有6个月以上的存放期，除吸水率允许适当放宽外，要求钢渣中游离氧化钙含量≤3%，浸水膨胀率≤2%，检验合格方可使用。

2. 粗集料与沥青的黏附性要求

在高速公路、一级公路、城市快速路和主干路沥青路面中，需要使用坚硬的粗集料，但酸性岩石(如花岗岩、石英岩等)因与沥青的黏附性较差，一般不宜用于高等级公路，这是一对矛盾体。为此在使用花岗岩、石英岩等酸性岩石轧制的粗集料时，若达不到黏附性等级的要求，必须采取抗剥落措施。工程中常用的抗剥落方法主要有使用针入度较低的高黏度沥青；用干燥的生石灰、消石灰粉或水泥作为填料的一部分，其用量宜为矿料总量的1%~2%；用石灰浆处理粗集料。

3. 粗集料的粒径规格

如某一档粗集料不符合规格，但确认与其他集料组配后的合成级配符合设计级配的要求时，也可以使用。对于高速公路和一级公路用碎石，应采用高性能的联合破碎机加工，其最后两级的细碎阶段必须选用反击式或锤式破碎机加工，不得采用额式破碎机单级加工，以保证粗集料的良好粒形状，减少针片状石料含量，增强集料间的嵌挤力。

(三) 细集料

1. 细集料的物理力学性能要求

用于拌制沥青混合料的细集料，可以采用天然砂、机制砂或石屑。细集料应洁净、干燥、无风化、不合杂质，并有适当的级配范围。细集料应与沥青有良好的黏结能力，如果在高速公路、一级公路、城市快速路、主干路沥青面层中使用与沥青黏结性能差的天然砂或花岗岩、石英岩等酸性岩石破碎的人工砂及石屑时，应采取前述粗集料的抗剥落措施对细集料进行处理。在高速公路、一级公路、城市快速路、主干路沥青路面面层及抗滑磨耗层中，所用石屑总量不宜超过天然砂或机制砂的用量。

2. 细集料的粒径规格

(1) 天然砂

天然砂宜采用河砂或海砂，当使用山砂时应经过清洗。经筛洗法测定的砂子小于0.075mm颗粒含量应<3%(高速公路、一级公路、城市快速路、主干路)和5%(其他等级道路)。

(2) 石屑

石屑是采石场破碎石料通过1.75mm或2.36mm的筛下部分，其与机制砂有着本质的不同，在石料加工破碎过程中表面剥落，强度一般较低，且针片状含量较高，在沥青混合料的使用过程中还会进一步细化，强度一般不高，俗称“下脚料”或“瓜子皮”，其用量应有严格限制或最好不采用。在生产石屑的过程中应特别注意，避免山体覆盖层或夹层的泥土混入。不得使用泥土、细粉、细薄碎片颗粒含量高的石屑，对于高速公路、一级公路、城市快速路、主干路，在细集料中石屑含量不宜超过总量的50%。在拌和厂采用干法除尘回收的粉尘可以代替一部分矿粉使用，湿法除尘得到的回收粉尘应经过干燥粉碎处理，且不得含有杂质。回收粉尘的用量不得超过填料总量的25%，掺有回收粉尘料的塑性指数不得大于4%，其余质量要求与矿粉相同。

粉煤灰作为填料使用时，其损失量应<12%，与矿粉混合后的塑性指数应<4%，其余质量要求与矿粉相同。粉煤灰的用量不宜超过填料总量的50%，并应经过试验认证与沥青有

良好的黏结力，且沥青混合料的水稳定性应满足要求。高速公路、一级公路和城市快速路、主干路的沥青混凝土面层不宜采用粉煤灰做填料。为了改善沥青混合料水稳定性，可以采用干燥的磨细生石灰粉、消石灰粉或水泥作为填料，其用量不宜超过矿料总量的1%～2%。矿粉的用量应满足规范中对于粉胶比的要求(一般在0.6～1.2)，如果矿粉用量偏高，将使矿料颗粒表面油脂变薄，使混合料出现干燥、发暗现象，引起低温开裂；反之，矿粉用量过少，易造成混合料中含油过多，造成泛油和拥包等高温病害。因此，应严格控制混合料中矿粉数量和类型。

三、沥青混合料拌和生产技术要求

沥青混合料必须在沥青拌和厂(场、站)采用拌和机械拌制。拌和厂的设置除应符合国家有关环境保护、消防、安全等规定外，还应具备下列条件：拌和厂应设置在空旷、干燥、运输条件良好的地方。

沥青应分品种、分标号密闭储存。各种矿料应分堆存放，不得混杂(应该设置中间格挡)。矿粉等填料不得受潮。集料宜设置防雨顶棚。拌和厂应有良好的排水设施；应配备试验室，并配置足够的仪器设备；应有可靠的电力供应。热拌沥青混合料可采用间歇式拌和机或连续式拌和机拌制，各类拌和机均应有防止矿粉飞扬散失的密封性能及除尘设备，并有检测拌和温度的装置。连续式拌和机应具备根据材料含水量变化调整矿料上料比例、上料速度、沥青用量的装置。高速公路和一级公路的沥青混凝土宜采用间歇式拌和机拌和。当工程材料从多处供料，来源或质量不稳定时，不得采用连续式拌和机。

沥青材料应采用导热油加热，沥青与矿料的加热温度应调节到能使拌和的沥青混合料出厂温度符合规范要求。当混合料出厂温度过高，已影响沥青与集料的黏结力时，混合料不得使用，已铺筑的沥青路面应予铲除。

沥青混合料拌和时间应以混合料拌和均匀、所有矿料颗粒全部裹覆沥青结合料为度，并经试拌确定。间歇式拌和机每锅拌和时间宜为30～50s(其中干拌时间应≥5s)，连续式拌和机的拌和时间由上料速度及拌和温度调节。间歇式拌和机热矿料二次筛分用的振动筛筛孔应根据矿料级配要求选用，其安装角度应根据材料的可筛分性、振动能力等由试验确定。拌和厂拌和的沥青混合料应均匀一致、无花白料、无结团成块或严重的粗细料分离现象，不符要求时不得使用，并应及时调整。

拌好的热沥青混合料不立即铺筑时，可放入成品储料仓储存。储料仓无保温设备时，允许的储料时间以符合摊铺温度要求为准，有保温设备的储料仓储料时间亦宜≤72h。出厂的沥青混合料应逐车用地磅称重，并按现行试验方法测量运料车中沥青混合料的温度，签发一式三份的运料单，一份存拌和厂，一份交摊铺现场，一份交司机。

四、应该注意的问题

(1) 间歇式拌和机热料仓内的振动方孔筛的筛孔应根据矿料级配与试验室用筛的要求来选用，其安装角度应根据材料的可筛分性(流量)、振动能力等由试验确定。

(2) 拌和的沥青混凝土混合料应均匀一致、无花白料、无结团结块或较严重的粗细料离析现象，不符合要求不得使用，并应及时调整。

(3) 拌和的沥青混凝土混合料装入运料车后，应立即检测其拌和温度(要有专用的检测温度表格和插入式测温计，要专人负责），要每车都检，而且每车至少要检测两个位置以上；出厂的沥青混凝土混合料必须检斤、开运料单（一式三份），以确保质量可追溯性。

（4）施工单位试验人员必须经常性地对进场原材料和场内存料进行多方位、多频率地试验检测，以便能对配合比进行及时调整；每天生产的上午（开始生产后的 0.5～1h）、中午（12：30～1：30）都要对拌和的沥青混凝土混合料进行抽提试验和马氏试验，以便能及时发现不符合要求的情况，对配合比进行及时地调整。

（5）驻地监理和驻地试验室应对施工单位的拌和现场进行严格、认真的质量监控，发现不符合要求的情况，要求其对配合比进行及时调整；如发现严重不符合要求的情况，则立即责令其停工整改。

第二节　沥青混合料组成设计

一、沥青混合料组成

（一）相关理论概述

沥青路面因具有优越的路用性能而广泛应用。其作为一种无接缝的连续式路面，具有足够的力学强度，能适应各种行车荷载，且行车平稳、舒适、噪声低以及便于维修等优点。近年来，在我国高速公路建设中，沥青混凝土路面成为主要的路面结构形式，这对于沥青混合料设计研究具有重要的指导意义和实用价值。

1. 沥青混合料组成结构类型

通常沥青-集料混合料按其组成结构可分为三类。

（1）悬浮-密实结构

当采用连续型密集配矿质混合料[图 5-1 中曲线（a）]与沥青混合料时，按粒子干涉理论，为避免次级集料对前级集料密排的干涉，前级级料之间必须留出比次级集料粒径稍大的空隙供次级集料排布。按此组成的沥青混合料，经过多级密垛虽然可以获得很大的密实度，但是各级集料均为次级集料所隔开，不能直接靠拢而形成骨架，有如悬浮于次级集料及沥青胶浆之间，其结构组成示意如图 5-1 中曲线（a）。这种结构的沥青混合料，三轴试验结果如表 5-1 中编号 101，虽然具有较高的黏聚力 c；但摩阻角 Φ 较低，因此高温稳定性较差。

（2）骨架—空隙结构

当采用连续型开级配矿质混合料[图 5-1 中曲线（b）]与沥青组成沥青混合料时，由于这种矿质混合料递减系数较大，粗集料所占比例较高，细集料则很少，甚至没有。按此组成的沥青混合料，粗集料可以互相靠拢形成骨架，但由于细集料数量较少，不足以填满粗集料之间的空隙，因此形成“骨架-空隙”结构。这种结构的沥青混合料三轴试验结果如表 5-1 中编号 102，虽然具有较高的内摩阻角 Φ，但黏聚力 c 较低。

（3）密实-骨架结构

当采用间断型密集配矿质混合料[图 5-1 中曲线（c）]与沥青组成的沥青混合料时，由于这种矿质混合料断去了中间尺寸粒径的集料，既有较多数量的粗集料可形成空间骨架，同时有相当数量的细集料可添密骨架的空隙，因此形成“密实-骨架”结构。这种结构的沥青混合料三轴试验结果如表 5-1 中编号 103，不仅具有较高的黏聚力 c，而且具有较大的内摩阻角 Φ。

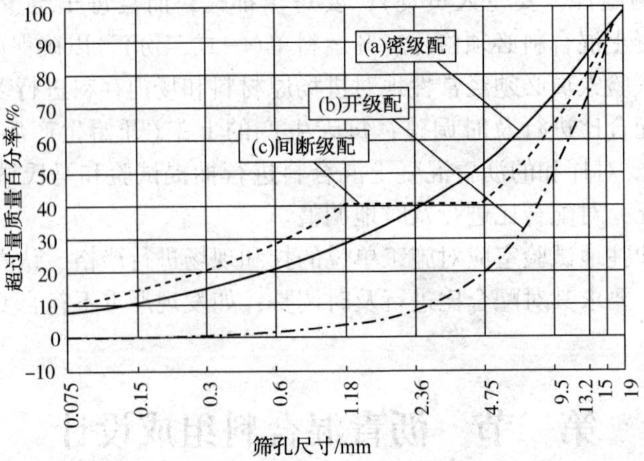

图 5-1　三种类型矿质混合料级配曲线

(a)—连续型密级配；(b)—连续型开级配；(c)—间断型密级配

上述三种结构的沥青混合料由于结构常数不同，因而反映在稳定性上已有显著的差异(见表 5-1)。

表 5-1　不同结构组成的沥青混合料结构常数和稳定性指标

混合料名称	组成结构类型	结构常数			湿度稳定度指标	
		密度 ρ_0/(g/cm³)	空隙率 V_v/%	矿料间隙率 *VMA*/%	黏聚力 *c*/kPa	内摩擦角 ϕ/rad
连续型密级配沥青混合料(101)	密实-悬浮结构	2.40	1.1	7.9	318	0.600
连续型密级配沥青混合料(102)	骨架-孔隙结构	2.37	6.1	16.2	240	0.653
间断型密级配沥青混合料(103)	密实-骨架结构	2.43	2.7	4.8	338	0.658

2. 沥青混合料的特性

沥青混合料在路面中直接承受车辆荷载的作用，首先应具有一定的力学强度；除了交通的作用外，还受到各种自然因素的影响，因此还必须具备有抵抗自然因素作用的耐久性；现代交通的作用下，为保证行车安全、舒适，还需要具有特殊表面特性(即抗滑性)；最后为了便利施工还应具备施工的和易性。分述如下：

(1) 高温稳定性

沥青混合料的高温稳定性是指混合料在高温情况下，随外力不断作用抵抗永久变形的能力，采用马歇尔试验和车辙试验来评定。

(2) 低温抗裂性

沥青混合料随着温度的降低，变形能力下降。路面由于低温而收缩以及行车荷载的作用，在薄弱部位产生裂缝，从而影响道路的正常使用。

（3）耐久性

沥青混合料的耐久性是指其在外界多种因素（阳光、空气、水、车辆荷载等）的长期作用下，仍能基本保持原有的性能。采用马歇尔试验，通过测定试件中的空隙率、饱和度、残留稳定度等来评价。

（4）抗滑性

随着车辆行驶速度的增加，尤其要提高路面的抗滑性能，因此必须加强路面的粗糙度，通常选用质地坚硬、具有棱角的碎石等。一般采用路面摩擦系数和构造深度来评价。

（5）施工和易性

沥青混合料除了具备上述技术性质外，还应具备施工和易性才能顺利地进行施工作业。合理的矿料级配使沥青混合料之间拌和均匀，不致产生离析现象；适量的沥青数量可以避免混合料疏松和结团现象。

3. 集料级配组成范围与合成级配的确定

沥青路面的性能都与沥青混合料的空隙率有关，抗滑性能要求沥青混合料表面粗糙，构造深度大，然而这种混合料空隙率较大，而抗水害、耐疲劳、防老化及抗裂性均要求混合料空隙率小些，抗车辙又要求混合料空隙率不能太小，有一个适度，因此混合料空隙率表征着路面的性能，沥青路面的材料组成设计必须严格控制合适空隙率。另外，我国目前高速公路沥青面层大多分上、中、下面层。应力计算和温度场研究表明，上面层多为抗剪压缩区，中面层为竖向压缩区，下面层多为抗拉伸疲劳破坏区。上、中面层受温度影响大，因此三层要求各有侧重。上面层要求既抗滑又密水，中面层以抗高温车辙和低温抗裂为主，下面层以抗疲劳为主。在国标中，沥青混合料的级配有 AC-Ⅰ型、AC-Ⅱ型、AK 型等。根据路面各层不同的使用功能而分别采用。实践证明，AC-Ⅰ、Ⅱ型与 AK 型均有不同程度的缺陷。而 Superpave 设计法中只有控制点和禁区的规定而没有范围值，生产上难以掌握。根据 Superpave 设计法中控制点和禁区的规定及大交通量级配曲线应从禁区下面通过的原则，结合国标 AK 型、AC-Ⅰ、Ⅱ型级配，提出了高速公路沥青路面上、中、下面层集料级配组成范围见表 5-2。

面层 AK-16 是取 AK-16Ⅰ之长补 AK-16Ⅱ之短而组成，从而既粗糙也有密水功能。空隙率控制在 3.5%~5.5%；中、下面层也是取 AC-Ⅰ之长补 AC-Ⅱ之短而组成，中面层既要防水又要提高动稳定度以防止高温车辙及低温开裂；下面层以抗疲劳为主。沥青混合料的疲劳开裂源于荷载的反复作用，集料性质、级配都影响疲劳耐久性，疲劳耐久性将影响沥青路面的使用寿命。

表 5-2　高速公路沥青面层混合料级配组成范围

结构层类型	各筛孔（mm）质量通过百分率/%												
	3. 15	26. 5	19	16	3. 2	9. 5	4. 75	2. 36	1. 18	0. 6	0. 3	0. 15	0. 075
上面层 AK-16 厚度 40~50cm													
	100	100	100	90~100	77~88	64~76	41~51	26~37	16~24	9~18	6~15	3~11	2~6
中面层 AC-20 厚度 50~60cm													
	100	100	90~100	80~90	68~81	57~70	36~49	23~35	14~22	9~17	5~14	3~10	2~6
下面层 AC-25 厚度 60~70cm													
	100	90~100	75~86	67~78	57~68	48~58	30~40	19~27	11~18	6~14	3~11	2~8	2~5

4. 沥青混合料组成材料

（1）沥青材料

不同型号的沥青材料具有不同的技术指标，运用于不同等级、不同类型的路面。在选择沥青材料的时候，要考虑到交通量、气候条件、施工方法、沥青面层类型及材料来源等情况，这样才能使拌制的沥青混合料具有较高的力学强度和较好的耐久性。一般面层的上层宜用较稠的沥青，下层或连结层宜用较稀的沥青。当沥青标号不符合使用要求时，可以采用几种不同标号的沥青互相掺配，但掺配后的技术指标应符合要求。

（2）矿质材料

沥青混合料的矿质材料必须具有良好的级配，这样，沥青混合料颗粒之间能够比较紧密地排列起来，以达到足够的密实度，又能让颗粒之间具有一定空隙，使沥青混合料保持良好的稳定性。因此，在进行沥青混合料配合比设计的时候，根据不同的沥青混合料类型，选择适当的矿料级配。沥青混合料的矿质材料包括粗集料、细集料和矿粉，这几种材料除了混合后能达到要求的级配外，对于其本身还有不同的技术要求。

① 粗集料

沥青混合料的粗集料一般是由多种岩石经过轧制而成的碎石组成，要求洁净、干燥、无风化、无杂质，并且具有足够的强度和耐磨性，质量要求应符合 JTG F40—2004《公路沥青路面施工技术规范》。对于路面抗滑表层的粗集料应选用坚硬、耐磨、抗冲击性好的碎石；在缺少碱性石料时也可以采用酸性石料代替，但必须对沥青或粗集料进行适当的处理，以增加混合料的粘聚力。

② 细集料

热拌沥青混合料的细集料一般采用天然砂或人工砂，在缺砂的地区可以用石屑代替，但对于高等级公路的面层或抗滑表层，石屑的用量不宜超过砂的用量。细集料同样应洁净、干燥、无风化、无杂质，并且与沥青具有良好的黏结力，对其具体要求应符合 JTG F40—2004《公路沥青路面施工技术规范》。

③ 矿粉

矿粉是由石灰岩或岩浆岩中的强基性（憎水性）岩石磨制而成，也可以由石灰、水泥、粉煤灰代替，但用这些物质作填料时，其用量不宜超过矿料总量的 2%。矿粉要求洁净、干燥，并且与沥青具有较好的黏结性，其他要求应符合 JTG F40—2004《公路沥青路面施工技术规范》。

5. 沥青混合料配合比设计方法

沥青混合料配合比设计包括：目标配合比（也称实验室配合比）设计、生产配合比设计和生产配合比验证三个阶段。

（1）目标配合比设计阶段

用工程实际使用的材料计算各种材料的用量比例，配合成规定的矿料级配，进行马歇尔试验，确定最佳沥青用量。以此矿料级配沥青用量作为目标配合比，供拌和机确定各冷料仓的供料比例、进料速度及试拌使用。

（2）生产配合比设计阶段

对间歇式拌和机，必须从二次筛分后进入各热料仓的材料取样进行筛分，以确定各热料仓的材料比例，供拌和机控制时使用。同时反复调整冷料仓的进料比例以达到供料均衡，并取目标配合比设计的最佳沥青用量、最佳沥青用量±0.3%等三个沥青用量进行马歇尔试验，确定生产配合比的最佳沥青用量。

（3）生产配合比的验证阶段

拌和机采用生产配合比进行试拌、铺筑试验路，并用拌合的沥青混合料及路上钻取的心样进行马歇尔试验检验，由此确定生产用的标准配合比。标准配合比作为生产上控制的依据和质量检验的标准。经设计确定的标准配合比在施工过程中不得随意变更。生产过程中，如遇到进场材料发生变化并经检测沥青混合料的矿料级配、马歇尔技术指标不符合要求时，应及时调整配合比，使沥青混合料质量符合要求并保持相对稳定，必要时从新进行配合比设计。

（二）沥青混合料配合比设计算例

对任何一个工程，在配合比设计之前，材料选择和原材料试验是不可缺少的步骤，只有所有指标都符合规范要求的材料才允许使用。

1. 沥青

工程按规范选择沥青标号为 AH-90。进口沥青到货后按试验规程要求取样，并委托交通部公路工程质量检测中心进行试验，质量符合我国重交通路沥青技术要求，其主要技术指标如表 5-3 所示。

表 5-3　沥青质量试验结果

项目			单位	技术要求(90 号) 规范规定	试验结果
针入度 25℃，100g，5s			0.1mm	80~100	83
延度 5cm/min	15℃		cm	≥100	>150
	10℃			≥30	>150
软化点 $T_{R\&B}$			℃	≥44	44.7
溶解度(三氯乙烯)			%	≥99.5	99.6
闪点(COC)			℃	≥245	342
密度 15℃			g/cm^3	实测	1.033
蜡含量			%	≤2.2	0.64
黏度	60℃		Pa·s	140	150
	135℃		mm^2/s	实测	323.3
TFOT 后	质量变化		%	±0.8	+0.11
	针入度比		%	≥57	79.5
	延度	25℃	cm	>75	>150
		15℃	cm	≥20	>150
		10℃	cm	8	22

2. *矿料*

(1) 粗集料

采用某采石场的石灰岩碎石，各种材料筛分结果如表 5-4 所示。在采石场采集的样品中，名义为 57 号碎石(方孔筛 10~30mm)规格的样品，实际上是 56 号碎石，其中<26.5mm 部分仅 78.1%，不适于配制 AC-25 沥青混凝土，试验时必须将>26.5mm 部分筛除后使用，以符合生产时的实际情况(>26.5mm 料作为超粒径料排出)。10~20mm 碎石符合规范 S9 规格。5~10mm 符合 512 规格，3~5mm 石屑与 S14 规格相比，>4.75mm 部分偏多，但不妨碍使用，按规范对碎石质量的检测结果如表 5-5 所示。从表中可见，有些指标必须对不同粒径的碎石分别试验，各项指标均符合规范要求，可以使用。

表 5-4 各种粗集料的筛分结果

材料	通过下列筛孔(mm)的百分率/%								
	31.5	26.5	19	16	13.2	9.5	4.75	2.36	1.18
10~30mm	100	78.1	30.7	9.4	0	—	—	—	—
(S7 碎石规定要求)	90~100	—	—	—	—	0~15	0~5	—	—
(S6 碎石规定要求)	90~100	—	—	—	0~15	—	0~5	—	—
10~20mm	—	—	100	96.5	75.8	26.4	0	—	—
(S9 碎石规定要求)	—	100	95~100	—	—	0~15	0~5	—	—
5~10mm	—	—	—	—	100	99.2	4.9	0	—
(S12 碎石规定要求)	—	—	—	—	100	95~100	0~10	0~5	—
3~5mm	—	—	—	—	—	100	74.8	8.3	0
(S14 碎石规定要求)	—	—	—	—	—	100	85~100	0~25	0~5

表 5-5 各种粗集料的质量规格

指标	单位	规范要求(高速公路)	碎石规格/mm		
			10~30	10~20	5~10
压碎值	%	<28	—	15.0	—
洛杉矶磨耗值	%	<30	—	19.2	—
磨光值	%	中面层需要	—	—	—
密度	g/cm^3	>2.50	2.818	2.836	2.827
表干密度	g/cm^3	—	2.801	7.797	2.787
吸水率	%	<2.0	—	0.35	—
针片状含量	%	<15	9.1	5.7	—
含泥量	%	<1	—	接近 0	—
坚固性	%	<12	—	石质良好，经判断可以不做	—

(2) 细集料

采用某地河砂。细度模数 3.02，属中砂偏粗，缺少 0.3mm 以下部分，不妨碍使用。规格及质量如表 5-6 所示，符合规范要求，可以使用。

表 5-6 砂的筛分结果

材料	通过下列筛孔(mm)的百分率/%							
	9.5	4.75	2.36	1.18	0.6	0.3	0.15	0.075
某地区砂	100	92.8	86.1	68.9	38.9	10.4	1.1	0.15

(3) 填料

石灰石矿粉的质量及规格如表 5-7 所示，符合规范要求，可以使用。

表 5-7 石粉质量指标

指标	单位	规范要求	石灰石石粉
表观密度	g/cm^3	>2.50	2.614
亲水系数	—	<1	<1.0
含水率	%	<1	0.15
通过下列筛孔的百分率			
0.6mm	%	100	100
0.3mm	%	—	98.3
0.15mm	%	90~100	93.3
0.075mm	%	75~100	82.5

3. 第一阶段——目标配合比设计阶段

根据设计，该工程沥青面层中面层采用 AC-251 型密级配沥青混凝土。规范规定应采用工程实际使用的材料(而不是采石场的材料样品)进行目标配合比设计。

(1) 矿料级配计算

合成级配如表 5-8 所示。

表 5-8 中层目标配合比设计结果

筛孔/mm											
26.5	19	16	13.2	9.5	4.75	2.36	1.18	0.6	0.3	0.15	0.075
规范要求的级配范围/%											
95~100	75~90	62~80	53~73	43~63	32~52	25~42	18~32	13~25	8~18	5~13	3~7
中值/%											
97.5	82.5	71.0	63.0	53.0	42.0	33.5	25.0	19.0	13.0	9.0	5.0
合成级配/%											
100	81.8	72.9	65.9	55.3	44.2	32.4	26.3	17.9	9.8	6.5	5.8

现在，矿料级配的计算大都利用微机进行人机对话的方式进行，计算程序并不复杂，各单位都可以自行编制，计算时应充分考虑使现有材料得到有效的使用，筛孔上应特别重视 4.75mm、2.36mm、0.075mm，尽量接近要求范围的中值。对上述材料反复进行矿料级配计算得到的各种材料的配合比如下：10~30mm 碎石：10~20mm 碎石：3~5mm 石屑：砂：矿粉=30：20：15：28：7。

（2）马歇尔试验

按此配比，在油石比3.5%内，以0.5%间隔的不同油石比，计算最佳油石比如下：

按最大密度、最大稳定度、空隙率中值确的最佳油石比OAC_1=4.54%；

按各项指标全部合格的范围的中值确定最佳油石比OAC_2=4.31%；

由此确定的最佳油石比OAC=4.4%；

相应的最佳沥青用量=4.2%。

在这里，有一个密度、空隙率等体积指标的计算方法问题，根据相关规范及JTG E20—2011《公路工程沥青及沥青混合料试验规程》的规定，对粗粒式但较密实的AC-251型密级配沥青混凝土，应采用表干法测定具体数值，采用其他方法的结果稍有差异（表5-9），由此得出的最佳油石比也将不一样算。

表5-9　不同测定方法计算的马歇尔指标

油石比/%	水中重法		表干法		体积法	
	孔隙率/%	饱和度/%	孔隙率/%	饱和度/%	孔隙率/%	饱和度/%
3.5	5.6	60.0	6.2	57.2	5.8	89.6
4.0	3.9	71.2	4.5	68.0	5.1	65.4
4.5	3.0	78.3	3.2	77.1	2.5	81.3
5.0	1.9	86.4	2.1	85.4	1.8	87.2
5.5	1.3	91.2	1.5	89.6	1.5	90.0

（3）高温稳定性检验

按规范规定，对用于高速公路沥青路面的上面层及中面层的沥青混凝土混合料进行配合比设计时，应通过车辙试验机对抗车辙能力进行检验。因此，由马歇尔试验设计的配合比并不能马上就作为目标配合比，对上述设计的级配及油石比的沥青混合料在温度60℃、轮压0.7MPa条件下进行车辙试验，动稳定度为3150次衍比氏，符合规范应≥800次/mm的要求。

应该说明，由于我国规范第一次列入车辙试验动稳定度要求，规定800次/mm是非常低的。在日本，要求为1500次/mm。可是据了解，有些工程管理部门认为规范没有写“必须”，不理睬规范的这个规定，但是规范用语的含义为“在正常情况下均应这样做”。还有一些单位试验时采用拌和好的沥青混合料，送到有关单位去重新加热再制件进行试验，应该知道，经二次加热的混合料，沥青变硬，动稳定度必将提高，影响试验数据的可靠性。如果试验达不到规定值，这里介绍一些措施以提高动稳定度：

① 增大集料粒径，增加粗集料用量；

② 增加矿粉用量；

③ 掺加纤维稳定剂；

④ 减少天然砂用量，用有棱角的人工砂或石屑代替；

⑤ 换用针入度小一些或60℃黏度高的沥青，减少沥青用量，使用改性沥青等。

（4）水稳定性检验

按照最佳油石比4.4%，重新制作试件，进行马歇尔试验及48h浸水马歇尔试验（试验结果如表5-10所示），对沥青混凝土的水稳定性进行验证，具体结果残留稳定度为

100.1%，符合规范规定应≥75%的要求。这里说明，这种残留稳定度超过100%的现象对稳定度甚高的密级配沥青混凝土来说，是不奇怪的，说明水稳定性良好，稳定度大小是属于试验值波动问题。由上述结果得出目标配合比的矿料级配及最佳油石比为4.4%。规范规定此配比仅供拌和机确定各冷料仓的供料比例、进料速度及试拌使用。

表 5-10　目标配合比浸水马歇尔试验结果

油石比/%	理论密度/(g/cm^3)	表干密度/(g/cm^3)	饱和度/%	矿料间隙率/%	稳定度/kN	流值/mm	马歇尔模数/(kN/mm)	浸水时间/h
4.4	2.566	2.452	70.8	15.2	14.18	2.84	5.00	0.5
4.4	2.566	2.48	76.8	14.1	14.29	2.81	5.24	48.0

4. 第二阶段——生产配合比设计阶段

此结果与目标配合比设计结果相差0.4%，基本吻合。结合以往经验，商定采用平均值即油石比4.6%(沥青用量4.4%)作生产配合比的建议油石比供试拌试铺使用。该拌和机每一锅拌和能力为1600kg，故各料仓的用量为：

4号仓(20~32)：1600×(1-4.4%)×24%=367kg；

3号仓(10~20)：1600×(1-4.4%)×28%=428kg；

2号仓(4~10)：1600kg×(1-4.4%)×16%=245kg；

1号仓(0~4)：1600kg×(1-4.4%)×26%=398kg；

矿料：1600×(1-4.4%)×6%=92kg；

沥青：1600×4.4%=70kg；

可见四个料仓用量大体上是平衡的(四个料仓材料试验结果如表5-11所示)。

表 5-11　施工热料仓材料试验结果

热料仓	4号仓	3号仓	2号仓	1号仓	备注
粒径/mm	20-32	10-20	4-10	0-4	矿粉
密度/(g/cm^3)	2.836	2.843	2.805	2.687	密度
毛体积密度/(g/cm^3)	2.803	2.801	2.744	—	为
表观体积/(g/cm^3)	2.815	2.816	2.766	—	2.801

5. 第三阶段——生产配合比验证阶段(即试拌试铺阶段)

施工单位进行试拌试铺时，应报告监理部门及业主，工程指挥部会同设计、监理、施工人员一起进行鉴别。拌和机按照生产配合比结果进行试拌，首先由在场人员对混合料级配及油石比发表意见，如有不同意见，应适当调整再进行观察，力求意见一致。然后用此混合料在试验段上试铺，进一步观察摊铺、碾压过程釉成型混合料的表面状况，判断混合料的级配及油石比，如不满意，也应适当调整，重新试拌试铺，直至满意为止。另一方面，实验室密切配合现场指挥在拌和厂或摊铺机旁采集沥青混合料试样，进行马歇尔试验，检验是否符合标准要求。同时还应进行车辙试验及浸水马歇尔试验，进行高温稳定性及水稳定性验证。只有所有指标全部合格，才能交付生产使用。在试铺试验段时，实验室还应在现场取样进行抽提试验，再次检验实际级配和油石比是否合格。同时按照规范规定的试验段铺筑要求，进行各种试验具体见表5-12和表5-13。本工程以上述配比及4.5%油石比试拌试铺时，级配及油石比均认为符合经验认识，比较正常。第一次取样测定马歇尔指标为：稳定度 10.5kN，流值 3.8mm，空隙率 2.8%，沥青饱和度 82.7%。实验室认为此混合料指标基本合格，但流值稍偏大，空隙率达不到 3%，于是进行抽提筛分，发现实际级配接近设计级配，但油石比达 4.92%，系拌和机控制上偏大所致。第二天，再次取样试验结果为：稳定度 11.1kN，流值 3.5mm，空隙率 3.7%，沥青饱和度 78.5%，实际油石比 4.55%。矿料级配及马歇尔指标均符合规范要求。随即决定取样成型试件进行车辙试验，指挥部为慎重起见，还要求提高试验温度及荷载压力进行试验，结果如表 5-14 所示，是合格的。浸水马歇尔试验的结果表明，残留稳定度达 98%，也是合格的。

表 5-12　中面层热料仓筛分结果及配比

筛孔/mm	仓料筛分结果与配比/%					设计级配范围	中值	合成及配/%（目标配合比）
	4 号仓	3 号仓	2 号仓	2 号仓	矿粉			
26.5	31.26					95-100	97.5	98.6
19	7.65	100				75-100	82.5	83.5
16	0.27	75.8				62-80	71.0	71.1
13.2		40	100			53-73	63.0	59.3
9.5		7.68	99.48			43-63	53.0	50.1
4.75		0.22	36.46	100		32-52	42.0	37.9
2.36			0.61	91.12		25-42	33.5	29.8
1.18				77.24		18-32	25.0	26.1
0.6				72.42		13-25	19.0	24.8
0.3				18.56		8-18	13.0	10.8
0.15				3.02	100	5-13	9.0	6.8
0.075				0.68	83.7	3-7	5.0	5.2

表 5-13　生产配合比马歇尔试验结果

油石比/%	理论密度/（g/cm^3）	表干密度/（g/cm^3）	空隙率/%	矿料间隙率/%	稳定度/kN	流值/mm	马歇尔模数/（kN/mm）
3.5	2.636	2.418	8.3	16.5	10.01	21.7	4.71
4.0	2.617	2.455	6.6	16.1	11.93	22.7	5.36
4.5	2.597	2.492	4.1	15.0	13.09	27.0	4.92
5.0	2.579	2.480	3.8	15.9	11.86	27.6	4.31
5.5	2.560	2.452	3.2	17.4	10.01	32.3	3.12

表 5-14　中面层混合料车辙试验结果

取样日期	5 月 2 日	5 月 15 日	
温度/℃	60	60	60
荷载/MPa	0.7	0.7	0.8
动稳定度	2300	1820	972
平均	2060		972

由此，可以认为生产配合比得到验证，是可行的，实验室据此编写了配合比设计报告及试拌试铺总结，经监理及业主批准下达施工单位的标准配合比如下：

（1）料仓比例：4号仓（20~32）：3号仓（10~20）：2号仓（4~10）：1号仓（0~4）：矿料=24：28：16：26：6。

（2）标准配合比如表5-15所示。

表5-15　中面层AC-25I型沥青混合料标准配合比

筛孔/mm	设计级配范围/%	中值/%	标准配合比/%	施工检验容许波动范围/%	备注
26.5	95~100	97.5	98.6	±7(91.6-100)	验收时必须符合设计级配范围内
19.0	75~90	82.5	83.5	±7(76.5-90.5)	
16.0	62~80	71.0	71.1	±7(64.1-78.1)	
13.2	53~73	63.0	59.3	±7(52.3-66.3)	
9.5	43~63	53.0	50.1	±7(43.1-57.1)	
4.75	32~52	42.0	37.9	±7(30.9-44.9)	
2.36	25~42	33.5	29.8	±6(23.8-35.8)	
1.18	18~32	25.0	26.1	±6(20.1-32.1)	
0.6	13~25	19.0	24.8	±6(18.7-30.7)	
0.3	8~18	13.0	10.8	±6(4.8-16.8)	
0.15	5~13	9.0	6.8	±6(0.8-12.8)	
0.075	3~7	5.0	5.2	±2(3.2-7.2)	

（3）设计油石比4.6%，相应的沥青用量4.4%，施工容许误差不得超过±0.3%。

在表5-15中，矿料级配设计范围与施工检验控制范围略有不同，这是因为标准配合比与设计范围中值略有不同所致。根据规范规定，交工验收时，可以采用施工过程中的测定值。

二、沥青混合料的组成设计方法

沥青混凝土作为一种建筑材料，现已广泛应用于各种工程实体中，其中作为道路工程材料的使用更是普遍。

沥青混凝土以矿质混合料为骨料，以沥青为胶凝材料。将沥青与适量的经人工选择级配的矿质混合料拌合，经摊铺碾压成型后，即成为各种类型的沥青混凝土。沥青混凝土按照矿质混合料中集料的最大粒径分为粗粒式、中粒式、细粒式和沙粒式。粗粒式和中粒式主要用于沥青路面的基层；细粒式和砂粒式多用于沥青路面的面层；中粒式有时也用于沥青路面的面层。其中以热拌热铺的连续型密级配的沥青混合料使用最多。

（一）矿质混合料的组成设计

矿质混合料包括粗骨料、细骨料及填充料等。为使矿质混合料具有较好的工程性质，矿质混合料应满足一定的基本要求，即最小空隙率或最大实度及最大摩擦力即各级集料排列互不干涉，以形成空间稳定骨架的要求。而欲达到上述要求，则必须进行确定混合料配合比的计算，主要有数解法和图解法两大类。其中数解法中的试算法最为基本，其原理为：设有几种矿质集料，欲配制成某一种一定级配要求的混合料，在决定各组成集料在混合料中的比例时，先假定混合料中某种粒径的颗粒是由某一种对这一颗粒占优势的集料所组成，其他集料不含这种粒径。这样根据各个主要粒径去试探各种集料在混合物中的大致比例。如果比例不适合，则加以调整。这样经过逐步渐进，最终达到符合混合料级配要求的各集料配合比例。

例如：现有 a、b、c 三种矿质集料，欲配置成 M 级配的矿质混合料。设 x、y、z 为 a、b、c 三种集料组成矿质混合料的配合比例，则 $x+y+z=100$。再设混合料 M 中某一级粒径要求的含量为 $M_{(i)}$（级配中值），故 a、b、c 在某一粒径中含量为 $m_{a(i)}$；$m_{b(i)}$；$m_{c(i)}$，则：$m_{a(i)}x+m_{b(i)}y+m_{c(i)}z=M_{(i)}$，由此可得 a、b、c 三种集料在混合料中的比例。

a 集料的用量：由上 $m_{bi}=0$，$m_{ci}=0$，$m_{ai}x=m_i$，可得 $x=M_{(i)}/m_{a(i)}$。

同理可得 b 集料的用量：$y=M_{(i)}/m_{b(i)}$。

c 集料的用量：$z=100-(x+y)$。

实际应用一例：一个工程需要碎石、砂和矿粉三种材料，经过筛分分析实验后，各集料的分计筛余百分率和级配范围如表 5-16 所示：

表 5-16　各集料的分计筛余百分率和级配范围

筛孔尺寸/mm	碎石分计筛余 M_a/%	砂粉分计筛余 M_b/%	矿粉分计筛余 M_c/%	矿质混合料要求级配范围通过百分率/%
15	0.8	—	—	100
5	60	—	—	63~78
2.5	23.5			4.~63
1.25	14.4	22.1		3.~53
0.63	1.3	19.4	4.0	22~45
0.315	—	36	4.0	15~35

将所给矿质混合料的要求级配范围通过百分率换算为累计筛余百分率，然后再计算各筛号的分计筛余百分率，得到表 5-17：

表 5-17　各集料的分计筛余百分率和级配范围

筛孔尺寸/mm	碎石分计筛余 M_a/%	砂分计筛余 M_b/%	矿粉分计筛余 M_c/%	按累计筛余计级配范围 $A_{(n1-n2)}$/%	按累计筛余计算级配范围中值 $A_{(i)}$/%	按分计筛余计级配范围中值 M_i/%
15	0.8	—	—	—	—	—
5	60	—	—	37~22	29.5	29.5
2.5	23.5	10.5	—	60~37	48.5	19
1.25	14.4	22.1	—	70~47	58.5	10
0.63	1.3	19.4	4	78~55	66.5	8.1
0.315	—	36	4	85~65	75	8.4
0.16	—	7	5.5	88~70	79	4.0
0.08	—	3	3.2	90~75	82.5	3.5
<0.08	—	2	83.3	100	100	17.5

由上表可知碎石中占优势的粒径为 5mm 的含量，所以计算碎石的混合组成时，则将此粒径的砂和矿粉视为不存在，故 $x=M_5/M_a(5)=29.5/60.0\times100\%=49\%$。同理，由上表可知，矿

粉占优势的粒径是 0.08mm 的含量，计算得 $y=21\%$，由此 $z=100\%-21\%-49\%=30\%$。

得出上述结果后，在进行复核计算，经计算后可知符合要求的级配范围。

如果根据复核的结果，不符合级配范围，则应该调整配合比再进行试算，经过几次调整逐步渐进，直到达到要求。如果经计算确不能符合级配要求应调整或增加集料品种，再进行试算调整。

（二）确定沥青最佳用量

根据规范采用马歇尔法试验，具体做法是：

（1）根据规范推荐的沥青用量范围，每隔 0.5% 为一组，选用 5 个以上沥青用量各制备一组马歇尔试件；

（2）各组试件确定马歇尔试验各项技术指标；

（3）根据试验结果，建立沥青用量与各项性能测试数据间的关系曲线，其中包括：沥青混合料密度与沥青用量关系曲线、沥青混合料稳定度与沥青用量关系曲线、沥青混合料流值与沥青用量关系曲线、沥青混合料空隙率与沥青用量关系曲线、沥青混合料饱和度与沥青用量关系曲线；

（4）根据沥青混凝土技术标准在关系曲线上分别确定各项性质合格的沥青用量，每个合格范围叠合部分即为沥青混合料的沥青最佳用量范围，取其中值即为沥青最佳用量。

三、沥青混合料组成设计规定

（1）沥青混合料面层一般采用双层或三层式结构。

（2）各层沥青混合料的技术标准应符合 JTG F40—2004《公路沥青路面施工技术规范》的规定。上面层和中面层车辙试验动稳定度对高速公路应≥800 次/mm，对一级公路应≥600 次/mm。

（3）承包人应按目标配合比设计、生产配合比设计和生产配合比验证三阶段进行沥青混合料的配合比设计。沥青混合料配合比的设计与检验应按 JTG F40—2004《公路沥青路面施工技术规范》规定的方法进行。

（4）承包人应在 28d 前向监理工程师提交拟用的沥青混合料级配，沥青结合料用量及沥青混合料稳定度、流值、空隙率、动稳定度、残留稳定度等各项技术指标的书面详细说明。在承包人提交的目标配合比未经监理工程师批准前，不得进入生产配合比设计。

（5）如果承包人建议改变料源时，应在材料生产之前，把新的目标配合比设计报告送监理工程师审批。审批新的工地拌和料级配时应做试验，每一次评价至少需要 14d 时间。由于这些变化而产生的所有费用都应由承包人支付。

（6）在沥青混合料未被批准之前，不得进行下一步工序。未经监理工程师认可，对已批准的沥青混合料配合比和原材料品种不得更改。

第三节　冷拌沥青混合料路面施工

一、冷施工混合料适用范围

目前，我国的沥青路面养护修补主要使用热拌热铺沥青混合料，有厂拌也有现场炒拌，这些热拌工艺受气候、工作量大小的影响，往往不能实现及时修补。例如，热拌热施工的沥青混合料，对于大面积的施工是经济、可行的，但对小面积或远距离或低温季节需修补的路面，用热拌热施工混合料则很不方便，坑槽不能及时修补，一是影响交通运输的安全，二是加剧路面大面积的破坏，使路面由小“病”转化成大“病”再进行补救，造成路面维修在社会效益、经济效益方面的不合算。近些年，也有些地区使用乳化沥青混合料，但其保存期短、使用质量的保质期也短，加之乳化沥青质量波动性大，实际使用效果往往不尽人意。

考虑公路发展需求，以及上述所存在的问题，所研制成功的冷施工沥青混合料是具有良好技术性能的新型常温材料，经工程实际应用表明，可提高我国公路路面养护的技术水平，提高公路路面的使用品质。这种新材料的使用将会成为今后路面养护发展的方向，因为，它既可保证使用性能好、随取随用之优势，又是符合环保要求、改善施工人员工作环境的“绿色”材料。

该材料主要用于修补和养护沥青路面、水泥路面、小面积的沥青道面及一些应急的路面工程。

二、冷施工改性剂及沥青改性工艺

冷施工沥青混合料是由改性沥青与一定级配的矿料拌制的冷施工混合料，而改性沥青是由冷施工改性剂加入到一定标号的沥青中进行改性而形成的沥青。

（一）改性沥青生产工艺

（1）确定沥青标号：根据当地气候、路面等级条件，按沥青路面施工规范确定沥青标号。

（2）确定改性剂掺量与沥青掺配温度：按表 5-18 进行。

表 5-18　改性剂掺量与沥青掺配温度

所使用的沥青标号	掺配前沥青温度控制/℃	掺配时控制的温度/℃	改性剂的掺配比例/%
AH-70、A-60	120~130	100~110	20~25
AH-110、AH-90、A-100	110~120	100~205	15~20
AH-130、A-140	100~110	90~100	15~20

冷沥青加热脱水，按表 5-18 控制温度，并按表 5-18 中规定的掺配比例加入改性剂，边加边搅拌，机械搅拌或人工搅拌均可，但依据搅拌效率的不同，所需搅拌时间亦不同，要使混合物稠稀均匀、温度均匀。在加入改性剂后，温度仍按表 5-18 控制，随后即可用于拌制混合料。

如配好的改性沥青未用完，要将温度降低，下次用时再升温，边加热边搅均匀，温度仍按上表 5-18 控制。

（二）改性沥青的稠度

掺配好的改性沥青稠度一般处在表 5-19 范围，如稠度不合适，可以增减改性剂的用量。

表 5-19　改性沥青稠度选定范围表

改性沥青所用地区	改性沥青的稠度 C60，5	改性沥青所用地区	改性沥青的稠度 C60，5
热区	80~90″	寒区	100~120″
温区	90~100″		

三、矿质集料要求

混合料的矿质集料级配根据需要可按表 5-20 级配范围参考选用。

表 5-20　矿料级配范围要求

级配类型	通过下列筛孔百分率/%										改性沥青/%
	16	13.2	9.5	4.75	2.36	1.18	0.6	0.3	0.15	0.075	
AM-16	90~100	60~85	45~68	18~42	6~25	3~18	1~14	0~10	0~8	0~5	4~4.5
AM-13	100	90~100	50~80	20~45	8~28	4~20	2~16	0~10	0~8	0~5	4.5~5.5
AM-10	—	100	85~100	35~65	10~35	5~22	2~16	1~12	0~9	0~6	5.0~5.5

集料的选择：根据所补坑槽或罩面的厚度可从上述级配中选择。结构层厚度>4cm 选 AM-16，厚度 2~4cm 选 AM-13 型，<2cm 选用 AM-10 型级配，要求矿料符合级配要求。选用机轧碎石，酸碱性均可；对高等级公路，粗集料压碎值≤25%，其他≤28%；洛杉矶磨耗对高等级路面≤30%，一般公路≤40%；要求矿料干净、干燥、坚硬、无风化和杂质，表面粗糙有棱角；其他技术性能尽量符合沥青路面用粗集料要求。

四、冷施工混合料的生产

（一）冷施工混合料的拌制

常温施工的沥青混合料可以用机械拌和（连续和间歇），也可人工拌和，既可在大型的机械化程度高的拌和厂生产，也可在较小的厂房内生产，更适合县级养路段拌合厂生产。可以热拌，也可常温拌。当气温高于 30℃，矿料干燥时，矿料可以不加热，直接和加热至规定温度的沥青拌和；如气温低于 30℃时，可将矿料加热至 40~60℃与加热至规定温度的沥青拌和；用太阳能加热的拌和炉更经济。机械拌和的拌和时间与热施工混合料拌和时间相同，人工拌和一般 15min 左右，具体时间根据所拌料的多少确定，要求拌和均匀，沥青均匀地裹覆在所有矿料的表面，混合料看上去亮润、无花白现象。沥青用量参照表 5-20。

（二）冷施工混合料的质量检验

混合料拌制质量的好坏，直接影响到所修铺路面的质量，对混合料必须进行质量检验，检验的主要项目有以下几方面。

1. 沥青用量

当矿料的级配和其他性能指标符合要求时，改性沥青的用量是决定冷施工混合料性能的主要因素。沥青用量过大，会出现油包、泛油及常时间不能变硬，而且增大了费用；当沥青用量过小时，修补的路面及坑槽不能很好地成型，互相黏结不好，甚至会出现松散。因此必须掌握好合适的沥青用量。一般同样的级配用冷施工沥青混合料的改性沥青用量略多于热施工沥青混合料的沥青用量。

沥青用量具体检验方法如下：

（1）滚动法：将拌好的混合料取 50~100g，放在一张白纸上，两手捏着两边，来回拉动 2~3 次，当混合料在纸上来回滚动 2~3 次后能在纸上留下均匀的油斑点，即为沥青用量合适；如有油团说明沥青用量过多；如无油斑或不均匀则沥青量过少。

(2) 手捏法：混合料冷却后，带上手套，抓一把混合料轻轻一捏能黏成团块，即为沥青用量合适；如捏不成团块，沥青用量过少。此种方法主要检验沥青用量是否过少的情况。

(3) 贴纸法：用一张干净的白纸，贴在拌和的混合料上，用手轻轻的压2~3次，拿起来，纸上有均匀的油斑，为沥青用量合适；没有油斑或稀少，说明沥青用量少，如成油团，说明沥青用量多。

冷施工混合料目前尚未找到适合的溶剂和仪器方法来检验油石化，只能用直观的经验法来检验。

2. 黏附性与黏结性试验

沥青对矿料黏附与黏结性的好坏，与矿料的酸碱性、干净程度、干湿情况、拌和情况、拌和时间、沥青用量等因素有关，一般用以下方法来检验。

(1) 水煮法：将拌好的混合料取30~50g，放在一筛网上，架在烧杯中，用清水微煮3min钟，观察有无沥青脱落浮在水面，有无石料裸露，一般无石料裸露，仅有微量的漂浮物为黏附性合格，否则为不合格。

(2) 磨耗法：将拌和的混合料，在163℃下放置5h时，制成马歇尔试件，放置24~48h后，称其重量后放在洛杉矶石料磨耗机中磨15min，测定其磨损的部分，磨损量<40%时，黏结性为合格。

五、冷施工混合料的使用和存放

(一) 使用

冷施工沥青混合料的施工工艺简单，施工程序和热施工沥青混合料基本相同，但压实工序比热混合料简单，可用小型夯实设备或人工压实，然后借助行车来完成最后的压密。

1. 坑槽修补

(1) 将损坏部分刨松并清除干净，保证周边和底部无松动及浮渣，为使修补后的路面美观好看，修补的形状尽量要规则，高等级路面最好用切割机切除损坏部分，以使修补的路面整齐规则。

(2) 将冷补材料摊入清理干净的坑槽内，摊平留足松铺厚度，松铺系数一般取1.4±0.1，细粒径取高值，粗粒径取低值。当坑槽小，深度<40mm时可用铁锹背拍实也可用脚踩实，如坑槽深度>40mm时可分两层压实，以保证修补部分尽快压密成型。

(3) 压实后的修补部分应比旧路面略高一点，使其通过一段时间行车碾压后与旧路面持平。具体高出的程度应视坑槽深度、松铺系数及当时碾压设备压实功而定。

(4) 初步压密后即可开放交通。

2. 大面积修补(面积在$2m^2$以上)

大面积的修补槽底处理同前，压实设备使用机械压实保证修补部分的平整度，对与旧路面接茬部分要加强压实以使修补材料能与坑壁紧密黏结。

3. 罩面

用冷施工混合材料罩面同样可以取得良好的效果。铺料前要将旧路面清扫干净，无浮土和砂砾，以保证与旧路面的良好黏结，混合料摊平后用轻型压路机压密即可开放交通。

冷施工混合料成型慢，在碾压成型与初期交通荷载作用过程中要经过一个变形阶段，在此变形阶段中，不断完善与旧路面周边和坑槽底部的黏结，最终形成一个整体，在此阶段，路面虽有发软感觉，但不黏铁锨、鞋底、车轮，不会出现车辙。

（二）存放

拌好的冷施工沥青混合料应存放在坚硬的表面，以免杂物、黏土混入冷施工沥青混合料；不可风吹、日晒、雨淋，如在室内堆放，并有塑料或帆布遮盖，则可存放半年以上，如袋装可存放一年以上。

六、冷拌沥青混合料路面施工注意事项

（1）冷拌沥青混合料宜采用拌和厂机械拌和及沥青摊铺机摊铺的方式。缺乏厂拌条件时也可采用现场路拌及人工摊铺方式。冷拌沥青混合料施工应注意防止混合料离析。

（2）当采用阳离子乳化沥青拌和时，宜先用水使集料湿润，若湿润后仍难以与乳液拌和均匀时，应改用破乳速度更慢的乳液，或用1%～3%浓度的氯化钙水溶液代替水润湿集料表面。

（3）混合料适宜的拌和时间应根据实际情况调节并通过试拌确定，矿料中加进乳液后的机械拌和时间不宜超过30s，人工拌和时间不宜超过60s。

（4）已拌好的混合料应立即运至现场进行摊铺，并在乳液破乳前结束。在拌和与摊铺过程中已破乳的混合料，应予废弃。

（5）乳化沥青冷拌混合料摊铺后宜采用6t左右的轻型压路机初压1～2遍，使混合料初步稳定，再用轮胎压路机或钢筒式压路机碾压1～2遍。当乳化沥青开始破乳、混合料由褐色转变成黑色时，改用12～15t轮胎压路机碾压，将水分挤出，复压2～3遍后停止，待晾晒一段时间，水分基本蒸发后继续复压至密实为止。当压实过程中有推移现象时应停止碾压，待稳定后再碾压。当天不能完全压实时，可在较高气温状态下补充碾压。当缺乏轮胎压路机时，也可采用钢筒式压路机或较轻的振动压路机碾压。

（6）乳化沥青混合料路面的上封层应在压实成型、路面水分完全蒸发后加铺。

（7）乳化沥青混合料路面施工结束后宜封闭交通2～6h，并注意做好早期养护。开放交通初期，应设专人指挥，车速不得超过20km/h，不得刹车或掉头。

（8）冷拌沥青混合料施工遇雨应立即停止铺筑，以防雨水将乳液冲走。

第四节　热拌沥青混合料路面施工

一、热拌沥青混合料路面施工技术流程

（一）施工准备

（1）矿料应分类堆放，矿粉必须是石灰岩磨细而成，不得受潮，必要时做好矿料堆放场地的硬化处理和场地四周排水及搭设矿粉库房或储存罐。

（2）试验段开工前28d安装好试验仪器和设备，配备好的试验人员报请监理工程师审核。各层开工前14d在监理工程师批准的现场备齐全部机械设备进行试验段铺筑，以确定松铺系数、施工工艺、机械配备、人员组织、压实遍数，并检查压实度、沥青含量、矿料级配、沥青混合料马歇尔各项技术指标等。

（二）沥青混合料的拌合

（1）沥青的加热温度控制在规范规定的范围之内，即 145～170℃。间歇式拌合机集料的加热温度比沥青温度高 10～30℃；连续式拌合机集料的加热温度比沥青温度高 5～100℃；混合料的出料温度控制在 135～170℃。当混合料出厂温度过高废弃，混合料运至施工现场的温度控制在不低于 135～150℃。

（2）出厂的混合料须均匀一致，无白花料，无粗细料离析和结块现象，不符合要求时应废弃。

（三）混合料的运输

（1）运输车的车箱内保持干净，涂防黏薄膜剂。运输车配备覆盖棚布以防雨和热量损失。

（2）已离析、硬化在运输车箱内的混合料，低于规定铺筑温度或被雨淋的混合料应予以废弃。

（四）混合料的摊铺

（1）根据路面宽度选用 1～2 台具有自动调节摊铺厚度及找平装置，可加热的振动熨平板，并运行良好的高密度沥青混凝土摊铺机进行摊铺。

（2）中、下面层采用挂线法施工，表面层采用平衡梁法施工。

（3）摊铺机均匀行驶，行走速度和拌和站产量相匹配，以确保所摊铺路面均匀不间断地摊铺。在摊铺过程中不准随意变换速度，尽量避免中途停顿。

（4）沥青混合料的摊铺温度根据气温变化进行调节。一般正常施工控制在不低于 125～140℃，在摊铺过程中随时检查并作好记录。

（5）开铺前将摊铺机的熨平板加热至不低于 100℃。

（6）采用双机或三机梯进式施工时，相邻两机的间距控制在 10～20m。两幅应有 50～100mm 宽度的重叠。

（五）混合料的压实

（1）压路机由 2～3 台双轮双振压路机及 2～3 台重量不小于 16t 胶轮压路机组成。

（2）初压：采用双轮双振压路机静压 1～2 遍，正常施工情况下，温度应不低于 120℃并紧跟摊铺机进行。

（3）复压：紧跟初压后开始，不得随意停顿；密级配沥青混凝土优先采用胶轮压路机，总质量不小于 25t。

（4）终压：采用双轮钢筒式或关闭振动的双轮双振压路机碾压不少于 2 遍。边角部分压路机碾压不到的位置，使用小型振动压路机碾压。

（5）采用雾状喷水法，以保证沥青混合料碾压过程中不黏轮。

（6）不在新铺筑的路面上进行停机，加水、加油活动，以防各种油料、杂质污染路面。压路机不准停留在温度尚未冷却至自然气温以下已完成的路面上。

（7）碾压进行中压路机不得中途停留、转向或制动，压路机每次由两端折回的位置阶梯形随摊铺机向前推进，使折回处不在同一横断面上，振动压路机在已成型的路面上行驶关闭振动。

（六）接缝处理

（1）梯队作业采用热接缝，施工时将已铺混合料部分留下 100～200mm 宽暂不碾压，作为后摊铺部分的高程基准面，后摊铺部分完成立即骑缝碾压，以除缝迹。

（2）半幅施工不能采用热接缝时，采用人工顺直刨缝或切缝。铺另半幅前必须将边缘清扫干净，并涂洒少量黏层沥青。摊铺时应重叠在已铺层上 5~10cm，摊铺后将混料人工清走。碾压时先在已压实路面行走，碾压新铺层 10~15cm，然后压实新铺部分，再伸过已压实路面 10~15cm，充分将接缝压实紧密。

（3）横接缝的处理方法：首先用 3m 直尺检查端部平整度，不符合要求时，垂直于路中线切齐清除。清理干净后在端部涂黏层沥青接着摊铺。摊铺时调整好预留高度，接缝处摊铺层施工结束后再用 3m 直尺检查平整度（立即用人工处理）。横向接缝的碾压先用双轮双振压路机进行横压，碾压时压路机位于已压实的混合料层上伸入新铺层的宽为 15cm，然后每压一遍向铺混合料移动 15~20cm，直至全部在新铺层上为止，再改为纵向碾压。

（七）检查试验

（1）按施工技术规范要求的频率认真做好各种原材料、施工温度、矿料级配、马歇尔试验、压实度等试验工作。

（2）在施工过程中随时检查铺筑厚度、平整度、宽度、横坡度、高程。

二、热拌沥青混凝土路面施工工艺标准

（一）适用范围

热拌沥青混凝土路面施工工艺，各结构类型的沥青混合料，上、中、下面层的施工。

（二）使用的标准和规范

（1）中华人民共和国行业标准《公路沥青路面施工技术规范》（JTG F40—2004）。

（2）中华人民共和国行业标准《公路工程集料试验规程》（JTG E42—2005）。

（3）中华人民共和国行业标准《公路工程沥青及沥青混合料试验规程》（JTG E20—2011）。

（4）中华人民共和国行业标准《公路工程质量检验评定标准　第一册土建工程》（JTGF80/1—2017）。

（5）中华人民共和国国家标准《环境空气质量标准》（GB 3095—2012）。

（三）施工准备

1. 技术准备

（1）复核水准点，必须全线联测。施工放样，采用全站仪准确测出中桩位置，并依据中桩确定各结构层边线位置。

（2）熟悉图纸和相关规范、标准、编制施工组织设计，由项目总工程师向班组长进行书面的一级技术交底和安全交底，施工前由班组长向操作工人进行二级技术交底和安全交底。

2. 机具准备

（1）拌和设备：间歇式沥青混合料拌和站。

（2）运输设备：大吨位自卸汽车。

（3）摊铺设备：配备自动找平装置的摊铺机（有条件可配备沥青混合料转运车）。

（4）碾压设备：双钢轮振动压路机，轮胎压路机（吨位宜大）。

（5）其他设备：装载机、空压机、水车、加油车、发电机、切割机、平板载重车等。

3. 材料准备

原材料：沥青、粗集料、细集料、矿粉、抗剥落剂等由持证材料员和试验员按规定进行检验，确保其质量符合相应标准。

4. 配合比设计

配合比设计包括目标配合比设计、生产配合比设计以及生产配合比验证 3 个阶段。

（1）目标配合比设计：用工程实际使用的材料按 JTG F40—2004《公路沥青路面施工技术规范》附录 B 的方法，优选矿料级配、确定最佳沥青用量，符合配合比设计技术标准和配合比设计检验要求，以此作为目标配合比，作为拌和站的各冷料斗进料的比例及试拌使用。

（2）生产配合比设计：对间歇式拌和机，应按规定方法，从各热料仓取有代表性试样，进行筛分、计算，确定各热料仓的配料比例，供拌和机控制室拌料使用；同时还应选择适宜的振动筛网尺寸和安装角度，尽量使各热料仓的供料大体平衡；并取目标配合比设计的最佳沥青用量 *OAC*、*OAC*±0.3%等 3 个沥青用量进行马歇尔试验和试拌，通过室内试验及从拌和机取样试验综合确定生产配合比的最佳沥青用量，由此确定的最佳沥青用量与目标配合比设计结果的差值不宜大于±0.2%；对连续式拌和机可省略生产配合比设计步骤。

（3）生产配合比验证（试拌、试铺）：拌和机按生产配合比的结果进行试拌、铺筑试验段，并取样进行马歇尔试验，同时从路上钻取心样观察空隙率的大小，由此确定生产用的标准配合比。标准配合比的矿料合成级配中，至少应包括 0.075mm、2.36mm、4.75mm 及公称最大粒径筛孔的通过率接近优选的工程设计级配范围的中值，并避免在 0.3~0.6mm 处出现“驼峰”。对确定的标准配合比，还应进行车辙试验和水稳定性检验。

（4）试验路段

① 在铺筑试验路段之前 28d，承包人应安装好与本项工程有关的全部实验仪器和设备（包括沥青、石料、混合料等项室内外试验的配套仪器、设备及取心机等），配备足够的熟练试验的技术人员，报请监理工程师审查批准。

② 在工程开工前 14d，承包人应在监理工程师批准的现场并在监理工程师的监督下，用备齐并投入该项工程的全部机械设备及每种沥青混合料各铺筑一段长约 100~200m（单幅）的试验路段。

③ 试验路的目的是为了证实混合料的稳定性以及拌和、摊铺和压实设备的频率和施工方法、施工组织的适应性。

④ 沥青混合料摊铺、压实 12h 以后，应对其厚度、密实度、沥青含量及矿料级配及其他项目进行抽样试验。抽样试验的频度应满足规范要求。

⑤ 试验路完成后，承包人应写出书面报告，报请监理工程师审查批准。

⑥ 经监理工程师批准的试验路应成为比较的批准，正式工程应按批准的同一方法和标准施工。

⑦ 批准的试验路应同完成后的工程一起支付。如未能取得监理工程师的批准，承包人应破碎清除该试验路，重新铺筑试验路，并承担其费用。

5. 作业条件

（1）沥青面层施工前，必须对下承层的质量进行检查验收，下承层的质量必须满足相应标准要求，并及时完成施工放样。

（2）施工前对施工机具进行全面检查、调整，特别要求对拌和楼的计量装置进行计量标定，摊铺机的自动找平装置、各项作业控制参数的选择与调整，运输车的防黏措施及保温措施落实，压路机喷雾防黏轮的措施有效。

（3）要求拌和场地硬化处理，各种规格的材料分开堆放（搭建隔墙有效），不得混杂；细集料的防雨设施应可靠有效；矿粉宜罐装。

（4）开工前应备足 10d 施工使用的材料，并在施工中陆续进料。

（5）工地应备有防雨设施，并做好基层及路肩排水。

（6）摊铺现场、沥青拌和厂及气象台站之间，应具有效的联系手段。

（四）操作工艺

1. 工艺流程

下承层准备验收──→测量放样──→沥青混合料拌制──→沥青混合料运输──→沥青混合料摊铺──→沥青混合料碾压──→养护──→成品检验、验收──→开放交通。

2. 操作方法

（1）测量放样

依据设计资料，恢复中桩位置和结构层边线。下面层施工应采用钢丝引导控制高程的方法，10m 设置一个控制桩，施工前准备布设。

（2）沥青混合料拌制

① 严格按照目标配合比和生产配合比拌制沥青混合料，混合料级配和沥青用量、外掺材料剂量必须符合设计要求。

② 沥青混合料必须在沥青拌和厂采用拌和机机械拌制，各种规格的集料应分隔堆放，不得混杂。集料（尤其是细集料），需设置防雨顶棚储存，矿粉不得受潮。

③ 沥青混合料应采用间歇式拌和机拌和，拌和机应有良好的除尘设备，并有自动检测拌和温度的装置和自动打印装置。至安装完成后，按标准的配合比进行试验调试，直到符合要求。

④ 沥青混合料拌和时间以混合料拌和均匀、所有矿料颗粒全部裹覆沥青胶结料为度，外观应均匀一致，无花白料、无结团或严重的粗细料分离现象。

混合料拌和温度应符合 JTG F40—2004《公路沥青路面施工技术规范》相关要求，混合料不得在储料仓内过夜，达不到要求的混合料作废弃处理。

（3）沥青混合料运输

① 热拌沥青混合料宜采用较大吨位的运料车运输，但不得超载运输，或紧急制动、急弯掉头使透层、封层损伤。运料车的运力应稍有富余，施工过程中摊铺机前方应有运料车等候。对高速公路、一级公路，待等候的运料车多于 5 辆后开始摊铺。

② 运料车每次使用前后必须清扫干净，在车厢板上涂一薄层防止沥青黏结的隔离剂或防黏剂，但不得有余液压聚在车厢底部。从拌和机向运料车上装料时，应前、后、中挪动汽车位置，平衡装料，以减少混合料离析。运料车运输混合料宜用苫布覆盖保温、防雨、防污染。

③ 运料车进入摊铺现场时，轮胎上不得粘有泥土等可能污染路面的泥土等物，否则宜设水池洗净轮胎后进入工程现场。沥青混合料在摊铺地点凭运料单接收，若混合料不符合施

工温度要求，或已经结成团块、已遭雨淋的不得铺筑。

④ 摊铺过程中运料车应在摊铺机前100～300mm处停住，空挡等候，由摊铺机推动前进开始缓缓卸料，避免撞击摊铺机(在有条件时，运料车可将混合料卸入转运车经二次拌和后，再向摊铺机连续均匀地供料)。运料车每次卸料必须倒净，尤其是对改性沥青混合料，如有剩余，应及时清除，防止硬结。

(4) 沥青混合料摊铺

① 摊铺前必须将工作面清扫干净，且工作面必须保持干燥。

② 混合料必须采用配备有自动找平装置的摊铺机进行摊铺，同时必须具有振动熨平板或振动夯锤等初步压实装置。摊铺机提前0.5～1h预热熨平板不低于100℃，摊铺机必须调整到最佳状态，铺面要求均匀一致，严禁出现离析现象。

③ 摊铺机的摊铺速度应调节至与供料、压实速度相平衡，保证连续不断地均衡摊铺，中间不得停顿。

④ 热拌混合料的施工温度必须符合JTG F40—2004《公路沥青路面施工技术规范》相关要求。

⑤ 松铺系数应根据试铺路段确定，摊铺过程中必须随时检查摊铺层厚度及路拱、横坡，达不到要求时，立刻进行调整。

下面层摊铺必须采用钢丝引导的高程控制方式控制好路面高程，中、上面层摊铺宜采用移动式自动找平基准装置摊铺，以控制路面厚和平整度。沥青面层的摊铺宜采用2台摊铺机梯队作业。

(5) 沥青混合料碾压

① 沥青混合料的碾压必须在摊铺后立即进行，严禁等候，碾压过程中压路机严禁停机。

② 沥青混合料的碾压按初压、复压、终压3个阶段进行，压路机的碾压速度宜参照表5-21进行均匀的碾压。初压用10t以上的钢轮压路机紧随摊铺机碾压，复压必须在初压完成后紧接着进行，用16～25t轮胎压路机碾压。终压用较宽的钢轮压路机碾压。压路机的碾压遍数及组合方式依据试铺段确定。

表5-21 压路机碾压速度 km/h

压路机类型	初压		复压		终压	
	适宜	最大	适宜	最大	适宜	最大
钢轮式压路机	2～3	4	2.5～5	5	3～6	6
轮胎压路机	2～3	4	3～5	6	4～6	8
振动压路机	2～3(静压或振动)	3(静压或振动)	3～4.5(振动)	5(振动)	3～6(静压)	5(静压)

③ 碾压温度应符合JTG F40—2004《公路沥青路面施工技术规范》相关要求，并不得将集料颗粒压碎。

④ 为了防止混合料黏轮，可在刚轮表面均匀洒水(最好是喷雾)，水中可掺少量的清洗剂或其他隔离材料，严禁掺加柴油、机油等。要防止过量喷水引起混合料温度骤降。胶轮压路机轮胎表面不宜洒水(轮胎温度高时不黏轮)，宜涂刷植物油。

钢轮压路机静压时相邻碾压带应重叠15～20cm轮宽，振动时相邻碾压带重叠宽度不得超过15～20cm。轮胎压路机碾压时应重叠1/3～1/2碾压轮宽。压路机的启动、停止必须减速缓慢进行。

（6）施工接缝的处理

① 纵向施工缝：对于采用 2 台摊铺机成梯队联合摊铺方式的纵向接缝，应在前部已摊铺混合料部分留下 10～20cm 宽暂不碾压作为后高程基准面，并有 5～10cm 的摊铺层重叠，以热接缝形式在最后作跨接缝碾压以消除缝迹。上、下层纵缝应错开 15cm 以上。

② 横向施工缝：全部采用平接缝。用 3m 直尺沿纵向，在摊铺段端部呈悬臂状，以摊铺层与直尺脱离接触处定出接缝位置，用锯缝机割齐后铲除；继续摊铺时，应将接缝锯切时留下的灰浆擦洗干净，涂上少量黏层沥青，摊铺机熨平板从接缝后起步摊铺；碾压时用钢筒式压路机进行横向压实，从先铺路面上跨缝逐渐移向新铺面层。

③ 横向施工缝应远离桥梁毛勒缝 20m 以外，不许设在毛勒缝外，以确保毛勒缝两边路面表面的平顺。

（7）养护

沥青路面必须待摊铺层安全自然冷却到周围地面温度时（最好隔夜），方可开放交通，同时做好沥青路面的保洁工作。

（8）成品检验、验收

沥青路面自然冷却后，按照相关规范和标准对路面几何尺寸、体积性质等进行检测，并按照报验程序申请验收。

（五）质量标准

（1）施工前应对原材料的质量进行检查，其各项检测指标必须符合 JTG F40—2004《公路沥青路面施工技术规范》或相关标准要求。原材料主要包括粗集料、细集料、填料、沥青、外掺材料等。

（2）混合料施工温度宜略高于 JTG F40—2004《公路沥青路面施工技术规范》相关要求。

（3）混合料外观要求均匀一致，无花白料。摊铺后表面要求没有明显的离析现象。

（4）检测混合料品质宜符合 JTG F80/1—2017《公路工程质量检验评定标准　第一册　土建工程》的相关规定。

（5）成品检测。压实度要求：≥98%（马氏密度）；≥93%、≥97%（最大理论密度）。

其他检测指标要求符合 JTG F80/1—2017《公路工程质量检验评定标准　第一册　土建工程》相关规定的要求。

（六）成品保护

（1）施工过程中必须对成型路面进行防污染保护，包括油污染、砂浆污染、泥土污染等。

（2）沥青路面终压完成自然冷却后，表面温度<50℃时方可开放交通。

（3）路面取心后，孔眼应及时填补。

（七）质量记录

（1）测量放样报验单。

（2）原材料（粗、细集料、沥青、矿粉、外掺材料等）进场检验报告。

（3）分项工程中间交工证书及附件（附件包括混合料质量检验记录表、现场检验记录表等）。

（4）沥青混合料的各个工序的温度记录（拌和、运输、摊铺、碾压等）。

（八）安全、环保措施

1. 安全措施

（1）现场应成立安全领导小组，并设专职安全员。

（2）拌和场内沥青罐、油罐等处应设置“小心烫伤”“禁止烟火”的明显标志，同时配备齐全的灭火设施，出料口应设置“小心坠落”的明显标志。拌和场内机械、车辆的运行应由专人指挥。

（3）施工现场应设立安全警示牌，路口处、车辆转弯处标牌正确、醒目。

（4）现场施工人员应穿戴防止烫伤的皮鞋、手套等。

（5）施工便道确保平整、畅通。

2. 环保措施

（1）公路施工堆料场、拌和站设在空旷地区，相距 200m 范围内，不应有集中的居民区、学校等。

（2）沥青路面施工，沥青混凝土拌和厂设在居民区、学校等环境敏感点以外的下风向处，既方便生产，又须符合卫生要求（卫生防护距离分级中，规定的防护距离为 300m），不采用开敞式、半封闭式沥青加热工艺。

（3）施工便道定时洒水降尘，运输粉状材料要加以遮盖。

（4）当施工路段距住宅区距离<150m 时，为保证居民夜间休息，在规定时间内禁止施工。

（5）主动与施工路段附近的学校和单位协商，对施工时间进行调整或采取其他措施，尽量减少施工噪声对教学和工作的干扰。

（6）注意机械保养，使机械保持最低声级水平；安排工人轮流进行机械操作，减少接触高噪声的时间；对在声源附近工作时间较长的工人，发放防声耳塞、头盔等，对工人进行自身保护。

（九）透层油

（1）沥青路面各类基层都必须喷洒透层油，沥青层必须在透层油完全渗透入基层后方可摊铺。基层上设置下封层时，透层油不宜省略。气温低于 10℃或大风天气，即将降雨时不得喷洒透层油。

（2）根据基层类型选择渗透性好的液体沥青、乳化沥青作为透层油，喷洒后通过钻孔或挖掘确认透层油渗入基层的深度≥5mm，并能与基层连结成为一体。

（3）透层油通过调节稀释剂的用量或乳化沥青的浓度得到适宜的黏度，基质沥青的针入度通常宜≥100。

（4）透层油的用量通过试洒确定，不宜超出规范要求的范围。

（5）用于半刚性基层的透层油紧接在基层碾压成型后表面稍变干燥，但尚未硬化的情况下喷洒。

（6）透层油宜采用沥青洒布车一次喷洒均匀，使用的喷嘴宜根据透层油的种类和黏度选择并保证均匀喷洒。

（7）喷洒透层油前应清扫路面，遮挡防护路缘石及人工构造物避免污染，透层油必须洒布均匀，有花白遗漏应人工补洒，喷洒过量的立即撒布石屑或砂吸油，必要时作适当碾压。

透层油洒布后不得在表面形成能被运料车和摊铺机黏起的油条，透层油达不到渗透要求时，应更换透层油稠度或品种。

（8）透层油洒布后的养生时间随透层油的品种和气候条件由试验确定，确保液体沥青中的稀释剂全部挥发，乳化沥青渗透并水分蒸发，然后尽早铺筑沥青面层，防止工程车辆损坏透层。

三、热拌沥青混凝土的路面施工和质量控制

我国公路特别是高速公路建设发展很快，但是在建设过程中，如果对路面施工质量缺乏有效的控制方法，势必会造成各种病害的产生，将严重影响公路的通车运营能力，给国家造成重大的经济损失。下面就以廊沧高速公路路面施工质量控制为例，对热拌沥青混凝土路面施工的各个环节进行简单的阐述。

（一）原材料控制

沥青混凝土路面的主要部分沥青混合料是由沥青、集料、矿粉等原材料按照配比组成的。只有各种原材料均符合使用和配比要求，路面质量才可能达到设计要求，所以加强原材料质量控制是保证路面施工质量的前提和保障，也是沥青混凝土路面质量控制的首要内容。

（1）沥青路面使用的各种材料运至现场后，必须严格按照规范要求的检测频率设专人严格抽检，对于达不到要求的严禁使用。

（2）改善沥青的温度敏感性、低温稳定性和流变性对提高混合料的高温和低温力学性质效果非常显著，沥青性能改善对提高路面长期使用性能有着非常重要的作用。其中使用最多的是SBS改性沥青，其无论从高温和低温性能、弹性恢复性能，还是感温性能几个方面，都有明显的优势。

（3）选用优质的规格集料，集料要符合两项要求：一是碎石表面微观粗糙度大且形状接近立方体，质地坚硬；二是使用人工砂，限制使用圆形颗粒的天然砂。对于不同料源、品种、规格的集料堆间设置隔离墙，不得混杂堆放。

（4）填料通常是指矿粉，在沥青混合料中起到重要的作用，矿粉应干燥、洁净，能自由地从矿粉仓流出，矿粉的配比要适量，少了不足以形成足够的比表面吸附沥青，过多又会使胶泥成团，致使路面胶泥离析。

（二）配合比设计

沥青混合料的配合比设计是施工过程中一项关键的工作，也是施工质量控制的一项重要内容，目的是确定沥青混合料的材料品种及配合比、矿料级配和最佳沥青用量。配合比设计应该具有良好的使用性能，施工操作性好及变异性小、容易压实，尤其经得起实践考验，确保沥青路面不产生损坏。

（1）沥青混合料必须在对同类公路配合比设计和使用情况调查研究的基础上，充分借鉴成功的经验，选用符合要求的材料，进行配合比设计。

（2）配合比应按以下步骤进行：目标配合比设计阶段、生产配合比设计阶段、生产配合比验证阶段、确定施工级配允许波动范围。

（3）设计确定的标准配合比在施工过程中不要随意变更，生产过程中应加强跟踪检测，如遇材料发生变化并经检测沥青混合料的矿料级配、马歇尔技术指标不符要求时，应及时调整配合比，使沥青混合料的质量符合要求并保持相对稳定，必要时重新进行配合比设计。

(三) 施工阶段

施工阶段的质量控制是一套系统的工作，包括施工的准备工作，透层及试验段施工，沥青混合料的拌制、运输、摊铺、碾压等各个环节，每个环节都对施工质量有着直接影响。

1. 施工准备

(1) 铺筑沥青层前，应检查基层或下承层的质量，不符合要求的不得铺筑沥青面层。旧沥青路面或下卧层已被污染时，必须清洗或经铣刨处理方可铺筑沥青混合料。

(2) 有条件的情况下要提前 2d 洒布透层油，以保证渗透深度。

(3) 提前 7d 以上进行试验段的施工。通过试验段可以对生产配合比进行有效的验证，并根据试验段的试验结果和试验数据，用来确定合理的施工方法和检测方法等指标，以指导大面积施工。

2. 混合料的拌制

应对拌制站生产实行全程质量控制：

(1) 从料堆和皮带运输机随时目测各种材料的质量和均匀性，检查泥块及超粒径碎石，检查冷料仓有无窜仓，目测混合料拌和是否均匀、有无花白料、油石比是否合理，检查集料和混合料的离析情况；

(2) 检查控制室拌和机各项参数的设定值、控制屏的显示值，核对计算机采集和打印记录的数据与显示值是否一致；

(3) 检测沥青混合料的材料加热温度，取样抽提、筛分检测混合料的矿料级配、油石比；

(4) 取样成型试件进行马歇尔试验，测定空隙率、稳定度、流值，并计算合格率；

(5) 沥青混合料出厂，应逐车检测沥青混合料的重量和温度，记录出厂时间，并签发运料单。

3. 混合料的运输

(1) 摊铺机前方等候的运料车多于 5 辆后再开始摊铺。

(2) 从拌和机向运料车上装料时，应多次挪动汽车位置，平衡装料，以减少混合料离析。运料车运输混合料要用苫布覆盖保温、防雨、防污染。

(3) 运料车进入摊铺现场时，须设水池洗净轮胎后进入工程现场。

(4) 摊铺过程中运料车应在摊铺机前 1~3m 处停住，空挡等候，由摊铺机推动前进开始缓缓卸料，避免撞击摊铺机。在有条件时，运料车可将混合料卸入转运车经二次拌和后向摊铺机连续均匀地供料。

4. 混合料的摊铺

(1) 铺筑高速公路、一级公路沥青混合料时，1 台摊铺机的铺筑宽度不宜超过 6m(双车道)~7.5m(三车道以上)，通常宜采用 2 台或更多台数的摊铺机(尽量选用同一型号摊铺机)前后错开 10~20m，呈梯队方式同步摊铺，两幅之间应有 30~60mm 左右宽度的搭接，并躲开车道轮迹带，上、下层的搭接位置宜错开 200mm 以上。

(2) 摊铺机宜采用履带式，必须配备自动找平装置，下面层施工时应采用挂钢绞线控制标高和厚度的方式，上面层施工应采用平衡梁或者滑靴来控制标高和厚度，中面层施工时采用 2 种方式均可。摊铺机开工前应提前 0.5~1h 预热熨平板不低于 100℃。铺筑过程中应选择具有适宜的振动频率和振幅的烫平板振捣或夯锤压实装置，以提高路面的初始压实度。

（3）摊铺机必须缓慢、均匀、连续不间断地摊铺，不得随意变换速度或中途停顿，以提高平整度，减少混合料的离析。

5. 沥青路面的压实及成型

沥青路面施工应配备足够数量的压路机，试验确定选择合理的压路机组合方式及初压、复压、终压(包括成型)的碾压步骤，以达到最佳碾压效果，可总结为“先轻后重，先高后低，先慢后快，先边后中”。

6. 交通管制

摊铺层表面温度低于50℃后，方可开放交通，路面开放交通后应控制过往车辆的车速，严禁刹车、调头损伤路面。还应保持沥青路面整洁无污染。

（四）试验检测

（1）沥青路面的厚度采取专人不断地用标尺或其他工具插入摊铺层测量松铺厚度的方法；压实度采取重点对碾压工艺进行过程控制，适度钻孔抽检压实度的方法。

（2）施工过程中应随时对路面进行外观(色泽、油膜厚度、表面空隙)评定，尤其特别注意防止粗细集料的离析和混合料温度不均，造成路面局部渗水严重或压实不足，酿成隐患。如果确实该路段严重离析、渗水，且经2次补充钻孔仍不能达到压实度要求，确属施工质量差的，应予铣刨或局部挖补，返工重铺。

（3）施工过程中应设专人随时对路面进行外观评定，注意防止粗细集料的离析和混合料温度不均，还应随时用3m直尺或5m直尺检测接缝及与构造物连接处的平整度，正常路段的平整度采用连续式平整度仪或颠簸累计仪测定。

（4）沥青用量(油石比)和矿料级配(筛分试验)必须逐盘检测，严格控制，将试验数据书面通知拌和楼负责人员，随时调整，以保证拌和质量。其他试验检测项目，比如沥青三大指标、马歇尔试验、标高、横坡、宽度等指标也应按照规范的要求在施工过程中或之前严格控制。有效而及时的试验检测是施工质量最基本的控制方法和根本保证。

现如今我国路面施工技术发展很快，并且又引进了许多国外的先进生产工艺和机械设备，这使得路面质量控制工作也必须同步发展。科学的施工、有效的控制，不但可以防止路面病害的发生，延长路面使用寿命，而且还能够保障道路运输能力，节省后期养护费用，促进国民经济的发展。

第五节 层铺法沥青路面施工

一、层铺法在沥青路面面层施工中的应用

层铺法是分层洒布沥青，分层铺洒矿料和碾压的一种方法。其主要的优点是工艺流程和设备简便、效率高、施工快、造价低；其缺点是路面的成型时间较长，且要经过炎热季节车辆的碾压才能成型。所以层铺法宜在干燥和炎热季节施工。层铺法进行路面面层的施工通常有两种：一种是沥青表面的处置；另一种是沥青贯入式处理。

（一）沥青表面处置路面

沥青表面处置路面是用沥青和集料来对路面进行处理的一种方法，其施工方法可以是层

铺和拌合，但是铺设的厚度一般≤3cm。又因为处置的路面面层较薄，所以对路面强度一般没有什么作用，但是对路面的防水、耐磨、平整等起到非常重要的作用。

1. 材料规格和用量

层铺法根据层铺的数量和层数可以分为单层式、双层式和三层式三种。顾名思义，单层式就是洒布一层沥青，洒布一层集料，然后进行碾压完成。这样的面层相对较薄，一般厚度只能达到1~1.5cm；而双层式则要比单层式多出一层的施工，以此类推，三层的又比双层的多出来一层。其厚度也相应地增加，可以达到2.5~3cm。从使用范围上看，沥青表面处置适用在三级类的公路及其以下等级的公路，也可以应用在城市道路支路、县镇公路以及各级公路的便道和旧路的罩面层和磨损层。

在沥青路面表层施工中，集料的使用要限制颗粒的大小，最大颗粒径大小要小于处治层的厚度，规格和用量要按照工程施工标准的说明使用。如何采用沥青，为了不使沥青乳液流失，可以向乳液中添加部分集料。沥青路面面层使用的沥青可以使用石油沥青、煤沥青、乳化沥青等，使用各种沥青都要根据工程的施工标准来选择沥青的标号，这些都在施工规范中可以找到。

2. 施工工艺

沥青路面面层的表面处置施工通常用先铺沥青后铺集料的方法进行，下面就以双层沥青表面的铺设为例进行阐述。其工艺流程如下：

备料──→清理基层及放样──→浇洒透层沥青──→洒布第一层沥青──→铺撒第一层集料──→碾压──→洒布第二层沥青──→铺撒第二层集料──→碾压──→初期养护。

单层的和三层的沥青面层处置方法和双层的施工工序是相同的，只是在铺洒面层的次数上有所不同。

(二) 主要工序的施工及质量控制

1. 浇洒透层沥青

为了使基层能和沥青面层的沥青有较好的黏合，把基层上浇洒的乳化沥青、液体沥青等叫做透层沥青。透层沥青为了获得较好的渗入性，要采用慢裂的洒布型乳化沥青，也可采用中、慢凝液体石油沥青或煤沥青，同时，透层沥青的使用要符合道路工程建设规范标准的要求。

2. 洒布沥青

透层沥青要充分地渗透，或者是已经处理好的道路基层，或者已经清扫了的开放道路。可以进行第一层沥青的洒布。洒布沥青要均匀，不能有空隙或沥青聚集的现象。同时，要根据道路的情况，合理地选择沥青洒布车的排挡和油泵机档，以便使得洒布更加均匀、密实。

3. 铺撒矿料

洒布沥青后，要及时地铺洒第一层的集料，集料的铺洒也要规范标准，铺洒也要均匀，而且达到铺洒完全、厚度一致、不重叠、不漏沥青。

4. 碾压

集料铺洒完成后，要用压路机进行碾压，通常采用6~8t的压路机碾压，碾压时要注意，每次的碾压轮迹要重复至30cm处的位置，碾压的次数也要保证在3~4次为宜。第一次的碾压速度稍慢，以后逐渐地加快碾压的速度。第二层碾压时，碾压机要增加重量，最好使用8~10t压路机。

5. 初期养护

经过碾压后的面层，就可以通车，但是为了初期的养护，要限定一定的速度，并且控制车辆的行驶路线，以便保证路面得到车辆的均匀压实，这样也有利于表层的泛油稳定。如果出现严重泛油时，要及时处理，处理方法是在泛油处洒铺和最后一次使用的集料相同的集料，并且保证铺洒均匀，过多的集料要扫除；其次，如果出现其他破坏现象要进行合理的修补。

（三）沥青贯入式路面

在初步压实的碎石上，分层浇洒沥青、撒布嵌缝料，或再在上部铺筑热拌沥青混合料封层，经压实而成的沥青面层称为沥青贯入式沥青路面。这种形式的路面厚度以4~8cm为佳，然而乳化沥青贯入式路面的厚度不要超出5cm。如果在贯入层的上部再加入沥青混合料和拌合料进行封层，其厚度也不能超过6~10cm，拌合层厚度不要超过2~4cm。贯入式的沥青路面一般应用于二级或者二级以下的公路，也可以作为沥青混凝土路面的连接层使用。以这种方法施工进行建设的道路，其强度和稳定性都较好。其强度的形成主要是因为矿料和沥青在一起受到挤压形成的。沥青贯入式路面是一种多孔隙的结构，为了防止路面受到水的侵害，有效地增强水稳定性，在其上面要适当地洒布封层或加一层拌合料层。乳化沥青贯入式路面铺筑在半刚性基层上时，应铺筑下封层。沥青贯入层作为连结层使用时，可不撒表面封层料。

1. 材料规格和用量

集料的选择：集料要选择有棱角、嵌挤性好的坚硬石料，规格和用量要根据工程道路施工标准进行确定，而且大粒径集料的数量要不少于50%。沥青的选择：可以选择石油沥青、煤沥青和乳化沥青，用量上根据施工情况来确定。

沥青贯入式路面的施工程序如下：整修和清扫基层——→浇洒透层或黏层沥青——→撒布主层集料——→第一次碾压——→浇洒第一层沥青——→撒布第一层嵌缝料——→第二次碾压——→浇洒第二层沥青——→撒布第二次嵌缝料——→第三次碾压——→洒布第三层沥青——→撒布封层料——→最后碾压——→初期养护。

2. 主要工序及施工控制

（1）浇洒透层黏层沥青

黏层是为了保证沥青面层和下面的基层有更好的黏结能力而铺设的一层沥青薄层。其应用的情况要注意以下问题：①旧沥青路面的重新铺设；②水泥路面或者桥面；③在沥青面层容易产生推移的路段的基层上；④所有与新铺沥青混合料接触的侧面；⑤黏层沥青宜用沥青撒布车喷洒，喷洒黏层沥青要注意均匀撒布和涂刷；⑥路面有杂物、尘土时应清除干净。

（2）铺洒主层集料

摊铺集料应避免大小颗粒集中，并检查其松铺厚度，严禁车辆在铺好的矿料层上通行。

（3）第一次碾压

碾压标准以主层的矿料被压实为准，并且看不出轮迹。然后浇洒第一次沥青，撒完沥青之后，洒第一层嵌缝料，洒布要均匀，而且必须在沥青乳液破乳前完成。之后进行第二次碾压。随后进行第二层沥青撒布、第二层嵌缝、第三次碾压、第三层洒布沥青……直到最后施工结束。

层铺法铺设沥青路面的面层，方法简单，铺设速度快，工程造价低，路面耐磨耐用，值得广泛地推广使用。

二、层铺法沥青表面处治路面的施工方法

沥青及矿料按层铺的方法施工，铺筑厚度在 1～3cm 的路面面层称为层铺法沥青表面处治路面。其主要作用是改善行车条件，承担行车磨耗及大气作用，密水性能和抗裂性能优于拌和法，能很好防止承重层困渗水软化而损坏，从而延长路面的使用寿命，提高经济效益。

（一）材料的选用

1. 料的选用

矿料应注意进行严格认真地筛分，主骨料可分为 10～15、15～20、20～25(单位以 mm 计)三级分别使用，封层料、嵌缝料用后期养护料可用 3～8、5～10(单位以 mm 计)的矿料。矿料可采用碎石或砾石，使用砾石的耐磨性能和路面平整度更佳。

2. 沥青的选用

沥青应选用 140～160 标号的石油沥青、煤沥青或乳化沥青，交通量大、热季施工宜采用较高标号的沥青。油石比(重量比)建议为 5%～6%，当行车密度小、低温季节施工、树荫浓密路段及沥青标号较高时，油石比可采用高限(选用较高的用油量)。各级粒径矿料的用油量如表 5-22 所示。

表 5-22　各级粒径矿料的用油量

矿料粒径/mm	10～15	15～20	20～25
封层油/(L/m^2)	1.0～1.2	1.0～1.2	1.0～1.2
主层油/(L/m^2)	1.4～1.6	1.7～1.8	1.9～2.1
总油量/(L/m^2)	2.4～2.6	2.7～2.8	2.9～3.1

表 5-22 中为用油量。表处上、下层用油量根据施工气温、沥青标号、基层情况在总用油量不变的原则下可酌情调整。

（二）施工方法

1. 程序

（1）三层式表面处治。底层清扫放样+洒第一层油⟶撒第一层料⟶辗压+养护基本成型⟶洒第二层油⟶撒第二层料⟶辗压养护基本成型+洒面层油⟶撒面层料⟶辗压⟶初期养护。

（2）双层式表面处治。同三层式，减少一次洒油、撒料与辗压。

（3）单层式表面处治。同三层式，减少二次洒油、撒料与辗压。

2. 施工要点

施工宜选择在干燥和较热的季节施工，并在雨季前及日最高温度低于 15℃ 到来前半个月结束，使表面处治层通过开放交通压实，成型稳定。施工应确保各工序紧密衔接，每个作业段的长度应根据压路机数量、沥青洒布设备及集料撒布能力等确定，当天施工的路段必须在当天完成。

沥青的浇洒温度根据施工气温及沥青标号选择，石油沥青的洒布温度宜为 130～170℃，

煤沥青的洒布温度宜为80~120℃，乳化沥青在常温下洒布。当气温偏低，破乳及成型过慢时，可将乳液加温后洒布，但乳液温度不得超过60℃。施工前定段、定量备齐矿料，每一段内矿料粒径相同，然后清扫底层，清除泥土染物，逐段挂线放样，根据每一施工段矿料粒径调整用油量，严格控制用油量，浇洒均匀，不得有空白或积聚现象，洒油后，随即撒铺矿料，按用量快撒、匀撒、一次撒足，然后用6~8t或8~10t光轮压路机碾压平整，以能使集料嵌挤紧密又不致使石料有较多压碎为度。第二层、第三层洒油、撒料、碾压同第一层。每层辗压后即可开放交通，限制车速不超过20km/h，并进行初期养护。施工时，每千平方米应另备2~5mm矿料或3~5m^{3}粗砂，供初期养护使用。双层、单层表处施工要点同三层表处。

（三）初期养护

层铺法沥青表面处治路面的初期养护是最后一道工序，是保证质量的重要环节。在处治层成型期间应有专人负责养护工作。具体内容如下：

1. 控制行车辗压

气温高于20℃后，油面表逐步开始反油，需要及时控制行车辗压。按先边后中的原则，先路中每20~30m设一临时标志，使路面全幅均匀压实。

2. 当路面全幅反油后，即撒初期养护矿料正常反油

撒2~5mm矿料，每千平方米用料3~5m^3。撒料应该注意以下两点：第一，应顺行车方向少撒、勤撒、撒匀、扫匀；第二，要在当天气温最高时撒料（中午前后），同时控制行车辗压。

（四）由于施工不当出现病害的处理措施

1. 反油严重（泛油）

泛油是沥青用量过多所造成的一种病害，原因是：施工时单位面积用油量过多或矿料不足，在低温季节施工，路面未成型，嵌缝料散失，相对增加面层油量。其处治方法有如下2种：一是根据泛油程度不同，选择不同规格和数量的矿料处理，撒料时应掌握先粗后细、少撒、勤撒等养护原则；二是若路面已形成软层，可撒较粗矿料，用压路机强行压入。

2. 麻面、松散

麻面、松散是沥青用量过少所造成的一种病害，原因是：施工时单位面积用油量过少或填料过多。其处治方法如下：注意做好预防水害工作，如开挖清理、加深边沟，以及时排除地表积水和降低地下水位，然后重做表处层。

综上所述，层铺法沥青表面处治路面具有施工简便、使用耐久、造价低的特点，因此，该种路面结构值得推广应用。

第六节 封层、黏层、透层施工技术

一、沥青路面透层，黏层、封层施工技术概述

（一）透层施工技术

1. 作用与适用条件

（1）透层的作用：为使沥青面层与基层结合良好，在基层上浇洒乳化沥青、煤沥青或液体沥青而形成的透入基层表面的薄层。

(2) 沥青路面各类基层都必须喷洒透层油。基层上设置下封层时，透层油不宜省略。

2. 一般要求

(1) 凡是半刚性基层、级配砂砾、级配碎石基层都应喷洒透层油。

(2) 透层油沥青的稠度宜通过试验确定，对于表面致密的半刚性基层宜采用渗透性好的稀透层沥青；对级配砂砾、级配碎石等粒料基层宜采用软稠的透层沥青。

(3) 透层油沥青宜采用慢裂的洒布型乳化石油沥青，或者是中、慢裂液体石油沥青或煤沥青。

3. 注意事项

(1) 透层油洒布后应不致流淌，应渗入基层一定深度，不得在表面形成油膜。

(2) 如遇大风或将下雨时，不能喷洒透层油。气温低于 10℃时不宜喷洒透层油。

(3) 喷洒透层油后严格禁止人和车辆通行。

(二) 黏层施工技术

1. 作用与适用条件

(1) 黏层的作用：使上、下层沥青结构层或沥青结构层与结构物(或水泥混凝土路面)完全黏结成一个整体。

(2) 符合下列情况，应浇洒黏层沥青：

① 双层式或三层式热拌热铺沥青混合料的沥青层之间；

② 水泥混凝土路面、沥青稳定碎石基层或旧沥青路面层上加铺沥青层；

③ 缘石、雨水进水口、检查井等构造物与新铺沥青混合料接触的侧面。

2. 一般要求

(1) 黏层沥青的技术要求

黏层沥青材料目前一般多采用乳化沥青。使用乳化沥青时，宜使用快裂型的乳化沥青，也可以使用快、中凝液体石油沥青或煤沥青。

(2) 黏层沥青的用量、品种选择

路面的基层结构不一样，使用黏层沥青的品种就不一样。如级配碎石基层的渗透性好，可采用慢裂乳化沥青，而半刚性基层使用慢裂石油沥青洒布后会严重流淌，应使用快裂型沥青。

乳化沥青分为阳离子乳化沥青和阴离子乳化沥青。阳离子乳化沥青的沥青微粒带正电荷，阴离子乳化沥青微粒带负电荷。当阳离子乳化沥青与骨料表面接触时，由于所带电荷不同，产生异性相吸，两者在有水膜的情况下能使沥青微粒裹覆在骨料表面，仍能很好吸附结合。因而在阴湿、低温情况下(5℃以上)仍可以施工。但阴离子乳化沥青正好相反，它与潮湿骨料表面都带负电荷，使其产生同性相斥，沥青微粒不能很快黏附在骨料表面上，若要使沥青微粒裹覆在骨料表面，必须待乳化液中水分蒸发后才行，所以遇上阴湿或低温季节时就难以施工。

3. 注意事项

(1) 喷洒表面一定清扫干净，并表面干燥。

(2) 当气温低于 10℃或路面潮湿时禁止喷洒。

(3) 严禁车辆行人通过。

（4）黏层沥青喷洒后，一定要等乳化沥青破乳，水分蒸发完后才能铺筑上层沥青混凝土。

（三）封层的施工技术

1. 作用与适用条件

（1）封层的作用：一是封闭某一层起着保水防水作用；二是起基层与沥青表面层之间的过渡和有效连结作用；三是路的某一层表面破坏离析松散处的加固补强；四是基层在沥青面层铺筑前，要临时开放交通。封层可分为上封层和下封层。

（2）符合下列情况之一时，应在沥青面层上铺筑上封层：

① 沥青面层的空隙较大，透水严重；

② 有裂缝或已修补的旧沥青路面；

③ 需加铺磨耗层以改善抗滑性能的旧沥青路面；

④ 需铺筑磨耗层或保护层的新建沥青路面。

2. 注意事项

（1）干燥情况下进行。

（2）稀浆封层铺筑后，必须待乳液破乳、水分蒸发、干燥成型后方可开放交通。

（3）稀浆封层施工气温不得低于10℃。

二、公路工程透层、黏层、封层作用及施工工艺

目前沥青混凝土路面在我国公路建设中被广泛使用。为谋求更高的质量标准，在路基、路面及其结构组成方面进行了许多优化和改进。为了提高路面的承载力、耐久性和提高抗水毁能力，对于沥青混凝土路面各层间的处理也越来越重视，透层、黏层、封层的作用也显得越来越重要。透层、黏层、封层各有作用，不能混淆。下面简单谈论各处理层的作用、对材料的要求及施工要点。

（一）透层

1. 透层的作用

透层是适用于无机结合料基层表面的有机结合料渗透层，用于一般路段的下面层与基层之间的层间处理。主要作用如下：

（1）透入基层表面孔隙，增强基层和面层间的黏结；

（2）有助于结合基层表面集料中的细料；

（3）在完成基层的铺装后，适时洒布透层油还可以减少基层的养生费用，提高养生质量；

（4）经过透层油渗透成型以后的基层，表面的开口孔隙被填充，从而得到一个渗透深度上的防水层；

（5）在由于某种原因推迟铺筑面层的情况下，透层可为基层提供临时性防护措施，防止降雨和临时行车的破坏。

2. 透层的施工工艺要求

（1）配合比选用。选用煤油稀释90号沥青作为透层材料，有关技术指标符合道路用液体石油沥青AL(M)-2标准要求。依据常识，煤油用量越大，渗透效果越好，但是沥青含量

低，就满足不了透层对基层固结、稳定、连结、防水的作用要求，所以合格的产品必须同时符合渗透和黏度要求。在生产煤油稀释沥青时黏度要求不小于规范要求的最小值，经过反复的试配，结合洒布效果确定配合比为沥青：煤油＝58：42(重量比)。

(2) 煤油稀释沥青的生产。由于煤油极易溶解沥青，以往经验是根据配合比将沥青加入煤油中人工进行搅拌，但是这样煤油与沥青不能充分融合，容易分离。基于这种情况，可以制作煤油稀释沥青搅拌罐，为了防止沥青温度过高造成煤油极度挥发，将沥青温度加热至120℃，沥青与煤油用量通过流量计控制。按配合比加入沥青和煤油后，在搅拌罐中搅拌30min后将成品打入沥青洒布车。为了防止煤油与沥青分离，当天生产的成品液体沥青最好当天用完。

(3) 煤油稀释沥青的洒布。洒布前，人工对基层要做一次彻底的清扫，将基层表面的杂物、浮尘清除干净，如有泥土时，则采用水车冲洗。对于水泥碎石基层表面粗糙，扫帚清扫不彻底，则采用风力灭火器将其吹净。基层清扫完成后，经检验验收合格，用洒水车向基层洒适量的水湿润，以便煤油稀释沥青更好地渗入基层。煤油稀释沥青洒布采用智能沥青洒布车作业，车中的微电脑能够准确地控制煤油稀释沥青的洒布量。沥青洒布车以8km/h的速度匀速行驶，洒布作业前将数值输入电脑，洒布作业时，电脑即可自动控制。对于加宽路面、桥头等机械施工不便的部位，用该车配备的手动喷洒枪进行喷洒。洒布桥面前用油毡将护栏等部位覆盖，防止污染。

(二) 黏层

1. 黏层的作用

黏层的作用在于使各层面之间、面层与构造物之间黏结成一个整体。黏层主要起胶结作用，对材料的要求也主要在黏结强度和抗剪强度方面。黏层材料通常采用乳化沥青或改性乳化沥青，改性乳化沥青较之乳化沥青在强度方面有较大改善，慢裂乳化沥青洒布后流淌严重，一般采用快裂型的改性乳化沥青较为适宜。

2. 黏层的施工工艺要求

(1) 材料性能。黏层所用材料为SBR改型乳化沥青，属于喷洒型阳离子中(快)裂乳化沥青，有关技术指标符合道路用乳化沥青技术要求。进行搅拌时，如果搅拌后的乳化沥青均匀一致可以继续使用。乳化沥青存放根据试验结果不宜超过5d。

(2) 黏层油的洒布。黏层油的洒布强调“薄”和“遍”。对于桥涵、通道面上的浮浆、灰浆要用钢丝刷刷净，并用大功率吹风机将浮尘吹出桥面。洒布作业采用智能洒布车作业，车中的微电脑能够准确地控制改性乳化沥青洒布量。根据路面的污染程度，洒布量控制在0.3~0.4kg/m，洒布车以8~10km/h的速度保持匀速行驶，在沥青洒布车喷洒不到的地方采用手工喷洒。喷洒的黏层油必须成均匀雾状，在路面全宽度内均匀分布成一薄层，不得出现洒花漏空或成条状，喷洒不足的要补洒，喷洒过量的要刮除。

(三) 封层

1. 封层的作用

封层分为上封层和下封层。上封层铺设在沥青混凝土面层上面，起封闭水分及抵抗车轮磨耗的作用；下封层铺设在基层和面层之间，在基层和面层之间形成一道抵御水害的防护层。为了更好地封闭水分、防止洒布后上封层受到污染，可以采用上封层下移，即在沥青混凝土中面层之上铺设上封层（防水层），也就是说在中面层之上洒布 SBS 改性热沥青加撒布单粒径碎石。

2. 封层的施工工艺要求

（1）防水层所用的 SBS 改性沥青及单粒径碎石的质量很重要，直接影响到上封层的效果和沥青混凝土面层的使用寿命。防水层所用的石灰岩石料规格要求在 10～15mm，石料干净无杂质。除满足上述质量要求外，撒布前要对石料进行除尘处理，经过振动筛将 10mm 以下的石料及石屑筛除，并除去石料本身裹附的石粉，确保能良好地黏附在沥青表面。

（2）清扫下承层。改性沥青洒布前，人工对下承层做一次彻底的清扫，将下承层上的杂物、浮尘清除干净，如有泥土时，采用水车冲洗。对于因附属工程施工留下的砂浆、灰浆及泥土块用钢丝刷刷净，并用吹风机将浮尘吹出路面。

（3）SBS 热沥青的洒布。改性沥青洒布采用智能洒布车作业，由车中的微电脑准确地控制洒布量及每个喷嘴的洒布情况。改性沥青加热温度控制在 180～190℃，确保洒布温度≥180℃。洒布改性沥青时，保持在一档匀速行驶，时速控制在 4km/h，确保洒布均匀并且与粒料撒布机行走速度相匹配。两次洒布结合部位既要保证不漏洒也要保证不能重叠。起步接头的部位喷洒时，洒布车要回退 20～30m，等洒布车车速均匀后再打开喷嘴，接头部位要覆盖油毡，并派人指挥。

（4）撒布石料。石料撒布车要配有轮胎洒水设施，防止轮胎将沥青黏起。采取 2 台撒布机并行作业，人工跟随撒布机，将撒布不均匀或成堆的石料及时扫匀。石料覆盖率控制在 60%～70%，不能出现重叠或漏洒现象。

（5）碾压。碾压采用胶轮压路机压实，碾压要及时，紧随撒布机作业，碾压速度不宜过快，保证石料均匀地镶嵌到沥青中去。

总之，为了使沥青混凝土路面多层组合体系具有良好的结构承载力和耐久性以及抗水毁能力，就必须重视各处理层之间的施工技术，严格按照 JTG F40—2004《公路沥青路面施工技术规范》施工，保证施工质量。

三、透层、下封层与黏层在高速公路路面施工中的质量控制

透层是指在半刚性基础上部为了增强半刚性基层与沥青层的黏结而洒布的乳化沥青，透层油要求能够透入基层表面一定深度；下封层的目的是防止渗透入路面的水分继续下渗进入半刚性基层，采用单层热沥青表处；黏层油设置于沥青层与沥青层之间以增强沥青层间的黏合，采用乳化沥青。要确保透层、下封层以及黏层达到预期的设计目标和路用性能，必须做好施工期间的质量控制。

（一）原材料分析

透层油。高速公路施工过程中水稳基层必须喷洒透层油，透层油一般有稀释沥青和乳化沥青两种，煤油与沥青的掺配比例是透层的一个重要参数。掺配比例是否合适在很大程度上决定了另外 2 个重要技术指标即黏度和渗透深度是否符合要求。掺入煤油的目的是要降低沥青黏度，以利于透层油渗透。煤油含量过高会造成 3 个不利影响：一是沥青含量过低，影响透层的黏结作用和防水作用；二是没有挥发的煤油随雨水流散，污染当地环境；三是煤油价格高，提高了生产成本。煤油含量过低会导致沥青含量过高，透层油黏度大，渗透效果差。透层油宜在两水层稳基层施工完毕后表层稍干但未硬化状态下立即喷洒，透层油应采用沥青

含量不低于50%的慢裂阴离子或非离子乳化沥青，洒布量控制在1.2±0.2kg/m²(乳化沥青总量)，可以通过试洒确定。喷洒后应通过钻孔或挖掘确认透层油投入基层的深度不小于5mm，并能与基层连结成为一体。透层油的质量应满足JTG F40—2004《公路沥青路面施工技术规范》中表4.3.2对PA-2与PN-2的技术要求。

下封层。为了更好地防止水分下渗以及与沥青层更好黏结，要求水稳基层与沥青层之间设置下封层，下封层应于沥青层铺筑的前一天施工，下封层采用单层热沥青表处。采用与面层基质沥青相同的70-A级热沥青，洒布量为1.1~1.3kg/m²同步洒布，采用0.4%沥青用量进行预拌的5~10mm碎石，洒布量为7~9kg/m²(具体应通过试验确定)。对透层油与下封层的沥青总量应控制在1.6~1.8kg/m²。

黏油层。沥青层之间应喷射黏油层，黏油层应采用沥青含量不低于50%的快裂阳离子乳化沥青，应满足JTG F40—2004《公路沥青路面施工技术规范》中表4.3.2对PC-1的技术要求，洒布量应为0.4kg/m²(乳液总量)。

(二) 施工要求

1. 共同要求

透层油、下封层与黏油层的喷洒统一使用智能沥青洒布车，应根据所洒布材料选择合适的喷嘴，确保喷洒的沥青呈均匀雾状，沥青洒布车喷洒时应保持稳定的速度和喷洒量，同时应当调整喷洒有关的高度使同一地点接受2~3个喷油嘴喷洒沥青。喷洒的沥青应当均匀，不得有撒花漏空或成条状，也不得有堆积，喷洒不足的要补洒，过量的应当清理。沥青喷洒过程中严禁一切车辆和行人通过。喷洒区附近的结构物或其他已施工部位应当加以保护，以免溅上沥青受到污染。洒布车喷洒完一个车道停车后，应当用油槽接住排油管底下的沥青，以防止局部沥青过多。

2. 施工方案

(1) 透层油

① 浇洒透层以前，路面应清扫干净，对路缘石及人工构物应适当防护，以防污染。②透层沥青洒布后应不致流淌、渗透入基层一定深度，不得在表面形成油膜。如遇大风或即将降雨时，不得浇洒透层沥青。③气温低于10℃时，不宜浇洒透层沥青。④应按设计的沥青用量一次浇洒均匀，当有遗漏时，应用人工补洒。⑤浇洒透层沥青后，严禁车辆、行人通过。⑥在铺筑沥青面层前，若局部地方尚有多余的透层沥青未深入基层时，应予清除。⑦在无机结合料稳定半刚性基层上洒布用量为(2~3)m³/1000m²的石屑或粗砂。

再无结合料粒料基层上浇洒透层沥青后当不能及时铺筑面层并需开放施工车辆通过时也应铺洒石屑或粗砂，此种情况下，沥青用量宜增加10%。洒布石屑或粗砂后，应用6~8t钢筒式压路机稳压一遍。当通行车辆时，应控制车速。在铺筑沥青面层前如发现局部地方透层沥青剥落，应予修补；当有多余浮动石屑或粗砂时，应予扫除。⑧透层洒布后应尽早铺筑沥青面层。当用乳化沥青做透层时，洒布后应带其充分渗透、水分蒸发后方可铺筑沥青面层，此段时间不宜少于24h。

(2) 下封层

① 水稳基层需要检查与验收。经验收合格的水稳基层应在7d正常保湿养生后可施工下封层。②彻底清除基层表面的浮灰和泥浆，确保下封层与基层黏结牢固。先人工用扫帚将基

层表面进行清扫，然后用4台森林灭火鼓风机沿纵向排成斜线吹净浮灰，如仍不能打到“除净”的目的则用水冲洗，使基层顶面基料颗粒部分外露。③喷洒乳化沥青。在乳化沥青中加入SBR聚合物胶乳，提高沥青胶结料的软化点，并增强沥青对石料的黏附。碎石封层中乳化沥青满足高黏度和快速破乳两个条件，保证乳化沥青洒布后不会到处流淌，从而确保沥青的厚度能够对石料实现较好地裹附；快速破乳加快开放交通的时间，减小天气对施工的影响。沥青碎石封层采用快裂改性乳化沥青，采用SBR合成橡胶进行改性，乳化沥青中乳液固含量大于60%，SBR干胶含量不小于3%。用沥青喷洒车洒布乳化沥青，喷洒均匀。乳化沥青用量控制在2100kg左右（蒸发残留物含量按59%计算，每平方米乳化沥青用量为1.69kg），试验段施工，每100m后称乳化沥青用量，最后，使现场操作人员熟练掌握乳化沥青的用量。洒布量的多少以横向不流淌，有一定的厚度和油膜均匀为标准，不得出现空白、缺边现象。通常热沥青洒布量控制在0.7~1.0kg，热沥青洒布温度适应为135~165℃，洒布应均匀、不流淌，保证洒布的连续性。应注意洒布车辆的启动阶段，纵向、横向的交界处，不能出现重叠和漏洒现象。如造成局部重叠和漏洒现象，应在胶轮碾压前，采用人工清理和人工嵌缝的办法处理。施工后除沥青上面层施工机具外不得开放交通，沥青上面层运输车辆通行时行车速度应≤20km/h。并应尽早覆盖下封层，以防止尘粉的二次污染。④撒布集料。集料应当洁净并且必须要有足够的硬度，确保罩面的使用寿命，级配近乎单一级配，几乎不含粉料，从而确保沥青对石料的裹附。集料的级配要符合施工的标准要求。人工用铁锹均匀撒布集料，集料用量为6~8m^3/km^2，采用总量控制的方法，每辆车按5t左右计算，则每车可撒布40m左右，撒完后用扫帚均匀。⑤碾压。撒完集料100m左右，轮胎压路机开始碾压，碾压速度应≤2km/h，碾压2~4遍，并扫除多余松散颗粒。

（3）黏层

① 按照相关技术规范标准和监理程序控制黏层原材料质量。施工前，严格按规范要求对成品喷洒型SBR改性乳化沥青进行检测。乳化沥青洒布前，清除下封层表面松散材料，直到无尘埃为止。②喷洒黏层油时，采用塑料薄膜覆盖结构物，防止黏层油掉在其上造成污染。③当气温<10℃时或有雾或下雨时，不安排施工。④至少养生24h方能进行下一工序施工。养生期间封闭交通。

3. 注意事项

（1）透层油。透层油主要设在基层施工完毕后喷洒。在上基层施工完毕后，洒水养生1d，然后喷洒沥青透层油。（2）下封层在透层油破乳渗入基层一定深度后，即可施工下封层，下封层乳化沥青主要采用沥青洒布车，洒布不到的地方人工进行喷洒，待其破乳且水分蒸发后，采用石屑洒布车洒布石屑，压路机紧随洒布车后对洒布完的石屑静压2遍，压路机不得随便刹车或“调头”。石屑洒布不到的地方，人工进行洒布。（3）黏层油。黏层施工前对已完工的沥青结构采用人工清扫尘土等杂物，做到整洁而无尘，必要时采用洒水车进行清洗，表面稍干后，用沥青洒布车均匀喷洒，对于沥青洒布车洒布不到的地方人工进行喷洒，其主要的施工环节为：沥青洒布车喷洒乳化沥青时要保持整个喷洒宽度喷洒均匀；洒布设备的喷嘴应使用与沥青相同的稠度，确保能成雾状，与洒油管成15°~20°的夹角；洒布完的黏层不得出现花白条，否则采用人工进行补洒。

透层、下封层以及黏层施工质量控制包含多方面的内容，从原材料到施工工艺多个方面。分析影响质量的各因素，并对这些质量因素进行控制，才能施工出质量优良的透层、下封层以及黏层，对路面使用的状况起到至关重要的作用。

第七节　沥青路面施工质量管理及检查验收

一、施工前的材料与设备检查

施工前必须检查各种材料的来源和质量。供货单位必须提交最新检测的正式试验报告。进口的材料应提供该批材料的船运单。对首次使用的集料，应检查生产单位的生产条件、加工机械、覆盖层的清理情况。所有材料都应按规定取样检测，经质量认可后方可订货。

各种材料都必须在施工前以“批”为单位进行检查，不符合技术要求的材料不得进场。

使用成品改性沥青的工程，应要求供应商提供所使用的改性剂型号、基质沥青的质量检测报告。使用现场改性沥青的工程，应对试生产的改性沥青进行检测。

施工前应对沥青拌和楼、摊铺机、压路机等各种施工机械和设备进行调试，对机械设备的配套情况、技术性能、传感器计量精度等进行认真检查、标定，并得到监理的认可。

二、铺筑试验路段

高速公路、一级公路在施工前应铺筑试验段。其他等级道路在缺乏施工经验或初次使用重大设备时，也应铺筑试验段。当同一施工单位在材料、机械设备及施工方法与其他工程完全相同时，也可利用其他工程的结果，不再铺筑新的试验路段。

试验段的长度通常为 100~200m，并选在正线上铺筑。

沥青路面试验段铺筑分试拌及试铺两个阶段，应包括下列试验内容：

(1) 检验各种施工机械的类型、数量及组合方式是否匹配；

(2) 通过试拌确定拌和机的操作工艺，考察计算机的控制及打印装置的可信度；

(3) 通过试铺确定透层油的喷洒方式和效果，摊铺、压实工艺，确定松铺系数等；

(4) 验证沥青混合料生产配合比设计，提出生产用的标准配合比和最佳沥青用量。

(5) 建立用钻孔法与核子密度仪无破损检测路面密度的对比关系，确定压实度的标准检测方法；

(6) 检测试验段的渗水系数。

三、施工过程中的质量管理与检查

沥青混合料生产过程中，必须按规定的检查项目与频度，对各种原材料进行抽样试验，其质量应符合规定的技术要求。

(一) 离心分离法

(1) 沥青混合料 1~1. 5kg，装入烧杯，用三氯乙烯浸泡 30min，用玻璃棒适当搅动，使沥青充分溶解。

(2) 倒入离心式分离器。转速 3000r/min。重复上述步骤，直至抽提液成清澈的淡黄色为止。

(3) 将容器中的集料，在 105℃烘干，称取集料质量。

(4) 用压力过滤器回收瓶中的沥青溶液，由滤纸的增重得出泄露入滤液中的矿粉，无压力过滤器，也可用燃烧法测定。

（5）计算沥青混合料中矿料的总质量。计算沥青用量（或油石比）。

（6）马歇尔试验：空隙率、稳定度、流值。

（7）每台拌和机每天1~2次。

（8）浸水马歇尔试验：必要时（试件数同马歇尔试验）符合规范的规定。

（二）沥青混合料的矿料级配检验

（1）抽提沥青后，将全部矿料放入样品盘中在105℃烘干。

（2）筛孔：至少0.075mm、2.36mm、4.75mm、公称最大粒径，另外再根据混合料类型选用1个适应的筛孔。

（3）将粘在滤纸、棉花上的矿粉及抽提液中的矿粉计入矿料中通过0.075mm的矿粉含量中。

（三）热拌沥青混合料路面施工过程中工程质量的控制标准

（1）外观：表面平整密实，不得有明显轮迹、裂缝、推挤、油丁、油包等缺陷，且无明显离析现象。

（2）接缝。

（3）施工温度。

（4）总厚度。每2000m^2一点，单点评定，设计值的-5%（高速公路），其他-8%。

（5）上面层厚度：每2000m^2一点，单点评定。

（6）设计值的-10%。

（7）压实度：每2000m^2检查1组，逐个试件评定并计算平均值。

（8）实验室标准密度的97%；最大理论密度的93%；试验段密度的99%。

四、交工验收阶段的工程质量检查与验收

工程完工后，施工单位应将全线以1~3km作为一个评定路段；每一侧车行道按规定频度，随机选取测点；对沥青面层进行全线自检，将单个测定值与表中的质量要求或允许偏差进行比较，计算合格率；然后计算一个评定路段的平均值、极差、标准差及变异系数。施工单位应在规定时间内提交全线检测结果及施工总结报告，申请交工验收。

（一）检查项目

检查项目与施工阶段基本相同，要求指标有所不同。

（1）厚度：面层总厚度，上面层厚度。

（2）压实度：代表值，每1km5点。

（3）实验室标准密度的96%（98%）；最大理论密度的92%（94%）；试验段密度的98%（99%）。

（4）极值（最小值），每1km5点，比代表值放宽1%（每km）或2%（全部）。

（5）平整度：标准差σ，全线连续，高速公路1.2mm；其他2.5mm。

（6）IRI：全线连续，高速公路，2.0m/km；其他4.2m/km。（车载式颠簸累积仪测定平整度试验方法，IRI为国际平整度指数）。

（7）最大间隙（3m直尺），每1km10处，各连续10杆，高速公路不用；其他公路5mm。

（二）沥青层压实度评定方法

沥青路面的压实度采取重点进行碾压工艺的过程控制，适度钻孔抽检压实度校核的方法。钻孔取样应在路面完全冷却后进行，对普通沥青路面通常在第二天取样，对改性沥青及 SMA 路面可在第三天以后取样。沥青面层的压实度按公式计算。

标准密度：按如下方法逐日检测确定。

（1）以实验室密度作为标准密度，即沥青拌和厂每天取样 1~2 次实测的马歇尔试件密度，取平均值作为该批混合料铺筑路段压实度的标准密度。其试件成型温度与路面复压温度一致。当采用配合比设计时，也可采用其他相同的成型方法的实验室密度作为标准密度。

（2）以每天实测的最大理论密度作为标准密度。

（3）以试验路密度作为标准密度。用核子密度仪定点检查密度不再变化为止，然后取≥15 个的钻孔试件的平均密度为计算压实度的标准密度。

（4）可根据需要选用实验室标准密度、最大理论密度、试验路密度中的 1~2 种作为钻孔法检验评定的标准密度。

（5）施工中采用核子密度仪等无破损检测设备进行压实度控制时，应以试验路密度作为标准密度，核子密度仪的测点数不宜少于 39 个，取平均值，但核子密度仪需经标定认可。

（三）其他沥青混合料设计方法简介

GTM 法：美国工程兵旋转压实剪切试验机（Gyratory Testing Machine，简称 GTM）作为一种理论研究和工程实际应用的工具，是由美国工程兵为解决轰炸机跑道容易破损的问题专门研究发明的。

GTM 是柔性路面在荷载作用下的机械模拟。该试验机采用类似于施工中压路机作用的搓揉方法压实沥青混合料，并且模拟了现场压实设备与汽车交通的作用，具有改变垂直压力的灵活性。

五、沥青路面施工的试验检测与质量控制

沥青路面建设的迅速发展，对我国国民经济的增长起到了巨大的带动和促进作用。沥青路面由于沥青混合料原材料多、指标多、组成复杂、温控难度大等特点，容易对施工质量产生影响，发生过早破坏，因此监理要对沥青路面施工质量进行严格控制。在监理过程中可以通过对原材料、每道工序、各阶段的施工试验检测见证监管，而试验检测是检查验收必备手段和施工质量的重要保障。为实现质量控制目标达到监管效果。

（一）沥青路面施工准备阶段

根据工程图纸设计具体要求及各项指标参数，确定沥青路面各结构层所采用石油沥青、乳化沥青、改性乳化沥青、粗集料、细集料、矿粉、木质纤维等原材料。

1. 原材料的进场控制及试验检测

矿料进场后，场地应做好排水并加以覆盖，防止雨水浸入。不同规格的石料应分开堆放，以防不同规格石料混杂而影响沥青混合料的颗粒组成和各项物理学性能，堆放时要避免由于石料粒径的差别造成离析现象而影响混合料的质量。沥青是路面面层的主要材料之一，其各项指标应符合要求，包括针入度、延度、软化点、闪点、溶解度等指标。沥青进场后储存尽可能罐装，封闭储存，避免雨水、灰尘掺入，不同来源、不同标号的沥青应分开存放，

不得混杂，不同原材料都要进行试验检测。

2. 配合比的设计及生产配合比

沥青混凝土材料组成直接影响路面的性能，包括材料类型、矿料级配及沥青用量、配合比设计的优劣、决定生产的质量，因此要严格遵照试验操作规程执行。目标配合比设计的原则：在采用传统马氏理论的基础上结合 SUPARPER 设计体系，经最佳沥青用量设计，确定最佳沥青用量。在确定最佳用油量时，至少做 5 组试件，每组 5 个试件测定其密度、稳定度、流值，并计算孔隙率和饱和度。

沥青混合料设计采用马歇尔配合比设计方法。以空隙率作为主控制指标进行马歇尔实验，同时进行肯塔堡飞散、谢伦堡析漏实验检验。生产配合比应以目标配合比设计的集料级配和沥青用量为基础。根据各热料仓的筛分结果进行设计。确定生产配合比时，应采用目标配合比的最佳沥青用量及其±0.3%、±0.6%五个沥青用量进行马歇尔试验，检验其试件的表干密度、空隙率、间隙率、饱和度、马氏稳定度以及流值。最终确定生产用沥青用量，各热料仓碎石、砂和矿粉的供料比例。经过以上设计确定的生产标准配合比在施工过程中不得随意变更。

（二）沥青混合料生产拌和的过程中质量检测控制

在进行沥青搅拌以前要对沥青进行非连续性的加热 24h，在满足拌合的要求时，再加入矿料进行拌合，在整个操作中，要对材料的用量和时间进行控制。在进行沥青拌合的时候，可以使用温度检测仪器对搅拌的温度进行检测。原料的加入顺序和搅拌的时间以及温度对沥青混合料的质量影响是非常大的。在生产过程中不定时抽检进行马歇尔试验，并要求用多种温度计测试温度以及校验温控系统中温度传感器的准确性，保证出料温度控制在各种沥青混合料的允许范围之内。

（三）沥青混合料运输过程温度检测控制

在进行沥青路面的施工中，对于各种温度的控制一定要在规定的范围内，运料车在距底部约 30cm 的中间部位设有专用温度检测孔，用数显插入式热电偶温度计检测沥青混合料的温度，插入深度 20cm，同时用水银温度计从车的顶部测量沥青混合料的温度，校正测量温度。到场混合料温度，施工、监理单位每车必检，并对测得的温度及时记录到设定好的表格中。

（四）沥青路面施工中试验检测

1. 沥青路面施工现场的质量管理

沥青路面施工前对摊铺前面层宽度、厚度、平整度、压实度事先作一全面检查，对泥土污染处用水冲洗干净。并对油污染、松散、渗水处进行局部处理。沥青混合料摊铺应采用装有自动夯实、整平的摊铺机。并有专人对铺层进行检查。

2. 沥青混合料施工配比验证试验

沥青混合料施工是沥青路面的关键工序，除施工单位自检外，监理平行检测、建设单位委托第三方检测、质量监督站抽检等现场检测也在此时进行，检测沥青混合料配比、原材料。

3. 沥青混凝土路面的摊铺与试验相关性

（1）混合料摊铺是保证路面平整度与厚度的关键工作，首先检测出施工控制参数（比如最大干密度及最优含水量)，这些参数可指导沥青路面的填筑作业，进而管控压实质量。在试验检测时，应严格遵守检测规则，提升检测的精确度。所以必须先进行试验段的摊铺，总结经验。

(2) 通过试验路段的摊铺确定好松铺系数，确定摊铺的松铺厚度。

(3) 摊铺前熨平板要进行充分地预热，以充分加热熨平板，避免黏料，拉裂摊铺表面使材料产生堆移松散，影响平整度。

(4) 要根据拌和机的产量，施工机械配套情况及摊铺厚度、宽度确定摊铺速度，使沥青混合料缓慢、均匀、连续不断地摊铺，以提高干密度。

(5) 摊铺机作业速度可调整范围较大，为获得高标准的路面平整度，摊铺机应连续、稳定地运行，摊铺机行走速度宜控制在 1.5~2.5m/min，不得超过 3m/min，以保证摊铺机条式送料器及螺旋送料器能将足够的混合料送到熨平板前，且熨平板的振动与夯锤能有足够的时间对混合料进行初步压实，并给压路机比较充裕的压实时间，达到充分压实。

4. 沥青路面的碾压与温度、压实度检测

沥青混凝土密度与碾压温度和压实压力十分密切，在进行混合料施工的时候，可以用温度探测仪对施工的温度进行控制。在路面作业中，将沥青混凝土碾压分为三个步骤实施(初压、复压、终压直至混合料稳定无明显轮迹)。压路机应保持雾化喷水，在整个碾压过程中要控制含水量，以防止混合料温度下降过快。碾压过程重点控制碾压温度，施工、监理应控制好初压、复压、终压温度。

5. 沥青路面施工质量检测

沥青路面施工完成应该进行最终成品验收检测。严格按照规范进行压实度、面层厚度、弯沉、平整度、横向摩擦系数、构造深度等检测。

综上所述，伴随沥青路面施工技术的进步和发展，试验检测早已成为控制管理工程质量的重要手段和途径。因此市政工程的施工、监理单位要以更高更新的要求有的放矢地开展试验检测工作，以更加精确、客观、及时的检测数据完成工程质量的评估任务，使工程的施工管理取得事半功倍的效果。

第六章 水泥混凝土路面施工

水泥混凝土路面是指以水泥混凝土为主要材料做面层的路面，简称混凝土路面。亦称刚性路面，俗称白色路面，它是一种高级路面。水泥混凝土路面有素混凝土、钢筋混凝土、连续配筋混凝土、预应力混凝土等各种路面。

水泥混凝土路面由垫层、基层及面层构成。垫层：在温度和湿度状况不良的城镇路面道路上，应设置垫层，以改善路面结构的使用性能；基层：应具有足够的抗冲刷能力和较大的刚度且抗变形能力强且坚实、平整、整体性好；面层：水泥混凝土面层应具有足够的强度、耐久度，表面抗滑、耐磨、平整。

一、分类

（一）素混凝土

在公路、城市道路及机场道面中，目前我国采用得最广泛的是现场浇筑的普通混凝土路面，这类混凝土路面除接缝区和局部范围(边缘或角隅)外，不配置钢筋，亦称素混凝土路面。

用素混凝土或仅在路面板边缘和角隅少量配筋的混凝土，就地灌筑成的路面结构，施工方便，造价低廉。素混凝土路面应沿纵向每隔5~6m设一缩缝，满足冬季缩裂要求；每隔20~40m设一胀缝，防止夏季热胀，板屈曲压裂或缝边混凝土挤碎；沿横向每隔3~4.5m设一纵缝。由于横胀缝易引起路面板的破坏，增加施工和养护的麻烦，20世纪60年代中期以来，对夏季施工的混凝土路面，除在桥头、隧道口、道路交叉口小半径曲线或纵坡变换处，必须设置胀缝外，其他路段可少设或不设。纵横缝一般做成垂直相交，但也有把横缝做成与纵缝交成70°~80°斜角，并按4m、4.5m、5m、5.5m和6m的不等间距顺序布置。

胀缝间隙宽1.8~2.5cm，为防止渗水，上部5~6cm深度内应灌以填缝料，下部则设置用沥青浸制的软木嵌条。为传递荷载，混凝土板厚中央处设钢传力杆，杆径20~32mm，长40~60cm，间距30cm。杆的半段涂沥青并套以套筒，筒底部填以木屑等材料。如不设传力杆，可在混凝土板下设置垫枕。

缩缝一般做成裂口深4~6cm的假缝形式，上部亦灌以填缝料，可不设传力杆。但在路基软弱或交通繁忙路段以及邻近长间距胀缝的两三个缩缝上，也应设置传力杆。纵缝可做成假缝、平头缝或企口缝形式，上部也灌以填缝料。为防止板块向两侧滑移，板厚中央可设置钢拉杆，杆径14~20mm，长40~60cm，间距80~100cm。

素混凝土路面板大多做成等厚断面，厚约20~25cm。由于板的边缘和角隅最易遭到破坏，可设置边缘钢筋和角隅钢筋予以加固，或做成厚边式断面，从靠路肩1m处开始，厚度逐渐增加，至板边缘厚度较中间大25%。在高速公路和一级公路上，可做成由内侧向外侧边缘逐渐加厚的梯形断面。路面板大多做成单层式；当板较厚时也可做成双层式，上层厚度不小于6~7cm，下层使用品质稍差的材料做成低强度混凝土；为使上、下层结合牢固，下层表面应清洁、粗糙并设凹槽。

混凝土路面切缝要注意：

(1) 要注意切缝的时间，时间隔太长了会出现裂缝，太短了，会出现毛边；

(2) 要注意切的深度，浅了起不到效果，还是会出现裂缝，太深了，又耗时耗力，浪费资源；

(3) 间距要合适，一般控制在4~6m，间隔太长了，中间会出现裂缝，起不到作用，太短了，也是浪费；

(4) 注意线形的顺直美观，特别是在弯道上，注意不要倾斜；

(5) 切完后及时进行灌缝。

（二）钢筋路面

在混凝土路面板内，沿纵横向配置钢筋网，配筋率为0.1%~0.2%。钢筋直径8~12mm，纵筋间距15~35cm，横筋间距30~75cm。钢筋设在板表面下5~6cm处，以减轻板面裂纹的产生和扩张。板厚和纵缝间距与素混凝土路面相同，但横缩缝间距可增至10~30m，并设传力杆。在路地基软弱地段和交通特别繁重处，也可将钢筋网设在板底面之上5~6cm处，或设双层钢筋网。

（三）连续配筋

在混凝土路面板内大量配筋，配筋率达0.6%~1.0%，纵筋直径12~16mm，间距7.5~20cm，可连续贯穿横缝。横筋直径6~9mm。间距40~120cm。钢筋设在板厚中央略高处，与板表面距离至少6~7cm。

在连续配筋混凝土路面板的端部应设置端缝，其有两种形式：一为自由式，即连续设置3~4条胀缝，以便板端部自由胀缩；另一为锚固式，即在板底部设置若干根肋梁或桩埋入地基内，以阻止板的胀缩活动。与素混凝土路面相比，连续配筋混凝土路面板厚可减薄15%~20%；缩缝间距可增长至100~300m。但用钢多，造价高，施工较复杂。

（四）纤维土路面

纤维混凝土路面是在混凝土面层中掺入各种短纤维的水泥混凝土路面，纤维混凝土通常比素混凝土具有更高的抗拉强度或更好的耐久性。常用的纤维有钢纤维、各种聚合物纤维以及玻璃纤维。纤维混凝土路面广泛用于重载道路、机场跑道及工作环境恶劣的路面和桥面。

（五）碾压土路面

碾压混凝土路面是采用振动碾压成型的水泥混凝土，不同于上述类型混凝土路面的灌注施工方式。碾压混凝土路面要求采用干硬性混凝土，施工便捷快速，但其表面平整度和结构耐久性不如普通混凝土。碾压混凝土主要用于低等级道路或面层由两层不同类型的结构层复合而成的复合式路面的下层。

（六）块料土路面

块料混凝土路面是用混凝土预制块做面层铺筑在下承层上的路面结构。大的块料路面的块料尺寸可达1~2m，小的块体通常为20~30cm。由于可以使用石料打制较小的块料，因此，认为只有较大的块料路面才能归于水泥混凝土路面范畴，从而用刚性路面理论进行结构分析。块料路面常用于城市道路、非机动车道、低等级公路，或用于基础不稳定的道路交叉口、桥头引道、过水路面等处。

(七) 预应力

按路面构造的不同分为三种:

(1) 无筋预应力混凝土路面。在混凝土板两端设置墩座埋入地基内,墩座与板之间设置弹力缝,放入钢弹簧。板长中央设置加力缝,缝内设千斤顶,对混凝土板逐渐施加压应力至5MPa,然后塞入混凝土预制块,取出千斤顶,用混凝土填塞缝隙。

(2) 有筋预应力混凝土路面。在混凝土板厚中央预留孔,穿进钢丝束,张拉后将两头锚固,并在孔内注入水泥浆使钢丝束与混凝土粘牢。较窄的板可仅在板的纵向加力,较宽的板需在纵横向同时加力,或按与路中线成小于45°角的斜向加力。后者可以连续浇筑很长的板,在板的两侧施加应力。所加预应力在纵向为2~4MPa,在横向为0.4~1.4MPa。

(3) 自应力混凝土路面。用膨胀水泥制备混凝土铺筑路面,借配筋或在板的两端设置墩座,通过混凝土的膨胀施加预应力。

预应力混凝土路面板厚可减至10~15cm,缩缝间距可增至100~150m。但因施工工艺复杂,所需机具性能要求较高,除在某些飞机场建设中获得成功经验外,尚未普遍推广。

(八) 钢纤维

于混凝土中掺入1.5%~2.0%(体积比)的长25~60mm、直径0.25~1mm的钢纤维,可使其28d极限抗压强度和极限抗弯拉强度较素混凝土提高50%以上;而且它的抗疲劳和抗裂缝能力也较素混凝土高(见纤维混凝土)。与素混凝土路面相比,钢纤维混凝土路面板厚可减小30%~50%,缩缝间距可增至15~30m,纵缝间距可增至8m,胀缝可以不设。钢纤维混凝土路面施工工艺尚未定型,仍在试验阶段。

(九) 装配式

在工厂中制成混凝土预制板,运至工地现场铺装而成的路面。装配式混凝土板一般做成边长1~2m的正方形或矩形,也可做成边长1.2m的六角形,板厚12~18cm;还可做成宽3.5m、长3~6m的大型板,但需有相应的运输和吊装机具来配合。板的边缘和角隅可配置钢筋,也可在全板面配设钢筋网。为提高混凝土的质量,可采用预应力、真空吸水、机械振捣和蒸汽养护等工艺。装配式混凝土路面板可以全年生产,不受气候影响,质量容易保证;而且铺装进度快,铺完即可通车,损坏后易于拆换修理。因此,较适用于停车站场及港口码头处,但其接缝多,整体性差,故在公路和城市道路干线上很少采用。

二、土基基层

土基和基层的稳定与坚固对混凝土路面的经久耐用有极大影响。60年代以来,都强调要用水泥、石灰或沥青稳定土或粒料、工业废渣、沥青混合料或贫混凝土作混凝土路面的基层,厚约15~20cm,宽度较混凝土板每侧宽出25~35cm以上。土基上层60cm深度内的压实度要达到最佳密实度的98%以上。在冰冻地区,还要在基层之下,另设30~80cm厚的砂砾或炉渣防冻层。在基层与混凝土面板之间,可铺设1~2cm厚的沥青砂或塑料薄膜;如基层表面平整,亦可将混凝土直接灌筑于基层上。

三、材料要求

用作水泥混凝土面层的材料包括普通混凝土，钢筋混凝土，连续配筋混凝土，钢纤维混凝土、碾压混凝土等。

制备路面用混凝土，要采用软练 425 或 525 号普通硅酸盐水泥，中砂或粗砂和Ⅰ、Ⅱ级碎(砾)石。混凝土 28d 极限抗压强度≥30~40MPa，极限抗弯拉强度≥4.5~5.5MPa，每立方米混凝土的水泥用量为 300~350kg。对双层式混凝土路面的下层材料，可适当降低要求。为提高混凝土的使用性能，可掺入少量早强剂、加气剂、增塑剂、减水剂或聚合物等外加剂(见混凝土外加剂)。

在接缝上部所浇灌的填缝料，常用沥青、矿粉、石棉屑、软木屑或橡胶粉，按适当配比制成的沥青胶泥(也称沥青玛脂)，亦有采用氯丁橡胶空心带、塑料嵌条或聚氯乙烯胶泥等作填缝料，效果较好。

四、路面施工

混凝土路面施工的一般工序是：

(1) 安装边模、接缝嵌条、传力杆和钢筋网等；

(2) 拌和混凝土混合料并运至工地；

(3) 摊铺与振捣混凝土混合料；

(4) 整平混凝土表面并刷毛或刻防滑小槽；

(5) 养生与填缝。

此外，还有试用真空吸水、振动碾压等工艺于混凝土路面施工中。

在早年，混凝土路面的施工使用钢制轨模，它一方面作为边模，一方面又可供具有钢轮的混凝土拌和机、运料车、摊铺机和振捣机等行驶操作。20 世纪 40 年代，一些工业发达国家混凝土路面施工已全盘机械化，从基础整形，轨模安装与拆卸，混凝土拌和、摊铺、捣实与整面，直到切缝、填缝与养生等工序，都使用专门机械，进行流水作业。

1960 年出现了滑模式水泥混凝土路面铺筑机(见水泥混凝土路面铺筑机械)，机尾两侧装有模板随机前进，摊铺、振捣、整面与刻槽等作业顺序完成，成型的路面即在机后延伸出来。此外，还有一种混凝土路面联合铺筑机，它行驶一次即能使路基成型，并摊铺、压实基层，再于其上铺筑混凝土板。

五、补强加层

当混凝土路面已破损，一般可于其上加铺沥青混凝土层，其厚度至少为 15~20cm，以防裂缝和接缝反映到沥青层上。如用新混凝土进行加层，则有如下三种形式：

(1) 结合式加层：先将旧路面凿毛，涂上水泥浆或环氧树脂，再铺新混凝土层，使它与旧路面结合良好；

(2) 部分结合式加层：先清洗旧路面，再铺新混凝土层，它和旧路面结合较差。

(3) 隔离式加层：在旧路面上先铺一层油毡或 2~3cm 厚的粗砂或沥青砂，再铺新混凝土层。

混凝土路面坚固耐用，能适应现代高速、重载而繁密的汽车运输的要求，养护维修费用也少，所以在飞机场跑道、高速公路、干线公路、城市道路、厂矿道路以及停车站场上采用较多。它也特别适用于隧道内路面和过水路面。

六、传力杆

为了控制温度变化在混凝土路面内引起的收缩和翘曲应力，需在面层内设置各种类型的接缝，并在接缝处设置荷载传递装置，以增强相邻两块板之间的荷载传递效率。工程实践证明，接缝部位是水泥混凝土面层的薄弱部位，接缝的传荷能力是影响水泥混凝土路面使用寿命及行车平稳和舒适的关键因素。然而，以往的水泥路面设计规范并没有明确规定横缝位置设置传力杆的条件。2003 版水泥路面设计规范规定：特重和重交通公路、收费广场以及邻近胀缝或自由端部的 3 条缩缝，应采用设传力杆假缝形式。

七、水泥路面特性

（一）力学特性

作为刚性路面的水泥混凝土路面，同柔性路面相比，有自己的特点：混凝土路面的弹性模量及力学强度大大高于基层和土基的相应模量和强度，但混凝土的抗弯拉强度比抗压强度低得多，约为抗压强度的 1/7～1/6，在车轮荷载的作用下当弯拉应力超过混凝土的极限抗弯拉强度时，混凝土板便产生断裂破坏。且在车轮荷载的重复作用下，混凝土板会在低于极限抗弯拉强度时出现破坏，因此取水泥混凝土板的抗弯拉强度指标作为设计指标。

（二）温度变化特性

混凝土随温度、湿度的变化而发生变形，导致混凝土路面板产生收缩、膨胀或翘曲。如果板的尺寸过大，这些变形会受到约束，使板内产生较大的应力，而出现开裂、拱胀，甚至断裂等破坏。为减少温度、湿度影响产生的应力，防止出现不规则的裂缝，混凝土路面（除连续配筋混凝土路面外）需要在纵、横两个方向设置接缝，将板体划分成一定尺寸的矩形板。

（三）变形特性

水泥混凝土是一种脆性材料，它在断裂时的相对拉伸变形很小，因此在荷载作用下土基和基层的变形情况对混凝土板的影响很大，不均匀的基础变形会使混凝土板与基层脱空，在车轮荷载作用下板产生过大的弯拉应力而遭破坏。

因此混凝土面板必须具有足够的抗弯拉强度和厚度，才能满足车轮荷载的多次重复作用。

（四）水泥特点

水泥混凝土路面是一种刚度较大、扩散荷载应力能力强、稳定性好和使用寿命长的路面结构，它与其他路面相比，具有以下特点：

优点：（1）强度高；（2）稳定性好；（3）耐久性好；（4）养护费用低；（5）抗滑性能好；（6）利于夜间行车。

缺点：（1）水泥和水的需要量大，修筑 20cm 厚，7m 宽的水泥混凝土路面，每千米需要消耗水泥 400～500t，水约 250t；（2）接缝较多；（3）开放交通较迟；（4）养护修复困难。

第一节　材料要求与混合料组成设计

一、材料要求及混合料组成设计

(一) 对混凝土组成材料的要求

1. 水泥

水泥是组成混凝土、形成强度的主要材料，应采用强度高、收缩性小、耐磨性强和抗冻性好的水泥。一般可采用硅酸盐水泥、普通硅酸盐水泥和道路硅酸盐水泥；中等及轻交通的路面也可采用矿渣硅酸盐水泥。水泥标号应根据交通等级合理选用，对于特重交通道路，水泥标号不宜低于525号；对于重、中等、轻交通道路，水泥标号不宜低于425号。

2. 粗集料

为保证混凝土具有足够的强度，良好的抗滑、耐磨及耐久性，粗集料(碎石或砾石)应质地坚硬、耐久、洁净，符合级配要求。碎石和砾石的技术要求应符合规定。

粗集料最大粒径应≤40mm。粗集料的级配可选用连续级配或间断级配。连续级配的优点是所配制的混凝土较密实，具有优良的工作性，不易产生离析现象；间断级配与之相比，配制相同强度混凝土所需的水泥用量可少些，但容易产生离析现象，并需采用强力振捣。实际工程中，应根据工程要求与施工条件选用。

3. 细集料

粒径为0. 15~5mm的集料称为细集料。细集料可采用天然砂(如河砂、海砂或山砂等)，也可采用人工轧制石料得到的人工砂(如石屑等)，要求颗粒坚硬耐磨，细度模数在2. 5以上的粗中砂为好，级配应符合相关规定，颗粒表面有棱角，清洁，有害杂质含量少，含泥量(冲洗法)应≤3%，硫化物及硫酸盐含量(折算为SO_3)应≤1%。

4. 水

清洗集料、拌和混凝土及养生所用的水，不应含有影响混凝土质量的油、酸、碱、盐类、有机物等。饮用水一般均适用于混凝土；用非饮用水时，硫酸盐含量(按SO_4^{2-}计算)应<2. 7mg/cm，含盐量≤5mg/cm³，pH值应≥4。

5. 外加剂

为了改善新拌或硬化混凝土的某些性质，有时在制备混凝土的过程中，掺入不超过水泥用量5%的外加剂。修建路面常用的外加剂有以下3类：

(1) 为改善新拌混凝土工作性的减水剂或塑化剂，如木质素系减水剂(简称M剂)、萘系减水剂(NF、MF等)、水溶性树脂(密胺树脂)类减水剂(SM)等；

(2) 为调节水泥凝结时间的缓凝剂(天热时拌制混凝土)，如羟基羧酸盐类(酒石酸等)、多羟基碳水化合物类(糖蜜等)和无机化合物类($NaPO_4$等)等，速凝剂(天冷时拌制混凝土)如“红星1型”等，早强剂如氯化钙、三乙醇复合早强剂等；

(3) 为增加耐冻性和对除冰化合物影响的抵抗力的引气剂，如松香热聚物等阳离子表面活性剂。

所选用的外加剂的质量应符合GB 8076《水泥混凝土外加剂》的规定，并应在充分调查试验和实地试用后再决定所选定的外加剂是否适用。

由于引用外掺剂后会改变混凝土对制备工艺的要求，使用时应特别小心，同时，要特别注意配量正确和在混合料中拌和均匀。

（二）混凝土配合比设计

混凝土混合料配合比设计的目的，主要是根据对路面混凝土设计弯拉强度、耐久性、耐磨性、工作性等要求和经济合理的原则，选用原材料，通过试验和必要的调整，确定混凝土混合料各种组成材料的配合比例。配合比设计的主要任务是选好水灰比、用水量和砂率这三个参数。其一般步骤为：(1)根据已有的配合比试验参数或以往的经验，初拟设计配合比；(2)按初拟设计配合比进行试拌，考察混合料的工作性，按要求作必要的调整，然后进行强度和耐久性试验，再作必要的调整，得到设计配合比；(3)根据混凝土的现场实际浇筑条件，如集料供应情况(级配、含水量等)、摊铺机具和气候条件等，进行适当调整，提出施工配合比。

配合比设计可采用经验公式法，其设计步骤为：

1. 确定混凝土的配合比设计强度

$$f_c = k_i f_{cm}$$

2. 计算灰水比 C/W

可按下述经验公式计算。

碎石混凝土：

$$f_c = -1.0079 + 0.3485 f_{sc} + 1.5684(C/W)$$

砾石混凝土：

$$f_c = 1.5492 + 0.4565 f_{sc} + 1.2618(C/W)$$

路面混凝土的最大水灰比(W/C)应符合下列规定：公路、城市道路和厂矿道路，应≤0.50；机场道面和高速公路，应≤0.46；冰冻地区冬季施工，应≤0.45。如采用真空脱水工艺施工，水灰比可放大5%～10%，但脱水后的剩余水灰比须满足上述要求。

3. 计算用水量 W

在水灰比已定的条件下，确定用水量实质上也就是确定混凝土中的水泥浆用量。而后者取决于混凝土的工作性要求(以坍落度表征)和组成材料的性质(集料表面性质和最大粒径，细集料的粗度和含量等)。每一立方米混凝土的用水量 W(kg/m^3)可按下述经验公式确定。

碎石混凝土：

$$W = 104.97 + 3.09h + 11.27(C/W) + 0.61S_p$$

砾石混凝土：

$$W = 86.89 + 3.70h + 11.24(C/W) + 1.00S_p$$

粗集料最大粒径为40mm时混凝土单位用水量的经验值约为：碎石，150～170kg/m^3；砾石，140～160kg/m^3。

4. 计算水泥用量 C

$$C = W(C/W)$$

路面混凝土的水泥用量应≥300kg/m^3，一般情况下，采用425号水泥时，水泥用量约为310～340kg/m^3；采用525号水泥时，水泥用量约为300～330kg/m^3。

5. 确定粗、细集料用量

在已知砂率、单位用水量和水泥用量的情况下，可以采用绝对体积法或假定密度法确定粗、细集料的用量。

用绝对体积法计算时：

$$\frac{C}{\rho_c}+\frac{G}{\rho'_g}+\frac{S}{\rho'_s}+\frac{W}{\rho_w}=1000$$

$$\frac{S}{S+G}\times 100=S_p$$

用假定密度法计算时：

$$C+G+S+W=p_h$$

$$\frac{S}{S+G}\times 100=S_p$$

6. 配合比的调整

通过上述计算得到的配合比，是根据以往经验公式和参数确定的材料初步用量，它同材料的实际情况存在一定的差异。为此，必须通过试验进行配合比调整。

(1) 试拌调整。按上述初步定出的配合比，取样试拌，测定其工作性(坍落度或维勃稠度试验)。如果测得的工作性低于设计要求，则可保持水灰比不变，适当增加水泥浆用量；如果测得的工作性超过设计要求，则可减少水泥浆用量，或者保持砂率不变，增加砂石用量。当砂浆过多时，可酌量增加石子；砂浆少时，则可酌情增加砂浆。每次调整加入少量材料，重复试验(时间应≤20min)，直到符合要求为止。

(2) 强度验核。按符合工作要求的配合比，适当增减水泥用量，配制 3 组配合比的新拌混凝土梁式试件，并测定其实际密度。经养生到规定龄期后测定其强度。如果实测强度未能达到要求的配制强度时，可采取提高水泥标号、减小水灰比或改善集料级配等措施。

(3) 试验室配合比计算。通过调整得到符合工作性和强度要求的配合比后，还应按混凝土的实测密度校正其计算密度。混凝土的计算密度为经试拌调整后每立方米混凝土各种材料单位用量之和(亦即 $\rho_h=C+G+S+W$，kg/m^2)。校正系数 k 为实测密度同计算密度之比值。各种材料用量均乘以校正系数 k，即为定出的试验室配合比。

(4) 施工配合比换算。试验室配合比是在集料处于标准含水状态(饱和面干状态)下计算出来的。施工现场的集料含水量经常变化，因而须根据拌制时集料的实际含水量对试验室的配合比进行调整。集料中的水分应在用水量中扣除，因水分所减少的集料数量则在集料用量中补足，由此得到施工配合比。

混凝土混合料配合比设计除采用经验公式法外，也可采用正交试验法。

第二节　轨道式摊铺机施工

一、轨道式摊铺机介绍

(一) 工作特点

(1) 布料均匀地分布混凝土是保证均一密实度和平整度的前提。此项工作由布料机独立完成。布料机上装有回转式布料铲，能供自身轴线旋转 180°，同时可往返横向移动，加上布料机本身可以纵向前后移动，操作人员可根据料堆的位置、大小和混凝土料的多少，控制布料铲的角度和移动方向，将混凝土均匀地摊平在两个模板之间的基层上。行走机构的支撑由静液控制，布料铲的高度可以无级调整(调整范围 0~30cm)，可自由地调整布料高度。

（2）预平整装置是一块作横向往复运动的刮板。工作时，对虚方混凝土产生揉搓和挤压作用，使内部组织进一步均匀化，表面趋于平整，同时刮去表层多余混凝土，实现对预留高度的精确计量。其高度通过专门的螺杆单独进行调节，预平整装置不仅可以保证混凝土平整的外形，还可以对混凝土进行较轻微的压实。

（3）振实混凝土施工工艺的目的在于铺成一种毛细孔尽可能少的混凝土层，其各个部分应具有一样的密实度，这项工作主要由振实机上的振动梁来实现。振动梁弹性安装于振实机下方，由底板和振子轴两部分组成。底板前缘部分向上抬起一个角度，便于减少阻力和空气逸出。工作时，对虚方混凝土进行强制性振捣。在 66~75Hz 的振动频率的振动作用下，使混凝土从静止状态下的半塑性状态变为流动状态，振子的惯性力和振幅通过底板产生的动力负荷与振实机本身的静负荷叠加后作用于混凝土上，使其达到设计要求的密实度和相应的结构强度。

（4）抹平机直接连接在振实机之后，对已振实的混凝土表面进行抹平和修整，消除前面工序的作业痕迹，提高平整精度，使其达到设计要求。

（二）水泥混凝土本身对摊铺质量的影响

（1）由于轨道式水泥混凝土摊铺机对混凝土的要求较为宽松，配套的国产水泥混凝土搅拌站基本上能满足需要。但如果前后供给的混凝土坍落度或水灰比相差太大，也会严重影响路面摊铺质量。在最初阶段，由于使用的国产搅拌站性能不稳定，供给的混凝土料坍落度不匀，加上骨料中长片和薄片过多，路面平整度和混凝土强度大受影响。在反复作业中，经常要抹光数次，有的地方已有大量的灰浆浮起，而有的地方依然干硬突出或是有麻面，很难抹平。在混凝土凝固后甚至出现开裂现象。在逐渐掌握了搅拌站的性能以及严格选用骨料，保证了混凝土料的搅拌质量后，以上问题得到了解决。

（2）水泥混凝土的和易性(即工作度)，对于机械摊铺质量和工作进度影响也很大。和易性好的混凝土机械较易摊铺，进度也能加快。一般情况下，增加和易性的方法是增加水泥剂量，但这样水泥的用量会大幅度增加，影响经济效益。通过采用合理的混凝土级配比来解决其和易性。

（三）提高摊铺质量的方法

（1）每天的混凝土摊铺尽量保持连续作业，因为间断时间过长时，前道工序的混凝土已发生初凝，与后道工序搭接处的混凝土路面平整度和结合强度均要受到影响。

（2）少数一次摊铺作业后路面不合要求的段落须重复作业，但此时应尽量避免多次使用振实机。因为这样会使大量灰浆上浮，造成表层灰浆过厚或灰浆大量流出。

（3）摊铺机在作业时，还应辅以部分人工协助机器工作，例如在靠近两侧模板的边缘处由于振实机影响力下降，可辅以人工使用插入式振捣器预先振实。当预平整刮板前翻滚的混凝土直径小于或大于 10~15cm 时，可用人工调整。

（4）由于机械化作业涉及到工程的许多环节，应对机械操作人员、施工技术人员、实验室人员、测量人员、混凝土搅拌站、运输车辆、辅助工等，进行统一的指挥，保证各环节紧密联系。

（四）应用前景

轨道式水泥混凝土摊铺机结构简单、维修性较好、零件损坏后的代用件也容易选择。如离合器皮带轮、行驶驱动轴、液压缸密封件等，均采用自行加工解决。对于振动梁上的振子轴轴承、布料机驱动链条、三角皮带等易损件均可选用国产配件，效果很好。由于轨道式水泥混凝土摊铺机需要架设轨道模板，施工工艺较为复杂，需要较多人力，使施工组织难度增大，整体摊铺作业工作效率不高，对于工期短、进度快的工程项目较难适应。

（五）注意事项

（1）摊铺机摊铺前应对基层表面进行洒水润湿，但不能有积水。

（2）摊铺机混凝土入模前，先检查坍落度，摊铺机控制在配合比要求坍落度±1cm 范围内，制作混凝土检测抗压抗折强度的试件。

（3）摊铺机摊铺过程中，间断时间应不大于混凝土的初凝时间。

（4）摊铺机摊铺现场应设专人指挥卸料，应根据摊铺宽度、厚度，每车混凝土数量均匀卸料，严格掌握，不能亏料，可适当略有富余，但又不能太多，防止被刮到模板之外。

（5）摊铺机摊铺过后，对拉杆要进行整理，保证拉杆平行与水平，同时要用铝合金直尺进行平整度初查，确保混凝土表面平整，不缺料。

（6）摊铺机每日工作结束，施工缝宜设在胀缝或缩缝处，按胀缝和缩缝要求处治。因机械故障或其他原因中断浇筑时，可设临时工作缝。宜设在缩缝处，按缩缝处理。

（7）摊铺机当摊铺到胀缝位置时，应按胀缝设计要求设置胀缝和安装传力杆，传力杆范围内的混凝土可用人工振实和整平。如继续浇筑，摊铺机需跳开一块板的长度开始进行，留下部分待模板拆除并套上胀缝后用人工摊铺振捣成型。

（8）摊铺机在摊铺时，两侧应各设 1 名辅助操作员，保证摊铺机运行安全和摊铺质量。

二、轨道式摊铺机施工工艺分析

（一）功用

水泥混凝土摊铺机是一种将水泥混凝土均匀地摊铺在路基上，经过振实和整形，完成铺筑水泥混凝土路面的机械。

（二）分类

水泥混凝土摊铺机按其性能和施工方式，可分为轨模式和滑模式两种类型。

轨模式水泥混凝土摊铺机又称“摊铺列车”。其由布料机、振捣机和抹光机组成。它们一起在铺设的两根轨道上行驶，轨道兼作边模，故称为轨模式。

（三）轨模式施工工艺

首先，架设好轨模，运料车将水泥混合料倾倒在模板内的地面上，由布料机摊铺到路基的各个位置上，然后通过预整平振捣机组进行振实，再由搓动式抹光机抹平。在混凝土硬化期间保留轨道边模不拆，以防路边塌落，待硬化后，再拆模板，作为铺筑下一段路面用。这种工艺安装、拆卸模板费工、费时，且需大量模板才能保证作业所需，作业效率和经济效益较滑模式摊铺机低。

轨模安装：轨道式摊铺机施工的整套机械在轨道上移动推进，是以轨道为基准控制路面高程。由于轨道和模板同步安装，统一调整定位，将轨道固定在模板上，既作为水泥混凝土路面的侧模，也是每节轨道的固定基准座。

（四）滑模摊铺施工

滑模式摊铺机是一台整机。在机架两侧装有长模板，模板随机械滑行的同时对水泥混凝土进行连续摊铺，并进行振实、整形。依靠装在机器上的模板，就能按要求的路面宽度挤压成形。由于这种机械集摊铺、振实、修整于一体，结构紧凑，操作集中方便，可实现自动控制，节省人力物力，加快施工进度，提高经济效益。

虚方控制板是用来控制混凝土进入成型模板的数量，进料过多或过少都不好，都会直接影响到摊铺质量。进料过多，水泥砂浆停留在振动框里、难以进入成型模板内，影响表面光滑；进料过少，摊铺厚度得不到保证。

虚方控制板由三个液压缸控制，该板可以整体式升降，最大升降高度为200mm。也可以单独左边、右边或中间升降。升降多少由左边、中间和右边的刻度尺上直接显示出来，驾驶员可以根据振动框内混凝土砂浆的多少来调整虚方控制板的高低，实践证明调整到高于成型模板100mm时效果较为理想。

振动棒是水平振动器，由单独的液压回路控制。液压振动棒可变频，独立控制，深度位置可调。每台机器上液压振动棒的数量，标准宽度上设计为15个振动棒，但设置有20条油路，可以随着摊铺宽度的拓宽相应增加液压振动棒的数量，以满足施工要求。

振动棒由于采用液压传动，可以实现无级变频，这一点是非常重要的。对不同性质的混凝土(如不同的坍落度)，使混凝土充分液化的最佳振动频率也不同，因为材料、级配、水灰比、坍落度及设计上的要求是经常变化的，因此也要求频率可调，以达到最佳效果，使混凝土在最短时间内即达到充分液化状态，使路面施工质量达到最佳。

振动棒最高频率为183Hz，为便于使用，振动棒除设总开关用来控制起振和停振外，每个振动棒还设有手动旋钮开关，手动旋钮的盖上标有0~11个数字，每档相差17Hz，顺时针旋转是关，逆时针旋转是由小至最大值。根据现场混凝土提浆的具体情况，可随时改变一个或多个振动棒的频率，以满足施工的要求。施工实践证明，振动棒频率偏高为好，不要低于117Hz。

传力杆由摊铺机自动插入混凝土板中。它们可以在板中传递荷载，这样可以消除旧路面上的巨大噪声。

振动过的混凝土经过捣实板捣实，把表面上的粗料压入混凝土之中，然后进入成型模板，达到表面光滑。捣实板是由多节组成，多根垂杆悬挂，由液压马达带动一个偏心轮作回旋运动，经拐臂带动捣实板作上下运动，动力源是液压马达。捣实板的长度及运动频率是可以调整的。捣实频率由捣实总开关加以控制，可以在0~2Hz内变化，摆幅是机械调整，分为13mm、19mm、25mm三个行程，这均可根据施工要求来进行选择。捣实板的高低调整为机械式，实践证明，捣实板工作高度比成型模板低8~12mm为宜。

经过捣实后的混凝土进入成型模板，使路面板挤压成型。成型模板是由多单元组成，纵向长度为1372mm，根据施工要求可组合成不同的摊铺宽度。成型模板可以根据施工要求调整成喇叭口状截面，或调整仰角及路供等。

在成型模板后端，有一块钢性结构的弹性悬挂浮动模板，模板纵向长约900mm，用来对路面进行第二次平整。它以较小的变形在混凝土表面上进行修整，起抹光作用。要注意弹性连接处，不能把悬挂弹簧锁得太紧，否则影响其浮动功能。

拖布装在浮动模板后面，主要作用是消除气泡并形成路表面的粗糙度。拖布块长度不宜过长，实践证明，与混凝土路面接触在 1m 内效果最好。要注意每次工作开始前，应把拖布湿润透，工作完毕后要清洗拖布，防止凝结小水泥点破坏路面的平整度。

表面有粗麻布拖过以形成宏观纹理。宏观和微观纹理可以增加抗滑性能，从而提高安全性。

第三节　滑模式摊铺机施工

一、滑模摊铺机的施工工艺流程及关键工序的技术控制简述

滑模施工是现浇混凝土工程的一项施工工艺。与常规施工方法相比，这种施工工艺具有以下优点：施工速度快、机械化程度高、可节省支模和搭设脚手架所需的工料、能较方便地将模板拆散和灵活组装并可重复使用。在钢筋混凝土烟囱和圆形构筑物中经常采用这种施工方法。滑模施工工艺的提升动力一般采用液压装置，即液压千斤顶。目前很多滑模工程采用大吨位液压千斤顶。

目前主要有两种方式：一种方式为轻型机械配置方式，即主要工作由机械完成，辅助工作由人工和小型机具来完成，摊铺现场配置大型滑模摊铺机和配套的大型混凝土拌和楼，租用社会车辆运输混凝土，由推土机或挖土机布料，不配置布料机和拉毛、养生机，拉毛养生由人工完成；另外一种为重型链式机械配置方式，在大型滑膜摊铺机前后配置布料机和拉毛养生机，并配置大型支架式多锯片锯缝机，后台配置足够的大型混凝土拌和楼，同时配置 $8\sim24m^3$的运输车，实现施工的全部机械化和快速化。

关键工序的控制主要是：(1)摊铺机的速度要控制在 1m/s，不得料多时快赶，无料时停机等待；(2)运料车卸料高度应≤1.5m，以防集料的离析；(3)人在补料时不得甩掷。

二、滑模式水泥混凝土摊铺机施工技术处理

为了适应高等级公路建设大工程量、高速度、高质量的要求，中国已先后从美国和德国引进了数十套滑模式水泥混凝土摊铺机，它们普遍具有结构紧凑，操作灵活、简便，自动化程度高，速度快，能保证施工质量等优点。现以美国 CMI 公司的两履带和四履带滑模式摊铺机在施工过程中的几点技术处理作一介绍。

（一）弯道半径小、横坡值大的道路施工技术处理

对弯道半径小、横坡值大的路面进行施工作业时，由于成型模板与水平面成一定的倾斜度，混凝土在振动框里振动棒的作用下，流向低边，使低边的料多，砂浆厚；高边的料少，砂浆薄，这样会造成如下几点缺陷：

(1) 高边料少，低边料多，机器高低两侧的阻力不同，机器行走不平稳，影响路面的平整度；

(2) 由于砂浆由高边流向了低边，使得高边砂浆薄，骨料比例相对增大，低边的砂浆厚，骨料比例相对减少，这无形中改变了高低边混凝土的配合比，从而影响了混凝土路面的内在质量；

(3) 在弯道半径很小、横坡值很大，而且混凝土的坍落度在 7cm 以上时，可能会出现

高边缺料，边沿毛糙、不饱满，低边出现坍边，为了解决这些问题，可以进行下列处理，从机器结构上入手，在振动框里设置隔板，阻止砂浆流动，隔板的尺寸如图 6-1 所示。

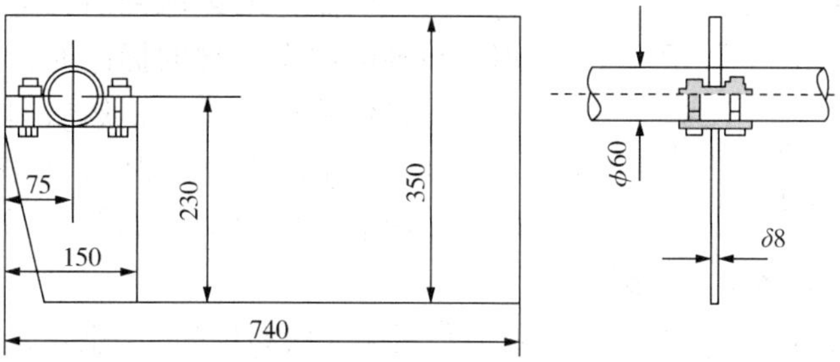

图 6-1　振动隔板尺寸

在制作隔板时，尽可能阻止砂浆横向流动，同时注意隔板不要与虚方板和捣实板接触。隔板的下缘不能低于振动泵的中轴线，以保证振动波的传递。隔板安装间距应视横坡值的大小而定。横坡值越大，隔板间距就越小，反之越大。以丘陵地区的高等级公路为例，一些匝道的横坡值竟达 8%。隔板的间隔可以通过如图 6-2 的几何关系求得。

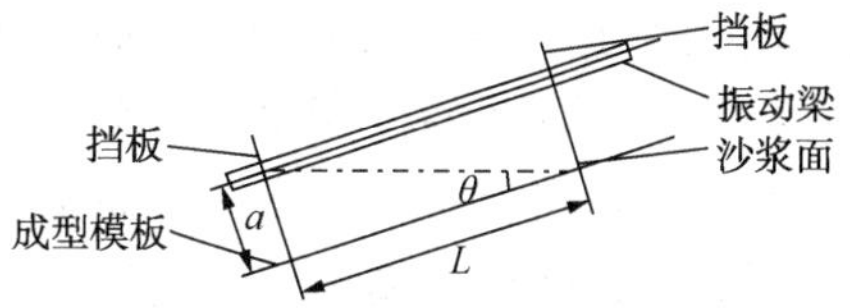

图 6-2　振动框隔板几何关系

图 6-2 中 a 为振动梁中心线到成型模底板的高，$a \approx 200$mm；横坡值为 8%，即 $\text{tg}\theta = 0.08$；L 为两隔板间距。根据几何关系可列关系式：

$$\text{tg}\theta = a/L$$

$$L = a/\text{tg}\theta = 2.5\text{m}$$

在安装隔板时，间隔距离只能小于或等于 2.5m，即安装 2 块或 2 块以上的隔板。如果坍落度不稳定，时大时小，特别是坍落度>6cm 时，隔板间距较大的情况下，高边的大量砂浆会通过隔板与振动腔的间隙流向低边，所以隔板数量应为 4 块或 5 块。注意，隔板间隔距离不宜过小，否则将严重阻碍振动波的传播。

（二）路面接头摊铺的技术处理

路面接头处摊铺不当，将严重影响路面的平整度。实践证明，有 60%路面接头处的平整度都不符合要求。通常的摊铺方法是：将机器退至需要连接的路面，机器尽量靠后，但修边板和侧模板不许和两侧相碰，当料卸下来后，由装载机或挖掘机布料至螺旋布料器，然后由人工铲料到提浆腔，当机器过后，位于成型模板和浮动板下面的地方没有料，由人工补料收平。这种方式一方面增加工人劳动强度，另一方面，由于小范围的补料收平，不可能使用人工做路面时的机具，所以很难控制平整度。为了提高平整度和减小工人劳动强度，可以采下列施工工艺和技术。

无论是摊铺结束前还是结束后进行端头模的安装，均涉及到钢模的标高确定。因设计标高的允许偏差为±5mm，也就是机器成型模板可以在±5mm 范围内调节。钢模的标高必须以实际标高为准。如果在摊铺前事先安装好钢模，则必须考虑成型模板的实际标高以及成型模板前后的高差，否则会遇到钢模被推翻的危险。由于丘陵地带的高等级公路路基的路型复杂，施工中要经常调整成型模板的仰角，所以难以确定成型模板前后的高差。施工中我们较

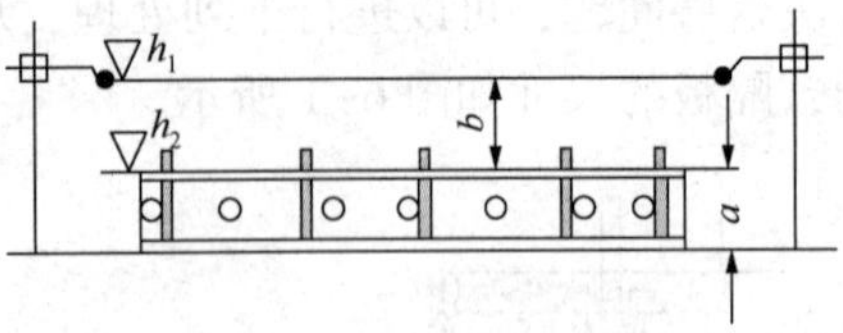

图 6-3　以水平传感线为基准测量钢膜标高

少采用这种方法。下面就摊铺结束后再安装钢模板的接头处理进行具体说明。

（1）机器在结束摊铺后，进行人工关模收平处理。在确定钢模上端的标高时，普遍采用以路面两侧的水平传感线为基准，然后向下测量来确定钢模的高度，测量的距离设为 b，如图 6-3 所示。其中，b 为水平传感线的标高 h_1 与对应的路面标高 h_2 之差；或者用水准仪直接测量钢模的标高。

从理论上讲，这两种方法都能较准确地确定端头模的标高。实际上，由于摊铺机在作业过程中，机手所参照的 b 应是在路面标高所允许的偏差下所确定的，即 b' = 水平传感线的标高 h_1 −（路面的标高±5mm）。所以实际的 b' 和理论的 b 可能相差 5mm，若由于其他原因，两者相差可能更大。这意味着人工处理与机器作业标高可能相差 5mm 左右。正确的方法是：测量机器正常摊铺过后的水平传感线到路面的距离 b'，然后再测量水平传感线到钢模的距离，使之等于 b'。在人工振平以后，用 3m 宽的手工磨平器最后收平。

（2）为了让机器能完全从接头处开始摊铺，必须要让机器能倒退回到已做路面内，并且机器在挂上水平传感器、方向传感器后能顺利出来，同时又要保证成型模板与路面间隙小于 3mm。为此，必须对端头的两侧进行处理。一般有两种方法：一是在机器摊铺结束后，两侧再进行人工关模，两侧钢模分别向内缩进 5cm，使路面宽度比摊铺机两修边板间距少 10cm，关模的纵向长度要根据捣实板与修边板末端的纵向距离来定，关模的纵向长度不宜过长，以免影响外观质量；二是在作业前，将端头两侧切掉一块，尺寸同上。

（3）为保证机器顺利摊铺和机器安全，事先做好准备工作：将机架升高，提起侧模板、虚方板、振动棒和浮动板，手动退回到已做的混凝土路面中，后退距离不能小于 2 倍机身宽度；然后，沿施工方向自动前进，使捣实板刚走出端头端面时停止，两侧的操作人员用线锤顺着修边板与浮动板相交之处向下垂吊，看侧模板与浮动板是否能顺利放下，如果不能放下，则调节方向传感器，将机器重新退回调试，直到机器能全部放下为止；最后，再次将机器倒回，以方便机器或人工布料。

（4）当料卸下来以后，用装载机或挖掘机布料到接头处，然后由人工来补边角，并将距接头处 2m 宽范围内的混凝土摊平，如图 6-4 所示，并保证高于路面 3～5cm。

注意：在布料时，要保证距离端头 3m 内的路面上干净无混凝土、石子等，否则将直接影响接头的平整度。

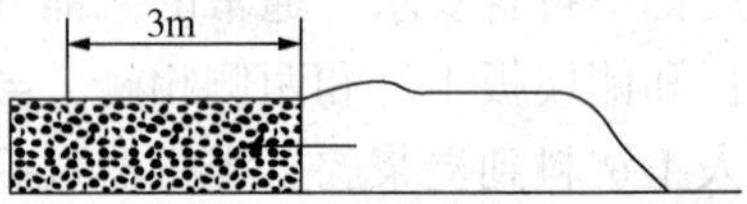

图 6-4　接头处布料示意图

（5）当人工摊平完毕，且清扫机器即将就位路面时，机器方可自动前进，捣实板走出混凝土路面端面后停止。待两侧机手复测，确定机器能完全放下，并发出降机架指令后，主机手才试着下降机架。直到两侧可以挂上水平传感器，而成型模板又离路面有一定高度时，停止手动操作。

两侧机手挂上水平传感器。在挂水平传感器前，4 个传感器均向逆时针方向摇两圈，使机架升高，略高于上一次摊铺高度约 3mm。主机手开启水平自动开关，并在振动棒接触到混凝土时开启振动棒开关和捣实板开关。待水平传感器处于中位后，若振动泵处于空振，则立即降下振动棒，使振动棒部分没入混凝土中，原地振动一会儿后，再选择摊铺速度前进。

估计走过传力杆后，才将振动棒放下。当机器浮动板都走出混凝土路面后，放下浮动板，机器进入正常摊铺阶段。同时，两侧机手再挂上传感器，待指针处于中位后，放下两侧模板。当机器走出混凝土路面后，先慢慢顺时针调节后面两支腿的水平传感器，后调节前面两支腿的水平传感器，使机身逐渐回到原来的位置。同时调节方向传感器，使之回到标准位置。

注意：在上一次摊铺结束后，均要仔细记下方向传感器和水平传感器的位置，以便下一次摊铺时作为参考基准。

（6）当机器摊铺过后，路面若有缺陷，人工再进行边角收平处理和接缝收平处理。最后用3m宽的手工磨平器收平即可。

第四节　施工质量控制与交工验收

一、水泥混凝土路面铺筑质量控制与检查验收

高速公路水泥混凝土路面的施工质量控制管理与检查验收是保证路面施工达到质量的关键环节，必须引起高度重视。施工质量管理与检查验收应包括施工准备、铺筑试验路段、施工过程中的质量控制与管理、检查与交工验收和施工总结。滑模摊铺混凝土路面新型施工技术在我国尚处在推广使用阶段，深入进行技术培训，严把施工质量管理与检查验收关，是使用好混凝土路面滑模施工新技术、保障混凝土路面质量的关键环节。

（一）施工前材料与设备采购检查

1. 准备和调研工作

在施工准备阶段，依据施工经验和规模，应对工程附近的水泥厂、钢材厂、电厂、外加剂厂、砂石料场、施工沿线水源、电力供应状况等进行踏勘和实地调研。对原材料质量、品种和规格是否符合建设混凝土路面；原材料的供应量、供应强度和供给方式、运距等是否合理；施工沿线在何处适合建设大型混凝土搅拌站；可否取得商品混凝土等做到心中有数。通过调研优选，对符合要求的厂商原材料进行投标，确定原材料优先供应商和替补供应厂商，并请这些厂商向试验室提供试验和检验的原材料。

2. 检验和优选原材料

配备充足的质量检验设备和人员。路面开工前，试验室应对混凝土路面工程计划使用的原材料进行质量检验和混凝土配制试验，通过对原材料实测和混凝土配制试验，进一步优选原材料并优化配合比，检验报告通过监理正式审批，报请业主审查通过后，通知材料供应厂商和施工单位，签订原材料供应合同。待确定和处置好搅拌站场地，开始供应和储备原材料。

3. 原材料进场的储存要求

原材料进场，将相同料源、规格、品种的原材料作为一批，分批量分别检验并储存。大型路面工程一般需要2个以上的水泥厂供应，不同厂家的水泥，即使品种标号等完全相同，也应分别存放，不得混装在1个水泥罐仓内。当发现原材料变化，随时进行加测。

4. 施工设备采购调研

搅拌楼、摊铺机等大型配套设备在采购前，应经过充分调研论证，反复比较工艺原理及摊铺宽度和厚度、施工速度、基本功能、拓展功能、功率、油耗、吨位、几何尺寸、运输尺

寸、操作难度，转移运输方式、计量精度、进料形式、搅拌方式、控制形式、配件是否齐全、售后服务、易损备件供应、价格、配套容量、生产能力、到场时间等，结合计划完成的施工任务，以性能价格比最优为选择依据。大型设备应公开招标采购。

5. 施工设备检查验收

新采购设备到场后，应逐项检查验收，在厂家售后服务技术人员现场指导下，安装调试。搅拌楼应通过法定计量单位的计量标定，经摊铺试验路段检验，达到生产能力和全部质量指标，方可验收通过，进行支付。

（二）铺筑试验路段

1. 铺筑试验路段的目的

滑模摊铺混凝土路面试验路段分为试拌及试铺两个阶段，通过试验路段的试验应达到下述目的：

（1）检验各主要机械性能和生产能力，检验系统机械数量、实际生产容量配套及组合合理与否，提供主要机械性能和生产能力检验结果和改进措施；

（2）通过试拌确定：搅拌楼上料速度、拌和数量、搅拌均匀所需时间、新拌混凝土塌落度、振动黏度系数、可摊铺性、含气量、泌水量、离析与否等，通过混凝土搅拌楼试拌配合比及调整，提出生产使用的滑模施工混凝土路面配合比；

（3）通过试铺确定：测量拉线的设置方式，摊铺机对这个现场混凝土适宜的工作参数设置，主要包括摊铺速度、振捣频率调整范围、夯实杆浓度和频率、挤压底板设置前仰角度、超铺角度、侧模板可调整方式和位置、中间和侧向拉杆打入情况、振动搓平梁的设置位置、自动抹平板位置和压力等；

（4）严格按照培训后再上岗操作的要求，广泛开展讲课培训和现场讲解，使工人在研究人员和主要机械维修师及操作工程师的指导下，掌握各主要机械正确的操作要领和方法；

（5）检验确定人工辅助施工、修整的机具、工具、模具种类和数量，需要劳动力数量和定员位置，确定施工组织形式和人员编制；

（6）通过试铺，建立健全混凝土原材料，新拌混凝土塌落度、含气量、泌水量、路面弯拉强度、平整度、构造深度、板厚、接缝顺直度等全套技术性能检验手段，熟悉检验方法，确定全面工质量管理体系；

（7）通过试铺，掌握混凝土路面滑模施工各种接缝设置和施工方法，抗滑构造的制作工艺、养生方式，检验全套施工工艺流程；

（8）确定施工产量，制定施工进度计划；

（9）检验无线通信和快速生产调度指挥系统，确定施工管理体系。

2. 铺筑试验路段的要求

在试验路段铺筑过程中，施工单位应认真做好记录，监理工程师或质监站应监督检查试验段的施工质量，及时与施工单位商定有关事宜。试验段铺筑结束后，应由业主、施工单位和监理会商讨试验结果，提出改进意见和注意事项，施工单位应就各项试验结果、改进措施和注意事项汇总出试验路段总结报告，上报监理和业主批复，取得正式开工资格。

（三）施工过程中的质量管理与检查

1. 开工

混凝土路面滑模施工必须在得到主管部门的开工令后，方可开工。

2. 监理和质监站抽检要求

在施工过程中，应由政府专门质量监督检验机构负责施工质量的检查与监督。除施工单位按规定自检外，监理和质监站必须按施工单位检验结果的1/3~1/5频率抽检。

3. 施工单位的自检要求

施工单位在施工过程中应随时对施工质量进行自检。监理工程师或质量监督人员亦应进行抽检或旁站检验，对施工单位的检验结果进行检查认定。当施工、监理、监督人员发现异常情况，应立即报告并追加试验检查。施工单位自检主要有以下三方面：

（1）原材料

施工单位在施工过程中必须根据规定对各种施工原材料进行关键项目的批量检验。水泥必检项目有抗折强度、抗压强度、安定性、施工气温下的凝结时间。砂石料的必检项目有含泥量、细度模数、压碎值。外加剂必检项目有减水率、液体的比重、含固量，粉剂的不溶物含量。钢材必检项目有拉伸强度和冷弯塑性。养生剂在路面气温最高时，检验实际施工喷洒条件下的保水率应>90%，弯拉强度降低值应<5%，否则，应采取喷两种两层养生剂或喷一层养生剂再加盖薄膜加强养生。

（2）混凝土拌和及混合料检验

生产中，搅拌站人员应对每台搅拌楼所拌混合料按要求检验。除了满足滑模可摊铺性外，通过观察和测量塌落度、稳定性和对其匀质性进行检验。至少每半天检测一遍塌落度和匀质性。每台搅拌楼之间及各台间歇搅拌机盘与盘之间的混凝土塌落度判别不得大于10mm。禁止出现未拌和好的干料卸入运输车中，已装车的干料应清除掉；未拌和好的混凝土，应改铺基层，禁止上路面摊铺。热天和高温施工，应加测混凝土温度、凝结时间、水泥进搅拌机温度、砂石料温度。

（3）混凝土路面摊铺的质量控制和检验

施工过程中，混凝土路面应按下述条款检查平整度、弯拉强度和板厚三大指标和其他指标：

① 平整度。3m直尺检测平整度，作为交工和施工过程中质量控制的检测项目：平整度仪检测的动态平整度结果，作为交工和竣工验收时工程质量的评定依据。3m直尺检测平整度，只反映小波长的不平整度，不反映大波长，只能作为施工过程质量控制的检测项目。用平整度仪检测动态平整度，精度较高，能较客观地反映在行车过程中平整度的实际情况。作为滑模摊铺混凝土路面施工技术的配套检测手段，确定用平整度仪检测的结果作为竣工验收时工程质量的评定依据是合理的。它既能反映滑模施工技术的先进性，又体现了检测手段的客观性和先进性。分幅滑模摊铺路面纵向接缝的横向平整度应符合3m直尺≤5mm的要求，测量频率每200m两处10尺。

② 抗折强度。滑模摊铺混凝土路面弯拉强度的评价，应以搅拌楼生产中随机取得的混凝土在振动台上制作的小梁弯拉强度为准。试件的成形方式应为振动台，由于试验中发现振捣棒插入振捣也严重降低混凝土嵌锁能力，对混凝土弯拉强度影响很大。简易自制振动板的振捣能量无法得到有效控制，振捣烈度不够亦对弯拉强度有很大的影响，所以不允许用振捣棒或简易振动板。试件为标准尺寸，养生为标准养生。路面混凝土弯拉强度的施工检查频率是200m混凝土留一组试件，根据施工经验和速度，为每天施工开始、中间和结束，各制作1组3块小梁，每天3组9块。按照标准方法(温度20℃±2℃；相对湿度90%)养生到28d，

先测弯拉强度，再测断块抗压强度。

③ 板厚的施工控制。混凝土路面在施工中应严格控制板厚，测量人员将两侧拉线设定好以后，垂直两根拉线挂线，用尺或花杆检查待摊铺拉线各点挂线到基层，上表面的高度，扣除拉线在面板以上的距离，即为板厚。每天施工拉线设置好后，在场站监理监督下，测量待摊铺路面的板厚，每 200m 测 4 个断面是否符合要求，由监理工程师同意方可开始摊铺。拉线检查的板厚不足部位，可采用洗刨机刨掉上基层偏高部位，再摊铺混凝土路面。大面积基层偏高部位，允许在 50m 以外调整路面标高，而不洗刨基层。

上述这些作法的目的是杜绝摊铺过后，因平均板厚薄于 1cm 而返工重铺，要将路面板厚不足的问题消灭在摊铺之前。

（四）交工验收阶段的工程质量检查验收

1. 施工单位交工验收自检

滑模摊铺混凝土路面完工后，施工单位应将全线以每公里为一个评定路段，按规程规定的检验项目和 1/3 频率进行全线自检。向业主提交检测结果、施工总结报告及全部原始记录、试验数据等齐全资料，申请交工验收。

2. 业主、监理和质量监督站检验和确认

业主、监理和质量监督站收到施工单位交工验收报告，确认资料齐全后，首先对照施工单位交工报告数据和监理或质量监督站施工阶段进行的抽检数据是否相符；然后应按照 JTG F80/1—2017《公路工程质量检验评定标准》规定的检查项目和验收频率进行交工检查和验收。

（五）工程施工总结

1. 施工单位提交施工总结和研究报告

施工单位应根据国家竣工文件编制规定，提出施工总结报告和质量管理与测试报告以及采用新材料、新技术研究报告，连同竣工图表一齐形成完整的施工资料档案，一并交业主及档案管理部门。这些要求特别对首次使用滑模施工技术的单位通过不断总结经验，尽快提高使用滑模新技术的水平，具有重要意义。

施工总结报告应包括工程概况、设计图纸变更、基层资料、原材料、施工组织、机械及人员配备、施工工艺、进度、工程质量评价、工程预决算等。

2. 施工质量管理与测试报告

施工质量管理与测试报告，应包括施工管理体制、质量保证体系、试验段铺筑报告、施工质量达到或超过现行规范规定情况、原材料和混凝土检测结果、施工中路面质量自检结果、交工复测结果、工程质量评价、原始记录相册和录相资料等。

首次采用滑模技术或在国内第一次采用新材料、新工艺施工时，应同时提交试验研究报告，总结成功经验，失败的应分析原因，提出改进意见和措施。

希望通过严格质量管理和检查控制，使我国的滑模摊铺水泥混凝土路面质量越做越好，并且迅速跟进和使用国际上滑模施工的最新装备和最先进的施工技术，使该新技术的推广使用面越来越宽广，技术水平越来越高，系统操作控制越来越熟练和规范，改善水泥混凝土路面的形象，使其真正实现优质高效，发挥其优化我国资源配置和对国民经济的带动作用。

第七章　桥梁下部结构施工技术

一、桥梁下部结构概述

具体来说，桥梁一般是由四个基本组成部分组成：上部结构、下部结构、支座和附属设施，下部结构包括桥墩、桥台和基础。

桥墩和桥台是支承上部结构并和路堤相衔接的建筑物，作用是将其传来荷载传至基础。桥台通常设置在桥两端，而桥墩通常设置在桥中间部分。桥台与路堤相衔接，除了上述作用外，还可以抵御路堤土压力，防止路堤填土的塌落。单孔桥只有两端的桥台，而没有中间桥墩。

桥墩和桥台底部的奠基部分就是基础。基础承担了所有从桥墩和桥台传来的荷载，承压性和稳定性必须很高。这些荷载包括地震力、船舶撞击墩身等引起的水平荷载等。由于基础部分往往深埋于地面或水面以下，因此在桥梁施工中是难度较大的一个部分，是确保桥梁安全的关键之一，也是桥梁建设研究的重中之重。

二、桥梁下部结构施工技术要点

（一）承台施工

1. 测量放样

基坑开挖前，测量人员应根据计算放样出开挖边线，应考虑边坡坡比、工作宽度、排水设施、开挖深度含超挖约 15cm 等。基坑开挖完毕后应及时完善排水设施，同时应视具体情况采取相应措施，保持边坡稳定。为方便施工，在承台位置浇筑约 15cm 厚混凝土垫层，应严格控制垫层顶面高程。

垫层浇筑完成后，测量人员应用全站仪放出墩台基桩中心点，并边线确定方向。两个方向确定后，根据承台设计尺寸放样出其底板边线，用墨线弹出，并在底板边线外侧用高标号水泥砂浆找平。

2. 钢筋安装

（1）钢筋的安装

① 根据弹好的线检查下层预留搭接钢筋的位置、数量、长度。

② 钢筋绑扎顺序：一般情况下先长轴后短轴，由一端向另一端依次进行，操作时按图纸要求划线、铺钢筋、穿箍筋、绑扎、成型。在多排钢筋之间，必要时可垫入短钢筋头或其他适当的钢垫，但短钢筋头或钢垫的端头不得伸入混凝土保护层。

③ 受力钢筋采用焊接搭接接头，接头位置相互错开，上层钢筋接头位置在跨中，下层钢筋接头位置尽量在桩顶处；主筋的搭接采用焊接搭接，其搭接长度应满足设计及规范的要求。预埋墩身钢筋，在达到设计的要求后加以固定，以确保其墩身的预埋钢筋在浇筑完混凝

土后位置不变。

④ 在承台上、下两层钢筋间除设置架立筋外，采用 $\phi12\sim\phi14$mm 的钢筋或铁件按适当间距进行支撑，以保持上、下两层钢筋间距的正确。

⑤ 最后垫好钢筋保护层的水泥砂浆垫块，侧面的垫块与钢筋绑牢，并检查有无遗漏。

(2) 现场钢筋安装的连接

① 绑扎搭接接头

绑扎搭接，除图纸所示或监理工程师同意(当无焊接及机械接头条件时，且钢筋直径≤25mm)外，一般不宜采用。在受拉区，光圆钢筋绑扎接头末端应设 180°弯钩。带肋钢筋绑扎接头末端可不设弯钩，但搭接长度要增加 20%。

在受压区，对于直径为 12mm 及以下的光圆钢筋，以及轴心受压构件内的任何直径的纵向钢筋，均不需设弯钩，但接头的搭接长度均不得小于 30 倍钢筋直径。

搭接部分应在三处绑扎，即中点及两端，采用直径为 0.7~1.6mm(视钢筋直径而定)的软退火铁丝。

钢筋搭接点至钢筋弯曲起始点的距离应不小于 10 倍钢筋直径。

② 电弧焊焊接接头

焊缝长度、宽度、厚度应符合图纸规定。电弧焊接接头与钢筋弯曲处的距离不应小于 10 倍钢筋直径。

③ 电弧焊的焊缝规格

如钢筋、级别、牌号、直径和焊条型号有变动，或焊工有变换，应对建立的焊接参数进行校核，其方法是取两根受拉钢筋试样进行抗拉试验。当试验的焊接抗拉试验强度大于或等于被焊接钢筋的抗拉强度时，焊接才允许进行。

3. 模板安装

(1) 模板制作。桥梁主体结构外露面混凝土的模板板面应采用防水胶合板、竹塑复合板或大板块钢模板，其板面应光洁平整、无翘曲破损，如板面有明显损伤，一律禁止使用。对埋于地面以下其他部位的模板，可采用其他材料，但板面应平整，为减少模板的拼缝。对于大面积混凝土，其每块模板的面积应大于 1.0m^2，板块拼缝位置应事前规划，排列整齐。

为了确保混凝土表面的光洁，如果采用木制模板，当模板拼装好后，在面板上再贴一层宝丽板。

(2) 模板安装。模板内应无污物、砂浆及其他杂物。模板表面应在使用前涂脱模剂，脱模剂或其他相当的代用品，应具有易于脱模的性能，并使混凝土面不变色。

拼装模板前应根据测量人员测放出的承台中线，标出承台边线位置，用吊机吊放或人工扛抬等方法，支立第一块模板，用线锤和水平尺初步找平模板。合模时成垂直方向的两块模板接缝间，用海绵条嵌缝。

(3) 安装组合钢模板。采用组合钢模，应先制定出承台组合钢模的组装方案，并计算确定对拉螺栓的直径、长度、位置和纵横龙骨、连杆点间距及尺寸位置。遇有不合钢模板宽度尺寸模数时，可另加木模补缝。

组合钢模板由平面模板、阴角模板、阳角模板拼装成。其纵、横肋拼接用的 U 形卡、插销等零配件，要求齐全牢固，不松动、不遗漏。

组合成模后，断面尺寸及标高准确，拼缝严密。对拉螺栓、纵横连杆支承牢固，配件齐全、不松动、不遗漏；经预检符合设计图纸及质量标准要求。

（4）当所有和模板有关的工作做完，构件中所有预埋件亦安装完毕，应经监理工程师检查认可后，才能浇筑混凝土。这些工作应包括清除模板中所有污物、碎屑物、木屑、水及其他杂物。

4. 混凝土浇筑

混凝土在拌和站集中拌和，并由混凝土输送车运输至现场，用料斗向模板内注入混凝土，用插入振捣器振捣。混凝土浇筑时采用分层法进行，每层厚度控制在30cm左右。使用插入式振动棒振捣，振动棒移动间距不超过其振动半径的1.5倍，并与侧模保持50～100mm距离，并避免碰撞模板、钢筋及预埋件。

下层振捣密实后再进行上层浇注，振捣上层混凝土时振动棒应插入下层混凝土50～100mm，每一处振动都应做到快插慢拔，振捣密实的标志是混凝土停止下沉，不再冒出气泡，表面呈现平坦、泛浆。当浇筑至顶面时，由专人进行承台顶面的混凝土收面及标高控制。

（二）桥台施工

1. 搭设脚架

由专业架子工围绕墩柱搭设简易脚手架。四周设剪刀撑和斜向撑杆，保持脚手架稳定，高度比墩柱设计标高高出1m，顶部搭设安全护栏。

2. 钢筋的焊接、安装

钢筋应具有出厂质量证明书，钢筋表面洁净，使用前应将表面油脂、漆皮、鳞锈等清除干净，钢筋平直，无局部弯折，采用冷拉方法调直钢筋时，Ⅰ级钢筋的冷拉率宜≤2%。

钢筋的弯制和末端符合设计及规范要求，各类钢筋下料尺寸符合设计及规范要求，用Ⅰ级钢筋制作时，其末端应做弯钩，弯钩的直径应大于受力主筋直径，且不少于其直径的2.5倍。弯钩平直部分长度，一般结构不宜少于其直径的5倍。

在桩顶按照设计连接墩柱钢筋笼，墩柱钢筋在加工场统一进行加工，现场用吊车安装成型，主筋采用双面焊接，焊缝长度不少于$5d$（d为钢筋直径），加强筋与主筋采用焊接，螺旋筋与主筋采用绑扎，桩顶与柱子连接的喇叭口钢筋必须按设计图纸安装变径加强钢筋，10cm一道。加强筋采用双面搭接焊，焊缝长度不少于$5d$（d为钢筋直径）。

钢筋保护层统一采用高强度水泥砂浆垫块，并用铁丝固定在墩柱主筋外层。

3. 浇筑混凝土

（1）一般要求

① 混凝土的浇筑方法，应经监理工程师批准，并尽可能采用水泥混凝土泵送浇筑方法。

② 浇筑混凝土前，全部支架、模板、钢筋和预埋件等应按图纸要求进行检查，并清理干净模板内杂物，未经监理工程师检查批准，不得在结构任何部分浇筑混凝土。在浇筑时对混凝土表面操作应仔细周到，使砂浆紧贴模板，以使混凝土表面光滑，无水囊、气囊或蜂窝。

③ 混凝土分层浇筑厚度应符合规范的规定。混凝土的浇筑应连续进行，如因故必须间断，间断时间应经试验确定，并经监理工程师认可，且不得超过规范规定允许间隔时间，若超过允许间隔时间，则按施工缝处理。

④ 混凝土在浇筑前，混凝土的温度应维持在 10~32℃。

⑤ 浇筑混凝土期间，应设专人检查支架、模板、钢筋和预埋件等稳固情况，随时检查安全情况，当发现支架有松动、变形、移位情况时，应及时处理。

（2）泵送混凝土的要求

① 在浇筑混凝土开始之前，先泵送一部分水泥砂浆，以润滑管道。最先泵出的、受到污染的混凝土应废弃，直到排出监理工程师认可的、质量一致的、和易性好的混凝土为止。

② 混凝土的泵送作业，应使混凝土连续不断地输出，且不产生气泡。泵送作业完成后，管道里面残留的混凝土应及时排出，并将全部设备彻底进行清洗。

③ 泵机开始工作后，中途不得停机，如非停机不可，停机时间一般不应超过 30min，炎热气候不能超过 10min。停机期间应每隔一定时间泵动几次，防止混凝土凝结堵塞管道。

（3）混凝土捣实

① 振捣应在浇筑点和新浇筑混凝土面上进行，振捣器插入混凝土或拔出时速度要缓慢，以免产生空洞。

② 振捣器要垂直地插入混凝土内，并要插至前一层混凝土，以保证新浇混凝土与先浇混凝土结合良好，插进深度一般为 50~100mm。

③ 插入式振捣器移动间距不得超过有效振动半径的 1.5 倍。表面振捣器移位间距，应使振动器平板能覆盖已振实部分 100mm 左右。

④ 当使用插入式振捣器时，应尽可能地避免与钢筋和预埋构件相接触。

⑤ 模板角落以及振捣器不能达到的地方，辅以插针振捣，以保证混凝土密实及其表面平滑。

⑥ 混凝土捣实后 1.5~24h 之内，不得再受到振动。

4. 拆模养生

混凝土强度达到 2.5MPa 后，即可拆除模板，拆模后，采用缠裹塑料薄膜或套整体的塑料布袋包裹洒水养生≥7d。

当气温低于 5℃时采取保温措施，不得向混凝土面上洒水。

（三）明挖扩大基础施工

对刚性扩大基础的施工，根据开挖深度、边坡土质、渗水情况及施工场地来决定开挖方式、施工方法。

（1）测量放线。用经纬仪测出墩、台基础纵、横中心线，根据地质情况确定边坡的放坡率，放出上口开挖边线桩。

（2）为避免雨水冲坏坑壁，基坑顶四周应做好排水，截住地表水，基坑下口开挖的大小应满足基础施工的要求。渗水的土质，基底平面尺寸可适当加宽 50~100cm，便于设置排水沟和安装模板，其他情况可减小加宽尺寸。

（3）开挖作业方式以机械作业为主，采用反铲挖掘机配自卸汽车运输作业辅以人工清槽。挖基土应外运或远离坑边缘卸土，以免塌方和影响施工。

（4）挖到或接近设计标高时，进行基底承载力检测，如不满足设计要求，及时上报监理工程师采取措施进行处理。

（5）基底如有渗水，采用集水坑排水方法，低于基坑底面 50~100cm，以降低地下水位保持基底无水。

（6）基础混凝土浇注：

① 先浇注 10cm 左右的混凝土垫层以便在其上支立模板、绑扎钢筋，混凝土垫层也有利于施工排水；

② 基础施工时，应加强排水，保持在无水的条件下进行基础钢筋绑扎、模板安装；

③ 基础混凝土浇注前，干土基要洒水湿润，湿土基要铺以碎石垫层或水泥砂浆层，石质地基要清除松散粒料，才可浇注基础混凝土；

④ 混凝土在拌和站集中拌和，混凝土罐车运送，通过溜槽，传送到模内，混凝土浇注应连续进行，当必须间歇时，应在前层混凝土初凝之前将下层混凝土浇注完毕；

（7）混凝土养生和拆模，混凝土浇注后要及时进行养生，体积较大，气温较高时要尤其注意，防止混凝土开裂，混凝土强度达到拆模要求后再进行拆模。

第一节　桥梁基础施工

一、桥梁基础工程施工方法

（一）扩大基础

所谓扩大基础，是将墩(台)及上部结构传来的荷载通过其直接传递至较浅的支承地基的一种基础形式，一般采用明挖基坑的方法进行施工，故又称之为明挖扩大基础或浅基础。其主要特点是：

（1）由于能在现场直观确认支承地基的情况下进行施工，因而施工质量可靠；

（2）施工时的噪声、振动和对地下污染等建设公害较少；

（3）与其他类型的基础相比，施工所需的操作空间较小；

（4）在多数情况下，比其他类型的基础造价省、工期短；

（5）易受冻胀和冲刷影响。

扩大基础施工的顺序是开挖基坑，对基底进行处理(当地基的承载力不满足设计要求时，需对地基进行加固)，然后砌筑圬工或立模、绑扎钢筋、浇筑混凝土。其中，开挖基坑是施工中的一项主要工作，而在开挖过程中，必须解决挡土与止水、排水的问题。

当土质坚硬时，对基坑的坑壁可不进行支护，仅按一定坡度进行开挖。在采用土、石围堰或土质疏松的情况下，一般应对开挖后的基坑坑壁进行支护加固，以防止坑壁坍塌。支护的方法有挡板支护加固、混凝土及喷射混凝土加固等。

扩大基础施工的难易程度与地下水处理的难易有关。当地下水位高于基础的设计底面高程时，施工时则须采取止水、排水措施。如打钢板桩或考虑采用集水坑用水泵排水、深井排水及井点法等使地下水位降低至开挖面以下，以使开挖工作能在干燥的状态下进行。还可采用化学灌浆法及围幕法(冻结法、硅化法、水泥灌浆法和沥青灌浆法等)进行止水。但扩大基础的各种施工方法都有各自的制约条件，因此在选择时应特别注意。

（二）桩基础

桩是深入土层的柱类构件，其作用是将作用于桩顶以上的荷载传递至地基较深处，以承受较大的荷载。根据不同情况，桩可以有不同的分类法。现按成桩方法对桩进行分类，并分别叙述其不同的施工方法和工艺。

1. 沉入桩

沉入桩是将预制桩用锤击打或振动法沉入地层至设计要求高程。预制桩包括木桩、混凝土桩和钢桩，一般有如下特点：

(1) 因在预制场内制造，故桩身质量易于控制，质量可靠；

(2) 沉入施工工序简单，工效高，能保证质量；

(3) 易于水上施工；

(4) 多数情况下施工噪声和振动的公害大、污染环境；

(5) 受运输、起吊设备能力等条件限制，其单节预制桩的长度不能过长，沉入长桩时要在现场接桩，桩的接头施工复杂、麻烦，且易出现构造上的弱点，接桩后如果不能保证全桩长的垂直度，则将降低桩的承载能力，甚至在沉入时造成断桩；

(6) 不易穿透较厚的坚硬地层，当坚硬地层下仍存在较弱层，设计要求桩必须穿过时，则需辅以其他施工措施，如射水或预钻孔等；

(7) 当沉入地基的桩超长时，需截除其超长部分，不经济。

沉入桩施工方法主要有：锤击沉入桩、振动沉入桩、静力压桩法、辅助沉桩法、沉管灌注法以及锤底沉管法等。

2. 灌注桩

灌注桩是在现场采用钻孔机械（或人工）将地层钻挖成预定孔径和深度的孔后，将制作成一定形状的钢筋骨架放入孔内，然后在孔内灌入流动性的水下混凝土而形成桩基。水下混凝土多采用垂直导管法灌注。灌注桩的特点是：

(1) 与沉入桩的锤击法和振动法相比，施工噪声和振动要小得多；

(2) 能修建比预制桩的直径大、入土深度大、承载力大得多的桩；

(3) 与地基土质无关，在各种地基上均可使用；

(4) 在粉砂中施工时应特别注意孔壁坍塌形成的流砂，以及孔底沉淀等的处理，施工质量的好坏对桩的承载力影响很大；

(5) 因混凝土是在泥水中灌注的，因此混凝土质量较难控制。

灌注桩因成孔的机械不同，通常采用旋转锥钻孔法、潜水钻机成孔法、冲击钻机成孔法、正循环回转法、反循环回转法、冲抓钻机成孔法、人工挖孔法等。

3. 大直径桩

一般认为，直径 2.5m 以上的桩可称为大直径桩。目前最大桩径已达 6m。近年来，大直径桩在桥梁基础中得到广泛应用，结构形式也越来越多样化，除实心桩外，还发展了空心桩；施工方法上不仅有钻孔灌注法，还有预制桩壳钻孔埋置法等。根据桩的受力特点，大直径桩多做成变截面的形式。大直径桩与普通桩在施工上的区别主要反映在钻机选型、钻孔泥浆及施工工艺等方面。

（三）沉井基础

沉井基础是一种断面和刚度均比桩大得多的筒状结构，施工时在现场重复交替进行构筑和开挖井内土方，使之沉落到预定的地基上。在岸滩或浅水中建造沉井时，可采用“筑岛法”施工；在深水中建造时，则可采用浮式沉井，即先将沉井浮运至预定位置，再进行下沉施工。按材料、形状和用途不同，可将沉井分成很多类型，但各种沉井基础有如下的共同特点：

（1）沉井基础的适宜下沉深度一般为10~40m；

（2）与其他基础形式相比，沉井基础的抗水平作用能力及竖直支承力均较大；

（3）由于刚度大，其变形较小，故沉井基础一般适用于对基础变位要求较高的拱桥、斜拉桥和吊桥等桥型。

沉井基础施工的难点在于沉井的下沉，主要是要求通过从井孔内除土，清除刃脚正面阻力及沉井内壁摩阻力后，依靠其自重下沉。沉井下沉的方法可分为排水开挖下沉和不排水开挖下沉，但其基本施工方法应为不排水开挖下沉。只有在稳定的土层中，而且渗水量不大时，才采用排水开挖法下沉。另外还有压重、高压射水、炮震(必要时)，降低井内水位，减小浮力以增加沉井的有效自重，采用泥浆润滑套或空气幕等一些沉井下沉的辅助施工方法。

（四）管柱基础

管柱基础因其施工的方法和工艺相对来说较复杂，所需的机械设备也较多，一般的桥梁极少采用这种形式的基础，仅当桥址处的水文地质条件十分复杂，应用通常的基础施工方法不能奏效时，方采用这种基础形式。因此，对于大型的深水或海中基础，特别是深水岩面不平、流速大的地方采用管柱基础是比较适宜的。

管柱基础的施工一般包括管柱预制、围笼拼装、浮运和下沉定位、下沉管柱，在管柱底基岩上钻孔，在管柱内安放钢筋笼并灌注水下混凝土等内容。管柱有钢筋混凝土、预应力钢筋混凝土和钢管三种。其下沉与前述的沉入桩类似，大多采用振动并辅以射水、吸泥等措施。管柱的下沉必须要有导向装置，浅水时可用导向架，深水时则用整体围笼。

二、桥梁基础施工方法及工艺

（一）桥梁基础施工之钻孔桩基础法

钻孔灌注桩根据地质状况采用冲击钻机钻孔，泥浆护壁法成孔，混凝土由拌和站集中拌制，混凝土搅拌运输车运输，钢筋笼分节加工成型，吊车吊装焊接，导管法灌注水下混凝土。浅水基础采用编织袋围堰施工。

（二）桥梁基础施工准备

（1）施工前根据地形、水文、地质条件及机具、设备、材料运输情况，规划施工场地，合理布置临时设施。

（2）开钻前按照施工图纸要求在选定位置进行试桩，根据试桩资料验证设计，采用地质参数，并根据试桩结果确定是否调整桩基设计。根据地层岩性等地质条件、技术要求确定钻进方法和选用合适的钻具。

（3）对钻机各部位状态进行全面检查，确保其性能良好。

（4）浅水基础利用编织袋筑岛围堰构筑工作平台。施工时要求土袋平放，上下左右互相错缝堆码整齐。内外边坡1：0.5，夹心黏土层厚度≥1m，黏土层填筑时注意夯实。

（三）护筒就位

护筒采用钢制护筒，由单节长度2m护筒组成，护筒间由平头螺栓连接。其内径大于钻头直径200~400mm。护筒的底部埋置在地下水位或河床以下1.5m，护筒顶部高出施工水位1.5~2.0m左右(同时高出地面0.5m)，其高度满足孔内泥浆面的要求。陆地、浅水中桩基护筒埋设采用挖埋法。埋设应准确、稳定，保证钻机沿着桩位垂直方向顺利工作。护筒内存储泥浆使其高出地面或施工水位至少 0.5m，保护桩孔顶部土层不致因钻头(钻杆)反复上下升降、机身振动而导致坍孔。

(四) 泥浆制备

用造浆机制浆，并储存于泥浆池中。钻孔施工时，根据地层情况及时调整泥浆性能指标，以保证成孔速度和质量，施工中随着孔深的增加，向孔内及时、连续地补浆，维持护筒内应有的水头，防止孔壁坍塌。桩孔混凝土灌注时，孔内溢出的泥浆引流至泥浆池内，经沉淀后循环利用。

(五) 冲击钻施工

(1) 开孔前在护筒内多放一些黏土，并加适量粒径≤15cm 的片石，用小冲程冲砸。钻进 0.5~1m 时，再回填黏土或注泥浆，继续以低冲程钻孔，如此反复二、三次，必要时，多重复几次。待钻至护筒下 3~4m 后，方可进行正常冲击。根据碴样判别土层地质，砂卵石土采用中等冲程，漂石和坚硬密实的卵石层，采用高冲程。

(2) 冲击成孔采用黏土泥浆护壁，根据地层地质变化调整泥浆比重，保证钻进过程中孔壁的稳定。整个钻进过程中，始终保持孔内水头高度。不同的地质采取不同的冲程，冲击过程中要勤抽碴，勤检查钢丝绳和钻头磨损情况。

(3) 抽碴。破碎的部分钻碴和泥浆一起被挤进孔壁，大部分钻碴用掏碴筒清出孔外，冲击一定时间后，提出冲击钻头，换上掏碴筒，掏取钻碴。掏碴后及时向孔内添加泥浆，以维护水头高度。

(六) 清孔

(1) 终孔检查后，要立即清孔，不得停歇过久。

(2) 冲击钻孔施工时，采用抽碴法清孔。清孔时，及时向孔内注浆。灌注混凝土前用吸泥法进行二次清孔，利用简易吸泥机将高压空气经风管射入孔底，使沉淀物随强大的气流经吸泥管排出孔外。沉碴厚度满足设计要求。

(七) 钢筋笼加工及安装

(1) 钢筋制作时，用卡板成型法控制钢筋笼直径和主筋间距，根据钢筋骨架设计长度的不同，采用整体或分节制作和安装。

(2) 钢筋骨架用吊车起吊安装，在运输和起吊中，要保证钢筋笼不变形，起吊时采用两点吊法。在吊起后，如发现有弯曲要整直，当进入孔口后，将其扶正慢慢下降，严禁摆动碰撞孔壁，直至下到设计标高，同时要保证钢筋骨架中心位置符合设计要求。骨架顶端要支撑和加固，支撑系统要对准中线，防止浇注混凝土时钢筋骨架上浮、倾斜和移动。

(3) 钢筋骨架四周外侧，事先按设计要求焊接定位钢筋，以保证钢筋保护层厚度满足图纸要求。

(八) 混凝土浇注

(1) 混凝土采用 ϕ300mm 钢导管灌注，采用吊车分节吊装，丝扣式快速接头连接；灌注前，对导管进行水密、承压和接头抗拉试验。

(2) 安装储料斗及隔水栓，储料斗的容积要满足首批灌注下去的混凝土埋置导管深度的要求。

(3) 水下混凝土由拌和站进行拌制，混凝土搅拌运输车运输，输送泵将混凝土压送进储料斗，当料斗内混凝土数量满足封底要求时开启斗门一次封底。

(4) 灌注中，严格控制导管埋深，防止导管提漏或埋管过深拔不出而出现断桩。

(5) 灌注混凝土时，要保持孔内水头，防止出现坍孔。

(6) 桩身混凝土灌注顶面高出设计桩顶高程 1.0m，以保证桩头质量。

(九) 桩基检测

施工过程中，对每个工序认真做好施工试验、记录，并在成桩以后配合监理工程师进行桩的检验。成桩后按设计要求对桩基进行成桩质量检测和评价。

(十) 承台

承台基坑采用挖掘机放坡开挖，人工修整，施工时根据边坡稳定情况采取方木及钢板桩进行支护。模板采用组合钢模板，钢筋在加工场加工成型，现场绑扎，混凝土由拌和站集中拌制，混凝土搅拌运输车运输，输送泵泵送入模，分层浇筑。

浅水承台采用编织袋围堰进行施工。

承台施工工艺流程为：基坑开挖⟶凿除桩头⟶桩基检测⟶基底处理⟶绑钢筋⟶立模⟶混凝土浇注⟶回填。

1. 基底开挖

土层部分以挖掘机为主；地形条件困难时，采用人工开挖。岩层开挖采用轻型凿岩机打眼，浅孔松动爆破。机械或爆破开挖时应距设计基底标高 30~50cm，剩余部分采用人工开挖。基坑开挖采取放坡开挖，并根据开挖情况设置相应的如木桩或钢管桩等临时支护措施，防止边坡坍塌。靠近公路的基坑开挖除做好支护措施外，还应在接近基坑前后设置防撞墩，及明显警示标志。

基坑开挖时，要防止地表水浸泡基坑，以避免诱发基坑边坡失稳。基坑排水采取在基坑四周设排水沟及集水坑，配抽水设备进行抽排。

2. 模板

侧模板采用组合钢模板，底模采用混凝土垫层；通过型钢围檩、方木、拉杆与基坑四周坑壁挤密、撑实，确保模板稳定牢固、尺寸准确。

3. 钢筋及混凝土施工

承台基坑开挖至设计基底高程并经检验合格后，立即浇筑基础垫层混凝土。钢筋集中加工，现场进行绑扎，注意预埋墩身钢筋。对于大体积承台钢筋绑扎时应在混凝土中埋入冷却管并保证从混凝土浇注至完成后半月内不间断注水，以控制混凝土温度裂纹。

承台混凝土的浇筑严格按照设计和施工规范的要求进行，混凝土在拌和站集中拌制，混凝土输送车运送。浇筑时分层进行，插入式振动器振捣，以保证混凝土密实度。

4. 基坑回填

桥墩基坑用原土分层回填并夯实，基坑四周同步进行，回填面高出周围地面 30~50cm。桥台台尾处开挖基坑采用素混凝土回填至原地面，上设桥路过渡段。

桥梁的基础承担着桥墩、桥跨结构(桥身)的全部重量以及桥上的可变荷载。桥梁基础往往修建于江河的流水之中，遭受水流的冲刷。所以桥梁基础一般比房屋基础的规模大，需要考虑的问题多，施工条件也困难。

三、桥梁基础施工要注意的技术要点

(一) 刚性扩大基础

刚性扩大基础是桥梁实体式墩台浅基础的基本形式。它的主要特点是基础外伸长度与基础高度的比值必须限制在材料刚性角的正切 $\tan\alpha$ 的范围内。若满足此条件，则认为基础的刚性很大，基础材料只承受压力，不会发生弯曲和剪切破坏。刚性扩大基础即由此而得名。此基础施工简单，可就地取材，稳定性好，也能承受较大的荷载。

(二) 桩基础

桥梁的桩基础是桥梁基础中常用的形式。当地基上面土层较软且较厚时，如采用刚性扩大基础，地基的强度和稳定性往往不能满足要求。这时采用桩基础是比较好的方案。水流稍深的江河道上的桥梁也多用桩基础。桩基础有钢筋混凝土预制桩和钢筋混凝土现浇灌注桩两种，因为钢筋混凝土桩的承载能力大，耐久性好。具体根据施工技术有以下几种。

1. 钻孔灌注桩

钻孔桩的直径一般为 0.8～1.0m。桩身混凝土标号不低于 C15，水下部分不低于 C20。桩内的钢筋笼的主筋直径≥14mm，且≥8 根。即使按照内力计算不需要配筋时，也应在桩顶 3～5m 内设置构造钢筋。这种桩的特点是承载力大，施工设备简单，操作方便。

2. 打入桩

打入桩是将预制好的钢筋混凝土桩，通过打桩机打入地基内。预制桩一般边长为 30～40cm 的方桩，桩身混凝土标号不低于 C25。桩内纵钢筋要求通长布置，且要加密柱两端的箍筋或螺旋筋的间距。这种桩适宜于各种土层条件，且不受地下水位的影响，桩可以标准化生产。

3. 管柱基础

直径较大的空心圆形桩称为管柱，用管柱修建的桩基础，又称管柱基础。管柱基础一般适用于深水、无覆盖层、厚覆盖层、岩面起伏等桥址条件。管柱可以穿越各种土质覆盖层或溶洞，支承于较密实的土上或新鲜岩面上。一般采用预应力混凝土管柱或钢管柱。1957 年建成的中国武汉长江大桥首次采用直径 1.55m 的管柱基础。管柱通过覆盖层下沉到基本岩层，再在管柱内用大型钻机钻岩达到必要的深度，然后放置钢筋骨架，灌注水下混凝土，使管柱在岩壁中锚固。60 年代初，中国南京长江大桥采用了直径 3.6m 的预应力混凝土大型管柱基础。管柱基础能达到气压沉箱所不能达到的水下施工深度，可避免在水下和高气压下作业，有利于工人健康，而且不受洪水季节影响，可常年施工，因此管柱基础应用广泛。管柱直径也不断增大，如中国南昌赣江大桥采用的管柱直径达 5.8m。

(三) 沉井基础

其是以沉井作为基础结构，将上部荷载传至地基的一种深基础。沉井是一种四周有壁、下部无底、上部无盖、侧壁下部有刃脚的筒形结构物。通常用钢筋混凝土制成。通过从井孔内挖土，借助自身重量克服井壁摩阻力下沉至设计标高，再经混凝土封底并填塞井孔，便可成为桥梁墩台的整体式深基础。沉井基础的特点是埋深大、整体性强、稳定性好，能承受较大的竖向作用和水平作用，沉井井壁既是基础的一部分，又是施工时挡土和挡水结构物，施工工艺也不复杂。因此这种结构形式在桥梁基础中得到广泛使用，随着施工技术的提高，还将得到应用与发展。

（四）沉箱基础

沉箱基础又称之气压沉箱基础，是以气压沉箱来修筑的桥梁墩台或其他构筑物的基础。沉箱形似有顶盖的沉井。在水下修筑大桥时，若用沉井基础施工有困难，则改用气压沉箱施工，并用沉箱做基础。属于一种较好的施工方法和基础形式。其工作原理是：当沉箱在水下就位后，将压缩空气压入沉箱室内部，排出其中的水，这样施工人员就能在箱内进行挖土施工，并通过升降筒和气闸，把弃土外运，从而使沉箱在自重和顶面压重作用下逐步下沉至设计标高，最后用混凝土填实工作室，即成为沉箱基础。由于施工过程中都通入压缩空气，使其气压保持或接近刃脚处的静水压力，故称为气压沉箱。沉箱和沉井一样，可以就地建造下沉，也可以在岸边建造，然后浮运至桥基位置穿过深水定位。当下沉处是很深的软弱层或者受冲刷的河底，应采用浮运式。

桥梁工程是一项复杂的建设工程，根据其使用任务、性质和将来发展的需要，全面贯彻安全、经济、适用和美观的方针。

四、桥梁基础施工探析

桥梁基础是支撑桥跨重量的结构，它起着维持桥体稳定的作用，通过桥梁基础把桥梁上部结构、墩台自重及车辆荷载传递给地基，是桥梁建设的关键，桥梁基础决定了整个桥梁刚度、稳定性、耐久性和安全度，因此，桥梁的基础的施工在桥梁结构施工中，占有极为重要的地位。

（一）桥梁基础施工的分类

根据桥梁基础施工方法不同可将桥梁基础施工分为：明挖重力式扩大基础、桩基础、沉井基础、地下连续墙基础、组合式基础等。

（二）明挖重力式扩大基础

在桥梁基础施工中最为常见的就是明挖重力式扩大基础，对于地质条件稳定的施工地点，这种施工难度相对较低，技术比较成熟，同时便于大型机械进行作业。这种施工方法根据施工条件不同又分为旱地基础和水中基础两种。

1. 明挖重力式扩大基础施工的主要内容

包括基础的定位放样、基坑开挖、基坑排水、基底处理以及砌筑（浇筑）基础结构物等。

2. 基础的定位放样

在基坑开挖前，首先要进行桥梁基础的定位放样，这个过程就是将设计图上的桥梁基础位置准确落实到实际的桥梁地址上，放样中根据桥梁设计图纸中桥梁中心线与墩台的纵横轴线，对桥梁基础边线定位，再根据图纸中基础的大小放线画出基坑的开挖范围，通过水准测量的方法确定基坑的定位点的标高。

3. 基坑开挖

基坑开挖的大小应满足基础施工要求，一般基坑开挖尺寸比设计图的基础宽 0.5～1m，在基坑开挖中应杜绝超挖，并根据基坑的土质条件确定垂直开挖或是边坡开挖、无支撑加固或有支撑加固的开挖方法，在施工过程中根据桥址的具体地质条件、基坑深度和土质渗透率等现场因素来确定。

（1）土质地基开挖

如果桥址位于干涸无水河床，地下水位低于基底，地质稳定和桥梁基础不深，在基坑开挖时基坑壁可以不设加固支撑，如果基坑深度>5m 时，当基坑土质不稳定并有地下水渗入，或基坑附近有其他施工相互影响和施工受限基坑壁应加设挡板支撑，必要时采用混凝土护壁。如果基坑开挖至新鲜基岩、微风化或弱风化岩层，也应采用人工机械开挖，必要时采用爆破。在基坑开挖过程中要控制好开挖的量，避免超挖。如果施工时间长，遇到暴雨天气，基坑应设置截水沟或排水沟。基坑开挖至设计高程后，应立即开展桥梁基础的下一施工环节，避免基坑长时间暴露，使基坑土质受到扰动或雨水侵泡而削弱其承载能力。

（2）水中地基的基坑开挖

如果桥梁墩台基础位于地表水位以下，水流较大的河床，施工条件是无水或水流相对静止时，在基础施工前应先建设围堰，围堰的作用主要是基坑的防水和围水，同时也能够完成支撑施工平台和基坑坑壁的功能。

围堰建设要便于水的排泄，最大限度地减小流水断面，同时不影响河道的通航、导流，围堰内部必须满足基础施工的要求，堰体有足够的强度和稳定性，不至发生围堰破裂或倾覆，围堰建成后其顶部要高出当地最高水位 0.7m，用于地下水的围堰也应高出地面 0.2~0.4m。围堰防水必须严密，使渗漏降到最小或无渗漏，以减轻排水工作。围堰施工应安排在枯水期间进行。

在围堰的选取上要根据地下水和水流来确定，当水深在 1.5m 内，流速<0.5m/s，河床土质渗水较小时可选用土石围堰，堰顶宽度 1~2m，围堰外部边坡坡度为 1∶2~1∶3，围堰内部边坡坡度为 1∶1~1∶1.5；当水深在 3m 内，流速<1.5m/s，可选用草麻袋围堰，围堰外部边坡坡度为 1∶0.5~1∶1，围堰内部边坡坡度为 1∶0.2~1∶0.5；当水深 10~30m 且河床为砂类土、黏性土、碎石土或风化岩时选用钢板桩围堰和钢筋混凝土板桩围堰。

4. 基坑排水

为提高桥梁基础的稳定性，基坑一般都比较深，坑底经常会有地下水渗进坑内，或围堰完工后需排堰内积水，这样必须把坑内的水排除，以便施工。基坑排水首先要估算好涌水量，从而选用适当的排水设备和排水方法。

一般情况采用倒流槽与集水坑相结合的排水法，但是基坑内流沙严重、土质较差、地下水位较高、挖基较深、坑壁不易稳定时和普通排水方法难以解决的基坑用井点排水法。

5. 基底检验与处理

（1）基底检验

基坑施工结束、混凝土浇筑前必须对基底进行检验。通过对基底平面位置、尺寸、标高、土质均匀性、地基稳定性及承载力等项目的检验来判定地基的容许承载力、基坑位置与标高是否符合设计要求，以确保基础的强度和稳定性。

（2）基底处理

当基底为未风化岩石，在浇筑前要清除杂物洗净岩面，如果岩层倾斜，需将岩层凿成台阶形或水平形。当基底为风化岩层，将岩层表面风化部分凿除；如果基底为软土及承载力很低的地基要进行换土回填真空预压等处理。

6. 基础混凝土浇筑

基础混凝土浇筑必须在无水状态下进行，禁止带水作业，基础边缘应严密隔水；如果是水下部分圬工必须待水泥砂浆或混凝土终凝后才允许浸水。浇筑基础时，应做好与台身、墩身的接缝连结，在接缝处应预埋直径≥16mm 的钢筋或其他铁件，埋入与露出的长度不应小于钢筋直径的 20 倍。

（三）桩基础施工

当桥梁地基荷载较大，地基面上部土层软弱，持力层较深，或是河床冲刷大，采用浅基础施工困难或不够安全，结构对不均匀沉降敏感时，施工水位过高，避免水下施工，或桥址位于地震区时可采用桩基础。

1. 桩基础施工

桩基础施工按施工方法分为沉入桩、钻孔灌注桩、管柱桩等几种。

2. 沉入桩

沉入桩的基桩主要为预制的钢筋混凝土和预应力混凝土桩。截面形式常用的有实心方桩和空心管桩两种。管桩一般由工厂以离心成型法制成。沉入桩的施工方法主要有：锤击沉桩、振动沉桩、射水沉桩及静力压桩等。

（1）锤击沉桩

锤击沉桩一般适用于基础位于中密砂类土、黏性土河床上，桩径≤0.6m，入土深度在 40m 的基础。锤击沉桩施工前，应对桩架、桩锤、动力机械等主要设备部件进行检查，确定桩锤、桩帽或送桩与桩中轴线一致，锤击沉桩时，如果桩尖已沉入到设计标高，但沉入度仍达不到要求时，应继续下沉至达到要求的沉入度为止。

（2）射水沉桩

射水沉桩施工，一般是射水与锤击相互配合使用，当基础为砂夹卵石层或坚硬土层时，一般以射水为主，锤击或振动为辅；在亚黏土或黏土中，一般以锤击或振动为主，以射水为辅，并应适当控制射水时间和水量；下沉空心桩，一般用单管内射水。

射水沉桩的施工要点是控制水压和桩下沉的速度。施工初期桩身下沉不宜过快，下沉过快易造成射水管嘴堵塞，同时不易控制盒校正桩的方向；当桩沉至 8~10m 时，桩身稳定后，可逐渐加大水压和锤的冲击动能；沉桩至距设计标高 2.0m 停止射水，拔出射水管，进行锤击或振动使桩下沉至设计要求标高。

桥梁基础的施工是桥梁建设的关键，同时桥梁基础的施工与桥梁的类型、桥址的地质环境、施工技术等方面有着密切的关系，因此在桥梁基础的施工中要根据这些因素应用不同的施工方法和工艺，来保证桥梁基础施工的质量，保证桥梁的安全运行。

第二节　桥梁墩台施工

一、桥梁墩台施工工艺概述

桥梁墩台施工方法通常分为两大类：

（1）现场就地浇筑与砌筑：优点是工序简便，机具较少，技术操作难度较小；但是施工期限较长，需耗费较多的劳力与物力。

（2）拼装预制的混凝土砌块、钢筋混凝土或预应力混凝土构件：特点是依赖于施工机械

(起重机械、混凝土泵送机械及运输机械)的进步，既可确保施工质量、减轻工人劳动强度，又可加快工程进度、提高工程效益。

二、混凝土墩台与石砌墩台施工

(一) 混凝土墩台的施工

就地浇筑的混凝土墩台施工有两个主要工序：一是制作与安装墩台模板；二是混凝土浇筑。

1. 墩台模板

根据相关规范的规定，模板的设计原则是：

(1) 宜优先使用胶合板和钢模板；

(2) 在计算荷载作用下，对模板结构按受力程序分别验算其强度、刚度及稳定性；

(3) 模板板面之间应平整，接缝严密，不漏浆，保证结构物外露面美观，线条流畅，可设倒角；

(4) 结构简单，制作、拆装方便。

常用的模板类型有以下几种。

(1) 拼装式模板：将各种尺寸的标准模板利用销钉连接，并与拉杆、加劲构件等组成墩台所需形状的模板。将墩台表面划分为若干小块，尽量使每部分板扇尺寸相同，以便于周转使用。

(2) 整体吊装模板：将墩台模板水平分成若干段，每段模板组成一个整体，在地面拼装后吊装就位。分段高度可视起吊能力而定，一般可为2~4m。

(3) 组合型钢模板：将各种长度、宽度及转角标准构件，用定型的连接件将钢模拼成结构用模板。

(4) 滑动钢模板：适用于各种类型的桥墩。

模板的设计可参照有关规定，验算模板的刚度时，其变形值不得超过下列数值：结构表面外露的模板，挠度为模板构件跨度的1/400；结构表面隐蔽的模板，挠度为模板构件跨度的1/250；钢模板的面板变形为1.5mm，钢模板的钢棱、柱箍变形为3.0mm。

模板安装前应对模板尺寸进行检查；安装时要坚实牢固，以免振捣混凝土时引起跑模漏浆；安装位置要符合结构设计要求。

2. 混凝土浇筑施工要点

墩台身混凝土施工前，应将基础顶面冲洗干净，凿除表面浮浆，整修连接钢筋。

浇筑混凝土时，应经常检查模板、钢筋及预埋件的位置和保护层的尺寸，确保位置正确，不发生变形。

混凝土施工中，应切实保证混凝土的配合比、水灰比和坍落度等技术性能指标满足规范要求。

(1) 混凝土的运送：墩台混凝土的水平与垂直运输相互配合方式与适用条件参考相关规定选用。

(2) 混凝土的浇筑速度：为保证浇筑质量，混凝土的配制、输送及浇筑的速度：

$$v \geqslant Sh/t \quad (7\text{-}1)$$

式中：v 为混凝土配料、输送及浇筑的容许最小速度，m^3/h；S 为浇筑的面积，m^2；h 为浇筑层的厚度，m；t 为所用水泥的初凝时间，h。

如混凝土的配制、输送及浇筑需时较长，则应采用下式计算：

$$v \geq Sh/(t-t_0) \tag{7-2}$$

式中：t_0 为混凝土配制、输送及浇筑所消费的时间，h。

墩台是大体积圬工，为避免水化热过高，导致混凝土因内外温差引起裂缝，可采取如下措施：

（1）用改善骨料级配、降低水灰比、掺加混合材料与外加剂、掺入片石等方法减少水泥用量；

（2）采用 C3A、C3S 含量小、水化热低的水泥，如大坝水泥、矿渣水泥、粉煤灰水泥、低标号水泥等；

（3）减小浇筑层厚度，加快混凝土散热速度；

（4）混凝土用料应避免日光曝晒，以降低初始温度；

（5）在混凝土内埋设冷却管通水冷却。

3. 混凝土浇筑

墩台身钢筋的绑扎应和混凝土的浇筑配合进行。

在配置第一层垂直钢筋时，应有不同的长度，同一断面的钢筋接头应符合施工规范的规定，水平钢筋的接头，也应内外、上下互相错开。

钢筋保护层的净厚度应符合设计要求。如无设计要求时，则可取墩台身受力钢筋的净保护层≥30mm，承台基础受力钢筋的净保护层≥35mm。

墩台身混凝土宜一次连续浇筑，否则应按桥涵施工规范的要求，处理好连接缝。墩台身混凝土未达到终凝前，不得泡水。

（二）石砌墩台施工

石砌墩台具有就地取材和经久耐用等优点，在石料丰富地区建造墩台时，在施工期限许可的条件下，为节约水泥，应优先考虑石砌墩台方案。

1. 石料、砂浆与脚手架

石砌墩台是用片石、块石及粗料石以水泥砂浆砌筑的，石料与砂浆的规格要符合有关规定。

浆砌片石一般适用于高度<6m 的墩台身、基础、镶面以及各式墩台身填腹。

浆砌粗料石则用于磨耗及冲击严重的分水体及破冰体的镶面工程以及有整齐美观要求的桥墩、台身等。

将石料吊运并安砌到正确位置是砌石工程中比较困难的工序：

（1）当重量小或距地面不高时，可用简单的马凳跳板直接运送；

（2）当重量较大或距地面较高时，可采用固定式动臂吊机或桅杆式吊机或井式吊机，将材料运到墩台上，然后再分运到安砌地点。

用于砌石的脚手架应环绕墩台搭设，用以堆放材料，并支持施工人员砌筑镶面定位行列及勾缝。脚手架一般常用固定式轻型脚手架（适用于 6m 以下的墩台）、简易活动脚手架（能用在 25m 以下的墩台）以及悬吊式脚手架（用于较高的墩台）。

2. 墩台砌筑施工要点

在砌筑前应按设计图放出实样，挂线砌筑。砌筑基础的第一层砌块时，如基底为土质，只在已砌石块的侧面铺上砂浆即可，不需坐浆；如基底为石质，应将其表面清洗、润湿后，先坐浆再砌石。

砌筑斜面墩台时，斜面应逐层放坡，以保证规定的坡度。砌块间用砂浆黏结并保持一定的缝厚，所有砌缝要求砂浆饱满。

形状比较复杂的工程，应先作出配料设计图，注明块石尺寸；形状比较简单的，也要根据砌体高度、尺寸、错缝等，先行放样配好料石再砌。

砌筑方法：同一层石料及水平灰缝的厚度要均匀一致，每层按水平砌筑，丁顺相间，砌石灰缝互相垂直。

砌石顺序为先角石、再镶面、后填腹，填腹石的分层厚度应与镶面相同。

圆端、尖端及转角形砌体的砌石顺序，应自顶点开始，按丁顺排列接砌镶面石。圆端形桥墩的圆端顶点不得有垂直灰缝，砌石应从顶端开始先砌石块，然后应丁顺相间排列，安砌四周镶面石；尖端桥墩的尖端及转角处不得有垂直灰缝，砌石应从两端开始，先砌石块再砌侧面转角，然后丁顺相间排列，安砌四周的镶面石。

砌体质量应符合以下规定：

(1) 砌体所有各项材料类别、规格及质量符合要求；

(2) 砌缝砂浆或小石子混凝土铺填饱满、强度符合要求；

(3) 砌缝宽度、错缝距离符合规定，勾缝坚固、整齐，深度和形式符合要求；

(4) 砌筑方法正确；

(5) 砌体位置、尺寸不超过允许偏差。

3. 墩台顶帽施工

墩台顶帽是用来支承桥跨结构的，其位置、高程及垫石表面平整度等，均应符合设计要求，以避免桥跨结构安装困难，或使顶帽、垫石等出现破裂或裂缝，影响墩台的正常使用功能和耐久性。

墩台顶帽施工的主要工序为：

(1) 墩、台帽放样

墩台混凝土(或砌石)浇筑至离墩、台帽底下约 30~50cm 高度时，即需测出墩台纵横中心线，并开始竖立墩、台帽模板，安装锚栓孔或安装顶埋支座垫板、绑扎钢筋等。台帽放样时，应注意不要以基础中心线做为台帽背墙线，浇筑前应反复核实，以确保墩、台帽中心、支座垫石等位置方向与水平标高等不出差错。

(2) 墩、台帽模板

墩台帽系支撑上部结构的重要部分，其尺寸位置和水平标高的准确度要求较严，浇筑混凝土应从墩台帽下约 30~50cm 处至墩台帽顶面一次浇筑，以保证墩、台帽底有足够厚度的紧密混凝土。

墩帽模板下面的一根拉杆可利用墩帽下层的分布钢筋，以节省铁件。台帽背墙模板应特别注意纵向支撑或拉条的刚度，防止浇筑混凝土时发生鼓肚，侵占梁端空隙。

(3) 钢筋和支座垫板的安设

墩、台帽钢筋绑扎应遵照相关技术规范的有关钢筋工程的规定。

墩、台帽上的支座垫板的安设一般采用预埋支座垫板和预留锚栓孔的方法。前者须在绑扎墩台帽和支座垫石钢筋时将焊有锚固钢筋的钢垫板安设在支座的准确位置上，即将锚固钢筋和墩、台帽骨架钢筋焊接固定，同时将钢垫板做一木架，固定在墩、台帽模板上。此法在施工时垫板位置不易准确，应经常校正。后者须在安装墩台帽模板时，安装好预留孔模板，在绑扎钢筋时注意将锚栓孔位置留出。此法安装支座施工方便，支座垫板位置准确。

三、装配式墩台施工

装配式墩台适用于山谷架桥或跨越平缓无漂流物的河沟、河滩等的桥梁，特别是在工地干扰多、施工场地狭窄、缺水与砂石供应困难地区，其效果更为显著。

装配式墩台的优点是：结构形式轻便，建桥速度快，圬工省，预制构件质量有保证等。目前经常采用的有砌块式、柱式和管节式或环圈式墩台等。

（一）砌块式墩台施工

砌块式墩台的施工大体上与石砌墩台相同，只是预制砌块的形式因墩台形式不同有很多变化。

（二）柱式墩施工

装配式柱式墩系将桥墩分解成若干轻型部件，在工厂或工地集中预制，再运送到现场装配。

桥梁：其形式有双柱式、排架式、板凳式和刚架式等。

施工工序为预制构件、安装连接与混凝土养护等。其中拼装接头是关键工序，既要牢固、安全，又要结构简单，便于施工。常用的拼装接头有：承插式接头、钢筋锚固接头、焊接接头、扣环式接头、法兰盘接头。

装配式、柱式墩台应注意以下几个问题：

（1）墩台柱构件与基础顶面预留环形基座应编号，并检查各个墩、台高度是否符合设计要求，基杯口四周与柱边的空隙需>2cm；

（2）墩台柱吊入基杯内就位时，应在纵横方向测量，使柱身垂直度或倾斜度以及平面位置均符合设计要求，对重大、细长的墩柱，需用风缆或撑木固定，方可摘除钓钩；

（3）在墩台柱顶安装盖梁前，应先检查盖梁口预留槽眼位置是否符合设计要求，否则应先修凿；

（4）柱身与盖梁（顶帽）安装完毕并检查符合要求后，可在基杯空隙与盖梁槽眼处浇筑稀砂浆，待其硬化后，撤除楔子，支撑或风缆，再在楔子孔中灌填砂浆。

（三）后张法预应力混凝土装配墩施工

装配式预应力钢筋混凝土墩分为基础、实体墩身和装配墩身三大部分。

装配墩身由基本构件、隔板、顶板及顶帽四种不同形状的构件组成，用高强钢丝穿入预留的上下贯通的孔道内，张拉锚固而成。

实体墩身是装配墩身与基础的连接段，其作用是锚固预应力钢筋，调节装配墩身高度及抵御洪水时漂流物的冲击等。

施工工艺流程分成施工准备、构件预制及墩身装配三方面。全过程贯穿着质量检查工作。

实体墩身灌注时要按装配构件孔道的相对位置，预留张拉孔道及工作孔。构件装配的水平拼装缝采用 C5 水泥砂浆，砂浆厚度为 15mm，便于调整构件水平标高，不使误差积累。

安装构件要求确保：平、稳、准、实、通五个关键。

张拉预应力的钢丝束分两种：一种是直径为 5mm 的高强度钢丝，用 18ϕ5 锥形锚；另一种用 7ϕ4mm 钢铰线，用 JM12-6 型锚具，采用一次张拉工艺，张拉位置可以在顶帽上张拉，亦可在实体墩下张拉，两者各有利弊。

(四) 无承台大直径钻孔埋入空心桩墩施工

无承台大直径钻孔埋入空心桩墩系由预钻孔、预制大直径钢筋混凝土桩墩节、吊拼桩墩节并用预应力后张连接成整体，桩周填石压浆，桩底高压压浆，吊拼墩节，浇筑或组装盖梁等部分组成，它综合了预制桩质量的可靠性、钻孔成桩的工艺简单(图 7-1)、成本底、适应性强等优越性；摒弃了管柱桩技术设备复杂、成本高、不易穿透砂砾层、桩易偏位及钻孔灌注桩桩身质量难以保证等缺陷，是集当今桩基先进施工技术之大成。

钻埋预应力空心桩墩的技术特点是：

(1) 直径大，承载力高，桩径一般>2.5m，钻埋空心桩已达 ϕ5.0m，沉挖空心桩已达 ϕ6.0~8.0m，由于采用了桩周填石压浆、桩底高压压浆、桩节间通过预应力形成整体，故使桩基承受垂直荷载和水平荷载的能力成倍增大；

(2) 无承台，空心截面，节省了围堰工程，减少了桩身混凝土体积，不仅简化了施工工序，而且可将大桥下部结构费用从全桥费用 50%以上，降至 30%~40%；

(3) 施工快速，工期缩短，并由于采用大直径桩，桩数少，多数情况下可以单桩独柱，加之钻机设备的先进与完善，一个枯水季节可完成基础工程，预制桩节、墩节与钻孔平行作业，大大加速了工程进度；

(4) 钻埋空心桩墩适用于土质地基，沉挖空心桩适用于松散的砂、砾、漂石和风化岩层，且环保效果好，施工少振动、低噪声，城镇区施工对居民干扰少；

(5) 桩节、墩节预制，桩周、桩底压浆，节间用高强预应力筋连成整体，各项作业技术含量高，桩墩质量完全能得到保障。

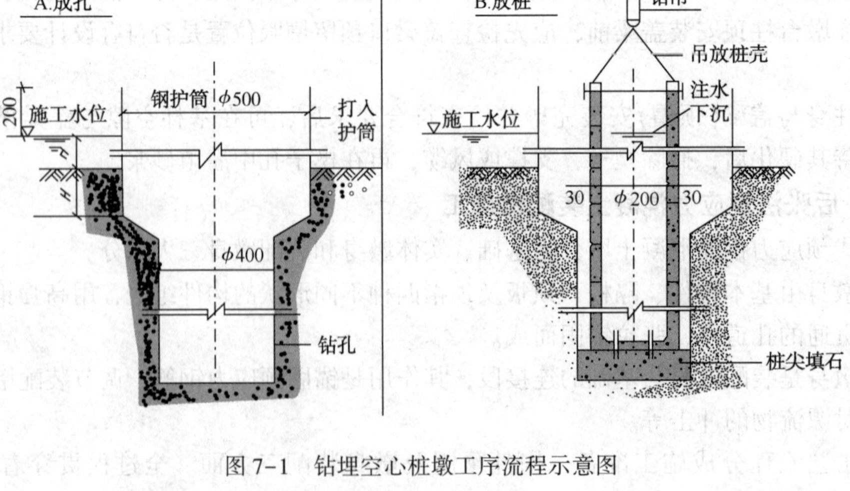

图 7-1　钻埋空心桩墩工序流程示意图

切实解决钻孔机具设备、泥浆配制、桩节(墩节)段预制、桩节竖拼安装以及压浆(桩周压浆与桩底压浆)成桩等技术环节，是钻埋大直径空心桩墩成败的关键所在。

四、滑动模板施工

高桥墩的施工设备与一般桥墩所用设备大体相同，但其模板却另有特色。一般有滑动模板、爬升模板、翻升模板等几种，这些模板都是依附于浇筑的混凝土墩壁上，随着墩身的逐步加高而向上升高。目前滑动模板的高度已达百米。

滑动模板施工的主要优点：

(1) 施工进度快，在一般气温下，每昼夜平均进度可达5~6m；

(2) 混凝土质量好，采用干硬性混凝土，机械振捣，连续作业，可提高墩台质量；

(3) 节约木材和劳力，有资料统计表明，可节省劳动力30%，节约木材70%；

(4) 滑动模板可用于直坡墩身，也可用于斜坡墩身，安全可靠。

(一) 滑动模板构造

滑动模板系将模板悬挂在工作平台的围圈上，沿着所施工的混凝土结构截面的周界组拼装配，并随着混凝土的浇筑由千斤顶带动向上滑升。

滑动模板的构造。由于桥墩类型、提升工具的类型不同，模板构造也稍有差异，但其主要部件与功能则大致相同，一般主要由工作平台、内外模板、混凝土平台、工作吊篮和提升设备等组成。

(二) 滑模浇筑混凝土施工要点

1. 滑模组装

在墩位上就地进行组装时，安装步骤为：

(1) 在基础顶面搭枕木垛，定出桥墩中心线；

(2) 在枕木垛上先安装内钢环，并准确定位，再依次安装辐射梁、外钢环、立柱、千斤顶、模板等；

(3) 提升整个装置，撤去枕木垛，再将模板落下就位，随后安装余下的设施，内外吊架待模板滑升至一定高度，及时安装，模板在安装前，表面需涂润滑剂，以减少滑升时的摩阻力，组装完毕后，必须按设计要求及组装质量标准进行全面检查，并及时纠正偏差。

2. 灌注混凝土

滑模宜灌注低流动度或半干硬性混凝土，灌注时应分层、分段对称地进行，分层厚度20~30cm为宜。混凝土入模时，要均匀分布，应采用插入式振动器捣固，振捣时应避免触及钢筋及模板，振动器插入下一层混凝土的深度≤5cm；脱模时混凝土强度应为0.2~0.5MPa，以防在其自重压力下坍塌变形。为此，可根据气温、水泥标号经试验后掺入一定量的早强剂，以加速提升；脱模后8h左右开始养生，用吊在下吊架上的环绕墩身的带小孔的水管来进行。

3. 提升与收坡

整个桥墩浇筑过程可分为初次滑升、正常滑升和最后滑升三个阶段。

从开始浇筑混凝土到模板首次试升为初次滑升阶段；初灌混凝土的高度一般为60~

70cm，分三次浇筑，在底层混凝土强度达到 0.2～0.4MPa 时即可试升。将所有千斤顶同时缓慢起升 5cm，以观察底层混凝土的凝固情况。现场鉴定可用手指按刚脱模的混凝土表面，基本按不动，但留有指痕，砂浆不粘手，用指甲画过有痕，滑升时能耳闻“沙沙”的摩擦声，这些表明混凝土具有 0.2～0.4MPa 的脱强度，可以开始再缓慢提升 20cm 左右。

初升后，经全面检查设备，即可进入正常滑升阶段。即每浇筑一层混凝土，滑模提升一次，使每次浇筑的厚度与每次提升的高度基本一致。在正常气温条件下，提升时间宜≤1h。

最后滑升阶段是混凝土已经浇筑到需要高度，不再继续浇筑，但模板尚需继续滑升的阶段。灌完最后一层混凝土后，每隔 1～2h 将模板提升 5～10cm，滑动 2～3 次后即可避免混凝土模板胶合。滑模提升时应做到垂直、均衡一致，顶架间高差≤20mm，顶架横梁水平高差≤5mm。并要求三班连续作业，不得随意停工。

4. 接长顶杆、绑扎钢筋

模板每提升至一定高度后，就需要穿插进行接长顶杆、绑扎钢筋等工作。为了不影响提升时间，钢筋接头均应事先配好，并注意将接头错开。对预埋件及预埋的接头钢筋，滑模抽离后，要及时清理，使之外露。

在整个施工过程中，由于工序的改变，或发生意外事故，使混凝土的灌注工作停止较长时间，即需要进行停工处理。例如，每隔 0.5h 左右稍为提升模板一次，以免黏结；停工时在混凝土表面要插入短钢筋等，以加强新老混凝土的黏结；复工时还需将混凝土表面凿毛，并用水冲走残渣，湿润混凝土表面，浇筑一层厚度为 2～3cm 的 1∶1 水泥砂浆，然后再浇筑原配合比的混凝土，继续滑模施工。

（三）桥梁墩台施工工艺全流程

1. 测量放线

墩柱和台身施工前应按图纸测量定线，检查基础平面位置、高程及墩台预埋钢筋位置。放线时依据基准控制桩放出墩台中心点或纵横轴线及高程控制点，并用墨线弹出墩柱、台身结构线、平面位置控制线。测放的各种桩都应标注编号，涂上各色油漆，醒目、牢固，经复核无误后进行下道工序施工。

2. 搭设脚手架

（1）脚手架安装前应对地基进行处理，地基应平整坚实，排水顺畅。

（2）脚手架应搭设在墩台四周环形闭合，以增加稳定性。

（3）脚手架除应满足使用功能外，还应具有足够的强度、刚度及稳定性。

3. 钢筋加工及绑扎

（1）墩、台身钢筋加工应符合一般钢筋混凝土构筑物的基本要求，严格按设计和配料单进行，加工方法参照相关规范执行。

（2）基础（承台或扩大基础）施工时，应根据墩柱、台身高度预留插筋。若墩、台身不高，基础施工时可将墩、台身钢筋按全高一次预埋到位；若墩、台身太高，钢筋可分段施工，预埋钢筋长度宜高出基础顶面 1.5m 左右，按 50%截面错开配置，错开长度应符合规范规定和设计要求，一般不小于钢筋直径的 35 倍且≥500mm，连接时宜采用帮条焊或直螺纹连接技术。预埋位置应准确，满足钢筋保护层要求。

（3）钢筋安装前，应用钢丝刷对预埋钢筋进行调直和除锈、除污处理，对基础混凝土顶面应凿去浮浆，清洗干净。

（4）钢筋需接长且采用焊接搭接时，可将钢筋先临时固定在脚手架上，然后再行焊接。采用直螺纹连接时，将钢筋连接后再与脚手架临时固定。在箍筋绑扎完毕即钢筋已形成整体骨架后，即可解除脚手架对钢筋的约束。

（5）墩、台身钢筋的绑扎除竖向钢筋绑扎外，水平钢筋的接头也应内外、上下互相错开。

（6）所有钢筋交叉点均应进行绑扎，绑丝扣应朝向混凝土内侧。

（7）钢筋骨架在不同高度处绑扎适量的垫块，以保持钢筋在模板中的准确位置和保护层厚度。保护层垫块应有足够的强度及刚度，宜使用塑料垫块。使用混凝土预制垫块时，必须严格控制其配合比，保证垫块强度，垫块设置宜按照梅花形均匀布置，相邻垫块距离以750mm左右为宜，矩形柱的四面均应设置垫块。

4. 模板加工及安装

（1）圆形或矩形截面墩柱宜采用定型钢模板，薄壁墩台、肋板桥台及重力式桥台，视情况可使用木模、钢模和钢木混合模板。

（2）采用定型钢模板时，钢模板应由专业生产厂家设计及生产，拼缝以企口为宜。

（3）圆形或矩形截面墩柱模板安装前应进行试拼装，合格后安装。安装宜现场整体拼装后用汽车吊就位。每次吊装长度视模板刚度而定，一般为4~8m。

（4）采用木质模板时，应按结构尺寸和形状进行模板设计，设计时应考虑模板有足够的强度、刚度和稳定性，保证模板受力后不变形，不位移，成型墩台的尺寸准确。墩台圆弧或拐角处，应设计制作异形模板。

（5）木质模板的拼装与就位

① 木质模板以压缩多层板及竹编胶合板为宜，视情况可选用单面或双面覆膜模板，覆膜一侧面向混凝土一侧，次龙骨应选用方木，水平设置，主龙骨可选用方木及型钢，竖向设置，间距均应通过计算确定。内、外模板的间距用拉杆控制。

② 木质模板拼装应在现场进行，场地应平整。拼装前将次龙骨贴模板一侧用电刨刨平，然后用铁钉将次龙骨固定于主龙骨上，使主次龙骨形成稳固框架，然后铺设模板，模板拼缝夹弹性止浆材料。要求设拉杆时，须用电钻在模板相应位置打眼。每块拼装大小应根据模板安装就位所采用设备而定。

③ 模板就位可采用机械或人工。就位后用拉杆、基础顶部定位橛、支承及缆风绳将其固定，模板下口用定位楔定位时按平面位置控制线进行。模板平整度、模内断面尺寸及垂直度可通过调整缆风绳松紧度及拉杆螺栓松紧度来控制。

（6）墩台模板应有足够的强度、刚度和稳定性。模板拼缝应严密不漏浆，表面平整不错台。模板的变形应符合模板计算规定及验收标准对平整度控制要求。

（7）薄壁墩台、肋板墩台及重力式墩台宜设拉杆。拉杆及垫板应具有足够的强度及刚度。拉杆两端应设置软木锥形垫块，以便拆模后，去除拉杆。

(8) 墩台模板，宜在全桥使用同一种材质、同一种类型的模板，钢模板应涂刷色泽均匀的脱模剂，确保混凝土外观色泽均匀一致。

(9) 混凝土浇筑时应设专人维护模板和支架，如有变形、移位或沉陷，应立即校正并加固。预埋件、保护层等发现问题时，应及时采取措施纠正。

5. 混凝土浇筑

(1) 浇筑混凝土前，应检查混凝土的均匀性和坍落度，并按规定留取试件。

(2) 应根据墩、台所处位置、混凝土用量、拌合设备等情况合理选用运输和浇筑方法。

(3) 采用预拌混凝土时，应选择合格供应商，并提供预拌混凝土出厂合格证和混凝土配合比通知单。

(4) 混凝土浇筑前，应将模内的杂物、积水和钢筋上的污垢彻底清理干净，并办理隐、预检手续。

(5) 大截面墩台结构，混凝土宜采用水平分层连续浇筑或倾斜分层连续浇筑，并应在下层混凝土初凝前浇完上层混凝土。水平分层连续浇筑上、下层前后距离应保持 1.5m 以上。倾斜分层坡度不宜过陡，浇筑面与水平夹角应<25°。

(6) 墩柱因截面小，浇筑时应控制浇筑速度。首层混凝土浇筑时，应铺垫 50~100mm 厚与混凝土同配比的减石子水泥砂浆一层。混凝土应在整截面内水平分层，连续浇筑，每层厚度宜≤0.3m。如因故中断，间歇时间超过规定则应按施工缝处理。

(7) 柱身高度内如有系梁连接，则系梁应与墩柱同时浇筑，当浇筑至系梁上方时，浇筑速度应适当放缓，以免混凝土从系梁顶涌出。V 形墩柱混凝土应对称浇筑。

(8) 墩柱混凝土施工缝应留在结构受剪力较小，且宜于施工部位，如基础顶面、梁的承托下面。

(9) 在基础上以预制混凝土管等做墩柱外模时，预制管节安装时应符合下列要求：

① 基础面宜采用凹槽接头，凹槽深度应≥50mm；

② 上、下管节安装就位后，用四根竖方木对称设置在管柱四周并绑扎牢固，防止撞击错位；

③ 混凝土管柱外模应加斜撑以保证浇筑时的稳定性；

④ 管口应用水泥砂浆填严抹平。

(10) 钢板箍钢筋混凝土墩柱施工，应符合下列要求：

① 钢板箍、法兰盘及预埋螺栓等均应由具有相应资质的厂家生产，进场前应进行检验并出具合格证，厂内制作及现场安装应满足钢结构施工的有关规定；

② 在基础施工时应依据施工图纸将螺栓及法兰盘预埋，钢板箍安装前，应对基础、预埋件及墩柱钢筋进行全面检查，并进行彻底除锈、除污处理，合格后施工；

③ 钢板箍出厂前在其顶部对称位置焊吊耳各 1 个，安装时由吊车将其吊起后垂直下放到法兰盘上方对应位置，人工配合调整钢板箍位置及垂直度，合格后由专业工人用电焊将其固定，稳固后摘下吊钩；

④ 钢板箍与法兰盘的焊接由专业工人完成，为减小焊接变形的影响，焊接时应对称进行，以便很好地控制垂直度与轴线偏位。混凝土浇筑前按钢结构验收规范对其进行验收；

⑤ 钢板箍墩柱宜灌注补偿收缩混凝土；

⑥ 对钢板箍应进行防腐处理。

（11）浇筑混凝土一般应采用振捣器振实。使用插入式振捣器时，移动间距不应超过振捣器作用半径的1.5倍；与侧模应保持50~100mm的距离；插入下层混凝土50~100mm；必须振捣密实，直至混凝土表面停止下沉、不再冒出气泡、表面平坦、不泛浆为止。

6. 混凝土成型养生

（1）混凝土浇筑完毕，应用塑料布将顶面覆盖，凝固后及时洒水养生。

（2）模板拆除后，及时用塑料布及阻燃保水材料将其包裹或覆盖，并洒水湿润养生。养生期一般≥7d。也可根据水泥、外加剂种类和气温情况确定养生时间。

7. 模板及脚手架拆除

侧模在混凝土强度能够保证结构表面及棱角不因拆模被损坏时进行，上系梁底模的拆除应在混凝土强度达到设计值的75%后进行。

（四）公路桥梁高墩台施工方法及控制措施

1. 高墩台技术类型分析

我国的高等台施工技术主要有两种：一种是滑模施工；一种是翻模施工。翻模施工是比较传统的施工方式，整个工艺比较复杂，主要是将整个模板分成三部分，每个隔层之间的差距在1.5~2.5。滑模施工相对于翻模施工，其操作过程比较简单，也是目前比较先进的一种施工方式，在整个过程中使用到的机械设备比较多，方便人员对它的控制，提高了其建设的精确度。

2. 高墩台施工方法

（1）工艺原理

滑模施工主要是指液压滑模。是通过爬升式千斤顶提高模板和工作平台，通过一边浇注混凝土，一边提升模板的方式进行施工。这种施工方式需要专业人员进行，其垂直度非常地不好控制，国家的相关规定是偏差不能超过桥墩台高度的0.2%，并且不能>20mm的垂直度。因此，为了保证精确度，必须每提升1mm就要对其进行重新的校正，虽然程序有点复杂，但是节约了成本和占地面积，并且提高了工程的进度，仍然被广泛地使用。

（2）滑模组装

在桥梁基础的地面上将混凝土凿毛洗净，然后接入主筋，绑架提升架以及桥梁以下的结构筋，搭设枕木垛并定构桥梁的中心线。枕木垛的主要作用是方便固定提升架和模版，以及桥梁下的结构筋，待千斤顶和顶杆安装完成后撤去，将模板下落到位，继续安装其他设施。要注意套管底部与基础表面要接触紧密，并用砂浆将周围围起来，以免灰浆漏进套管内。外吊脚手架应在滑模提升适当高度后安装。

（3）浇注混凝土

滑模施工使用的混凝土主要是低流动性，并且是偏干的混凝土，而且要均匀对称地进行浇注，使混凝土的厚度大致维持在20~30cm，与模板的距离保持在10~15cm。具体的混凝土要求及钢筋柱的要求如表7-1所示。

表 7-1 混凝土及钢筋柱的要求

部位	桩基形式	结构尺寸/m(长×宽×高)	混凝土量/m^3	桩基最大间距(纵横 m)
工作平台	钢管桩	55×27×2	2970	6.1
转换平台	钢管桩	33.1×20×2	1324	6.1/6.4
火炬平台	钢管桩	25×25×2	1242	5.5/5.5

(4) 滑模提升

滑模提升分为初升、正常提升和终升阶段。初升时，混凝土的高度应该在 70~90cm，当用手指按压混凝土，出现手印的时候就可以进行滑升。当模板滑行到 20~30cm 的时候，就要进行停歇，对所有的装置和设备进行全面的检查，以防止有裂开破损的迹象。在检查合格后就可以进行正常提升，正常提升的过程中，要求混凝土的厚度维持在 20~30cm，并且每次进行停歇的时间不能超过 1m。当模板滑行到距离墩顶只有 1m 的时候，就到了终升的阶段，此时应该减缓滑行的速度以保证混凝土位置准确。

(5) 后期工作

滑模施工结束后最后一步就是对滑模进行拆除，解除吊笼和钢丝绳，并且进行回收处理。

3. 高墩台施工的防控措施

(1) 保障安全

在进行高墩台施工时，必须要保证施工人员的安全。在施工的场地要安装安全网，避免从高空落下的机器设备及废物用品砸到了施工人员，发生安全事故。同时要施工人员穿戴上安全帽、安全盔以及其他安全服装。在施工场地要检查机械设备的安全问题，不存在漏电、触电的情况，更不能有高空架空的情况。在安全问题上一定要引起一定的重视，当事故发生的时候，一定要迅速地送往医院采取急救措施，对受伤人员进行一定的安抚和赔偿。

(2) 严格控制施工流程

尽管滑模施工的操作过程比较简单，机械化程度比较强，但是也需要专业的人员进行操作和指导，因此在施工的流程方面一定要引起重视，绝对不能为了加快建设的进度而简化流程，更不能采用不专业的技术人员进行施工，要随时做好自身技术培训和交流工作，按照施工的正确流程进行操作，不能粗心，稳定细心地完成工作任务，保障高墩台的质量。

(3) 严格控制混凝土厚度

在整个施工过程中，高墩台的质量重点取决于混凝土的质量，混凝土在每个阶段的厚度都是不同的，并且都有相关的规定。因此，对混凝土厚度的掌控非常关键，比如说在初次提升的阶段，混凝土厚度需要在 70~90cm，那么我们就不能超过这个标准，使得混凝土过厚或者是过薄，更不能忽略均匀浇注的重要性，若是混凝土的厚度忽高忽低，没有保持均衡，那么就会导致混凝土在滑升过程中出现破裂等现象，不仅耽误了整个工程的进度，对于后期的处理也是非常麻烦，使整个工程重新加注，不仅增加了材料和资金的负担，也加重了施工人员的操作步骤。对于这种可避免的操作失误，我们应该尽量减少，并且同时要对不可避免的意外失误做好防控措施，尤其是在混凝土的操作方面。

(4) 严格管控混凝土质量

混凝土是由水泥、石、沙混合而成，而水泥、石、沙混合比例不同，得到的混凝土质量也不同。在不同的地区，我们所需要建造的桥梁是不同的，有的桥梁跨度很小，因此它的桥墩可以做得很高；有的桥梁跨度很大，那么它的桥段就会做的相对比较低。由于桥梁的宽度不同，桥墩的受力程度也不一样，在桥墩的设计方面也有所不同。每个桥墩的受力状况不一样，混凝土的材料也应该有所不同。因此相关人员应该做好对水泥、沙、石的比例调和，制作出质量上乘，并且适用于当下桥梁环境的混凝土。

(5) 完善监督管理机制

在高墩台施工的过程中，必须对其建设工程进行监督管理，每一个工程的建设都离不开相关部门的有效监控。宏观监督的力度不足，必然会导致工程建设中的质量情况出现。而整个高墩台建设是一个需要细致处理的工程，因而对其各方面的监控必须层层把关，绝不疏漏。

第八章 桥梁上部结构施工技术

一、总体分类

（1）就地浇筑法是在桥位处搭设支架，在支架上浇筑桥体混凝土，达到强度后拆除模板、支架。

就地浇筑法无需预制场地，而且不需要大型起吊、运输设备，梁体的主筋可不中断，桥梁整体性好。其主要缺点是工期长，施工质量不容易控制；对预应力混凝土梁由于混凝土的收缩、徐变引起的应力损失比较大；施工中的支架、模板耗用量大，施工费用高；搭设支架影响排洪、通航，施工期间可能受到洪水和漂流物的威胁。

（2）预制安装法在预制工厂或在运输方便的桥址附近设置预制场进行梁的预制工作，然后采用一定的架设方法进行安装。预制安装法施工一般是指钢筋混凝土或预应力混凝土简支梁的预制安装，分预制、运输和安装三部分。

预制安装施工法的主要特点是：

① 由于是工场生产制作，构件质量好，有利于确保构件的质量和尺寸精度，并尽可能多地采用机械化施工；

② 上、下部结构可以平行作业，因而可缩短现场工期；

③ 能有效地利用劳动力，并由此而降低了工程造价；

④ 由于施工速度快，可适用于紧急施工工程；

⑤ 将构件预制后由于要存放一段时间，因此在安装时已有一定龄期，可减少混凝土收缩、徐变引起的变形。

二、具体分类

（1）悬臂施工法是从桥墩开始，两侧对称进行现浇梁段或将预制节段对称进行拼装。前者称悬臂浇筑施工，后者称悬臂拼装施工，有时也将两种方法结合使用。

悬臂施工的主要特点是：

① 桥梁在施工过程中产生负弯矩，桥墩也要求承受由施工产生的弯矩，因此悬臂施工宜在营运状态的结构受力与施工状态的受力比较接近的桥梁中选用，如预应力混凝土 T 形刚构桥、变截面连续梁桥和斜拉桥等；

② 非墩桥固结的预应力混凝土梁桥，采用悬臂施工时应采取措施，使墩、梁临时固结，因而在施工过程中有结构体系的转换存在；

③ 采用悬臂施工的机具设备种类很多，就挂篮而言，也有桁架式、斜拉式等多种类型，可根据实际情况选用；

④ 悬臂浇筑施工简便，结构整体性好，施工中可不断调整位置，常在跨径>100m 的桥梁上选用，悬臂拼装法施工速度快，桥梁上、下部结构可平行作业，但施工精度要求比较

高，可在跨径100m以下的大桥中选用；

⑤ 悬臂施工法可不用或少用支架，施工不影响通航或桥下交通。

（2）转体施工法是将桥梁构件先在桥位处岸边（或路边及适当位置）进行预制，待混凝土达到设计强度后旋转构件就位的施工方法。转体施工其静力组合不变，其支座位置就是施工时的旋转支承和旋转轴，桥梁完工后，按设计要求改变支撑情况。转体施工可分为平转、竖转和平竖几何结合的转体施工。

转体施工的主要特点是：

① 可以利用地形，方便预制构件；

② 施工期间不断航，不影响桥下交通，并可在跨越通车线路上进行桥梁施工；

③ 施工设备少，装置简单，容易制作并便于掌握；

④ 节省木材，节省施工用料，采用转体施工与缆索无支架施工比较，可节省木材80%，节省施工用钢60%；

⑤ 减少高空作业，施工工序简单，施工迅速，当主要构件先期合拢后，给以后施工带来方便；

⑥ 转体施工适合于单跨和三跨桥梁，可在深水、峡谷中建桥采用，同时也适应于平原区以及城市跨线桥；

⑦ 大跨径桥梁采用转体施工将会取得较好的技术经济效益，转体重量轻型化、多种工艺综合利用，是大跨径及特大跨径桥梁施工有利的竞争方案。

（3）顶推施工法是在沿桥纵轴方向的台后设置预制场地，分节段预制，并用纵向预应力筋将预制节段与施工完成的梁体连成整体，然后通过水平千斤顶施力，将梁体向前顶推出预制场地，之后继续在预制场地进行下一节段梁的预制，循环操作直至施工完成。

顶推施工法的特点：

① 顶推法可以使用简单的设备建造长大桥梁，施工费用低，施工平稳无噪声，可在水深、山谷和高桥墩上采用，也可在曲率相同的弯桥和坡桥上采用；

② 主梁分段预制，连续作业，结构整体性好，由于不需要大型起重设备，所以施工节段的长度一般可取用10～20m；

③ 桥梁节段固定在一个场地预制，便于施工管理，改善施工条件，避免高空作业，同时，模板、设备可多次周转使用，在正常情况下，节段的预制周期为7～10d；

④ 顶推施工时，梁的受力状态变化很大，施工阶段的梁的受力状态与运营时期的受力状态差别较大，因此在梁截面设计和布索时要同时满足施工与运营的要求，由此而造成的用钢量较高，在施工时也可采取加设临时墩，设置前导梁和其他措施，用以减少施工内力；

⑤ 顶推法宜在等截面梁上使用，当桥梁跨径较大时，选用等截面梁会造成材料用量的成本增加，也增加施工难度，因此以中等跨径的桥梁为宜，桥梁的总长也以500～600m为宜。

（4）逐孔施工法是中等跨径预应力混凝土连续梁中的一种施工方法，其使用一套设备从桥梁的一端逐孔施工，直到对岸。有用临时支承组拼预制节段的逐孔施工法，移动支架逐孔现浇施工法，以及整孔吊装或分段节段施工法等。

采用逐孔施工的主要特点：

① 不需要设置地面支架，不影响通航和桥下交通，施工安全、可靠；

② 有良好的施工环境，保证施工质量，一套模架可多次周转使用，具有在预制场生产的优点；

③ 机械化、自动化程度高，节省劳力，降低劳动强度，上、下部结构可以平行作业，缩短工期；

④ 通常每一施工梁段的长度取用一孔梁长，接头位置一般可选在桥梁受力较小的部位；

⑤ 移动模架设备投资大，施工准备和操作都较复杂；

⑥ 宜在桥梁跨径<50m 的多跨长桥上使用。

(5) 横移施工法是在拟待安置结构的位置旁预制该结构，并横向移运该结构物，将它安置在规定的位置上。

横移施工的主要特点是在整个操作期间与该结构有关的支座位置保持不变，即没有改变梁的结构体系。在横向移动期间，临时支座需要支承该结构的施工重量。

(6) 提升与浮运施工法是在未来安置结构物以下的地面上预制该结构并把它提升就位。浮运施工将桥梁在岸上预制，通过大型浮运至桥位，利用船的上下起落安装就位的方法。

使用该方法的要求是：

① 在该结构下面需要有一个适宜的地面；

② 被提升结构下的地面要有一定的承载力；

③ 拥有 1 台支撑在一定基础上的提升设备；

④ 该结构应该是平衡的，至少在提升操作期间是平衡的；

⑤ 采用浮运法要有一系列的大型浮运设备。

第一节　简支梁桥施工

一、简支梁桥概述

上部结构由两端简单支承在墩台上的主要承重梁组成的桥梁。简支梁是静定结构，相邻各跨单独受力，结构受力比较单纯，不受支座变位等影响，适用于各种地质情况，构造也较简单，容易做成标准化、装配化构件，制造、安装都较方便，是一种采用最广泛的梁式桥。但简支梁的跨中弯矩将随跨径增大而急剧增大，因而大跨径时显得不经济。

(一) 建筑结构

简支梁桥：由一根两端分别支撑在一个活动支座和一个铰支座上的梁作为主要承重结构的梁桥，属于静定结构，是梁式桥中应用最早、使用最广泛的一种桥型。其构造简单，架设方便，结构内力不受地基变形、温度改变的影响。

(二) 基本种类

1. 整体式简支梁桥

其横向刚度大，稳定性好。由于受运梁设备起吊能力的限制，整体式梁一般适用于就地浇筑。

整体式梁桥在施工速度、耗费支架、模板木料等方面虽然不如预制装配式结构，然而，当所修建桥梁的孔数不多(甚至建造单孔桥梁)，工程数量不大，或缺乏起重安装机具设备的情况下，往往仍需建造现场浇筑混凝土的整体式梁桥。此外，整体式结构在构造上和施工上对于现代公路上的斜桥和曲线桥适应能力强，整体性也好，因此，如何改进整体式桥梁的构造和简化其施工方法，也是建桥工作者要研究的课题。

整体式简支梁桥通常仍旧以采用全跨不变的梁高为合理，因为采用变高度梁虽然在力学上似乎是合宜的，在材料数量上能获得一些节省，但会由于施工复杂化而引起更大的附加耗费，整体式梁桥通常均设置横隔板(或横隔梁)，借以加强全桥的横向刚性，减少整片桥面板的厚度，使横截面的设计更趋经济合理。

由于整体式梁桥主梁数目减少，因此建筑高度要比装配式桥大些，通常为跨径的1/8~/16。增大梁高可以加大梁的刚度并减少桥跨结构的材料数量。当然，加大梁高的不足之处就是提高了行车路面的标高，并可能由此而增加引道路堤的工程量。

整体式桥梁的主梁宽度约为梁高的1/6~1/7。

2. 装配式简支梁桥

装配式简支梁之一是T形截面梁。T形梁的优点是：制造简单，肋内配筋可做成刚劲的钢筋骨架，主梁之间借助间距为4~6m的横隔梁来连接，整体性好，接头也较方便。不足之处是：截面形状不稳定，运输和安装较复杂，构件正好在桥面板的跨中接头，对板的受力不利。

装配式的钢筋混凝土T形梁的常用跨径≤16m，装配式预应力混凝土T形梁则≤50m。国内已建成的装配式预应力混凝土T形梁桥的最大跨径已达52m，国外有做到76m的。

在保证抗剪等条件下尽可能减小梁肋(或称腹板)的厚度，以减轻构件自重，是钢筋混凝土和预应力混凝土桥梁的发展趋势。因此，为使受拉主筋或预应力筋在梁肋底部较集中地布置，或者为了满足预加应力的受压需要，就形成呈马蹄形的梁肋底部。但要注意，腹板厚度<14cm时，浇筑混凝土是有困难的。马蹄形的梁肋使模板结构和混凝土的浇筑稍趋复杂。

箱形截面抗扭能力大，其抗扭惯矩约为T形梁截面的十几倍至几十倍，在横向偏心荷载作用下，箱梁桥各梁的受力比T形梁桥均匀。因此，箱梁所配置的预应力筋要较T梁减少。此外，箱梁可以做成薄壁结构，又因桥面板的跨径减小而能使板厚减薄并节省配筋。这特别对自重占重要部分的大跨径预应力混凝土简支梁桥是十分经济合理的。

装配式梁桥通常借助沿纵向布置的横隔梁的接头和桥面板的接缝连成整体，以使桥上车辆荷载能分配给各主梁共同负担。对于箱形桥，由于其本身抗扭能力大，可以少设或不设跨中横隔梁，但端横隔梁通常是必要的。

箱形截面的横向抗弯刚度大，对预施应力、运输、安装阶段单梁的稳定性也要比T梁的好得多。然而，箱梁薄壁构件的预制施工比较复杂，单根箱梁的安装质量通常比T梁的大，这在确定梁桥类型时是必须加以考虑的。

为了显著减轻预制构件的质量，并便于集中制造和运输吊装，装配式简支梁桥主梁可采用组合梁。组合梁是用纵向水平缝将主梁的梁肋部分与桥面板(翼板)分割开来，桥面板再借纵横向的竖缝划分成平面内呈矩形的预制构件，这样就使单梁的整体截面变成板与肋的组合截面。构件的组合采用在工地现浇少量桥面混凝土来完成，不需另设支架和模板。但相对来说，组合式梁桥的施工工序要多一些，而且较矮的梁肋要单独承受桥面的质量，本身材料会多用一些。

（三）主要缺陷

简支梁桥抗震能力较弱，若搭在超高墩台上，在超外力作用下，安全储备则较低。简支梁桥随着跨径增大，主梁内力将急剧增大，用料便相应增多，但实腹梁主要用钢筋混凝土、预应力混凝土制作，或者是用钢材做成钢板梁或钢箱梁，在材料利用上不够经济。而在材料自重上，当跨度达到一定时，随着跨度的提高，需要加大简支梁的梁高以提供更高的承载力，但这势必增加梁体自重，当跨度达到一定时，自重引起的内力增长将超过承载能力的提高，此时简支梁的跨越能力就无法继续提高了，因此目前简支梁的最大跨度为 50m，大跨径桥绝不会采用简支梁。所以，此类桥型一般适用于中、小跨度的桥上，是梁式桥中应用最早、使用最广泛的一种桥型。

在构造上，简支梁桥是由于活动支座和铰支座的存在，正常情况下，桥梁不会有刚体位移，而在内力作用下，一端可以自由变形，因此不会产生多余的次内力。也就是说，在简单构造、方便架设的情况下，这种桥型的结构内力不会受地基变形、温度改变的影响。

但也正因这种结构而让简支梁桥存在着致命缺陷，即其固定铰支座在起到约束桥梁纵向变形作用的同时，其活动支座端则会沿着梁的走向而自由滑动。也就是说，超过一定滑动范围，梁体就会从支座上掉下来。因此，简支梁桥抗震能力较弱，在超出设计范围的外力作用下，此种桥完全会有落梁的危险。可以说，这种简支梁跨结构和超高墩台组合是具有危险性的，安全储备很低。

二、简支梁桥施工方法

简支梁桥最长常用的施工方法就是支架浇筑法，该种方法是在桥跨间设置支架安装模板。绑扎钢筋现场浇筑混凝土的施工方法特别适用于旱地上的钢筋混凝土和预应力混凝土中小跨径连续梁桥的施工。固定支架法施工的特点是梁的整体性好，施工平稳、可靠，不需大型起重设备，施工中无体系转换的问题，需要大量施工支架并需要有较大的施工场地。支架浇筑法包括支架与模板施工、钢筋加工与安装以及混凝土施工三个步骤。

（一）支架与模板的施工

支架和模板是公路桥涵就地浇筑和工地、工厂预制构件的水泥混凝土、钢筋混凝土、预应力混凝土和砖石圬工施工的基本设备，其主要作用是定型和支撑。就地浇筑混凝土梁桥的上部结构首先应在桥孔位置搭设支架以支撑模板和混凝土以及其他施工荷载。

支架按其构造分为立柱式支架、梁式支架和梁柱式支架，按材料可分为木支架、钢支架、钢木混合结构和万能杆件拼装的支架等。图 8-1 展示了按构造分类的几种支架构造图。

（二）钢筋加工与安装

钢筋混凝土梁桥的钢筋工程包括普通钢筋的加工、钢筋骨架的拼装等工作。普通钢筋从加工到形成钢筋骨架需要经过钢筋整直、切断、除锈、弯钩、焊接、绑扎等工序，在加工之前首先应对所用的钢筋进行抽检。

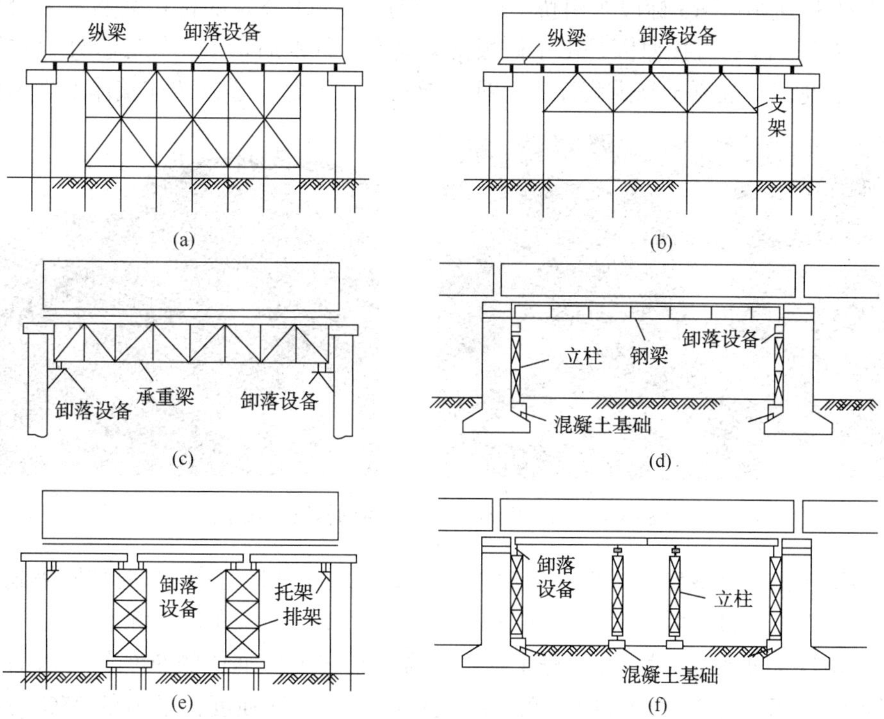

图 8-1　不同支架构造图

钢筋骨架安装之前，应详细检查模板各部尺寸，并检查模板有无歪斜、裂缝及变形等。焊接成形的钢筋骨架，安装时用起重设备吊入模板内即可，如图 8-2 所示。

图 8-2　安装起吊

（三）混凝土施工

混凝土的浇筑对于混凝土的密实性、结构的稳定性和构件的尺寸准确性都起着决定性的作用。浇筑时应注意处理好混凝土的自由倾落高度、混凝土浇筑层厚度、工作缝的处理和混凝土浇筑方法等问题。

（四）有关注意事项

（1）支架模板必须把好质量关，支架安装必须规范。2010 年 1 月 3 日下午 2 时 20 分，昆明新机场工程航站区 A3 标段东引桥一个即将完成混凝土浇筑的桥跨突然发生垮塌，如图 8-3 所示。导致事故的直接原因是由于模板支架受力管件的质量差，架底管件存在缺陷，加之架体安装不规范，混凝土浇灌程序不合理，导致支撑不稳，连带架体整体发生坍塌。

图 8-3　昆明新机场混凝土浇筑的桥跨垮塌事故

（2）为防止钢筋网或钢筋骨架在运输过程中发生歪斜变形应采取临时加固措施。跨度≤6m 的钢筋骨架一般采用两点起吊；跨度>6m 的钢筋骨架一般采用四点起吊。

（3）当构件跨度≤4m 时，在混凝土强度符合设计强度标准值的 50%的要求后，模板和支架方可拆除；当构件跨度>4m 时，在混凝土强度符合设计强度标准值的 75%的要求后模板和支架方可拆除。

三、简支连续梁桥设计与施工关键技术研究

（一）先简支后结构连续的合理性与受力特性分析

中等以下跨径的梁桥其受力特征之一是可变荷载产生的内力占总荷载产生的内力比例较大。随跨径的增大，可变荷载产生的内力占的比例趋小。对于中小跨径梁桥，可变荷载产生的弯矩占总弯矩的 30%～40%，表明中等跨径的简支梁或连续梁为了平衡可变荷载的内力效应必须施加较大的预应力，使构件长期处于高压应力状态，当没有可变荷载作用时结构反拱度较大，徐变的影响也较大。对于完全的连续梁，内支座弯矩比跨中弯矩大得多，这对内支座负弯矩区的配筋及截面的选择造成一定困难。先简支后连续结构体系外荷载产生的内力有着体系转换的过程，因此其跨中弯矩比同样跨径的简支梁减少很多；而后期恒载与可变荷载在内支座区域产生的负弯矩远比完全的连续梁内支座负弯矩要小得多，对配筋与施工都极为有利。先简支后连续体系一般采用预制预应力混凝土简支构件，然后浇筑连续梁内支座部分混凝土，再经转换内支座形成，因此这种体系预制构件的混凝土收缩与徐变大部分已完成，由混凝土收缩与徐变产生的次内力很小，这又是有利的因素。

因此先简支后连续体系与简支梁桥面连续结构相比，不但具有更好的结构连续性能，还降低了跨中弯矩值，这样可以减小构件的高度与尺寸，更有利于预制与安装。同时，减小了预加力产生的反拱度后，与完全的连续梁相比，具有施工简便快速，内支座仅产生较小的负弯矩，混凝土收缩与徐变产生的次内力相对较小的优点。因此，先简支后连续结构体系的确是高等级公路多孔中等跨径桥梁较优的结构体系。

简支转连续结构存在结构体系的转换过程，从施工到营运主要可分为两个阶段：预制简

支构件的安装架设阶段，即简支阶段；现浇湿接缝混凝土、张拉后期预应力钢筋形成完整的连续结构，即连续阶段。简支阶段构件承受的是本身自重和二次预加力以及施工荷载等前期荷载；形成连续梁之后，构件还要承受后期恒载、车辆荷载、后期预加力，以及使用阶段的其他可变荷载等后期荷载。因此，简支转连续结构的受力与简支梁或者完全的连续梁有较大的差别，主要表现在以下两个方面：

（1）内力及内力重分布。结构体系转换过程中，内力变化比较复杂。在预制装配为简支结构时，混凝土的龄期较早，收缩与徐变的变形量都较大，这时的变形结构是静定体系，不产生支座反力，没有内力重分布问题。此时支座产生的不均匀沉陷也不产生次内力。

在张拉后期预应力筋后，张拉力对结构内力及截面应力产生影响。在结构形成连续体系之后，对于收缩、徐变以及支座不均匀沉陷的分析则应按连续梁体系计算，这时还应考虑其次内力以及内力重分布等。

（2）结构变形。在简支阶段由自重、一次预应力筋张拉力、收缩徐变及预应力损失等因素使结构产生的变形，在湿接缝混凝土浇筑及二次预应力筋张拉之后，其变形即被约束。这样，前期荷载与后期荷载分别在两个不同的结构体系下产生变形，且变形互不干挠。因此，二次预应力筋张拉后，结构的线形将更趋合理，使桥梁在正常工作阶段能保持良好的线性。

以重庆某高速公路先简支后连续梁桥为背景，采用有限元软件 MIDA5 建立空间梁体模型，单元剖分时，应综合考虑到结构在施工过程和正常使用阶段控制设计的截面位置，使控制截面位于单元节点处。结合施工、使用中结构的受力特性及预应力筋布置，将全桥划分为 530 个单元，481 个节点，如图 8-4 所示。

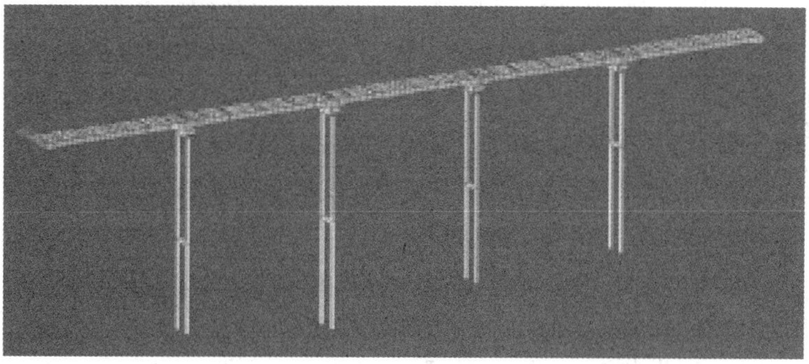

图 8-4　模型

根据以上建立的有限元数值分析模型，下面将对模型桥在不同的施工体系下进行自重荷载、最不利活载、温度变化作用下的结构进行内力分析。

1. 自重荷载内力比较

作为先简支后连续梁桥，该桥的主梁内力与桥梁的施工顺序有着密切的关系，自重荷载分两期施加：一期恒载主要包括主梁自重；二期恒载包括湿接缝、现浇段和桥面铺装层。其中一期恒载按简支体系计算其内力，二期恒载按连续体系计算其内力，两者的叠加即为成桥后的恒载内力。表 8-1 和图 8-5 分别是先简支后连续施工和一次落架施工不同体系产生的弯矩比较表和对比图，表 8-2 和图 8-6 为剪力比较表和对比图。

表 8-1　两种施工体系自重弯矩比较表

计算截面	先简支后连续施工体系	一次落架施工体系	差值
	自重弯矩值/(10^3kN·m)	自重弯矩值/(10^3kN·m)	
边跨跨中	25.95	15.9	62.7%
边跨墩顶	-7.19	-27.4	73.7%
中跨跨中	23.67	6.63	25.7%
中跨墩顶	-5.10	-20.2	74.7%

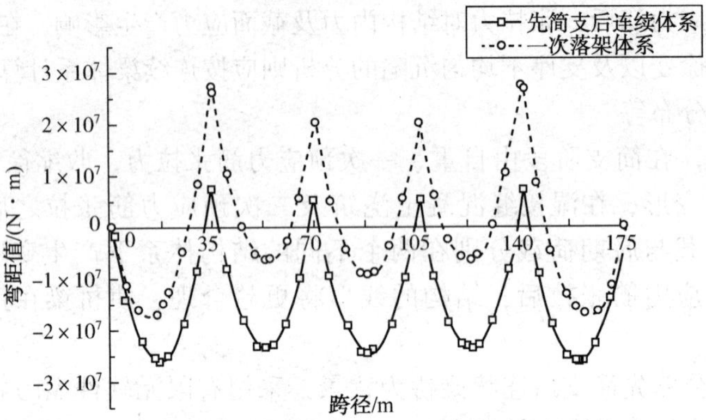

图 8-5　两种不同施工体系恒载弯矩对比

表 8-2　两种施工体系自重剪力比较

计算截面	先简支后连续施工体系	一次落架施工体系	差值
	自重剪力/(10^3kN)	自重剪力/(10^3kN)	
边跨墩顶	3.5	2.97	17.8%
次边跨墩顶	3.96	4.54	12.77%
中跨墩顶	3.71	3.75	1.06%

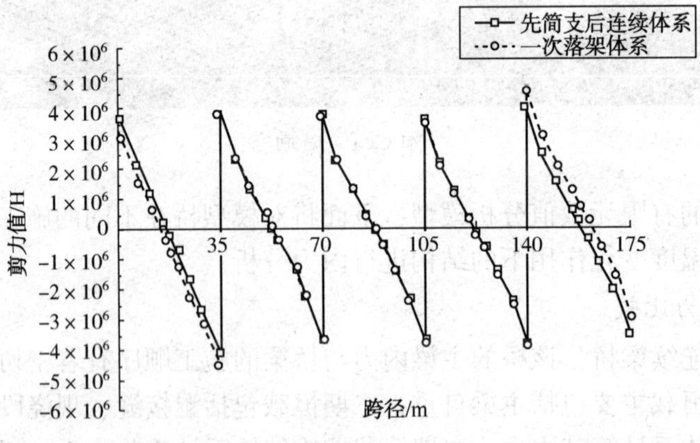

图 8-6　两种不同施工体系恒载剪力对比

由上面的图表可以看出，施工体系对恒载内力影响较大。先简支后连续体系的边跨跨中的正弯矩较大，大约是一次落架体系的 1.63 倍，由于没有较大负弯矩的抵消作用，中跨跨中处差值更是显著，先简支后连续体系的中跨跨中弯矩是一次落架的 2.57 倍；先简支后连续体系的墩顶负弯矩明显要小于一次落架体系的弯矩值，次边墩与中墩的弯矩分别减少了 73.7%和 74%，与一次落架体系设计的配筋量相比，T 梁连续刚构桥在设计中可以减少负弯矩区的预应力配筋量，但是同时要加大正弯矩区的配筋量。从上面的图表可以看出，施工体系对剪力的影响不大，只是在边跨有些不同，边墩墩顶和次边墩墩顶分别相差 17.8%和 12.77%，越靠近中跨差值越小。

从上面的分析可以看出，不同施工体系对恒载的弯矩影响显著，影响程度取决于二期恒载，特别是桥面板所占的比重，而剪力的影响比较小。

2. 活载内力

活载内力根据 JTG B01—2014《公路工程技术标准》中对荷载的重新规定，桥梁结构的整体计算采用车道荷载，公路等级为高速公路所采用的汽车荷载等级公路为Ⅰ级，采用均布荷载标准值 $q_k=10.5$kN/m 和集中荷载 $P_k=300$kN，将均布荷载标准值满布于使结构产生最不利效应的同号影响线上，集中荷载标准值只作用于相应影响线中一个影响线的峰值处。本文仅分析边跨跨中最大正弯矩(图 8-7)、次边墩墩顶最大负弯矩(图 8-8)和中跨跨中最大正弯矩(图 8-9)这三种活载最不利工况。

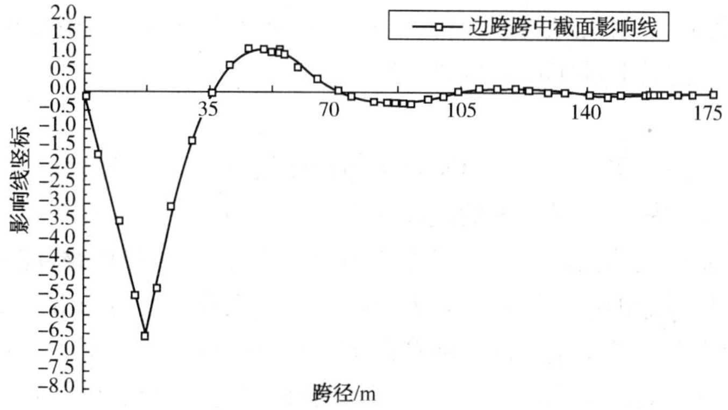

图 8-7　边跨跨中截面弯矩影响线

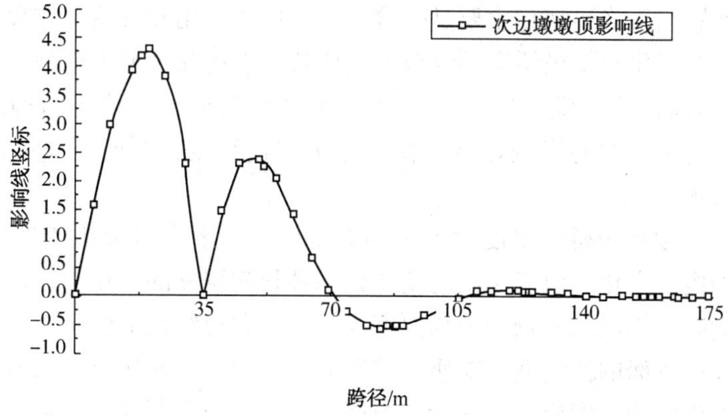

图 8-8　次边墩墩顶截面弯矩影响线

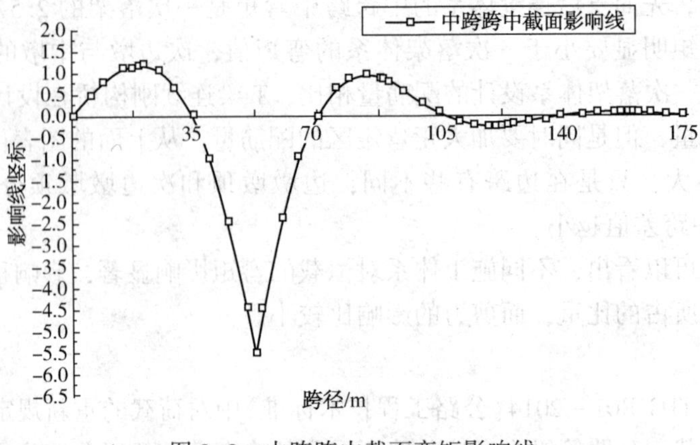

图 8-9　中跨跨中截面弯矩影响线

对上面影响线加载后，边跨跨中正弯矩、次边墩墩顶负弯矩和中跨跨中正弯矩分别为 9503. 55kN · m、－8548. 35kN · m 和 7754. 01kN · m，考虑横向折减系数 0. 78 后分别为 7412. 77kN · m、6667. 71kN · m 和 6048. 14kN · m，分别为自重荷载的 31. 31%、92. 66%和 25. 52%。由此可见上部结构设计中正弯矩控制值仍然主要是以恒载为主，活载占恒载的 20%～35%；而在墩顶主梁处，活载与二期恒载产生的负弯矩相当。由此可见活载在负弯矩中占有较大的比重，这是此施工体系桥梁的特点。

3. 温度内力

置于自然环境中的混凝土结构，由于热传导性能较差，周围环境气温的变化及阳光辐射等作用，将使混凝土结构中形成较大的温度梯度而产生温度变形，对超静定结构产生温度应力。理论分析和试验研究均已经证明，温度应力可以达到甚至超过活载应力，已被认为是预应力混凝土桥梁产生裂缝的主要原因。随着空心高墩、大跨度预应力混凝土梁桥等混凝土结构的发展，温度应力对混凝土结构的影响和危害，已越来越引起工程界的重视。

混凝土桥梁构件的表面与内部各点的温度随时都在发生变化，但就自然环境条件变化所产生的温度荷载，一般可分为日照温差荷载、骤然降温温度荷载及年温度荷载三种类型。日照温差变化主要是太阳辐射作用所致，其次是气温变化影响，后者相对于前者来说要小得多，再次之是风速影响。降温变化主要是强冷空气的侵袭作用和日落后在夜间形成的内高外低的温度分布。年温变化则是极缓慢的气温变化所致。上述几种温度荷载，都是自然环境条件变化所造成的，人们难以消除它。由于 T 梁连续刚构桥属于超静定结构，温度升降引起的附加内力对这种桥梁结构的影响显著，在设计 T 梁连续刚构桥时，温度内力和应力的计算应给予足够的重视。

为了研究 T 梁连续刚构桥的温度次内力和温度应力，下文将分析 T 梁连续刚构桥在年温度变化所产生的内力变化。由于年温度变化是一种长期缓慢的作用，所以在考虑年温度变化对结构物的影响时，均以结构物的平均温度为依据，它对结构的影响主要是导致桥梁的纵向位移，这可以通过桥面的伸缩缝、支座位移和柔性墩等构造来协调，只有在结构的位移受到限制时，才会产生结构温度应力。在计算温度应力时，通常假设：全桥的温度分布是均匀的，混凝土是弹性匀质材料，梁变形服从平截面假设。由于混凝土的徐变使实测温度应力比计算的温度应力要低，一般可把温度应力折减化为按线弹性体分析时折减弹性模量来考虑，但弹性模量折减多少，各个规范的规定均不太一样，本文偏于保守地未计入折减效应，仍然取规范中规定的线弹性模量。本文取年温度变化值为20℃。根据计算结果，绘出了主梁和桥墩的弯矩图(图8-10)、轴力图(图8-11)和剪力图(图8-12)。

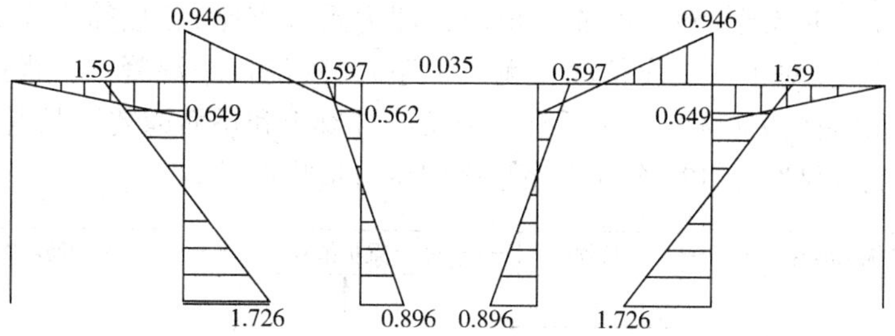

图8-10 整体升温20℃弯矩(单位：103kN·m)

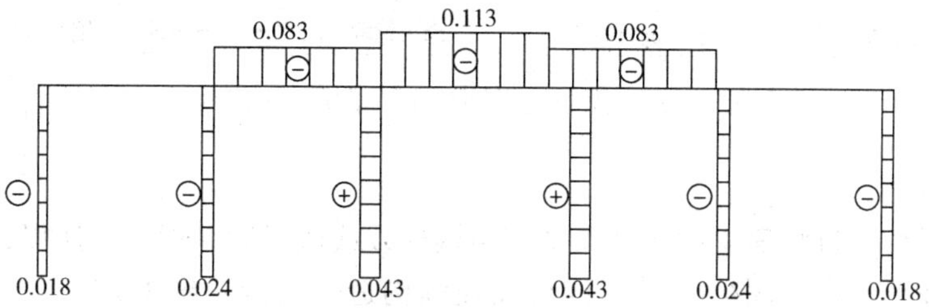

图8-11 整体升温20℃轴力(单位：103kN·m)

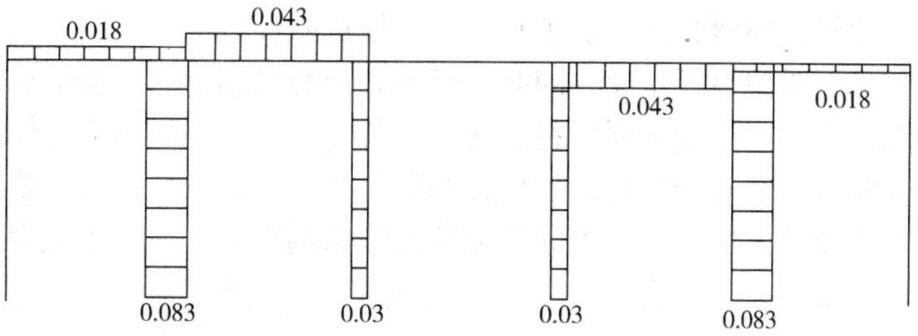

图8-12 整体升温20℃剪力(单位：103kN·m)

从弯矩图8-10可以看出，年温升20℃时，墩顶主梁和墩的弯矩比较大。两边跨承受正弯矩，主梁最大弯矩为次边墩墩顶的负弯矩，占自重荷载(考虑施工体系转换)引起的墩顶弯矩的13.2%，中跨的弯矩较小，仅为次边墩主梁弯矩的3.7%；中墩受力小于次边墩，中墩墩顶、底弯矩分别为次边墩墩顶、底弯矩的37.5%和51.9%，次边墩墩顶和墩底弯矩为相应自重弯矩的3.53倍和6.63倍。从轴力图8-11可以看出，年温升20℃时，中间三跨主梁轴力比较大且相近，两边跨主梁的轴力很小，这是因为两边跨梁端纵向没有约束，能自由变形的原因，墩的轴力相对较小，中墩轴力大约是次边墩轴力的两倍。从剪力图8-12可以看出，年温升20℃时，主梁剪力和墩剪力相近，但与自重引起的剪力相比，主梁剪力较小，墩剪力较大。从以上分析结果可见，对于采用主梁与墩固结的五跨连续刚构桥，年温度变化荷载工况对其桥墩弯矩和剪力起控制作用，其作用效应远远超过自重荷载工况；同样，在年温度变化荷载工况下，对于五等跨T梁连续刚构桥，两中墩的弯矩和剪力要显著小于两边墩。

(二) 先简支后结构连续梁桥施工技术

1. 先简支后结构连续梁桥施工工艺流程

先简支后连续桥的梁板为后张法预应力混凝土梁，场地集中预制，在桥上进行体系转换，吊装时先采用临时支座(对于双支座情况，即为永久支座)，按简支安装就位后，在连续墩上预置永久支座(对于双支座情况，无次工序)，现浇接头混凝土、张拉克服负弯矩的预应力束，将体系转换为连续梁，最后浇筑铰接缝混凝土和桥面铺装层混凝土，完成桥梁施工。其施工工艺流程见图 8-13(个别工序顺序因桥可适当调整)。

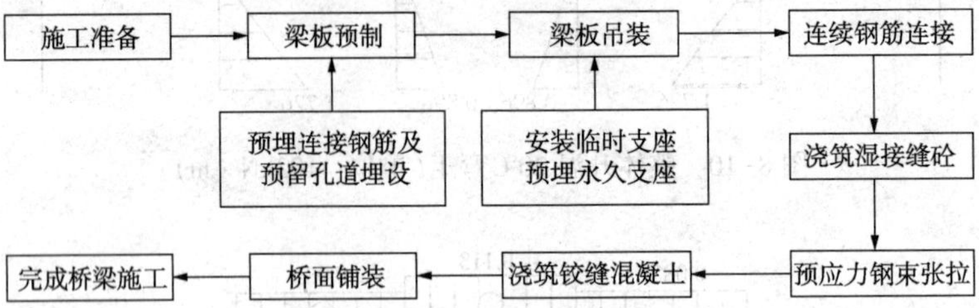

图 8-13　先简支后结构连续梁桥施工流程

2. 施工准备

简支连续梁桥通过将简支梁在墩顶实施结构连续或墩梁固结而成，所以，简支梁体是基础，墩顶结构连续、墩梁固结(刚构)或桥面连续构造是关键，施工必须高度重视。强化施工设计，明确施工工序，制定精细化的施工方案，实行首件(试制)制。

3. 梁预制与安装

预制台座稳定性好，顶面光滑，易于脱模。严格按照设计图纸，制作强度、刚度、稳定性均满足精品预制梁需要的模板系统，同时，模板必须能根据预制梁顶横坡、锚固齿板等需要具有可调整功能。从控制混凝土原材料、配比、几何尺寸、一期预应力体系建立精度、养护等方面入手，采取行之有效的措施，确保预制梁预拱度符合设计要求。临时支座必须满足强度、刚度、稳定性要求。建议采用沙筒等方便拆除结构形式。注意事先设置的永久支座的安装精度和稳定性保持。

4. 墩顶湿接头浇筑

混凝土需作专门配比，保证高强度、低收缩、高韧性的设计要求。对于简支结构连续梁桥，墩顶湿接头混凝土浇筑前，T 梁端面、T 梁端横隔板以及端横隔板靠墩侧面以外的 T 梁肋侧面应按要求做凿毛，或刷净水泥浆，或刷专用黏接剂等增加新老混凝土连接性能的处理。对于简支刚构连续梁桥，墩顶湿接头混凝土浇筑前，T 梁端面、T 梁端横隔板、端横隔板靠墩侧面以外的 T 梁肋侧面以及桥墩盖梁顶面应按要求做凿毛，或刷净水泥浆，或刷专用黏接剂等增加新老混凝土连接性能的处理。墩顶湿接头浇筑应严格按设计要求执行。设计无明确要求时，应在一天中温度最低且变化最小的时间段(一般为晚上 1～6 时)内进行，同时保证在温度升高时，混凝土已有 20%以上的强度。如遇昼夜温差>15℃时，建议在墩顶湿接头内设置劲性骨架，以避免因温度升高过大而对混凝土凝结产生不利影响。墩顶湿接头混凝土应有专门的养护方案，确保此类间隙混凝土强度的成长。

5. 二次预应力体系建立

按照设计要求，严格控制预制梁中预应力管道、锚固齿板的几何精度。采用专门的塑料波纹管，确保预应力管道畅通。在二次预应力施工前，必须对预应力管道，特别是管口借助衬管等实施特别保护。二次预应力张拉时混凝土强度必须满足设计要求，张拉时间、顺序应符合设计规定。简支刚构连续梁桥墩梁固接在竖向预应力预埋在桥墩盖梁中，在墩梁固接构造混凝土浇筑前，应对竖向预应力筋做特别保护。应有专门的管道压浆配方，采用真空压浆。

6. 临时支座、永久支座的安装

对于搁置空心板梁的临时支座，其强度和刚度必须保证在梁板架设过程中不破损，基本无沉降量，可采用四周硬木板条用拉杆细栓箍紧方箱装砂层办法处理，搁置T梁的临时支座可用将钢管截成筒状侧边钻孔临时阀门封闭灌装砂层的办法，高度可比永久支座略高3~5mm，以便体系转换时最后拆除；在浇筑湿接头混凝土前，应对永久性橡胶支座表面进行保护(塑料膜或薄钢板覆盖)，其接缝处残渣、杂质可用空压机清除干净，并仔细检查各支座放置的平整度。先简支后连续桥支座在伸缩缝处和连续墩处不同，伸缩缝处采用GJZF4或GYZF4支座，连续墩处采用GJZ或GYZ支座，在连续墩处支座下设一定高度的支座垫石，GJZF4及GYZF4支座不允许倾斜安装，对于永久橡胶支座安装时，当纵坡≥1%时，需采取措施使支座平置，当有纵坡时必须采用梁底预埋钢垫板调平后再放置支座。

7. 结构体系(支座)转换

在满足强度、刚度、稳定性及拆除方便的要求下，对临时支座(对于单支座简支连续梁桥)的构造、安装、拆除方案进行研究，提出实施方案。严格按照设计要求的时间、顺序进行结构体系(支座)转换。

8. 新老混凝土连接面处理

湿接头部位新老混凝土接合最易成为结构的薄弱环节，新老混凝土强度必须达到一致，连成整体，所以湿接头部位老混凝土去皮相当重要。新老混凝土连接面处理，有试验资料表明，新老混凝土连接面的抗拉强度与施工时的处理方法有关，经凿毛处理的新老混凝土面的弯曲抗拉强度(40号混凝土)为1.25MPa。所以，对现浇接头部位的梁顶面应去皮处理，对有周边接触面的(如空心板铰缝)也应在预制场内凿毛洗净，以减少高空作业并保证新老混凝土黏接质量。同时由于该部位钢筋、波纹管较密集，湿接头混凝土一般用小石子混凝土分层浇筑，层层仔细振捣。梁板预制时湿接头预埋钢筋位置一定要准确，板端钢筋预留长度要一致，避免当梁板全部安装完毕后处理接头钢筋造成的操作环境差、工人劳动强度大而无法保证接头钢筋连接质量的情况出现。梁体上老混凝土的去皮凿毛工作必须提前进行，当预制的梁板刚拆模后即开始施作，除对梁板端部接头老混凝土凿毛外，还必须重视铰缝混凝土和梁上部负弯矩区梁顶凿毛，避免梁板全部安装完毕，钢筋接头接好后再做此道工序，费时、费工，残渣、杂质飞落湿接头缝隙内，用高压风或高压水枪均无法彻底清除，影响湿接头混凝土浇筑质量，给今后桥梁运营安全带来隐患。

9. 结构性现浇层与梁端湿接头浇筑顺序

先简支后结构连续梁桥靠梁端湿接头和墩顶连续段预应力筋来实现体系转换。墩顶连续段预应力筋一方面为结构性现浇层提供预压应力，另一方面为桥梁提供支点正弯矩，以抵抗桥梁运营时的支点负弯矩。结构性现浇层与梁端湿接头的施工顺序、施工时间间隔，对桥梁受力状态产生比较大的影响。因此，选择合理的施工顺序，可令桥梁成桥时得到更好的受力状态。现在国内的施工单位主要使用下面 2 种方式进行浇筑。第 1 种浇筑方式：先浇筑一部分结构性现浇，再浇筑梁端湿接头和剩余结构性现浇层、张拉墩顶连续段预应力筋。第 2 种浇筑方式：先浇筑湿接头和一部分结构性现浇层，并张拉墩顶连续段预应力筋；再浇注剩余结构性现浇层。2 种方法对先简支后结构连续梁桥，先浇筑湿接头再浇筑结构性现浇层对结构受力更不利；而先浇筑结构性现浇层再浇筑湿接头对结构更有利。因此，建议先浇筑结构性现浇层再浇筑湿接头。

10. 结构性桥面铺装和非结构性桥面铺装垫层施工

注意按照设计要求进行梁顶剪力钢筋的预埋，特别是 T 梁翼板现浇带上的预埋。通过预制梁的试制，必要适当调整剪力钢筋的伸出长度，适应剪力钢筋与钢筋网之间的连接，避免剪力钢筋的失效。结构性桥面铺装和非结构性桥面铺装垫层混凝土浇筑后的基岩效应明显，容易出现收缩裂缝，应在规定的时间(或预制梁龄期)进行施工，同时，应对裸梁顶面应按要求做凿毛，或刷净水泥浆，或刷专用黏接剂等增加新老混凝土连接性能的处理。在施工时采用专门的大面薄型混凝土的养护措施。

第二节　预应力混凝土连续梁桥施工

一、相关概念分析

(一) 预应力混凝土连续梁桥概述

1. 概述

预应力混凝土连续梁桥，其地形适应性强，设计、施工技术成熟，造价合理，因而近些年来被广泛采用。其具有结构受力合理、伸缩缝少、变形小、行车平稳舒适、造型简洁美观、养护工程量小、抗震能力强等特点。

2. 预应力混凝土连续梁桥的施工方法及特点

预应力混凝土连续梁桥的施工方法很多，有支架现浇法、悬臂浇筑法、悬臂拼装法、顶推法、移动模架法、大型浮吊施工法和旋转施工法等，其中悬臂浇筑法在较大跨径的预应力混凝土连续梁桥中应用最多。悬臂浇筑法又称挂篮法、无支架平衡伸臂法、吊篮法。

悬臂法施工时梁体一般分四部分浇筑，其主要程序如下：

(1) 在墩顶托架上浇筑 0 号块，并实施墩梁临时固结系统；

(2) 在 0 号段上安装悬臂挂篮，向两侧依次对称地分段浇筑主梁；

(3) 在临时支架或梁端与边墩间的临时托架上支模浇筑现浇梁段，当现浇段较短时，可利用挂篮浇筑，当与现浇段相接的连接桥是采用顶推法施工时，可将现浇段锚在顶推梁前端施工，并顶推到位，此法无需现浇支撑，省料省工；

(4) 主梁合龙段可在改装的简支挂篮托架上浇筑，多跨合龙段浇筑的顺序按设计或施工要求进行。

悬臂施工浇筑具有如下优点：

(1) 预应力混凝土连续梁桥的结构受力状态有利于悬臂施工，即悬臂施工时的受力与成桥后的结构受力较为接近；

（2）有利于桥梁跨度不断增大，作为无支架施工，尤其对跨越大江、大河和深沟的桥梁，有利于通航河流建桥，有利于深山峡谷之间建桥，有利于城市立交建桥，不妨碍桥下净空，不影响桥下交通，不影响桥下通航、通车，施工不受季节、河道水位的影响；

（3）有利于节省施工费用，降低工程造价，悬臂体系施工法（挂篮施工法）不需大量施工支架和临时设备，挂篮结构简单，成本低廉，逐段浇筑混凝土无需大型吊装设备；

（4）有利于施工作业，加快施工进度，每个阶段施工（包括立模、钢筋绑扎、管道定位、混凝土浇筑、预应力张拉、管道压浆等）均在挂篮内进行，挂篮可设顶棚和养生设备，可使施工少受环境影响，保证施工的连续性，同时每墩至少有两个工作面平行作业，可几个墩同时施工，各作业面互不干扰，施工速度快，施工进度有保证；

（5）有利于变截面箱梁施工，采用分段施工，便于梁体设计成变高度梁，可使预应力混凝土连续梁桥的结构线形千姿百态，能设计出各种轻巧、飘逸、美观的桥梁。

尽管悬臂施工法有诸多优势，但是同时也存在着一些缺陷：

（1）各类结构参数（材料弹性模量、容重、截面尺寸等）准确性较差，只有当前块段浇筑完成后才能确定；

（2）已施工梁段上的误差无法调整；

（3）挂篮刚度对局部变形影响很大。

二、预应力混凝土连续箱梁悬臂法施工介绍

（一）预应力混凝土连续箱梁概述

1. 预应力混凝土连续箱梁简介

预应力混凝土连续梁结构体系，具有变形小、结构刚度好、伸缩缝少、养护简单、抗震能力强等优点。在公路、铁路桥梁中应用广泛，特别是大跨度预应力混凝土梁中多采用连续梁。其主跨跨径 60~150m 范围内，150m 以上跨径的一般桥梁采用连续刚构。

连续梁在截面形式上，主要是采用具有良好抗弯、抗扭性的箱形梁，一般<60m 的中小跨径采用等截面，其梁高为跨径的 1/15~1/25；大跨度一般采用变截面，其高度的变化与内力的分布相符合，其截面高度与最大跨径之比：中间支点约为 1/15~1/20，跨中约为 1/30~1/50。

2. 连续箱梁在我国的发展

在世界范围内悬臂浇筑法于 1953 问世，在我国于 20 世纪 70 年代连续梁结构应用于桥梁工程，1973 年北京复兴门立交（8. 25m+25m+8. 25m）是为支架法拼装施工，于 1977 年则在河北修建了洛河大桥，采用了悬臂浇筑法，跨径为（30. 27m+2×45m+30. 27m）。其后 1985 年在湖北沙洋修建完成 8 跨一联单箱单室连续梁（汉江公路桥），全长 792m。随后相继建成黑龙江哈尔滨松花江大桥、湖南衡阳湘江桥、台州灵江大桥等。以江苏南京长江二桥北汉桥为例，其主孔跨径 165m，超过 150m，支座吨位已达 65000kN。

（二）预应力混凝土连续梁悬浇

1. 悬臂浇筑法的概念

悬臂浇筑法又称无支架平衡伸臂法、挂篮法、吊篮法。其是以已经完成的墩顶段（通常称“0 号块”）为起点，通过悬吊的挂篮从立模、浇筑混凝土、张拉预应力钢筋，逐段对称地

向两侧跨中合拢，形成整桥。悬臂浇筑法是把桥体沿桥轴线分成2~5m若干段，从桥墩附近开始使用挂篮对称在两侧就地浇筑混凝土的施工方法。墩顶段0号块一般采用支架施工，然后在0号块两侧拼装移动式挂篮，并固定好，接着在挂篮悬吊的模板上布置普通钢筋和预应力钢筋，浇注混凝土，当混凝土达到设计要求强度后施加预应力，压浆封锚，再将挂篮移到下一个节段。这样重复同一作业，直到合拢。因此悬臂浇注法是应用悬臂挂篮悬挂在已浇注梁段上，进行主梁悬臂浇筑的一种施工方法。

2. 悬臂浇筑法的优点

（1）作为无支架施工，有利于通航河流建桥、有利于深山峡谷之间建桥、有利于城市立交建桥，不妨碍桥下净空，不影响桥下交通。

（2）有利于节省施工费用，降低工程造价；因为挂篮结构简单，成本低廉，逐段浇筑混凝土无需大型吊装设备。

（3）有利于施工作业，加快施工进度。每个节段施工作业均在挂篮内进行，挂篮可设顶棚和养生设备，施工较少受环境影响，可以保证施工的连续性，同时每墩至少有两个工作面平行作业，几个墩可同时施工，各作业面互不干扰，施工速度较快。

（4）有利于变高度箱梁施工。由于采用分段施工，便于梁体设计成变高度梁，可使预应力混凝土连续梁桥的结构布置呈千姿百态，能设计出各种轻巧、飘逸、美观的桥梁。

3. 挂篮施工设计要点

挂篮是在施工中附属在桥体上的一个临时结构，除承受其自重外，要考虑浇注一个节段混凝土的自重，因此不但要求挂篮自身轻，强度安全，而且要求其刚度大，变形小，保证混凝土施工质量，同时其移动灵活，拆卸方便。

主要考虑以下因素：

挂篮的重量必须控制在设计所要求的重量范围之内；

挂篮的主桁位置应作用在箱梁的腹板位置处；

挂篮在箱梁上的预留孔应避开箱梁的预应力孔道；

前吊杆应避开预应力束锚固位置，以满足预应力束的张拉操作空间；

根据挂篮的前后支点反力等要对箱梁结构进行检算；

挂篮设计时，要考虑0号块的长度能拼装两个挂篮，如0号块的长度不够，需将2个挂篮做成连体挂篮。

4. 挂篮的形式及构造

挂篮的构造一般由主桁承重系统、模板系统、锚固与平衡系统、悬吊及调高系统、走行系统和工作平台几部分组成。

按构造形式可分为桁架式、斜拉式、混合式等；按走行方式可分为滑移式、滚动式等；按平衡方式可分为全压重、半压重、自锚式。

三、预应力混凝土连续梁桥施工中的问题及方法

（一）预应力混凝土连续梁桥施工特点

（1）便于施工。预应力混凝土连续梁桥悬臂施工时的受力状态与成桥后的受力相近，便于实施悬臂施工。

（2）工程成本低。悬臂施工法采用无支架施工，无需支架和大型吊装设备，可以节约10%~20%的工程造价。

（3）工程影响性小。对施工地交通影响相对较小，悬臂模式施工中不需要中断交通，特别适合交通量大的地区实施。

（4）施工进度快。预应力混凝土连续梁桥施工每墩至少有两个工作面平行作业，而且几个墩可同时施工，采用分段施工，可以分节段调节梁底高程，有效提高施工进度，各作业面互不干扰，推进工程进程。

（5）工程质量高。在对预应力混凝土连续梁桥进行施工的过程中，通常采用流水作业，进行重复性工作，进而容易控制施工过程，并且在一定程度上确保施工质量。

（二）预应力混凝土连续梁施工中的问题

1. 预应力桥梁的施工工艺问题

（1）预应力结构混凝土开始张拉的时间问题

为提高预应力混凝土的早期强度，近几年通过掺加早强剂的方法，一般浇注混凝土3d后就开始张拉预应力。然而由于混凝土强度增长需要一定的时间，而且强度和弹性模量增长是不同步的，强度增长快，弹性模量增长慢，早期混凝土变形大，过早张拉预应力会使预应力损失增加。导致桥梁承载力不足而出现众多裂缝病害。此外，采用现场试块测得的早期混凝土强度等级代替现场结构的实际混凝土强度存在一定的问题。试验表明，出现事故的结构最后验算时，其实际强度均未达到现场测得的强度，有时候甚至很低。

2. 后张预应力结构张拉力控制的问题

预应力施工作业不够规范，特别是张拉力控制不严对预应力桥梁质量影响较大。一般张拉作业采用张拉力和预应力筋伸长量同时控制，以张拉力为主，以伸长值校核张拉力。通常张拉力的计量采用1.5级油压误差大。有的千斤顶甚至未经计量标定就张拉，而且张拉人员多数未经专业培训，如果作业不专心，经常容易出现较大误差，甚至读错表发生张拉力忽高忽低的现象。特别在多束张拉时，由于每束张拉力都不同，往往对预应力筋的伸长值计算不准确。弹性模量取值混乱，实际张拉时难以做到将伸长量按规范规定控制在±6%范围内，导致张拉力失控。

3. 预应力孔道压浆质量的问题

预应力孔道压浆有两个重要作用：(1)保护预应力筋不被锈蚀；(2)保证预应力筋和结构共同工作。然而实际工程中预应力孔道的压浆不饱满、不密实、漏浆和漏灌现象十分普遍，已成为预应力结构的通病。其主要原因除了施工单位对孔道压浆工序不够重视外。目前的压浆工艺、留孔质量、浆体配置等也存在一定问题。特别是浆体的水灰比，规范的规定值(0.4~0.45)偏大。采用规范规定的水灰比后孔道浆体泌水孔道不易饱满和密实。近几年，采用新研制的外加剂JMH-3对浆体配置技术进行了改进，将水灰比降到0.35以下。通过高速搅浆机(转速≥1000r/min)，将浆体的流动度提高到12s(规范规定为14~18s)，只要规范操作，普通压浆工艺也能保证压浆质量。从压浆工艺原理到浆体配置技术，应该说是目前比较理想的压浆工艺技术，值得推广。后张预应力结构的混凝土保护层失控问题，是由于混凝土保护层普遍偏小，而施工时采用的保护层水泥垫块都已损坏和移位，导致梁板保护层失效，加之预应力孔道压浆多数不到位使箱梁底板和板梁底面出现许多纵横向裂缝。建议推广应用塑料垫块控制保护层厚度。

（三）预应力混凝土连续梁桥的主要施工方法

预应力混凝土连续梁桥的施工对施工方法要求严格，不同的施工方法对连续梁桥的内力将会产生极大影响，甚至会影响梁桥的安全性，因此，施工单位必须要掌握科学的预应力混凝土连续梁桥施工方法，确保施工质量和工程安全。

1. 整体现浇施工法

整体现浇施工通过搭设支架，在支架上安装模板，绑扎及安装钢筋骨架，预留孔道，并在现场浇筑混凝土与施加预应力。预应力混凝土连续梁桥需要按一定的施工程序完成混凝土的现场浇筑，待混凝土达到所要求的强度后，拆除部分模板，进行预应力筋的张拉、管道压浆工作。落架要与施工程序和预应力筋的张拉工序相配合。

2. 预制简支——连续施工法

预制简支——连续施工通常采用预制简支梁，分片进行预制安装，预制时按预制简支梁的受力状态进行第一次预应力筋的张拉锚固，安装完成后经调整位置，浇筑墩顶接头处混凝土，更换支座，进行第二次预应力筋的张拉锚固，进而完成一联预应力混凝土连续梁的施工。

3. 悬臂施工法

用悬臂施工法建造预应力混凝土连续梁桥，分悬浇和悬拼两种，其施工程序和特点与悬臂施工法建造预应力混凝土悬臂桥基本相同。在悬臂或拼浇过程中，要采取使上、下部结构临时固结的措施，待悬臂施工结束、相邻悬臂端连接成整体并张拉了承受正弯矩的下缘预应力筋后，再卸除固结措施，使施工中的悬臂体系转换成连续体系。

4. 移动式模架逐孔施工法

移动式模架逐孔施工法将机械化的支架和模板支承在长度稍大于两跨、前端作导梁用的承载梁上，然后在桥跨内进行现浇施工，待混凝土达到一定强度后脱模，并将整孔模架沿导梁前移至下一浇筑桥孔，有节奏地逐孔推进直至全桥施工完毕。尚需指出，移动式模架逐孔施工法不仅用来建造连续梁桥，同样也往往用来修建多孔简支梁桥。

5. 临时锚固施工技术

预应力混凝土连续箱梁悬臂施工过程中，临时约束结构的设置是工程施工不可缺少的一道流程，其主要作用是承受悬臂浇筑过程中产生的不平衡弯矩和保护永久支座不被破坏。在承台上设置临时支墩，墩顶设临时支座，通过临时支墩的预应力筋进行承台与梁底之间的固结，临时支墩通常采用钢管混凝土或钢筋混凝土柱，墩顶临时支座通过钢板和硫磺砂浆混凝土组合来实现。在施工过程中，应严格控制合龙口两悬臂端之间的施工荷载，使其两端对称相等。在非对称相等的情况下，应在各悬臂端加与混凝土重量相等的配重，并在浇筑过程中根据浇注速度逐渐卸载。

影响预制箱梁施工质量的外在因素很多，施工工艺对工程质量的影响很直接，先进、合理的施工工艺是保证箱梁质量的前提，必须在施工过程中努力提高施工工艺，并使其不断完善，确保施工质量不断得到提高。

四、预应力混凝土技术在连续梁桥施工中的应用

预应力混凝土结构较普通钢筋结构不仅用料省，且使用性能好，但其施工工艺复杂，技

术要求甚高，在一定程度上阻碍了预应力的进一步发展和推广应用。为简化预应力混凝土的施工工艺，人们曾进行多方面的努力，经过近几年的施工经验，现通过试验，将其在施工中应注意的一些情况进行个人总结。

（一）试验研究简况

1. 试验梁的制作

第一批试验梁共 5 片，用于短期静载试验，其中 4 片为 PFRC 梁，余下的 1 片为钢筋混凝土梁(一次浇成，不作预加载处理)，编号为 RCL10-00.0。在 PFRC 先浇梁体中，以高 5cm、厚 2~3cm 的楔形木板形成预留槽口，在预加载条件下 4 片 PF 梁的纯弯段及其附近区域内每一个预留槽口的顶端都对应有一条裂缝(其宽度<0.04cm)，在两相邻预留槽口之间未发现新的裂缝产生，表明预留槽口达到了人为控制裂缝出现的位置及间距的目的，对梁下缘混凝土表面进行打毛后绑扎受拉翼缘构造钢筋(纵筋和插入式马蹄箍筋)，用高流动性普通水泥混凝土(坍落度 10cm)灌注受拉翼缘混凝土，并对此混凝土加强养护，直到卸除预加载时均未发现后浇混凝土表面有收缩裂缝产生。

2. 试验方法

本次试验的目的在于考查梁通过预加载条件下二次浇筑受校边翼缘混凝土的处理，是否能够达到推迟开裂和提高梁的抗弯钢度效果，为此开裂荷载和梁的变形成为试验观测的重要内容。同时考虑到工程实践中多数结构都承受循环荷载的作用，故首先对每片梁进行三次静力循环加载试验，借以获取一些梁在多次重复荷载下的试验数据，之后即对梁继续加载至破坏。

3. 梁的开裂

5 片试验梁的第一条裂缝均为弯曲裂缝。PCL10-0.0 在第一静载的第 2.5 级荷载下即在跨中下缘位置产生第一条裂缝，其宽度为 0.01mm，高度为 3cm。其余各梁(PFRC 梁)的下翼缘在前二次静力加载、卸载的过程中均未发现裂缝，第一条裂缝均在第三次加载下产生，其宽度为 0.02~0.03mm，高度 2~3cm，试验表明，PF 梁下翼缘第一条裂缝出现的位置与先浇梁体预留槽口的位置并无必然的联系。不难得到 PFRC 梁的抗裂弯 M_f 为：

$$M_f = M_y + rR_1 W_{ox} \tag{1}$$

式中：M_y 为预加载产生的弯矩；r 为塑性影响系数；W_{ox} 为扣除梁腹已裂部分的换算截面对受控边缘的抵抗矩；R_1 为下缘砼的抗拉强度。

试验表明，梁的实测抗裂弯矩与按式(8-1)得到的计算相吻合，从而在理论和试验两方面都证实了：通过预加载条件下二次浇筑受拉边翼缘混凝土的处理后的梁，可以推迟受控翼缘混凝土的开裂至希望程度。

4. 梁的挠度

PCL 梁在第一次静力加载后的残余挠度数值因故未获得，在第二次静载后测得残余挠度为 0.18cm(不包含第一次静载后残余挠度)，据结构承受静力循环荷载的一般规律可以推知，其第一次静载后的残余挠度将>0.18cm，该梁在第二次静载时各级荷载的挠度较第一次静载时对应的挠度值有大幅度的增加，第三次静载的挠度亦大于第一次挠度，说明该梁的弹性恢复能力较差，此为 PC 梁的一大缺点，而 4 根 PF 梁在第一次静载后的残余挠度均在 0.10~0.08cm，第二次卸载至 0 后几乎未发现新的残余挠度产生。且三次静载在各级荷载对应的挠度无明显差异，表明 PF 梁在下翼缘开裂前具有较强的弹性恢复能力，即具有常规预应力混凝土梁的特点。

(二) 应注意的一些情况

通过实验，我们在施工中应注意的一些问题：

1. 跨径比

一般情况下，为使边跨正弯矩和中支点负弯矩大致接近的原则，以使布束更趋合理，构造简单，故 $L_1/L_2=0.239\sim0.692$ 是常见的边、主跨的跨径比范围，当 $L_1/L_2\leqslant0.419$ 时，边跨则需压重，应属于非常规的特殊处理；大都 $L_1/L_2=0.54\sim0.58$ 则较合理，这将有可能在边跨悬臂端用导梁支承于端墩上合拢边跨，取消落地支架。

2. 梁高

主跨箱梁跨中截面的高跨比 $h_0\approx(1/46.2\sim1/86)L_2$，通常为 $(1/54\sim1/60)L_2$，在箱梁根部的高跨比 $h_1\approx(1/15\sim1/20.6)L_2$，大部分为 $(1/18)L_2$ 左右。

目前国际上有减少主梁高跨比的趋势，已建成的挪威 Stolma 桥和 Raftsundet 桥，在跨中区段采用了轻质混凝土，减轻了自重，减小了主梁高跨比，其跨中 $h_0\approx1/86\cdot L_2$ 和 $1/85.1\cdot L_2$，根部高度分别为 $h_1=1/20.1\cdot L_2$ 和 $1/20.6\cdot L_2$。一般情况下，可采用 2 次抛物线的梁底变高曲线，但往往会在 $1/4\cdot L_2$ 和 $1/8\cdot L_2$ 处的底板混凝土应力紧张，且在该截面附近的主拉应力也较紧张，因而，可将 2 次抛物线变更为 1.5~1.8 次方的抛物线更合理。

3. 顶板厚度

以往通常采用 28cm，近年来已趋向于减少为 25cm，这显然与箱宽和施工技术有关。

4. 底板厚度

以往通常采用 32cm(跨中)，逐渐向根部变厚，少数桥梁已开始采用 28~25cm 者，其厚跨比通常为 $(1/140\sim1/160)L_2$，也有用到 $1/200\cdot L_2$ 者。

5. 腹板

一般为 40~50cm，但应特别注意主拉应力的控制，近年来在腹板上出现较多斜裂缝的病害甚多，应予谨慎。增加箱梁的挖空率、减轻截面的结构自重、采用高标号混凝土、采用较大吨位的预应力钢束、采用三向预应力体系等，无疑都是提高设计水平、获得良好经济效益的重要措施，但同时又必须合理地掌握好“度”，必须确保结构的安全度和耐久性。

6. 连续通长束不宜过长

根据连续结构的受力特点，截面上既有正弯矩也有负弯矩，个别设计中将连续通长束顺应弯矩包络图仅做简单布置是欠合理的，尤其对于较小跨径的矮箱梁，其摩擦损失单项即可达 40%~60%k。建议此时可采用两根交叉束布置，也可改用接长器接长，分成多次张拉等。但在具体设计时接长器也不宜集中在某一个断面上，以使截面的削弱过于集中，同时也会造成施工上困难。

7. 普通钢筋是预应力混凝土结构中必须配置的材料

当混凝土立方体试块受压破坏时，可以清楚地看到混凝土立方体试块侧向受拉破坏的形态。即预应力仅在某一个方向上施加了预压应力，而在其正交方向却会产生相应的侧向拉应力，这是预加应力的最基本概念，必须牢固掌握，灵活应用。

因而，在预应力混凝土机构中必须配置一定数量的非预应力钢筋，以保证预压应力的可靠建立。

8. 关于扁波纹管、扁锚的采用

扁波纹管的采用，有利于减少构件的截面尺寸，但必须注意如下几点：

（1）扁波纹管的尺寸高度不宜太小，不利于饱满灌浆。

（2）扁波纹管的根数。在实际工程中常用的钢束根数为每管内 4 束或 5 束。其锚圈口的损失，5 束应大于 4 束，远较圆锚时要大，其锚固效率系数也较难保证达到 95%，同时在穿束过程中也极易绞缠在一起，因而建议，每管内 3 束合适，4 束尚可，5 束不妥。

（3）扁锚用作横向预应力束合适，用作纵向受力主束欠妥，不应采用“扁锚竖置”作为纵向受力主束(弯起)，这将会使实际有效预应力严重不足，各股钢束在竖置弯起的扁波纹管内互相嵌挤，摩阻损失很大，对扁波纹管的横向扩张力也很大，各束受力很不均匀，延伸率无法控制，这种“扁锚竖置”方案已有多座实桥失败，应该禁止采用。

9. 预应力混凝土梁的正弯矩裂缝

其主要原因是属预应力不足性质，既可能是设计原因也可能是施工原因，或可能是运营多年后部分预应力已经失效。在查清原因的基础上，可以采用增加预应力束的方法处理，但很可能要在体外施加预应力，此类性质的加固一般较麻烦，裂缝虽可部分地得以闭合和改善，上拱也可有微小的改善，但总会留有一定后遗症。

第三节　拱桥施工

一、拱桥施工技术的探究

近年来，我国桥梁事业发展迅速，从早期的拱桥无支架施工中主要采用的缆索吊装法到双曲拱桥的大量的修建，再到平面转体施工法在四川涪陵乌江大桥施工中的应用，为拱桥无支架施工开辟了新的道路，使我国的拱桥跨度大大地增大，但是转体施工工艺复杂，要想突破更大跨径有一定的难度，于是 1990 年以来，钢管混凝土在拱桥上的应用使我国的桥梁施工技术又有了新的突破。

（一）拱桥有支架施工

有支架施工方法的施工工序是：材料的准备、拱圈放样(包括石拱桥拱石的放样)、拱架制作与安装、拱圈及拱上建筑的砌筑等。

有支架施工法中最主要的临时设施是拱架，其要支承全部或部分拱圈和拱上建筑的重量，因此具备足够的强度和刚度是必须的，又因为拱架是一种施工临时结构，故要求构造简单、装拆方便且可以重复使用。拱架按使用材料一般有木拱架、钢拱架、竹拱架及“屠牛拱胎”等形式。拱架按其构造形式可分为满布式拱架、拱式拱架及混合式拱架等几种，其中以满布式最常见。

多孔连续拱桥施工时，要考虑相邻孔间的影响，若桥墩设计容许承受单孔施工荷载，就可以单孔卸架。否则应多孔同时卸落拱架，以避免桥墩不能承受单向推力而产生过大的位移。

（二）拱桥缆索吊装施工

缆索吊装施工是目前修建拱桥较多采用的方法，具有跨越能力较大、水平和垂直运输机动灵活、适应性广、施工方便等优点。特别是在修建大跨径或连续多孔的拱桥中，这种施工方法的优越性更加明显。缆索吊装设备按其用途和作用可以分成主索、工作索、塔架和锚固装置等 4 个基本组成部分：(1) 主索横跨桥渡，支承在两侧塔架的索鞍上，两端锚固于地锚，吊运构件的行车支承在主索上；(2) 起重索用来控制吊物的升降(也就是垂直运输)；(3) 牵引索用来牵引行车在主索上沿桥跨方向移动(即水平运输)；(4) 结索用于悬挂分索器；(5) 扣索的用途是当拱肋分段吊装时，需用扣索悬挂端肋及调整端肋接头处标高，扣索的一端系在拱肋接头附近的扣环上，另一端通过扣索排架或塔架固定于地锚上；(6) 浪风索也叫缆风索，可以保证塔架、扣索排架等的纵、横向稳定及拱肋安装就位后的横向稳定；(7) 塔架是用来提高主索的临空高度及支承各种受力钢缆的重要结构。

缆索吊装施工的步骤如下：两根拱肋分别吊装合拢，随后进行横撑吊装、混凝土浇筑(分为泵送顶升浇灌法和人工浇捣法)，最后进行桥面施工。

(三) 拱桥转体施工法——竖向转体

转体法施工是将拱圈或整个上部结构分成两个半跨，分别在河的两岸利用地形或简单支架浇筑或预制装配成半拱。然后利用动力装置将两半拱转动至桥轴线位置上或设计标高合拢成拱。转体施工法减少了大量的高空作业，保证施工安全，还可大幅度地减少对桥下交通的干扰。转体施工法可按转动方向分为 3 大类：竖向转体、平面转体和平竖结合转体。

(1) 竖向转体施工法：拱肋制作时的平面位置相同，但拱肋在低位或靠山仰坡上制作，然后再从两边逐渐抬升或放倒预制拱肋搭接成桥。一般只在中、小跨径拱桥中使用。

(2) 平面转体施工法是 1979 年我国四川省首创成功的一种新型的施工方法，其施工要点是：将拱圈分成两个半跨，分别利用两岸地形立简单支架，现浇或预制拼装拱肋，安装拱肋横向联系，把扣索的一端锚固在拱肋的端部(靠拱顶附近)，慢速将拱肋转体 180°(或 < 180°)合拢，最后再进行主拱圈和拱上建筑的施工，关键设备在于转盘。

(3) 平竖结合转体是钢管混凝土拱桥施工中对转体施工方法发展所做出的突出贡献，同时转体重量也有了极大地提高，使桥梁转体施工法进入了新的发展阶段。

(四) 拱桥悬臂法施工——塔架斜拉索法

悬臂施工法是不设任何支架，在桥位处悬臂进行拱圈节段混凝土浇筑或拼装，最后在拱顶处合拢的一种修建拱桥的施工方法。悬臂法施工可分为塔架斜拉索法和悬臂桁架法。

1. 塔架斜拉索法

在拱脚墩台处安装临时塔架，用斜拉索一端拉住拱圈节段，另一端与塔架连接，这样逐节向跨中悬臂架设(或浇筑)，直至拱顶合拢。

2. 悬臂桁架浇筑法

该法首先在斜拉筋扣吊的一段钢支架上，就地浇筑第一节段拱箱(拱脚段)。以后各段均用挂篮从左右两岸悬臂浇筑混凝土施工。施工至立柱部位，用临时斜杆和上拉杆，将立柱、拱圈组成桁架，并用拉杆或缆索将其锚固于台后，然后逐节向跨中施工。

3. 悬臂桁架法拼装

将拱圈的各个部分先悬拼组成拱圈，然后利用立柱与临时斜杆和上拉杆组成桁架体系，逐节拼装直至合拢。也可将拱圈的组成部分事先预制，然后将桥跨的拱肋、斜杆、立柱和上弦杆组成桁架拱片，并沿桥跨分成几段，再用横系梁和临时风构，将两个桁架片段组装成框构，整体运至桥孔，由两端向跨中逐段拼装直至合拢。贵州省江界河桥是目前世界上最大跨度(330m)的混凝土桁式拱桥，其采用这种悬臂桁架法拼装架设。

综上所述，社会的不断发展使得人们对桥梁建设的要求越来越高，不仅可以在险恶的环境下构造，更要求其使用美观，所以作为公路工程建设人员，要不断地探索和实践，努力为我国桥梁事业做出巨大的贡献。

二、拱桥施工安全要点

（1）拱架制作与安装应按设计要求，具有足够的强度、刚度和稳定性。拱架须经验算，必须经试验或预压，并满足防洪、流水、排水、航运等安全要求。采用土牛拱架时，应采取相应的安全措施，保证拱圈砌筑的安全。

（2）拱石加工或砌筑石拱工程时，除按规定穿戴安全防护用品外，并应注意锤头或飞石伤人，作业人员应保持一定的安全距离。

（3）圬工(石、砖及混凝土预制块)拱桥施工前，拱架支立安装方法、拆落拱架程序、机械设备等，均应经检查符合安全技术规定后方可施工。人工抬运上坡，应平行前进，落肩同步。抬运石料时，应用绳索捆扎结实，不宜装得过满。

（4）拱石或预制混凝土块，应按砌筑程序编号，依次运到工地，随用随运，不得堆积在拱架或脚手架上。

（5）拱石或预制块砌筑时，底下严禁站人，操作人员的手指不得伸入砌筑面，拱石或预制块就位时，应用撬棍或绳索工具等扶稳，缓慢堆放。

（6）砌筑拱圈时，应按施工要求搭设脚手架及作业平台，严禁用拱架代替脚手架。主拱、拱上建筑施工，必须严格按设计加载程序分段、对称、同时进行。

（7）拱圈砌筑时，严禁拱下站人，并应随时注意观测拱架变形状况。必要时，须进行调整，以控制拱圈变形过大。卸架装置应有专人负责检查。

（8）卸架前，应检查砌筑砂浆强度是否达到设计要求。拆除工作必须按设计程序进行。

当拱架脱离拱圈后，经检查确认安全后，方可继续进行拱架拆除工作。拆除拱架时，应听从统一指挥。严禁在拱架上、下同时进行双重作业。拱架拆除，严禁捶击或用机械强拽拱架使之脱离或倾倒的做法。

（9）采用无支架施工修建拱桥时，应按设计和施工方法选定适宜的吊装机具设备。采用吊装机具施工，除按吊装机具的有关安全要求加以控制外，还应做到：

① 大中跨径拱桥施工，应验算拱圈的纵、横向稳定性，保证有一定的横向稳定系数，分段吊装单肋合龙后应用缆风绳稳固，且须采取悬扣边肋和次边肋，用横夹木临时横向连结等措施。

② 双曲拱、箱形拱桥施工时，在墩、台顶设置的扣架底部固定应牢靠. 架顶应设缆风，缆风设置必须对称，与构件轴线应符合设计要求，风缆地锚环应埋设坚固，并应设置备用环；

③ 拱肋分段拼装时，基肋应设置固定缆风，拱肋接头处. 应加横向连结，以保证其横向稳定；

④ 多孔装配式拱桥上部安装时，除要遵守一般安全规定外，还必须按加载程序，由桥台或制动墩起，逐孔吊装，相邻两孔安装进度，不应相差过大，以减少对相邻桥墩产生的单向推力；

⑤ 装配式桁架拱或刚架拱桥施工时，除要遵守一般安全规定外．还必须在已安装的桁架或刚架拱片上，安装横向联系构件，以增强横向稳定性；

⑥ 在河流中设置缆风绳时，必须采取可靠的防护措施。

第四节　钢桥施工

一、钻孔灌注桩及承台、系梁施工

见混凝土桥梁工程，注意桥墩处的安装位置预留。

二、桥墩安装

注意在承台、系梁中预埋 N19 钢板。桥墩(立柱、盖梁)在工厂内焊接成型，待承台(系梁)混凝土强度达到设计强度的 70%以上后，方可进行桥墩的安装。

三、钢箱梁施工工艺流程

为确保生产过程有序、合理，各工序必须严格按照施工工艺流程进行，基本流程分厂内加工制作及现场施工两部分，细分为 34 道工序：

图纸审核⟶放样⟶采购材料⟶材料试验⟶钢材预处理⟶涂防锈底漆⟶下料⟶制作胎架⟶加工闭口肋⟶拼装小分段(顶板小分段、底板小分段、腹板小分段)⟶焊接⟶检验⟶脱胎架⟶修正胎架⟶预拼装⟶划安装线⟶检验⟶打磨除锈⟶喷底漆⟶喷中间漆⟶喷面漆一道⟶运输⟶吊装⟶检测⟶调整⟶焊接⟶检验⟶安装支座⟶落梁⟶安装护栏及泄水孔⟶补漆⟶喷涂最后一道面漆⟶验收。

四、钢箱梁工程主要控制要点

(一) 材料控制

原材料质量控制是本工程成败的关键，所用原材料主要有三种：钢材、焊条(丝)和焊剂、油漆。

1. 钢材

钢箱梁使用主要的材料为 Q345D 钢板，进料时，要求厂家必须提供材料质量保证书，标明钢材的炉批号、钢号、数量、化学成分和物理性能等各项技术参数及指标。进场后应对照质保书进行核对，检查无误后按炉批号、板的规格每 10 个炉批号抽检一组，并委托具有 CMA 资质的检测单位依据 GB/T 1591—2018《低合金高强度结构钢》的标准对钢材的化学和物理性能进行检验，合格后方可使用。

2. 焊条(丝)、焊剂

(1) 钢箱梁主要材料为 Q345D 钢板，按照焊条选用原则，手工焊必须采用 T502 焊条，埋弧自动焊的焊丝和焊剂为 H10Mn2+HJ350。

（2）焊条的管理和使用

① 焊条应注意防潮，焊条吸潮后不仅影响焊接质量，甚至造成焊接材料变质，因此焊条使用前应进行烘焙，烘焙温度为350～450℃，时长1～2h，在烘箱或烤箱中储存温度为100～150℃，储存时间一般不得超过30d；②焊接材料应有专门管理人员负责烘焙及发放，对于从保温箱中取出的焊条，一般每次发放量不得超过4h的用量；③每个焊工都必须配备保温筒，以防止烘干后的焊条再次受潮；④焊条在使用过程中的烘焙次数不宜过多，否则将导致药皮酥松和使药皮中的合金元素氧化及有机物烧损，影响使用性能，本工程使用的焊条的重复烘焙次数一般不得超过2次。

3. 油漆的选择和使用

油漆进场后，监理单位、施工单位和业主三方联合抽样、送检，检验合格后方可使用，油漆须由专人、专库进行保管。

（二）放样

（1）钢箱梁以1∶1的比例在计算机中放出各节点，放样时需考虑平面圆曲线、纵向竖曲线、预拱度及2%横坡，各部分的尺寸和样板应进行核对，并作为后续生产的依据。

（2）根据实践经验，放样时要加放余量、焊接收缩量及对接焊缝的位置。横向每道纵肋间距加放0.5mm，顶板加放9mm，底板加放8.5mm；每片小分段宽度方向加放15mm余量，长度方向加放30mm余量；在腹板小分段加放5mm反变形。

（3）下料，根据板厚和长度选择气割或机械剪切，尽可能使用剪板机。横隔板上的闭口肋采用数控切割。厚度<12mm时，用剪刀车剪切；厚度>12mm钢板采用气割，气割时应除去钢板的热影响区（一般为1～2mm）；型材用砂轮机切割。钢材下料切割后要进行校正。

（三）节段划分及分段组装

1. 钢箱梁的节段划分

（1）节段的划分应根据“运输、吊装能力，以及尽量减少现场工作量”的原则进行划分，钢箱梁的安装采用现场搭设满堂支架，分段吊装。现场采用吊车吊装，若分段长度太大，节段重量必将增加，大吨位的吊车对道路行车影响较大，且台班费较高，因此，在厂内制作时采用“化整为零”（就近联系预制单位），到现场安装时再“集零为整”。

（2）运输。由于工厂在市区，运输时需经过市内主要道路。由于路窄、弯多，运输相当困难，所以节段划分要尽可能小。实际划分的节段长度为（7×8+6）m。尽管如此，但也属于超大件运输，在运输过程中应实行交通管制。

（3）设计要求。设计要求现场施工的焊缝要尽可能减少，且横向焊缝距跨中点和支点位置要>2m，从划分结果来看均满足要求。

2. 各分段的装焊顺序

顶板片段吊上胎架⟶点焊固定⟶划线⟶吊腹板片断，点焊固定⟶吊装底板片段，点焊固定⟶焊接⟶检验，打上检验线⟶脱胎架，翻身⟶焊接⟶校正焊接变形⟶检验⟶打好装配线。

3. 厂内分段的临时加强

为了防止厂内分段在吊装翻身搁置的情况下变形及损坏，在厂内分段一端（无横隔板）设置假框架，假框架结构由18#槽钢和L75×5角钢组成，待现场安装焊接完成后拆除。

4. 安装吊耳

在每个分段上安装四个吊耳，吊耳必须设在横隔板和腹板相交处，以免在吊装时产生变形。吊耳采用 D 形吊耳，每个吊耳允许负荷 5t。

(四) 焊接工艺

由于本桥为全焊钢结构桥，所以焊接工艺的优劣直接决定了全桥的质量。

(1) 根据焊缝形式(对接焊缝、角焊缝)、长度和等级要求对各部位的焊接方法进行选择。①厂内分段的顶底板及腹板底采用对接焊，横隔板及各种加强筋底翼缘焊缝采用埋弧自动焊；②横肋腹板与顶、底板及纵肋的焊缝采用半自动焊；③对于腹板与顶、底板之间采用角焊缝，各横向连接点板与横、竖肋底焊缝，其他不能采用埋弧自动焊和半自动焊的焊缝，施工工地分段的腹板的对接缝均采用手工焊；④对施工工地分段的顶、底板底正面对接缝，施工工地分段的顶、底板的反面对接缝，采用内置衬垫的坡口熔透焊接——单面焊双面成形。

(2) 根据钢箱梁的主要材料选择焊接材料。

(3) 确定各主要焊缝的焊接工艺要求。①腹板与顶、底板要求密贴，组装焊接间隙≤5mm；②装配时应在坡口反面进行腹板与顶、底板的定位焊，在箱梁两端要加强定位焊；③钢箱梁主体内部构件焊接主要包括纵向加强筋板及腹板的焊接，要求焊工进行对称焊，原则上先焊立角焊，后焊平角焊，先焊纵向焊缝，后焊横向焊缝；④钢箱梁主体的 4 条角焊缝焊接时，先进行 2 条主角焊缝的手工打底焊，然后翻身，按同样要求进行 2 条主角焊缝底焊接；⑤在进行 4 条主角焊缝的焊接前，完成箱内各构件的全部角焊缝的焊接，焊缝两端安装引弧板和引出板，使用 2 台焊机同时焊接 2 条主角焊缝，然后翻身焊另外 2 条角焊缝，最后再翻身焊满前 2 条主角焊缝，要求焊缝表面呈凹形，缓和过渡到母材，避免咬边缺陷。

(4) 焊缝质量要求。①外观质量：焊缝尺寸应符合要求，不得有咬边、焊瘤和表面气孔等缺陷；②对接焊缝内部质量：顶板、底板、腹板及纵肋的横向对接焊缝要求达到Ⅰ级焊缝，顶板、底板及腹板的纵向对接焊缝要求达到Ⅱ级焊缝。

(5) 根据以上原则进行焊接工艺的评定。根据 Q/CR 9211—2015《铁路钢桥制造规范》的要求，对钢材、焊接材料、焊接方法进行评定。按照相关的要求取样，进行拉伸、弯曲、冲击韧性、硬度及宏观断面酸蚀性试验，以确定材料及厂内焊接工艺的可行性，获得焊接电流、电压、焊接速度、坡口尺寸等技术参数，作为后续生产的控制标准。现场安装焊接施工，应根据现场施工时的环境加工试件，进行焊接工艺试验和工艺评定。

(6) 焊接质量控制及检验。①焊工和无损检测人员必须通过考试并取得资格证书，且只能从事资格证书认定范围内的工作；②焊接时，环境湿度应<80%，焊接低合金钢的温度不应低于 5℃(本桥使用材料为低合金钢)；③焊接前必须彻底清除待焊区域内的有害物，焊接时严禁在母材非焊接部位引弧，焊接后应清理焊缝表面熔渣及两侧飞溅物；④焊接材料应通过焊接工艺评定，焊剂、焊条必须按产品说明烘干使用，焊剂中的脏物，焊丝上的油、锈等必须清除干净，CO_2气体纯度应>99.5%；⑤焊前预热温度应通过焊接工艺试验和工艺评定来确定，预热范围一般控制在焊缝两侧 100mm 以上，在距焊缝 30~50mm 范围内测温；⑥定位焊要求：a. 定位焊缝应距设计焊缝端部 30mm 以上，其长度为 50~100mm，定位焊的焊脚尺寸不得大于设计焊脚尺寸的 1/2；b. 定位焊不得有裂纹、夹渣、焊瘤等缺陷，对于开裂的定位焊缝，必须先查明原因，然后再清除开裂的焊缝，并保证尺寸正确的条件下补充定位焊；⑦埋弧自动焊必须在距设计焊缝端部 80mm 以外的引弧板上起、息弧，焊接过程中不应断弧，如有断弧则必须将停弧处刨成 1∶5 的斜坡，并搭接 50mm 再引弧施焊，焊后搭接处应修磨匀顺；⑧焊缝有缺陷时，应根据具体情况进行处理，对于要碳刨或其他机械方法清除缺陷时，应刨出有利于返修的坡口，并打磨掉氧化皮直至露出金属光泽，焊接裂纹的清除长度应由裂纹端各外延 50mm，且同一部位的返修不宜超过 2 次；⑨所有焊缝必须在全长范围内进行外观检查，不得有裂纹、未熔合、夹渣、未填满弧坑和焊瘤等缺陷；⑩所有焊接经外观检验合格后方可进行无损检测，无损检测应在焊接 24h 后进行。

（五）涂装

钢结构桥梁最大的弱点就是耐腐蚀性差，容易锈蚀。由于本桥地处苏南地区，雨水较多，防腐非常重要，因此涂装成为本桥的又一控制要点。主要从以下几方面进行控制：

（1）对梁体的外观进行检查，确认无缺陷后，进行喷砂、除锈，除锈等级为 Sa2.5 级；

（2）除锈达标后进行油漆喷涂，喷涂时环境湿度一般≤80%，钢板表面温度应高于空气露点温度 3℃以上方能施工；

（3）施工时应预留好安装焊接部位，一般预留 100mm 暂不涂装，待工地焊接完成后再涂；

（4）涂装时应注意避免环境污染；

（5）每层涂好后，采用漆膜测厚仪进行厚度检测，每层干膜厚度允许偏差为-5μm，涂装应均匀、无明显起皱、流挂，附着情况良好；

（6）工厂只留最后一道面漆不涂，待工地焊接结束后进行；

（7）补漆，必须按设计要求一道、一道涂，现场最后一道面漆，在支架拆除前涂完。

油漆体系要求如表 8-3 所示。

表 8-3　油漆体系要求

涂装地点	内容		颜色	漆膜厚度/μm	漆间时间间隔(200C)/d
在制造厂进行	表面处理，喷丸除锈，露出金属本色，要求达到 Sa2.5				
	第一层	702 环氧富锌底漆(双组分)	灰	40	1~7
	第二层	702 环氧富锌底漆(双组分)	灰	40	1~7
	第三层	702 环氧富锌底漆	银灰	100	1~7
在现场进行	第四层	氯化橡胶漆	待定	200	2
	第五层	氯化橡胶漆	待定	35	2

（六）现场施工

现场施工是钢箱梁施工的关键，主要控制三个方面：

（1）钢箱梁的吊装，采用两台 20t 吊车安装，由于钢箱梁桥横跨通车的道路，因此吊装的难度较大，必须精心组织，合理安排；

（2）现场焊接难度较大，应注意温度、防风、湿度的控制；

（3）板材的预热处理。

第五节 大跨度桥梁施工

一、大跨度桥梁施工关键技术

（一）桥梁基础施工

1. 大型深水群桩基础施工

（1）钻孔平台搭设。对大型深水桩基础结构进行施工时，近年来发展出了不少具有代表性的新技术和新工艺，如钢护筒平台和钢吊箱平台技术，这两种新工艺较之传统施工工艺在技术上更具有先进性。钢吊箱围堰工程是通过精确定位的钢吊箱加装钢护筒，以形成钻孔平台，当承台地面与河床基层较高时，或承台高程以下土层结构较为松软时，可采用此种方法进行施工。而钢护筒平台结构则是完全以钢护筒作为竖向承重荷载的支撑结构，通过打桩船和打桩机具的精确施工技术，可将钢护筒准确打入足够深度的土层，并在钢护筒顶部安装支承、布置平台板和安装相应钻孔施工机械进行作业。

（2）钻孔桩施工。大跨度桥梁群桩基础一般具有桩径大、入土深、根数多、规模大等特点，钻孔施工主要应从泥浆配置、钻孔垂直度控制以及钢筋笼预制下放、水下混凝土浇筑等环节进行质量控制。

（3）大型钢吊箱施工。大型钢吊箱近年来较为先进的是整体吊装和现场整体同步控制下放两种工艺。①大型钢吊箱水上浮运、现场整体吊装工艺。岸上基层使用整体钢吊箱技术，通过滑道、预制管道或水上浮运等措施将钢吊箱运至施工现场，并在已完成的桩基础施工现场使用吊装、定位和水下封孔等措施进行施工。采用此种施工技术具有施工进度快、作业精度高、施工安全性好、结构稳定等优点。②计算机控制整体同步下放技术。钢吊箱在施工中采用了计算机控制的整体同步下放技术，改善了以往钢吊箱下放施工受到结构质量和规模的制约，此种技术的应用对大跨度桥梁施工的发展具有十分广阔的前景。此种方法可以利用已完成的桩基础工程为支撑，在桥墩结构处加装钢吊箱整体，并使用大功率千斤顶连续作业，通过计算机控制全部千斤顶同步下方钢吊箱至水中设计位置。

2. 沉井基础施工

沉井基础大量应用于大跨度桥梁的基础，如主塔基础及悬索桥的锚钉基础等。沉井基础施工主要包括沉井基础处理、钢壳沉井的加工、安装及混凝土浇筑、混凝土沉井的接高及下沉、清基及封底等步骤。其中大部分沉井下沉均采用部分降排水施工。

3. 地下连续墙施工

地下连续墙具有场地适应能力强、施工噪声小、对底层结构破坏小和防渗性能好、刚度大等优点，已成为当前国内外地下连续墙施工的主要技术，我国的地下连续墙施工在大跨度桥梁基础的施工应用中也得到了快速发展。地下连续墙工程主要由基层处理、钻孔成槽、底部清理、接头工程和混凝土的浇筑与养护施工等。

（二）索塔施工

大跨度桥梁索塔一般主要为钢筋混凝土结构和钢结构塔柱。索塔施工主要包括塔柱施工（钢筋、模板、劲性骨架、混凝土）、横梁施工（钢筋、模板、混凝土、预应力）以及附属设施施工。

1. 斜塔柱的抗倾措施

倾斜塔柱在大悬臂状态下，自重和施工荷载等会造成塔柱底部混凝土出现较大拉应力而出现开裂。因此，在施工过程中须设置一定的水平支撑或约束来减小上述影响，以保证倾斜塔柱的受力、变形和稳定性。横向内倾大柱国内外普遍运用的方法是逐段设置主动支撑，成塔后拆除所有主动支撑。横向塔身外倾时，应考虑每隔一定的高度设置受拉杆件，或在塔柱外侧设置受压支架来保证斜塔柱的受力、变形和稳定性。

2. 大跨径桥梁混凝土索塔的施工

索塔施工主要施工设备为塔吊和电梯。横梁的施工顺序一般有柱梁同步施工和异步施工两种方法。横梁一般采用钢管落地支架法进行施工。横梁施工根据横梁尺寸，一般分块浇筑，预应力一次张拉完成。横梁高度较低，一般高度低于 5m 时可一次浇筑、一次张拉。大跨径桥梁钢索塔一般在钢结构加工厂加工完成后，利用驳船分解运输到施工现场，然后利用塔吊等大型设备吊装，分节接高，完成索塔的施工。

（三）超长斜拉索施工

大跨度斜拉桥斜拉索最长索的长度达到 500m 左右，单根索重达到 50t 左右。因此，斜拉索的施工根据索长的变化，采用不同的牵引、张拉方式。通常在梁段安装完毕，第一次张拉，桥面吊机行走到下一节段后，第二次张拉。塔柱附近短索采用塔吊提升、塔端挂索，梁内手拉葫芦牵引梁端锚头入索套管锚固并且在塔端张拉；长斜拉索采用桥面吊索桁车起吊索盘、塔吊展索。塔顶吊机进行塔端挂设，桥面卷扬机、连续千斤顶牵引梁端锚头入索套管锚固，长斜拉索可在塔端或者梁端张拉。

二、工程实例

（一）工程概况

某主桥为大型双塔双索面混凝土斜拉桥跨度为(180+400+180)m，结构支承体系为漂浮体系，塔高 210m，主梁采用牵索挂篮悬臂浇筑法施工。

（二）施工关键要点控制及措施

因为本斜拉桥具有跨度大、塔高、施工临时荷载多及混凝土浇筑段长等特点，使得在施工过程中控制相对比较困难。施工中各参数偏差，尤其是具有累计性的标高偏差等都会严重影响施工监控和桥梁最终质量。

(1) 牵索挂篮的模拟。为了消除牵索挂篮施工中挂篮与已浇梁体及牵索间相互作用的影响，提高施工中结构内力和变形计算的准确性，必须在计算模型中输入挂篮，并精确模拟其刚度及与主梁、牵索的连接。挂篮的前移就位、分次张拉牵索和混凝土的浇筑等都需要参与施工模型的计算。

(3) 张拉索力的确定。已浇梁段混凝土内力应控制在范围内，不允许出现较大拉压应力。挂篮在施工中处于良好的受力状态，主梁前端挠度变化不宜太大。

(4) 无应力状态在索力调整中的应用。混凝土浇筑过程中将索力作为调索的依据很难取得良好效果，无应力状态索力调整法是根据索力值与斜拉索无应力长度的关系确定锚头的拔出量，此方法在索力调整中取得了良好效果。在主梁合陇过程中采用此方法，不但提高了调索精度，而且优化了施工方法，加快了施工进度。

（三）控制成果

斜拉桥成桥线形测量的 70 个断面，156 个观测点中，偏差在 10mm 内的有 71 个，占 45.5%，偏差>30mm 的有 28 个，占 17.9%，由此可看出此桥梁施工合陇线形基本平顺，满足规范要求。单根实测斜拉桥索力与理论值偏差基本都在 10%以内，索力状态良好。

三、大跨度桥梁施工刚度浅谈

（一）钢箱梁制造

1. 钢箱梁组装方法

（1）反装法

反装法顾名思义为桥面板朝下、底板朝上的组装方法。首先组装钢桥的面板，然后依次组装横隔板、纵隔板、外腹板，最后组装底板。该组装方法与桥面板连接的角焊缝处于平位置施焊，然后旋转 180°在平位置施焊与底板连接的角焊缝。避免了仰焊，提高了焊接质量，减轻了焊工的劳动强度等作业环境，但是，大型钢箱梁则需要大吨位的起吊设备和转胎具。

（2）正装法

与反装法相反，正装法是先组装底板、斜底板然后依次组装横隔板、纵隔板、外腹板、风嘴，最后组装面板，该方法的优点是不需要组装的钢箱梁翻转 180°，同时使 98%以上焊缝处于平位置施焊，正装法是最常采用的方法。组装时以胎架为外胎，横隔板、工艺隔板为内胎匹配组装。焊接时，利用它约束、自约束、强约束和柔性约束的原理，有效地控制了焊接变形，使所有钢箱梁的各项几何尺寸偏差在很小范围内，而且相对节段箱梁端口尺寸达到精确匹配的要求。

2. 钢箱梁制造工艺流程

（1）二阶段制造法

二阶段制造法是指在钢箱梁制造中分为板单元构件制造阶段和钢箱梁阶段组装焊接阶段。带纵、横肋的板单元构件尺寸宽度和长度依据结构设计图，并考虑钢板的轧制尺寸（宽×长）、起吊能力和运输净空等条件划分，板单元构件一般在工厂制造，板单元构件的制造精度和板的平整度是保证钢箱梁制造精度的基础。第二阶段是在胎架上匹配组装焊接成箱梁节段。二阶段制造是采用的一种方法，较适用于双箱、三箱结构，比三阶段制造法工效高、制造工期短。

（2）三阶段制造法

三阶段制造法是将每节钢箱梁分为板单元构件、单体组装与焊接，以及单元（或块体）组装焊接成整箱沿纵向分成两个或三个单体，整箱组装焊接往往结合阶段箱梁匹配组装，以便确保桥吊装的精度要求。

（二）大跨度钢箱梁板单元构件制造

1. 带锚箱的腹板的制造

钢箱梁上的荷载均通过腹板外侧的锚箱传递给斜拉索和桥塔，因而锚箱腹板是钢箱梁最重要的受力构件。全桥共有 80 对柱状锚箱，其角度和纵锚板长度因箱段的位置而变化。锚箱腹板由腹板、承压板、纵锚板、腹板板条肋等组成。

2. 腹板组拼

首先组焊锚箱合件。组焊时使用定位胎架进行组装，采用平角位置对称施焊，确保焊缝质量和焊接不产生大的不对称变形。腹板组焊板条肋后，依据纵、横基准线精确定出锚箱的组装位置及组装角度，并据此在平台上组装锚箱。

3. 锚箱腹板焊接

（1）腹板与板条肋的焊接

腹板与板条肋焊接使用埋弧自动焊，焊丝使用 H08Mn2E，焊剂使用 SJ10lq，焊接时采用船位焊。

（2）熔透焊缝的焊接

承压板与纵锚板、锚箱与腹板间均为熔透焊缝，采用开双面 U 形坡口焊接，焊接时采用手工多道焊，焊条采用 SHJ507Ni 焊条。焊前预热 100～150℃，层温控制在 100～150℃。一侧焊后另一侧进行清根处理，确保熔透。

4. 焊接变形的控制

（1）增加腹板刚度，控制竖向及弯曲变形

腹板与锚箱焊缝为大坡口熔透焊缝，焊接后在腹板锚箱位置产生局部凹凸和翘曲变形，经实测，在锚箱腹板背侧竖向弯曲变形最大达 16mm。采取在腹板背侧的板条肋上增加临时连接件，使腹板上板条肋连为整体，以增大腹板的抗弯刚度，控制焊接竖向弯曲变形在 6mm 以内。

（2）利用刚性约束，控制焊接角变形

由于屡次的焊接热过程使得焊接角变形异常严重。采用在腹板锚箱背面加装约束马板的措施，施焊前先将马板点固定于锚箱背侧，增加腹板上锚箱部位的刚性约束，制约腹板角变形的产生。

5. 带单侧加劲肋的横隔板的制造

横隔板作为钢箱梁组拼的内胎，且纵向与 U 肋要精确配合，加工精度要求特别高。但横隔板构造上仅竖板的一侧有板式加劲助，料件超长、超大。除锚箱处的横隔板外，其余横隔板仅厚 10mm，属于薄板结构，易产生焊接蕈状变形。为保证质量，将横隔板整体分为一个中间板块、两个边侧板块制造。

（三）牵索挂篮的施工程序及工艺要点

1. 挂篮安装

在主梁的适当位置预设 4 个吊孔，用倒链或千斤顶将组拼成整体的主桁承重系统和底模板整体提升到安装位置，安装牛腿顶端部分，若主桁未到安装位置，则安装走行系统，使其走行到位。同时安装梁上的锚固部件，并拆除走行轮，将主桁锚固。之后安装外侧模、开箱内模，绑扎钢筋，并安装牵索系统，经精确调整后即可灌注混凝土。

2. 挂篮前移

梁段混凝土等强张拉预应力束后，解除锚固系统的斜拉杆及有关模板的连接，铺好梁顶走行滑槽，用锚固系统的垂直吊杆将挂篮主街等缓缓下落，直至梁侧牛腿落在滑槽内。之后解除垂直吊杆，卸去梁底楔块，换装走行轮，在主梁上用千斤顶和牵拉杆带动牛腿将挂篮缓缓平行前移，并在后方设倒链作保险制动。

3. 挂篮就位及调整

挂篮到位后，先将两侧中错的垂直吊杆临时锚固，再将有关的锚固件和模板前移安装，再用中间的中锚吊杆将主桁提升并进行相应锚固，然后精确调整后即可施工。

4. 短平台复合型牵索挂篮的施工程序及工艺要点

(1) 挂篮安装

塔下用作组拼挂篮的主梁施工后，将挂篮三角架及其后锚等构件吊上桥面安装就位，然后用倒链或卷扬机将整体组拼的挂篮平台提升，并安装相关的伺服系统，检查无误后灌注混凝土。

(2) 挂篮前移

梁段混凝土等强张拉预应力束后，解除挂篮牵索并与主梁锚连，将挂篮平台下放一定高度，然后将挂篮三角架向前移动一个梁段长度，到位后再将挂篮平台沿梁顶滑道和三角架下弦梁下翼级前移就位，上述为两次走行，适应梁宽且重的情况。

(3) 挂篮施工要点

灌注混凝土时，由于挂盘前端荷载由牵索和前吊杆共同承受，为保证前吊杆不超载，利用千斤顶和特设的数字式压力传感器测其杆力，超出其设计受力的部分通过分次调整临时牵索来平衡。

(四) 关于测试中几个应注意的问题

(1) 施工应力监测涉及到的资料和数据很多。除设计资料外，施工方面也很多，如施工工艺、施工方案、施工组织设计及挂篮、模板有关数据，桥上主要施工机具设备的重量及其他施工荷载等。

(2) 应变计安装要经历混凝土浇注、振捣及混凝土硬化等过程。尤其是混凝土硬化是一个很复杂的变化过程，有水化热温升和自身体积的收缩。由于温度场及干缩变化不均，往往造成残余应力会影响应变计，造成读数波动大且不稳定。

(3) 大跨度桥梁施工过程中，不可避免会出现一些问题，有时会打乱正常施工顺序，施工荷载也会变化，测试时应注意变化，并作好记录。不少变化将直接影响测试结果。

(4) 对能反映结构工作特性应力比较集中的测试部位，应适当多设元件，以防安装或测试过程中造成损坏而测不到关键数据，还可以采用不同的手段或其他类型元件，同时进行测试。

(5) 由于混凝土性质有变易性，在施工应力测试中，应根据工地实际情况，做一些有关混凝土性质的试验和观测，如混凝土弹性模量、干缩量，如有条件还可进行其他方面观测，利用这些数据对测试资料进行分析，可能减少一部分误差。

大跨度预应力桥梁施工至今仍有不少问题没有很好的解决方法。因此在施工中要不断地积累经验，积极推动测试工作不断开展，坚持不断地实践，不断地分析总结，不断地试验探索，从而保证施工有效和顺利地进行。

四、城市大跨度桥梁施工的要点分析

(一) 影响大跨度桥梁施工质量的因素分析

从实践的角度来看，影响大跨度桥梁施工质量的因素有很多，这些因素主要表现在施工材料、技术管理、设备运行等方面上，在大型桥梁施工过程当中应该在做好施工质量控制与过程管理的基础上，要针对影响施工质量的一些重点因素，采取专门的施工管理措施，保障桥梁施工的各个重点控制部分的施工质量，保证整个施工过程中桥梁的质量都处于良好的控制状况。在大型桥梁施工当中，目前应力混凝土结构箱梁与灌注桩是桥梁施工应用最为广泛，在施工过程中施工人员必须将技术要求与质量控制结合起来，通过多方面的、综合质量控制措施来保证大跨度桥梁的施工进度与质量，达到工程建设的目的。

（二）做好大跨度桥梁施工质量控制基础工作

质量控制无疑是桥梁施工过程中最重要的问题，在这一方面施工人员必须从项目立项审批开始，到勘测设计、工程实施、交竣工验收、项目后评价建立起全面的质量控制体系和管理系统。这一方面，施工人员应该将施工质量控制贯穿于设计、施工、竣工各个阶段，在这一过程中还需要注意一些要点。

1. 做好开工阶段的各项准备工作

在桥梁施工当中，图纸是审核控制、施工管理当中的重要依据，做好这一方面的工作是能够为开工阶段的施工打下坚实的基础。在开工阶段，施工人员应该在现场修建施工临时设施，安装调试好各类施工机械和各类标定试验机具，同时要准备好施工所需的施工测量及复核测量资料。对于施工的各项准备工作要逐项审查、落实，检查过程中如果发现有不足之处要及时通知承包商进行修正，直到准备工作达到工程建设的要求。

2. 掌握一些施工控制的基本方法

施工控制方法是施工阶段质量控制的核心问题，是否能够熟练地掌握一些施工控制方法关系到处理结构的实际状态是否能够达到目标要求。常见的桥梁施工控制方法有很多，具体来说主要有事后控制法、预测控制法和自适应控制法等。在施工过程中施工人员应该根据具体的施工需要以减少施工偏差为主要目的，选择最合适的控制方法，在选择的时候需要注意三个问题：第一，校正功能，不同的施工控制方法有不同的校正计算模型，选择最合适的校正功能有利于减少参数误差对施工的不利影响。第二，滤波功能，不同功能在不用控制方法当中也有一定的差异，一般来说适合的滤波功能能够预测未来减少测量误差。

（三）施工过程中的质量控制要点

1. 加强原材料组织的选用控制

任何大跨度桥梁建设当中，原材料的质量控制都是施工管理工作的重点，在这一方面，施工单位应该严格按照国家相关建材标准组织施工材料的质量验收工作，确保大跨度建设所需的各项建设材料的质量符合国家标准。具体来说要注意以下几点：

（1）水泥及掺合料的品种选择

大跨度桥梁工程建设上混凝土工程部分都是大体积混凝土，这就要求在水泥选择上更多地选择水化热低的品种，以避免早期温度应力而导致混凝土出现开裂。对于大跨度桥梁当中的小体积混凝土，一般可以使用42.5普通硅酸盐水泥，骨料一般使用矿渣粉或一级粉煤灰等配置成胶凝材料，保证混凝土的干缩率一致。在选择水泥的过程中还要注意一下水泥细度，这是因为水泥越细，它的收缩率越大，这就要求施工单位根据施工要求，对投标单位所送样本进行详细的实验，确保其细度符合建设要求之后，才能大规模地应用到混凝土工程施工当中。如果选择的混凝土都比较细，在使用的过程中可以适当地掺和一些矿渣粉，这样能够减少施工过程中的裂缝现象，所有水泥必须现买现用，在适当存量的基础上要保证在保质期之前使用完，避免存量水泥储存环境的干燥，并做好相应的防水防晒处理。

（2）控制设计与施工配合比

在施工过程中，施工人员对配合比应该严格按照设计标准进行，在设计的过程中考虑强度等级，抗冻、渗的等级需要，在满足施工要求的基础上，采用较小的混凝土坍落度。尤其是要注意水灰比，在这一方面要将水灰比控制在 0.6 以内，每立方米混凝土的用水量要控制在 180kg 左右。对于大体积混凝土当中的水泥用量，采用 PC42.5 水泥的，应该按照 270～450kg/m^3的掺加量配比，部分高强度混凝土中水泥掺加量要达到 450～550kg/m^3，可以适当地添加一些矿渣粉。对于砂石料的掺加量，应该在满足施工要求的基础上，尽量选择较小的掺砂率。在实际的操作上主要是要严格控制施工配合比，在具体的预制过程中要保证各种材料使用量计量准确，在搅拌的时候要尽量保持均匀，搅拌时间应该控制在 30～90s 之内。

2. 重点做好模板与浇筑施工质量控制

（1）在模板施工当中，重要的是设计和制作模板的时候要减少错台或漏缝的现象，模板的质量也应该有良好的保障，要选择有足够的刚度和光洁度的模板，模板之间必须连接牢固，同时要求安装以后的单元面积大，模板之间的接缝少，接缝处平滑无凹凸的现象。在模板安装的过程中，要现进行模板的试拼装，检查模板实际使用过程中精度是否符合要求，对于试拼装过程中发现的精度较差的模板要进行必要的修平、抛光处理，并涂抹防护油，只有这样才能保证浇筑后的混凝土表现平滑和光洁。

（2）在混凝土浇筑的过程中，要采用分层浇筑的方法，每一层混凝土的厚度在 30～40cm 左右，在浇筑之前，施工人员要先准备好足够的振捣人员和机械，保证浇筑能够在混凝土初凝之前进行连续作业，只有这样才能保证振捣质量。在振捣的过程中要保证混凝土整体得到振捣，同时要避免出现振捣不均匀、过振或者漏振等可能影响混凝土质量的现象发生，保证振捣以后的混凝土不出现气泡，骨料下滑、浆液渗出等可能导致混凝土表面出现蜂窝、气泡，影响混凝土的外在美观。

（3）养护工作也是施工过程中的重要组成部分，养护工作应该在混凝土拆模以后进行，主要是一些保温、保湿的养护措施。在这里要考虑不同季节、气候对养护措施的影响，适当地调整优化一些养护方案，以确保混凝土不会发生干缩开裂的现象。

总之，除了上述的一些施工质量控制措施之外，在施工过程中还要注意一些桥梁建设中的通病防治，主要是连续箱梁裂缝、钢筋保护层不足、伸缩缝指标不合格等问题，这就需要建设单位在施工期间要组织设计、施工和建立单位编制相应的质量控制要点计划书，并严格贯彻到施工组织过程当中，只有这样才能保证大跨度桥梁的施工质量，确保工程建设的顺利进行，提高工程建设的综合社会效益。

五、山区大跨度桥梁设计

大跨度公路桥梁往往处于公路交通运输的枢纽和咽喉地段，为道路生命线工程的重要组成部分，对山区大跨度公路桥梁设计的研究具有重要的现实意义。在桥型的比选上有相当的难度和复杂性，而桥梁的设置是否合理，桥梁设计方案是否合理，直接影响整条路线的工程造价及使用功能。因此在设计中必须协调好桥梁各细部构造与地形、地质之间的关系。以下针对山区大跨度桥梁的特点，探讨山区大跨度桥梁设计的要点，对大跨度公路桥梁进行正确的抗震分析，对于提高其抗震能力，特别是抗大震的能力是至关重要的。目前，国内外进展迅速的桥梁建设已对大跨度公路桥梁的抗震分析提出了更高的要求，与之相应的结构地震反应分析理论研究也呈现出一些新的特点。对于大跨度公路桥梁而言，在强震作用下，结构的非线性性能、地震波传播过程中的多点激振效应、隔震技术的动力模型及其应用研究以及地震反应分析软件研究具有更大的现实意义。

（一）非线性地震反应分析

大跨度桥梁结构的非线性可分为材料非线性（又可称为物理非线性或弹塑性）和几何非线性两种，一般情况下结构的几何非线性可通过考虑所谓的 P-Δ 效应来进行在结构非线性地震反应分析的计算理论方面研究，备受关注的是结构的弹塑性分析，这不仅是因为相对于几何非线性而言，结构的弹塑性性能对于结构的抗震性能影响较大，而且更由于问题的复杂性。所以国内外众多学者针对后者开展了大量的研究工作。在大跨度公路桥梁弹塑性地震反应分析的力学模型中，根据各种构件的工作状态，将结构简化为杆系结构是合理的，同时对计算而言也是非常经济的。若按构件所处的空间位置可把力学模型分为平面模型和空间模型两种。若按模型中所采用的单元应力水平的种类来分，又可分为微观模型（采用应力空间）和宏观模型（采用内力空间）两种。由于微观模型要求将结构划分为足够小的单元，尽管很有效但所需的计算量较大，只适用较小规模的结构或构件的非线性分析，因此在实际工作中应用的范围比较有限，所以这里仅按前一种分类方法来加以讨论。

在结构弹塑性地震反应分析中，构件恢复力模型的确定是基本的步骤，而构件的恢复力关系又集中反映在滞回特性曲线上，基本指标有曲线形状、骨架曲线及其特征参数、强度、刚度及其退化规律、滞回耗能机制、延性和等效滞回阻尼系数等。国内外在这方面已进行了大量的试验研究并取得了相应的研究成果。在平面模型中，根据所采用的塑性铰类型可把它分为集中塑性铰模型和分布塑性铰模型两大类。在集中塑性铰模型中，有代表性的一种是 Clough 等于 1965 年提出的双分量单元模型，该单元模型采用两根平行杆来模拟构件，其中一根用来表示具有屈服特性的弹塑性杆，另一根用来表示完全弹性杆，非弹性变形集中于杆件两端的集中塑性铰处，该模型的最大不足是不能考虑构件刚度退化。另一种有代表性的是 1969 年 Giber-son 提出的单分量模型，它克服了 Clough 双分量模型的不足，同时只用两个杆端塑性转角来刻划杆件的弹塑性性能，而杆件两端的弹塑性参数又是相互独立的，因此应用起来较为简便。其缺点是基本假设中有地震过程中反弯点不能移动的限制，所以对一些与基本假设不甚相符的特殊情况，其使用的合理性就受到了限制。

（二）多点激振效应

通常桥梁结构的地震反应分析是假定所有桥墩墩底的地震运动是一致的。而实际上，由于地震机制、地震波的传播特征、地形地质构造的不同，使得入射地震在空间和时间上均是变化的。即使其他条件完全相同，由于地面上的各点到震源的距离不同，它们接收到的地震波必然存在着时间差（相位差），由此导致地表的非同步震动。这一点已被地震观测结果所证实。因此，多点地震输入是更合理的地震输入模式。特别是大跨度桥梁结构，当地震波的波长小于相邻桥墩的跨度时，入射到各墩的地震波的相位是不同的，由于在桥长范围内各墩下的基础类型和周围的场地条件可能有很大的差别，因此入射到各墩的地震波的波形也可能是不同的。有关实际震害表明，入射地震波的相位差可增大桥跨落梁的危险性。所以就地震波传播过程中的多点激振效应进行研究是有很大的实际意义的。

从概念上看，仅考虑入射地震波的相位变化情况属于行波效应分析问题。若再考虑地震波的波形变化就属于地震波的多点输入问题。从计算方法上看，由于多点地震输入算法与同步激振的计算方法不同，因此必须重新推导结构体系的动力平衡方程。美国学者 Penzien 和 Clough 于 1975 年推导了多自由度体系考虑地震波多点输入时的动力平衡微分方程及求解方法，通过所谓的影响矩阵，实现了地震波的多点输入算法。这种方法后来被广泛应用，目前所有考虑地震波多点输入的结构地震反应时程分析算法均以此为基本出发点。

综上所述，大跨度公路桥梁的多点激振效应分析是一个比较复杂的计算问题，其复杂性一方面在于计算方法上面，更重要的是对于不同类型的桥梁结构体系可能有着截然不同的计算结果。因此实际计算时只能针对具体的桥梁结构进行具体的分析，不能一概而论。从计算方法上看，目前有关研究基本上仍局限于线弹性体系的多点激振效应分析，而非线性多点激振效应与结构体系非线性地震反应分析的力学模型是密切相关的。

（三）结构设计

上部构造形式的选择应结合桥梁具体情况，综合考虑其受力特点、施工技术难度和经济性。简支空心板结构的桥型，施工方便，施工技术成熟；但跨径小，梁高大；由于桥梁跨径受限制，往往造成跨深沟桥梁高跨比不协调，美观性差；上部构造难以与路线小半径、大超高线形符合，且高墩数量增加；桥面伸缩缝多，行驶条件差。因而，在山区大跨度中，该类桥型一般用于地形相对平缓、填土不高的中、小桥上。预制拼装多梁式 T 梁在中等跨径桥中具有造价省、施工方便的特点，其造价低于整体式箱梁，是中等跨径直梁桥的常用桥型。但对于曲线梁来说，T 梁为开口断面，抗扭及梁体平衡受力能力均较箱梁差，曲梁的弯矩作用对下部产生的不平衡力大。但当曲线桥的弯曲程度较小时，曲线 T 梁桥采用直梁设计，以翼缘板宽度调整平面线形，可减少曲梁的弯扭作用，在一定程度上可弥补曲线 T 梁桥受力和施工上的不足。虽然直线设置的曲线桥仍有部分恒载及活载不平衡影响及曲线变位存在，但较曲线梁小。此外，可以采取加强横向联系的措施，提高结构的整体性。对于大跨径桥梁，最好采用悬臂浇筑箱梁，但是对于中等跨径的桥梁，箱梁桥不论采取何种施工方式，费用都较高，与预制拼装多梁式 T 梁相比，处于弱势。

下部结构应能满足上部结构对支撑力的要求，同时在外形上要做到与上部结构相互协调、布置均匀。桥墩视上部构造形式及桥墩高度采用柱式墩、空心薄壁墩或双薄壁墩等多种形式。柱式墩是目前公路桥梁中广泛采用的桥墩形式，其自重轻，结构稳定性好，施工方便、快捷，外观轻颖美观。对于连续刚构桥，要注意把握上、下部结构的刚度比，减小下部结构的刚度比，减小下部结构的刚度，可减小刚结点处的负弯矩，同时减小桥墩的弯矩，也可减小温度变化所产生的内力。但是桥墩也不可以太柔，否则会使结构产生过大变形，影响正常使用，并不利于结构的整体稳定性。对于高墩，除了要进行承载能力与正常使用极限状态验算外，还要着重进行稳定分析。对于连续梁结构或连续刚构桥，各墩的稳定性受相邻桥墩的制约影响，应取全桥或至少一梁作为分析对象。稳定分析的中心问题就是确定构件在各种可能的荷载作用和边界条件约束下的临界荷载，下面以连续梁为例进行说明。介于梁、墩之间的板式橡胶支座，梁体上的水平力 H（车辆制动力和温度影响力等）是通过支座与梁、墩接触面上摩阻力而传递给桥墩的，它不但使墩顶产生水平位移，而且板式橡胶支座也要产生剪切变形。当梁体完成水平力的传递以后，梁体暂时处于一种固定状态，但由于轴力及墩身自重的影响，墩顶还会继续产生附加变形，这就使得板式支座由原来传递水平力的功能转变为抵抗墩顶继续变形的功能，支座原来的剪切变形先恢复到零，逐渐达到反向的状态。

山区大跨度作为公路工程的一部分，很多方面需要探讨。山区大跨度方案的确定应遵循“安全、舒适、经济、美观”的原则，只有把握好规律，抓住侧重点，山区高速桥梁的布置和设计才能准确无误。

第六节 桥面系及其附属工程施工

桥面系是指在桥梁上部结构中，直接承受车辆、人群等荷载并将其传递至主要承重构件的桥面构造系统，包括桥面铺装、桥面板、纵梁、横梁、人行道等。桥面板、加筋肋、纵梁、横梁等构件组成的直接承受车辆荷载作用的桥面构造系统。桥面系包括纵梁、横梁和纵梁间的连接系。

一、桥面排水设施及防水层施工

（一）桥面排水施工

桥面排水设施主要包括汇水槽、泄水口及泄水管。汇水槽、泄水口顶面高程应低于桥面铺装层 10~15mm。泄水管下端至少应伸出构筑物底面 100mm。泄水管宜通过竖向管道直接引至地面或雨水管线，其竖向管道应采用抱箍、卡环、定位卡等预埋件固定在结构物上。下雨时，雨水在桥面必须能及时排出，否则将影响行车安全，也会对桥面铺装和梁体产生侵蚀作用，影响梁体耐久性。桥面防水层设在钢筋混凝土桥面板与铺装层之间，尤其在主梁受负弯矩作用处。

（二）桥面防水层施工

按设计要求设置，主要由垫层、防水层与保护层三部分组成。其中垫层多做成三角形，以形成桥面横向排水坡度。垫层不宜过厚或过薄，宜用小石子混凝土铺筑。垫层的表面不宜光滑。有的梁桥防水层可以利用桥面铺装来充当。桥面应采用柔性防水，不宜单独铺设刚性防水层。桥面防水层使用的涂料、卷材、胶私剂及辅助材料必须符合环保要求。桥面防水层的铺设应在现浇桥面结构混凝土或垫层混凝土达到设计要求强度，经验收合格后进行。桥面防水层应直接铺设在混凝土表面上，不得在二者间加铺砂浆找平层。桥面防水层分为涂膜防水层和卷材防水层两种，防水涂膜和防水卷材均应具有高延伸率、高抗拉强度、良好的弹塑性、耐高温和低温与抗老化性能。防水卷材及防水涂料应符合国家现行标准和设计要求。涂膜防水层也称涂料防水层，是指在混凝土结构表面或垫层上涂刷防水涂料以形成防水层或附加防水层。防水涂料可使用沥青胶结材料或合成树脂、合成橡胶的乳液或溶液。基层处理剂干燥后，方可涂防水涂料，铺贴胎体增强材料。涂膜防水层应与基层私结牢固。涂膜防水层的胎体材料，应顺流水方向搭接，搭接宽度长边应≥50mm，短边应≥70mm，上、下层胎体搭接缝应错开 1/3 幅宽。下层干燥后，方可进行上层施工。每一涂层应厚度均匀、表面平整。

二、桥面铺装层施工

桥面铺装层的作用是实现桥梁的整体化，使各片主梁共同受力，同时为行车提供平整舒适的行车道面。桥面防水层经验收合格后，即可进行桥面铺装层的施工，但在雨天或雨后桥面未干燥时，不能进行桥面铺装层的施工。铺装层应在纵向 100cm、横向 40cm 范围内，逐渐降坡，与汇水槽、泄水口平顺相接。

(一) 沥青混合料桥面铺装后施工

在水泥混凝土桥面上铺筑沥青铺装层：在水泥混凝土桥面上铺筑沥青铺装前，应在桥面防水层上撒布一层沥青石屑保护层，或在防水黏结层上撒布一层石屑保护层，并轻碾慢压。沥青铺装宜采用双层式，底层宜采用高温稳定性较好的中粒式密级配热拌沥青混合料，表层应采用防滑面层。铺装后宜采用轮胎或钢筒式压路机进行碾压。

(二) 水泥混凝土桥面铺装层施工

铺装层的厚度、配筋、混凝土强度等应符合设计要求。结构厚度误差不得超过-20mm。铺装层的基面应粗糙、干净，并于铺装前湿润。桥面钢筋网应位置准确、连续。铺装层表面应作防滑处理。水泥混凝土施工工艺及钢纤维混凝土铺装的技术要求应符合国家现行标准的有关规定。

三、桥梁伸缩装置施工

桥梁伸缩装置是指为适应材料胀缩变形对结构的影响，而在桥梁结构的两端设置的间隙，其作用是能使梁体自由伸缩，而且行车还应舒适。

(一) 桥梁伸缩装置选择

桥梁伸缩装置分为填充式伸缩装置、齿形钢板伸缩装置、橡胶伸缩装置和异型钢单缝式伸缩装置四种类型，对其进行选择时，应使伸缩装置与设计伸缩量应相匹配；具有足够强度，能承受与设计标准相一致的荷载；城市桥梁伸缩装置应具有良好的防水、防噪声性能；安装、维护、保养、更换简便。

(二) 桥梁伸缩装置安装

伸缩装置安装前应检查修正梁端预留缝的间隙，缝宽应符合设计要求，上下必须贯通，不得堵塞。伸缩装置安装前应对照设计要求、产品说明，对成品进行验收，合格后方可使用。安装伸缩装置时应按安装时气温确定安装定位值，保证设计伸缩量。预留槽宜为 50cm 宽、5cm 深，安装前预留槽基面和侧面应进行清洗和烘干；梁端伸缩缝处应黏固止水密封条；填料填充前应在预留槽基面上涂刷底胶，热拌混合料应分层摊铺在槽内并捣实；填料顶面应略高于桥面，并撒布一层黑色碎石，用压路机碾压成型；底层支承角钢应与梁端锚固筋焊接；支承角钢与底层钢板焊接时，应采取防止钢板局部变形措施；齿形钢板宜采用整块钢板仿形切割成型，经加工后对号入座；安装顶部齿形钢板，应按安装时气温经计算确定定位值。齿形钢板与底层钢板端部焊缝应采用间隔跳焊，中部塞孔焊应间隔分层满焊。

焊接后齿形钢板与底层钢板应密贴。齿形钢板伸缩装置宜在梁端伸缩缝处采用 U 形铝板或橡胶板止水带防水。安装橡胶伸缩装置应尽量避免预压工艺。橡胶伸缩装置在 5℃ 以下气温不宜安装；安装前应对伸缩装置预留槽进行修整，使其尺寸、高程符合设计要求；锚固螺栓位置应准确，焊接必须牢固；伸缩装置安装合格后应及时浇筑两侧过渡段混凝土，并与桥面铺装接顺。每侧混凝土宽度宜>0.5m；模数式伸缩装置安装；伸缩装置安装时其间隙量定位值应由厂家根据施工时气温在工厂完成，用定位卡固定。

如需在现场调整间隙量应在厂家专业人员指导下进行。调整定位并固定后应及时安装；

伸缩装置应使用专用车辆运输，按厂家标明的吊点进行吊装，防止变形。现场堆放场地应平整，并避免雨淋暴晒和防尘；安装前应按设计和产品说明书要求检查锚固筋规格和间距、预留槽尺寸，确认符合设计要求，并清理预留槽，分段安装的长伸缩装置需现场焊接时，宜由厂家专业人员施焊，伸缩装置中心线与梁段间隙中心线应对正重合。伸缩装置顶面各点高程应与桥面横断面高程对应一致，伸缩装置的边梁和支承箱应焊接锚固，并应在作业中采取防止变形措施；过渡段混凝土与伸缩装置相接处应黏固密封条，混凝土达到设计强度后，方可拆除定位卡。

四、防护设施及人行道施工

（一）防护设施施工

桥梁防护设施一般包括栏杆、隔离设施护栏和防护网等。防护设施的施工应在桥梁上部结构混凝土的浇筑支架卸落后进行。其线形应流畅、平顺，伸缩缝必须全部贯通，并与主梁伸缩缝相对应。防护设施采用混凝土预制构件安装时，砂浆强度应符合设计要求。当设计无规定时，宜采用 M20 水泥砂浆。预制混凝土栏杆采用榫槽连接时，安装就位后应用硬塞块固定，灌浆固结。塞块拆除时，灌浆材料强度不得低于设计强度的 75%。采用金属栏杆时，焊接必须牢固，毛刺应打磨平整，并及时除锈防腐。防撞墩必须与桥面混凝土预埋件、预埋筋连接牢固，并应在施作桥面防水层前完成。护栏、防护网宜在桥面、人行道铺装完成后安装。

（二）人行道施工

人行道结构应在栏杆、地袱完成后施工，且在桥面铺装层施工前完成。行道施工应符合国家现行标准的有关规定。人行道下铺设其他设施时，应在其他设施验收合格后，方可进行人行道铺装。悬臂式人行道构件必须在主梁横向连接或拱上建筑完成后方可安装。人行道板必须在人行道梁锚固后方可铺设。

五、桥面系施工主控项目的质量检验

桥面排水设施的设置应符合设计要求，泄水管应畅通无阻。防水材料的品种、规格、性能、质量应符合设计要求和相关标准规定。防水层、私结层与基层之间应密贴，结合牢固。桥面铺装层材料的品种、规格、性能、质量应符合设计要求和相关标准规定。水泥混凝土桥面铺装层的强度和沥青混凝土桥面铺装层的压实度应符合设计要求。

通过对桥面系及其附属工程施工工艺进行了有效控制，同时质量达到预期控制目标；在多施工点实施过程中，人员配置、机具设备配置、资源分配与共享可控制在最有利范围，综合经济性强，为本项目创造了较高的经济效益。

第九章　道路桥梁工程施工组织与管理

一、概述

施工组织与管理是研究如何以最合理的方法和手段来组织均衡生产，提高劳动生产率，确保质量和效益的一门学科，它提供了各阶段的施工准备工作内容，协调施工过程中各施工单位、各施工工种、各项资源之间的相互关系。

施工组织是用来指导施工项目全过程各项活动的技术、经济和组织的综合性文件，是施工技术与施工项目管理有机结合的产物。施工组织的繁简，一般要根据工程规模大小、结构特点、技术复杂程度和施工条件的不同而定，以满足不同的实际需要。

（一）公路工程基本建设程序

（1）项目建议书；

（2）可行性研究；

（3）设计文件；

（4）列入年度基本建设计划；

（5）施工准备；

（6）工程施工；

（7）竣工验收、交付使用。

1. 项目建议书

根据国民经济发展的长远规划和公路网建设规划，提出项目建议书。项目建议书应对拟建项目的目的、要求、主要技术标准、原材料及资金来源等提出文字说明。项目建议书是进行各项前期准备工作和进行可行性研究的依据。项目建议书不是项目的最终决策，项目建议书一经批准，即着手进行可行性研究。

2. 可行性研究

可行性研究是基本建设前期的重要组成部分，是建设项目立项、决策的主要依据。在新制定的《公路建设项目可行性研究报告编制办法》中规定，大中型工程、高等级公路及重点工程项目(含国防、边防公路)，均应进行可行性研究，小型项目可适当简化。

公路建设项目可行性研究的任务是：在对拟建工程地区社会、经济发展和公路网状况进行充分地调查研究、评价、预测和必要的勘察工作的基础上，对项目建设的必要性、经济合理性、技术可行性、实施可能性，提出综合性研究论证报告。可行性研究报告的文件，应符合《公路建设项目可行性研究报告编制办法》的规定。

3. 设计文件

公路工程基本建设项目一般采用二阶段设计，即初步设计和施工图设计。对于技术简单、方案明确的小型建设项目，也可采用一阶段设计，即一阶段施工图设计。对于技术复杂、基础资料缺乏和不足的建设项目，或建设项目中的特大桥、互通式立体交叉、隧道、高速公路和一级公路的交通工程及沿线设施中的机电设备工程等，必要时采用三阶段设计，即初步设计、技术设计和施工图设计。

（1）初步设计

初步设计应根据批复的可行性研究报告、测设合同及勘测资料进行编制。

（2）技术设计

按三阶段设计的项目，应进行技术设计。

（3）施工图设计

不论几阶段设计，都要进行施工图设计。

4. 列入年度基本建设计划

当建设项目的初步设计和概算报上级审查批准后，才能列入国家基本建设年度计划，这是国家对基本建设实行统一管理的手段。年度计划是年度建设工作的指令性文件，一经确定后，如果需要增加投资额或调整项目时，必须上报原审批机关批准。

5. 施工准备

公路工程涉及面广，为了保证施工的顺利进行，建设单位、勘测设计单位、施工单位和银行等都应在施工准备阶段充分做好各自的准备工作。施工单位应首先熟悉图纸并进行现场核对，编制实施性施工组织设计和施工预算，同时组织先遣人员、部分机具、材料进场，进行施工测量、修筑便道及生产、生活临时设施，组织材料及技术物资的采购、加工、运输、供应、储备，提出开工报告。

6. 工程施工

施工准备工作完成后，施工单位必须按上级下达的开工日期或工程承包合同规定的日期开始施工。在建设项目的整个施工过程中，应严格执行有关的施工技术规程，按照设计要求，确保工程质量，安全施工。坚持施工过程组织原则，加强施工管理，大力推广应用新技术、新工艺，尽量缩短工期，降低工程造价，做好施工记录，建立技术档案。

7. 竣工验收、交付使用

建设项目的竣工验收是公路工程基本建设全过程的最后一个程序。竣工验收包括对工程质量、数量、工期、生产能力、建设规模和使用条件的审查。对建设单位和施工企业编报的固定资产移交清单、隐蔽工程说明和竣工决算(竣工验收时，建设单位必须及时编制竣工决算，核定新增固定资产的价值，考核分析投资效果)等进行细致检查。当全部基本建设工程经过验收合格，完全符合设计要求后，应立即移交给生产部门正式使用。对存在的问题要明确责任、确定处理措施和期限。

（二）公路建设项目的组成

（1）基本建设项目；

（2）单项工程；

（3）单位工程；

（4）分部工程；

（5）分项工程。

1. 基本建设项目

基本建设项目又称建设项目，一般指符合国家总体建设计划，能独立发挥生产能力或满足生活需要，其项目书经批准立项和可行性研究报告经批准的建设任务。如工业建设中的一座工厂、一座矿山，民用建设中的一个居民区、一幢住宅、一所学校为一个建设项目。公路建设项目，一般指建成后要以发挥其使用价值和投资效益的一条公路或一座独立的大中型桥梁或一座隧道。

2. 单项工程

单项工程又称为工程项目，它具有独立的设计文件，在竣工后能独立发挥设计规定的生产能力或效益的一项工程。如工业建筑中的生产车间、办公楼，民用建筑中的教学楼、图书馆、宿舍楼等。公路建设的单项工程一般指独立的桥梁工程、隧道工程，这些工程一般包括与已有公路的接线，建成后可以独立发挥交通功能。但一条路线中的桥梁或隧道，在整个路线未修通前，并不能发挥交通功能，也就不能作为一个单项工程。

3. 单位工程

单位工程是单项工程的组成部分，是指在单项工程中具有单独设计文件和独立施工条件，并可单独作为成本计算对象的部分。如：单项工程中生产车间的厂房修建、设备安装；公路工程中同一合同段内的路线、桥涵等。由此可见，单位工程一般不能独立发挥生产能力和使用效益，一个单位工程可以包含若干分部工程。

4. 分部工程

分部工程是单位工程的组成部分，一般是按单位工程中的主要结构、主要部位来划分的。如：工业与民用建筑中的房屋基础、墙体等。在公路建设工程中如按工程部分划分为：路基工程、路面工程、桥涵工程等；按工程结构和施工工艺划分为土石方工程、混凝土工程和砌筑工程等。一个分部工程包括若干分项工程。

5. 分项工程

分项工程是分部工程的组成部分，是根据分部工程划分的原则，再进一步将分部工程分成若干个分项工程。分项工程是按照不同的施工方法、不同的施工部位、不同的材料、不同的质量要求和工作难易程度来划分的，是概预算定额的基本定量单位，故也称为工程定额子目或工程细目。一般来说，分项工程中只是建筑或安装工程的一种基本构成要素，是为了确定建筑或安装工程费用而划分出来的一种假定产品，以便作为分部工程的组成部分。因此，分项工程的独立存在是没有意义的。

综上所述，一个建设项目是由一个或几个单项工程组成，一个单项工程是由几个单位工程组成，一个单位工程又以若干个分部工程组成，一个分部工程还可以划分为若干个分项工程。

第一节 施工组织设计的任务与原则

一、道路与桥梁工程施工特点

道路桥梁是一种人工构筑物，是通过设计与施工，消耗大量的人工、材料和机械而完成的建筑产品。和工业生产比较，道路桥梁施工同样是把一系列的资源投入产品（即工程）的生产过程。其生产上的阶段性和连续性，组织上的专门化和协作化，是一致的。但是，道路桥梁施工与一般工业生产和其他土建工程施工(如房屋建筑)都有所不同。

由于道路工程的线性分布性质，使施工面狭长，流动性大，临时工程多，施工容易受到其他工程和外界干扰，施工管理工作量大，由于道路施工全系野外作业，受自然条件影响很大，施工受季节影响；

由于工程数量分布不均匀(特别是集中土石方和大中桥)，给各施工项之间的协调工作带来困难；由于道路是永久性建筑，占用土地又多，一般不可能拆除重建，因此施工质量尤其重要。

二、施工组织设计的任务与作用

(1) 施工准备工作；

(2) 现场施工管理与调度；

(3) 竣工验收与工程结算。

三、施工组织设计的一般原则

(1) 认真贯彻党和国家对基本建设的各项方针和政策。

(2) 严格遵守国家和合同规定的工程竣工及交付使用期限。

(3) 合理安排工程开展程序和施工顺序。

(4) 在选择施工方案时，要积极采用新材料、新设备、新工艺和新技术，努力为新结构的推行创造条件。

(5) 对于那些必须进入冬、雨季施工的工程，应落实季节性施工措施。

(6) 尽量利用正式工程已有设施，以减少各种临时设施。

(7) 必须注意根据地区条件和构件条件，通过技术经济比较，恰当地选择预制方案或现场浇筑方案。

(8) 要贯彻先进机械、简易机械和改进机械相结合的方针，恰当选择自行装备、租赁机械或机械化分包施工等方式，但不能片面强调提高机械化程度指标。

(9) 制订节约能源和材料措施。

(10) 要贯彻“百年大计、质量第一”和预防为主的方针，从各方面制定保证质量的措施，预防和控制影响工程质量的各种因素。

(11) 要贯彻“安全为了生产，生产必须安全”的方针，建立、健全各项安全管理制度，制定安全施工的措施，并在施工过程中经常地进行检查和督促。在安排施工的程序时必须考虑以下几点：

① 要及时完成相关的准备工作，为正式施工创造良好条件；

② 正式施工时应该先进行全场性的工作，然后再进行各个项目的施工；

③ 对于单个构筑物的施工顺序，既要考虑空间的顺序，也要考虑各个工种之间的顺序；

④ 可供整个施工过程使用的建筑物要尽可能地提前建造，以便减少施工的临时设施，从而节约投资。

第二节 施工组织设计的阶段与内容

一、施工组织设计阶段的方案

(1) 施工组织总设计;

(2) 单位工程施工组织设计;

(3) 分部分项工程施工组织设计。

(一) 施工方案制定的原则

(1) 制定方案首先必须从实际出发，符合现场的实际情况，有实现的可能性。

(2) 施工方案的制定必须满足合同要求的工期。按工期要求投入生产，交付使用，发挥投资效益。

(3) 施工方案的制定必须确保工程质量和施工安全。

(4) 在合同价控制下，尽量降低施工成本，使方案更加经济合理，增加施工生产的盈利。

(二) 施工方法的选择

1. 施工方法选择的依据

(1) 工程特点;

(2) 工期要求;

(3) 施工组织条件;

(4) 工程扩建;

(5) 设计图纸;

(6) 施工方案的基本要求。

2. 施工方法的确定与机械选择的关系

(1) 要机械与配套机械的组合;

(2) 主要机械与辅助机械的组合;

(3) 牵引车与其他机具的组合。

(三) 施工机械的选择和优化

(1) 在选用施工机械时，应尽量选用施工单位现有机械，以减少资金的投入，充分发挥现有机械效率。

(2) 机械类型应符合施工现场的条件。

(3) 在同一建筑工地上的施工机械的种类和型号应尽可能少。

(4) 要考虑所选机械的运行费用是否经济，避免大机小用。

(5) 施工机械的合理组合。

(6) 选择施工机械时应从全局出发统筹考虑。

(四) 施工顺序的选择

(1) 统筹考虑各施工过程之间的关系;

(2) 考虑施工方法和施工机械的要求;

（3）考虑施工工期与施工组织的要求；

（4）考虑施工质量的要求；

（5）考虑当地的气候条件和水文要求；

（6）安排施工顺序时应考虑经济和节约，降低施工成本；

（7）考虑施工安全要求。

（五）技术组织措施的设计

（1）技术组织措施；

（2）工期保证措施；

（3）保证质量措施；

（4）工程安全施工措施；

（5）施工环境的保护措施。

1. 技术组织措施

技术组织措施主要包括以下几方面的内容：

（1）提高劳动生产率，提高机械化水平，加快施工进度方面的技术组织措施，例如，推广新技术、新工艺、新材料，改进施工机械设备的组织管理，提高机械的完好率、利用率，科学地进行劳动组合等方面的措施；

（2）提高工程质量，保证生产安全方面的技术组织措施；

（3）施工中的节约资源，包括节约材料、动力、燃料和降低运输费用的技术组织措施。

为了使编制技术组织措施工作经常化、制度化，企业应分段编制施工技术组织措施计划。

2. 工期保证措施

（1）施工准备抓早、抓紧。尽快做好施工准备工作，认真复核图纸，进一步完善施工组织设计，落实重大施工方案，积极配合业主及有关单位办理征地拆迁手续。

（2）采用先进的管理方法（如网络计划技术等）对施工进度进行动态管理。

（3）建立调度指挥系统，全面、及时掌握并迅速、准确地处理影响施工进度的各种问题。

（4）加强物资供应计划的管理。每月、旬提出资源使用计划和进场时间。

（5）对控制工期的重点工程，优先保证资源供应，加强施工管理和控制。

3. 保证质量措施

保证质量的关键是对工程对象经常发生的质量通病制定防治措施，从全面质量管理的角度，把措施定到实处，建立质量保证体系，保证“PDCA 循环”的正常运转，全面贯彻执行国际质量认证标准。对采用的新工艺、新材料、新技术和新结构，必须制定有针对性的技术措施，以保证工程质量。

常见的质量保证措施有：质量控制机构和创优规划；加强教育，提高项目全员综合素质；强化质量意识，健全规章制度；建立分部、分项工程的质量检查和控制措施；技术、质量要求比较高，施工难度大的工作，成立科技质量攻关小组——全面质量管理体系中 QC 攻关小组，确保工程质量；全面执行和贯彻标准、行业指导书，保证工序质量和工作质量。

4. 工程安全施工措施

安全施工措施应贯彻安全操作规程，对施工中可能发生安全问题的环节进行预测，提出预防措施。杜绝重大事故和人身伤亡事故的发生，把一般事故减少到最低限度，确保施工的顺利进展，安全施工措施的内容包括：

(1) 全面推行和执行职业安全健康管理体系标准，在项目开工前，进行详细的危险辨识，制定安全管理制度和作业指导书；

(2) 建立安全保证体系，现场设专职安全员，专职安全员属质检科，在项目经理和副经理的领导下，履行保证安全的一切工作；

(3) 各级领导在下达生产任务时，必须同时下达安全技术措施，检查工作时，必须总结安全生产情况，提出安全生产要求，把安全生产贯彻到施工的全过程中去；

(4) 施工临时结构前，必须向员工进行安全技术交底，对临时结构必须进行安全设计和技术鉴定，合格后方可使用。

5. 施工环境的保护措施

为了保护环境，防止污染，尤其是防止在城市施工中造成污染，出台防止污染的措施。主要包括以下几方面：积极推行和贯彻环境管理体系标准，制定相应的环境保护管理制度和作业指导书；对施工环境保护意识进行宣传教育，提高对环境保护工作的认识；保护施工场地周围的绿色覆盖层及植物，防止水土流失。

二、施工组织计划内容(10 项)

(1) 工程概况；
(2) 施工总平面部署；
(3) 技术规范及检验标准；
(4) 施工顺序及主要工序的施工方法；
(5) 质量保证计划；
(6) 安全劳保技术措施；
(7) 施工总进度计划；
(8) 物资需用量计划；
(9) 机械设备使用计划；
(10) 劳动力需用量计划。

(一) 工程概况

(1) 简要说明工程名称，施工单位名称，建设单位及监理机构、设计单位、质检站名称合同开工日期和施工日期，合同价(中标价)。

(2) 简要介绍拟建工程的地理位置、地形地貌、水文、气候、降雨量、雨季、交通运输、水电情况。

(3) 施工组织机构设置及职责部门之间的关系。

(4) 工程结构、规模、主要工程数量表。

(5) 合同特殊要求，如业主提供结构材料、指定分包商等。

(二) 施工总平面部署

(1) 简要说明可供使用的土地、设施、周围环境、环保要求需要保护或注意的情况。

(2) 施工总平面布置必须以平面布置图表示，并应标明拟建工程平面位置、生产区、生活区、预制场、材料场、爆破器材库位置。

(3) 施工总平面布置可用一张图，也可用多张相关的图表示；图上无法表示的，应用文字简单叙述。

(三) 技术规范及检验标准

(1) 明确本工程所使用的施工技术规范和质量检验评定标准。

(2) 注明本工程所使用的作业指导书的编号和标题。

(四) 施工顺序及主要工序的施工方法

(1) 施工顺序。一般应以流程图表示各分项工程的施工顺序和相关关系，必要时附以文字简要说明。

(2) 施工方法。施工方法是施工组织设计重点叙述的部分，它包含主要分项工程的施工方法，重点叙述技术难度大、工种多、机械设备配合多、经验不足的工序和结构关键部位。对于常规的施工工序则简要说明。

(五) 质量保证计划

(1) 明确工程质量目标；

(2) 确定质量保证措施。

根据工程实际情况，按分项工程项目分别制定质量保证技术措施，并配备工程所需的各类技术人员；对于工程的特殊过程，应对其连续监控和持证上岗作业，并制定相应的措施和规定；对于分包工程的质量要制定相应的措施和规定。

(六) 安全劳保技术措施

安全劳保技术措施包括水上作业、高空作业、夜间作业、起吊安装、预应力张拉、爆破作业、汽车运输和机械作业等安全措施，安全用电、防水、防火、防风、防洪的措施；机械、车辆多工种交叉作业的安全措施，操作者安全环保的工作环境，所需要采取的措施，拟建工程施工过程中工程本身的防护和防碰撞措施，维持交通安全的标志。所有措施应遵守行业和公司各类安全技术操作规程和各项预防事故的规定，应由项目部的安全部门负责人审核后定稿。

(七) 施工总进度计划

(1) 施工总进度计划用网络图和横道图表示。

(2) 计划一般以分项工程划分并标明工程数量。

(3) 将关键线路(工序)用粗线条(或双线)表示。

(4) 根据施工强度配备各类机械设备。

(八) 物资需用量计划

(1) 本计划用表格表示，并将施工材料和施工用料分开。

(2) 计划应注明由业主提供或自行采购。

(3) 计划一般按月提出物资需用量，以分项工程为单位计算需用量。

(4) 本计划同时附有物资计划汇总表，将各品种、规格、型号的物资汇总。

(九) 机械设备使用计划

(1) 机械设备使用计划一般用横道图表。

(2) 计划应说明施工所需机械设备的名称、规格、型号、数量等。

(3) 计划应标明最迟的进场时间和总的使用时间。

(4) 必要时，可注明某一种设备是租用外单位或自行购置。

(十) 劳动力需用量计划

(1) 劳动力需用量计划以表格表示。

(2) 计划应将各技术工种和普通杂工分开，根据总进度计划需要，统计各月工种最多和最少人数。

(3) 计划应说明本单位各工种自有人数和需要调配或雇用人数。

三、实施施工组织设计

实施性施工组织设计的任务是：

(1) 它是用来直接指挥施工的计划；

(2) 根据施工进度计划，具体计算出劳动力、机具、材料等的日程需要量，并规定工作班组及机械在作业过程中的移动路线及日程；

(3) 在施工方法上，要结合具体情况考虑到工程细目的施工细节，具体到能按所定施工方法确定工序、劳动组织及机具配备；

(4) 工序的划分、劳动力的组织及机具的配备，既要适应施工方法的需要，还要考虑工作班组的组织结构和设备情况，要最有效地发挥班组的工作效率，便于实行分项承包和结算，还要切实保证工程质量和施工安全；

(5) 要考虑到当发生意外情况时留有调节计划的余地。

在某些特定情况下，针对工程的具体情况有时还需要编制特殊的施工组织设计，如：

(1) 某些特别重要和复杂，或者缺乏施工经验的分部、分项工程，为了保证其施工的工期和质量，有必要编制专门的施工组织设计，但是，编制这种特殊的施工组织设计，其开工与竣工的工期，要与总体施工组织设计一致；

(2) 对一些特殊条件下的施工，需要采取一些特殊的技术措施，有必要为之专门编制施工组织设计，以保证施工的顺利进行，以及质量要求和人员的安全；

(3) 某些施工时间长的项目，在编制指导性施工组织设计或实施性施工组织设计时，不可能准确地预见到以后年度各种施工条件的变化，因而也不可能完全切实或详尽地进行施工安排，这时，就有必要编制年度的项目施工组织总设计，用以指导施工。

第三节　施工组织的基本方法

一、桥梁下部结构的构造特点

(一) 重力式桥墩

梁桥重力式桥墩由墩帽、墩身、基础等组成，墩帽要满足支座布置和局部承压的需要；与梁桥重力式桥墩相比较，拱桥重力式桥墩具有拱座等构造设施，且制动墩要比普通墩尺寸更厚实，能承受单向较大的水平推力，防止倾坍。

(二) 重力式桥台(U 形桥台)

由台帽、背墙、台身(前墙、侧墙)、基础、锥坡等几部分组成。背墙、前墙与侧墙结合成一体，兼有挡土墙和支撑墙的作用。

（三）梁桥轻型桥墩

（1）钢筋混凝土薄壁桥墩：圬工体积小、结构轻巧，比重力式桥墩可节约圬工量 70% 左右。

（2）柱式桥墩：由分离的 2 根或多根立柱(或桩柱)组成，是公路桥梁中采用较多的桥墩形式之一。

（3）柔性排架桩墩：由单排或双排的钢筋混凝土桩与钢筋混凝土盖梁连接而成。

（四）梁桥轻型桥台

（1）设有支撑梁的轻型桥台；

（2）埋置式桥台；

（3）钢筋混凝土薄壁桥台；

（4）加筋土桥台；

（五）拱桥轻型桥墩

（1）带三角杆件的单向推力墩；

（2）悬臂式单向推力墩。

（六）拱桥轻型桥台

（1）八字形桥台；

（2）U 字形桥台；

（3）背撑式桥台；

（4）靠背式框架桥台。

二、桥梁下部结构的受力特点

桥墩为多跨桥梁中的中间支承结构物，除承受上部结构产生竖向力、水平力和弯矩外，还承受风力、流水压力及可能发生的地震力、冰压力、船只和漂流物的撞击力。桥台设置在桥梁两端，除了支承桥跨结构外，又是衔接两岸接线路堤的构筑物；它既要能挡土护岸，又能承受台背填土及填土上车辆荷载所产生的附加土侧压力。桥梁墩台受力计算时的荷载及其组合应根据可能出现的各种荷载情况进行最不利的荷载组合。

（一）掌握桥梁上部结构分类和受力特点

1. 斜交板桥

（1）荷载有向两支承边之间最短距离方向传递的趋势。

（2）各角点受力情况可用比拟连续梁的工作来描述，钝角处产生较大的负弯矩，反力也较大，锐角点有向上翘起的趋势。

（3）在均布压载作用下，当桥轴向的跨长相同时，斜板桥的最大跨内弯矩比正桥要小。

（4）在均布荷载作用下，当桥轴向的跨长相同时，斜板桥的跨中横向弯矩比正桥要小。

2. 装配式钢筋混凝土简支 T 梁

梁肋与翼板(桥面板)结合在一起作为承重结构，肋与肋之间处于受拉区域的混凝土得到较大挖空，减轻结构自重。既充分利用扩展的桥面板的抗压能力，又有效地发挥了梁肋下部受力钢筋的抗拉作用。

3. 预应力混凝土简支 T 梁

预应力混凝土简支梁存在核心距的概念，其越大则抗力效应增加，为提高核心距，在构造上可采用大翼缘、薄肋板、宽矮马蹄的结构形式。配合梁内正弯矩的分布，防止出现拉应力，纵向预应力筋须在梁端弯起或中间截断张拉。但弯起可增强支点附近的抗剪能力。

4. 连续体系桥梁

(1) 由于支点存在负弯矩，使跨中正弯矩显著减少，可以减少跨内主梁的高度，提高跨径，当加大支点截面附近梁高形成变截面时，还可进一步降低跨中弯矩。

(2) 由于是超静定结构，产生附加内力的因素包括预应力、混凝土的收缩徐变、墩台不均匀沉降、截面温度梯度变化等。

(3) 配筋要考虑正负两种弯矩的要求，顶推法施工要考虑截面正负弯矩的交替变化。

5. 斜拉桥

(1) 斜拉索相当于增大了偏心距的体外索，充分发挥抵抗负弯矩的能力，节约钢材。

(2) 斜拉索的水平分力相当于混凝土的预压力。

(3) 主梁多点弹性支承，高跨比小，自重轻，提高跨径。

6. 悬索桥

(1) 主缆为主要承重结构，其巨大的拉力需要牢固的地锚承受，对于连续吊桥，中间地锚的两侧拉索水平推力基本平衡，主要利用自重承受向上的竖向力。

(2) 主缆的变形非线性，一般采用挠度理论或变形理论，挠度理论是考虑原有荷载(如恒载)已产生的主缆轴力对新的荷载(如活载)产生的竖向变形(挠度)将产生一种新的抗力，在变形之后再考虑内力的平衡；变形理论将悬索桥看作为由各单根构件所组合的结构体系，在力学分析中先计算每个构件的刚度，放入结构体系的矩阵内，进行总体平衡的求积。

桥梁上部结构的形式是多种多样的，其施工方法的种类也较多，但除一些比较特殊的施工方法之外，大致可分为整体施工法和节段施工法两大类。现将常用一些施工方法的特点和适用性分述如下。

(二) 施工方法的特点及适用性

1. 整体施工法

整体施工法包括在支架上就地浇筑施工法、预制装配施工法和整孔架设施工法。整体施工法的主要特点是可以按照桥梁结构设计的体系，在结构的伸缩缝之间整体施工，当起重能力受到限制时，可在桥的横向按照原结构图式分割为预制梁，架设后装配成整体，因此对于整体施工的桥梁，在施工中无体系转换的问题。

(1) 就地浇筑法

就地浇筑法是在桥跨间设置支架，安装模板，绑扎钢筋，现场浇筑混凝土的施工方法，适用于旱地上的钢筋混凝土和预应力混凝土中小跨径连续梁桥的施工，特别适用于变宽度的异型桥、斜桥、弯桥等复杂桥梁的施工。支架按其构造的不同可分为满布式、柱式、梁式和梁柱式几种类型，所用材料有门式支架、扣件式支架、碗扣式支架、贝雷桁片、万能杆件及各种型钢组合构件等。在这种施工法中，支架虽为临时结构，但施工中需承受梁体的大部分恒重，因此必须有足够的强度和刚度，同时支架的地基要可靠，必要时需对地基进行加固处理。固定支架法施工的特点是：梁的整体性好，施工平稳、可靠，不需大型起吊设备；施工中无体系转换的问题；但需要大量施工支架，并需要有较大的施工场地。

（2）预制装配法

预制构件安装的方法很多，各需不同的架设机具设备，应依据施工实际情况合理选择。不管哪一种安装方法都是在工厂或运输方便的桥址附近设置预制场，预制梁后采用一定的架设方法进行安装，最后桥横向连成整体。一般用于钢筋混凝土和预应力混凝土简支板、梁桥的施工，且跨径≤50m。预制装配法施工的共同特点是：构件预制质量和尺寸易控制；上、下部结构平行作业、缩短施工工期；有效利用劳动力，降低工程造价；安装时构件已有存放一段时间的混凝土龄期，可减小混凝土收缩、徐变引起的变形，使得施工中预应力损失较小；不需大量模板、无需支架，不影响桥下交通；但需要大型起吊、运输设备。

（3）整孔架设法

使用超大型的起吊、运输设备将一孔预制梁整体架设安装。目前只有利用驳船和浮吊在深水的大江、湖泊和海湾上建桥时采用整孔架设法。此法代表中小跨径梁桥施工发展方向，随着桥梁施工技术的发展和施工设备的更新，将会不断地扩大它的应用范围。

2. 节段施工法

节段施工法是近40年在预应力混凝土梁桥中发展起来的施工方法。其中发展最早、应用较广，也熟为人知的是悬臂施工法。其可以不需在河中搭设支架，采用对称悬臂施工建造大跨径预应力混凝土梁式桥。施工方法的变革促进了桥梁结构体系和桥梁跨径的发展，对于中等跨径的多跨连续梁桥，可以使用一套机具设备，选用逐孔架设法和移动模架法，做到简便、迅速地连续施工。也可采用分段预制、分段顶推的顶推法施工。因此，节段施工具有各种不同的方法，在预应力混凝土梁桥施工中得到了广泛的应用。

采用节段施工的共同特点是梁体分节段进行，经过若干施工过程后，形成设计的结构体系，故一般施工过程中有体系转换问题，使得施工阶段的受力状态与运营状态不一致。同时不同的施工方法也会影响到结构的构造和内力，施工中需要的机具、设备、劳动力和施工组织与管理、工期也不相同，应根据桥梁的设计、施工要求选择安全、可靠、经济合理的施工方法。

（1）悬臂施工法

悬臂施工是从桥墩上的0号块主梁开始，沿墩两侧对称、均衡地浇筑梁段的悬浇施工或将预制节段对称悬拼施工。其主要施工特点和适用条件为：梁在施工中承受负弯矩，桥墩也承受施工中不对称弯矩，因此宜在T形刚构、连续梁、斜拉桥等运营状态与施工内力状态相接近的桥中采用；非墩梁固结的预应力混凝土悬臂梁、连续梁桥，施工中应采取墩、梁临时固结措施，相邻悬臂对接后解除固结，进行施工中的体系转换；可采用的机具、设备种类很多，就挂篮而言有桁架式、斜拉式、后支点锚固无平衡重及前支点等多种形式，应根据实际情况选用；悬臂施工法不用或少用支架，不影响通航或桥下陆路交通，宜在高墩、深谷、深水大跨桥中采用；悬浇施工简便，结构整体性好，可不断调整施工位置，常在跨径>100m的大桥或特大桥上选用。悬拼施工进度快，上、下部结构平行作业，施工精度要求较高，也可在跨径<100m的大、中桥中选用。故悬臂施工是大跨度预应力混凝土梁桥节段施工法首先考虑的方案。

（2）逐孔施工法

逐孔施工使用一套支架、模板设备从桥的一端逐孔施工，直到对岸。其施工方法可以归结为三类：第一类预制梁的逐孔安装，它相当于预制装配施工；第二类用临时支承组拼预制节段逐孔施工，此类施工安全、可靠，施工速度快；第三类逐孔现浇施工，它仅用一孔梁的支架、模板周转使用，施工费用低，但工期较长。

（3）移动模架施工法

移动模架施工是逐孔施工中的浇筑施工法，它相当于一个现场的桥梁预制工厂。其施工的主要特点为：施工时地面不需搭支架，不影响通航或桥下陆路交通，施工安全可靠；施工环境好，质量易保证，模架可重复使用；机械化、自动化程度高，上、下部结构平行作业，缩短工期；施工中接头可根据施工条件设在桥梁受力较小的部位；一次性设备投资较大，施工技术操作较复杂；宜在跨径<50~60m 的大、中经济跨径的长桥上应用。

（4）顶推施工法

顶推施工是在桥纵向桥台后设预制场、分节段预制，并用纵向预应力筋将预制节段与施工完的梁体连为整体，然后通过水平和竖向千斤顶的交替施力，将梁体向前推出预制场地，尔后继续在预制场预制下一节段，循环作业直到施工完成。其主要特点是施工阶段内力与运营阶段相差较大，施工中应相应采取临时措施减小施工内力；由于采用顶推作业，故宜在等截面的连续桥梁上使用；顶推施工的常用跨径为 60~80m，且有预制条件的场地为最优的施工方案。

（三）桥梁上部结构施工准备

（1）根据桥跨数量、设备条件、场地情况及工期要求，确定预制、顶推的方案。

（2）在桥台后面的桥轴线位置的引道或引桥上设置预制场。对于纵坡<1.5 的桥梁，预制场设在上坡桥台后面，如纵坡>1.5，则设在下坡的桥台后面。为了加速施工进度并有条件时，也可在桥两端设预制场地，从两岸相对顶推。如桥头引道直线长度受到限制，也可在引桥或靠岸一孔上设置“临空式”的预制台座。

（3）预制场布设时应考虑梁身分段和每段是全断面整体浇筑还是全断面分次浇筑的长度，梁身前面设导梁时，应考虑拼装导梁的场地，此外，还应考虑每一跨预出时，梁体本身的稳定安全度。

（4）在引道上的预制场必须将地基先辗压密平，并采取排水措施，使其不沉陷、不积水，如地基承载不足时，宜选用桩基础。在平整、密实的地基浇筑混凝土台座，混凝土基础台座尺寸必要满足强度、刚度、稳定性要求，在引桥上的预制台座，临时墩的基础，装配式大梁、横梁、纵梁均应进行设计计算，使台座的强度、刚度（挠度及基础的沉降）和稳定性均符合设计要求。

（5）当用顶推修建的桥梁是设在竖曲线上时，台后预制段各台座支点的标高，应在同一半径的竖曲线圆弧轨迹上。

（6）为减小顶推时产生的内力，以节省临时张拉束，采用设置导梁、临时墩、墩旁临时撑架、斜缆索加固或两端对顶跨中合拢梁段等措施。

（7）系梁可用贝雷桁架或万能杆件拼制，并可在导梁底部用加劲弦杆或型钢分段加劲，导梁设置的长度一般为顶推跨径的 0.6、0.8 倍，刚度为主梁的 1/9~1/15。最好将导梁从根部至前端拼成变刚度或分段变刚度。主梁端部的顶板、底板内预埋厚钢板或型钢伸出梁端与导梁连接，主梁端应设横隔梁加固，导梁与箱梁接头处应用预应力束连接以防梁端接头处混凝土开裂。

（8）如跨径较大，现场条件允许时，可在设计跨径中间设置临时墩以减小顶推跨径，临时墩一般采用装配式空心钢筋混凝土柱，并利用斜拉索或水平索拉柱临时墩，锚定在永久桥墩上，以加强临时墩抵抗水平力的能力。施工准备好后，接下来就是准备钢模板了，随着科技发展，为了节省费用，目前使用二手钢模板再次利用。

三、预应力混凝土的基本原理

（一）预应力混凝土使用背景

由于混凝土的抗拉性能很差，使钢筋混凝土存在两个无法解决的问题：一是在使用荷载作用下，钢筋混凝土受拉、受弯等构件通常是带裂缝工作的；二是从保证结构耐久性出发，必须限制裂缝宽度。为了要满足变形和裂缝控制的要求，则需增大构件的截面尺寸和用钢量，这将导致自重过大，使钢筋混凝土结构用于大跨度或承受动力荷载的结构成为不可能或很不经济。

理论上讲，提高材料强度可以提高构件的承载力，从而达到节省材料和减轻构件自重的目的，但在普通钢筋混凝土构件中，提高钢筋强度却难以收到预期的效果。这是因为对配置高强度钢筋的钢筋混凝土构件而言，承载力可能已不是控制条件，起控制作用的因素可能是裂缝宽度或构件的挠度，当钢筋应力达到500~1000N/mm^{2}时，裂缝宽度将很大，无法满足使用要求。因而，钢筋混凝土结构中采用高强度钢筋是不能充分发挥其作用的，而提高混凝土强度等级对提高构件的抗裂性能和控制裂缝宽度的作用也极其有限。

混凝土抗拉强度及极限拉应变值都很低，其抗拉强度只有抗压强度的1/10~1/18，极限拉应变仅为0.0001~0.00015，即每米只能拉长0.1~0.15mm，超过后就会出现裂缝。而钢筋达到屈服强度时的应变却要大得多，约为0.0005~0.0015，如HPB235级钢筋就达1×10^{-3}。对使用上不允许开裂的构件，受拉钢筋的应力只能用到20~30N/mm^2，不能充分利用其强度；对于允许开裂的构件，当受拉钢筋应力达到250N/mm^{2}时，裂缝宽度已达0.2~0.3mm。

（二）预应力混凝土的基本原理

为了避免钢筋混凝土结构的裂缝过早出现，充分利用高强度钢筋及高强度混凝土，可以设法在结构构件承受使用荷载前，预先对受拉区的混凝土施加压力，使其产生预压应力来减小或抵消荷载所引起的混凝土拉应力，从而将结构构件的拉应力控制在较小范围，甚至处于受压状态，以推迟混凝土裂缝的出现和开展，从而提高构件的抗裂性能和刚度。

四、预应力混凝土的分类

根据预加应力值大小对构件截面裂缝控制程度的不同进行分类。

（一）全预应力混凝土

在使用荷载作用下，不允许截面上混凝土出现拉应力的构件，属严格要求不出现裂缝的构件。

（二）部分预应力混凝土

允许出现裂缝，但最大裂缝宽度不超过允许值的构件，属允许出现裂缝的构件。

(三) 无黏结预应力钢筋

将预应力钢筋的外表面涂以沥青，油脂或其他润滑防锈材料，以减小摩擦力并防锈蚀，并用塑料套管或以纸带，塑料带包裹，以防止施工中碰坏涂层，并使之与周围混凝土隔离，而在张拉时可沿纵向发生相对滑移的后张预应力钢筋。

特点：不需要预留孔道，也不必灌浆，施工简便、快速、造价较低，易于推广应用。

五、预应力混凝土的特点

与钢筋混凝土相比，预应力混凝土具有以下特点：

(1) 构件的抗裂性能较好。

(2) 构件的刚度较大。由于预应力混凝土能延迟裂缝的出现和开展，并且受弯构件要产生反拱，因而可以减小受弯构件在荷载作用下的挠度。

(3) 构件的耐久性较好。由于预应力混凝土能使构件不出现裂缝或减小裂缝宽度，因而可以减少大气或侵蚀性介质对钢筋的侵蚀，从而延长构件的使用期限。

(4) 施工要求高。工序较多，施工较复杂，且需要张拉设备和锚具等设施。

注意：预应力混凝土不能提高构件的承载能力。也就是说，当截面和材料相同时，预应力混凝土与普通钢筋混凝土受弯构件的承载能力相同，与受拉区钢筋是否施加预应力无关。

六、施加预应力的方法

按照张拉钢筋与浇筑混凝土的先后关系，施加预应力的方法可分为先张法和后张法两类。

(一) 先张法

定义：先张拉预应力钢筋，然后浇筑混凝土的施工方法，称为先张法。

张拉设备与工艺：

主要工艺过程是：穿钢筋──→张拉钢筋──→浇筑混凝土并进行养护──→切断钢筋。

主要优点：生产工艺简单、工序少、效率高、质量易于保证，同时由于省去了锚具且减少了预埋件，构件成本较低。

适用范围：主要用于工厂化大量生产，儿其适宜用于长线法生产中、小型构件。

(二) 后张法

定义：先浇筑混凝土，待混凝土硬化后，在构件上直接张拉预应力钢筋，这种施工方法称为后张法。

张拉设备与工艺：

主要工艺过程：浇筑混凝土构件(在构件中预留孔道)并进行养护──→穿预应力钢筋──→张拉钢筋并用锚具锚固──→往孔道内压力灌浆。

主要优点：预应力钢筋直接在构件上张拉，不需要张拉台座，所以后张法构件既可以在预制厂生产，也可在施工现场生产。大型构件在现场生产可以避免长途搬运，故我国大型预应力混凝土构件主要采用后张法。

主要缺点：生产周期较长；需要利用工作锚锚固钢筋，钢材消耗较多，成本较高；工序多，操作较复杂，造价一般高于先张法。

七、基本方法

（一）顺序作业法

主要特点：

（1）没有充分利用工作面进行施工，工期较长；

（2）每天投入施工的劳动力、材料、机具的种类比较少，有利于资源供应的组织工作；

（3）施工现场的组织、管理比较简单；

（4）不强调分工协作，若由一个作业队完成全部施工任务，不能实现专业化生产，不利于提高劳动生产率，若按工艺专业化原则成立专业作业队，各专业队不能连续作业，劳动力和材料的使用可能不均衡。

（二）平行作业法

根据工程结构施工程序和工艺流程、大量人员机械施工操作，按照固定的程序组织施工称为平行作业法。主要特点：

（1）充分利用工作面进行施工，(总)工期较短；

（2）每天同时投入施工的劳动力、材料和机具数量较大，影响资源供应的组织工作；

（3）如果各工作面之间需共用某种资源时，施工现场的组织管理比较复杂、协调工作量大；

（4）不强调分工协作，此点与顺序作业法相同。

（三）流水作业法

流水施工是一种科学、有效的工程项目施工组织方法之一，其建立在分工协作的基础上，实行专业化施工，充分地利用工作时间和操作空间，减少非生产性劳动消耗，保证工程施工连续、均衡、有节奏地进行，从而对提高工程质量、降低工程造价、缩短工期有着显著的作用。流水作业施工就是由固定组织的工人在若干个工作性质相同的施工环境中依次连续地工作的一种施工组织方法。工程施工中，可以采用依次施工(亦称顺序施工法)、平行施工和流水施工等组织方式。对于相同的施工对象，当采用不同的作业组织方法时，其效果也各不相同。

流水施工组织的具体步骤是：将拟建工程项目的全部建造过程，在工艺上分解为若干个施工过程，在平面上划分为若干个施工段，在竖向上划分为若干个施工层，然后按照施工过程组建专业工作队(或组)，并使其按照规定的顺序依次连续地投入到各施工段，完成各个施工过程。当分层施工时，第一施工层各个施工段的相应施工过程全部完成后，专业工作队依次、连续地投入到第二、第三、……第 n 施工层，有节奏、均衡、连续地完成工程项目的施工全过程，这种施工组织方式称为流水施工。

流水施工方式给相应的项目部带来显著的经济效果，具体可归纳为以下几点：

（1）前后施工过程衔接紧凑，消灭了不必要的时间间歇，使施工得以连续进行，后续施工过程尽可能提前在不同的工作面上开展，从而加快施工进度，缩短工程工期；

（2）各个施工过程均采用专业班组操作，可提高工人的熟练程度和操作技能，同时，工程质量也易于保证和提高；

（3）采用流水施工，使得劳动力和其他资源的使用比较均衡，从而可避免出现劳动力和资源使用大起大落的现象，减轻施工组织者的压力，为资源的调配、供应和运输带来方便，由于工期的缩短、工作效率提高、资源消耗少等因素共同作用，可以减少临时设施及其他一些不必要的费用，从而降低工程造价。

流水施工的优点是：

各工作队可以实行专业化施工，因而为工人提高技术熟练程度以及改进操作方法和生产工具创造了有利条件，可充分提高劳动生产率；劳动生产率得到提高，相应可以减少工人人数和临时设施数量，从而可以节约投资，降低成本；同时专业化施工，有助于保证工程质量。

流水施工具有以下特点：

（1）科学地利用了工作面，争取了时间，总工期趋于合理；

（2）工作队及其工人实现了专业化生产，有利于改进操作技术，可以保证工程质量和提高劳动生产率；

（3）工作队及其工人能够连续作业，相邻两个专业工作队之间，可实现合理搭接；

（4）每天投入的资源量较为均衡，有利于资源供应的组织工作；

（5）为现场文明施工和科学管理创造了有利条件。

（四）网络计划法

网络计划技术具有如下特点：

（1）网络计划把整个施工过程中各有关工作组成一个有机的整体，因而能全面而明确地反映出各工序之间的相互制约和相互依赖关系，能够清楚地看出全部施工过程在计划中是否合理；

（2）网络计划可以通过时间参数计算，能够在工作众多、错综复杂的计划中，找出影响工程进度的关键工作，便于管理人员集中精力抓住施工中的主要矛盾，确保按期竣工，避免盲目抢工；

（3）通过利用网络计划中反映出来的各工作的机动时间，可以更好地运用和调配人力与设备，节约人力、物力，达到降低成本的目的；

（4）通过对计划的优劣比较，可在若干可行性方案中选择最优方案；

（5）在计划的执行过程中，当某一工作因故提前或拖后时，能从计划中预见到它对其他工作及总工期的影响程度，便于及早采取措施以充分利用有利的条件或有效地消除不利的因素；

（6）它还可以利用现代化的计算工具——计算机，对复杂的计划进行绘图、计算、检查、调整与优化。

网络计划技术的最大特点就在于它能够提供施工管理所需的多种信息，有利于加强工程管理。所以，网络计划技术已不仅仅是一种编制计划的方法，而且还是一种科学的工程管理方法。它有助于管理人员合理地组织生产，做到心中有数，知道管理的重点应放在何处，怎样缩短工期，在哪里挖掘潜力，如何降低成本。在工程管理中提高应用网络计划技术的水平，必能进一步提高工程管理的水平。

网络计划的优化是指在一定的约束条件下，利用最优化原理，按照既定目标对网络计划进行不断改进，以寻求满意方案的过程。根据优化目标的不同，网络计划的优化可分为工期优化、资源优化和费用优化。

第四节　机械化施工组织

随着科技进步和社会化生产技术的不断发展，以现代化方式修建公路已成为当今公路建设的发展方向。公路建设现代化的主要特征是公路设计标准化、公路施工装配化、公路生产机械化、工程管理科学化。其中，公路生产机械化是实现公路建设向现代化大生产模式转变的关键所在，也是公路施工现代化的重要组成内容。在公路施工过程中，尽量采用施工机械取代人工作业，实现施工过程机械化，不仅可以改善劳动条件，降低劳动强度，而且还能够降低工程成本，提高施工质量，加快工程进度，不断促进社会化生产技术水平的提高和发展。

一、机械化施工组织的作用和意义

在现代化公路运输体系中，随着汽车工业的不断发展，汽车行驶性能的逐步提高，大型集装箱等不同运输方式的出现和推广，公路运输对公路的等级及其使用功能提出更高的要求。尤其是高等级公路的飞速发展和新技术、新工艺的不断涌现，致使评价公路使用功能的指标值越来越高，有些质量指标甚至已达到了非人力所为、人力所及的程度。因此，在施工过程中，全面实现施工生产机械化已势在必行。如果没有施工机械代替人工作业，不仅难以达到工期要求并获得应得的经济利益，而且，对于某些工序而言，其施工质量几乎没有可能达到规定的设计要求和质量标准。

目前，我国公路建设具有等级高、速度快、工期短、成本低、质量好的生产特点。在这种施工条件复杂且施工技术要求越来越高的现代化公路建设背景下，对于企业来讲，只有采用先进、高效的施工机械装备施工队伍，切实提高企业的机械化生产水平，才能保证施工过程的内在质量，提高生产率，取得良好的技术经济效果；只有逐渐提高施工企业的机械化程度，才能不断提升企业的施工能力和市场竞争力，满足现代公路建设的质量要求，适应现代化公路建设的需要。对于社会来讲，只有逐步改进与创新施工机械，充分利用先进、高效的施工机械不断地开展生产活动，才能推动公路施工生产技术的更新和发展；才能适应我国公路建设高速度、高标准、高等级的发展需要。

（一）机械化施工组织的意义和作用

在现代公路建设过程中，完成任何一个公路建设项目都离不开施工机械，而且在整个公路的施工过程中，机械化作业所占的份额越来越大，机械化作业已成为影响工程质量、进度和效益的重要因素。究竟制定什么施工方案，怎样选择和配套机械设备才算合理，能否切实地处理施工方案及配套机械的相互关系，这些问题是现代公路建设的施工过程组织首要且必须考虑的关键问题，决定着工程施工的成败得失；而在施工方案一定的情况下，能否有效地提高各种施工机械的生产效率和利用率，充分发挥施工机械在生产过程中的主导作用，这也是现代公路施工过程管理必须重点关注的环节。实践证明，机械化施工组织在整个公路施工过程中起着十分重要的作用。其作用如下：

（1）进行机械化施工组织可合理利用机械设备的效能，提高机械设备的生产率，保证机械化施工作业的连续性和均衡性，降低成本，提高经济效益；

（2）通过机械化施工组织可充分挖掘机械设备的潜力，合理配置与整合机械资源，发挥施工机械设备在施工过程中的主导作用，保证工程质量和安全生产，达到规定的质量、安全和环保要求；

(3) 采用安全可靠的机械化施工技术与组织措施，合理调配施工机械，可提高机械设备的利用率，调控并加快施工进度，达到合同工期要求；

(4) 通过机械化施工组织，可了解各种施工机械的实际运行工况，合理保养和维修施工机械，提高机械设备完好率，保持施工机械处在连续、正常的作业状态，保证机械化施工的连续性，提高作业效益；

(5) 开展机械化施工组织活动，有利于新工艺、新技术的推广，促进社会化生产技术水平的提高和发展。

(二) 机械化施工的重要性

公路机械化施工是减轻生产人员的劳动强度、提高工效、降低成本、加快工程进度、保证工程质量和节约投资的重要手段。在长期的公路生产过程中，随着高质量、高效率施工机械的逐步出现和推广，施工机械化程度的不断提高，机械化施工的重要性和优越性也逐步凸显出来，早已被人们认识和接受。主要表现在以下几个方面。

(1) 公路机械化施工有利于降低工程成本。采用机械代替人工作业，不仅改善了劳动条件，降低了劳动强度，而且机械化施工的工效是人工作业的几十倍甚至上百倍，如一台斗容0.5的挖掘机可替代80~90个工人的体力劳动；一台中型推土机的产出率相当于100~200个工人的产出率。显然，在充分体现速度效应的现代化生产条件下，合理组织机械化施工，充分发挥机械效用，这无疑对提高生产率，降低工程成本是十分有益的。特别是当前，由于施工机械的广泛运用，采用机械作业方式能够完成的施工任务越来越多，使许多施工项目实现了由过去的高成本、低产出向现代的低成本、高产出的转变，如土方装运、采用回旋钻机进行基础施工等。此外，随着综合机械化施工配套机械的不断完善，也使得施工过程中的机械使用费在工程造价中所占的比重越来越大，如土方工程占40%，混凝土工程占60%。至此，在公路施工过程中，充分发挥施工机械快速、高效的优势，提高机械使用率，减少机械损耗，也是降低工程成本的一个重要方面，具有一定的现实意义。

(2) 公路机械化施工可以有效地缩短工期。施工进度的快慢主要取决于施工过程的施工能力的大小，增强施工能力又依赖于提高劳动生产率，而在现代公路建设过程中，提高劳动生产率最为有效的途径是采用科学化管理，机械化施工，显然，采用机械化施工也是缩短工期最为有效的方法。

众多施工事实表明，过去像南京长江大桥一样的一座桥梁，需要近十年的时间才能完成，现在仅需要三年左右的时间即可完成，这也不可否认，桥梁施工机械化在缩短桥梁建造周期中起着极为重要的作用。

(3) 公路机械化施工有利于提高工程质量。现代汽车工业的飞速发展，促进了汽车行驶性能的不断提高，也对公路的使用功能提出了更高的要求。如果没有施工机械对劳动对象进行精密控制和施加有效作用，单靠人工是很难达到这些要求的。如公路的平整度是评价行车舒适感的主要指标，平整度越小，行车舒适感越好。为了适应现代汽车快速行驶的需要，这一指标值随着公路等级的提高而减小，特别是高等级公路，如果没有机械摊铺作业就很难达到这一规定的平整度质量标准，这也就意味着没有摊铺机就难以满足汽车高速行驶时的行车舒适性要求。同样，公路的强度是评价公路耐久性的指标之一，倘若没有压路机取代人工进行压实作业，公路路基、路面的强度就无法保证，更难以适应现代汽车运载量越来越大的变化，最终导致公路的耐久性较差，必将缩短公路的使用寿命。此类事例，举不胜举，足以证明，公路机械化施工才是保证和提高工程质量的重要手段。

（4）公路机械化施工有利于节约社会劳动力，优化社会资源。在施工过程中，尽量采用公路机械化施工可以大幅度缩减劳动力的需求量，有利于整合、优化社会资源，刺激技术型劳动力的成长。

（5）公路机械化施工为公路设计提供了更宽、更广的创作空间。公路设计理论与方法的创新总是建立在具备一定的物质条件的基础上。不管公路设计采用什么方法，当具备了可行的技术手段和先进的劳动工具，特别是具有能够满足设计要求的相应机械设备时，才能使新的设计意图得以实现。比如，没有满足设计要求的张拉设备，就没有悬臂拼装的施工工艺。而有了大吨位的架桥机，才使有在水河流中采用装配法建造大跨径梁桥成为可能。由此可见，公路机械化施工还可拓展设计理论和方法的应用空间。

（6）公路机械化施工促进了社会化生产技术水平的提高和发展。古往今来，“工欲善其事，必先利其器”这一千年古训早已成为人类改造自然的基本法则。人类征服自然的过程，实质上也是不断改进劳动工具，提高劳动生产力的过程，这是人类社会发展的必然选择。公路施工机械作为公路建筑生产活动的劳动工具，也是在不断改进和更新中发展的。人们为了提高生产能力，追求更高的经济利益，总是针对不同的施工需要，不断地改进、革新旧机械，发明、创造新机械，这样，必将促进社会化生产技术水平的提高和发展，这是公路生产技术发展的必然趋势。

二、机械化施工组织设计的任务

机械化施工组织是针对施工机械的充分、合理利用所展开的组织活动。机械化施工组织应与施工总进度计划保持一致性，并服从施工总进度计划的总体安排和要求。事实上，机械化施工组织是在合同段的施工全过程组织的基础上进行的，并与施工全过程组织相辅相成。在进行机械化施工组织时，首先应根据施工总进度计划中对各项施工任务的具体施工日程安排和施工方法的要求，确定施工过程各时段的机械设备供应计划。其次，在满足总进度计划的施工需要的前提下，以充分和合理利用施工机械设备为出发点，再对设备供应计划中的各种资源进行调整和优化，进而达到使施工机械均衡和连续生产的目的，力求最大限度地发挥施工机械的效能及作用。由此可见，施工组织设计的主要任务是：

（1）合理选用机械，力求最大限度地发挥机械的效能；

（2）针对不同的施工方案和施工条件，确保各种机械的最佳匹配；

（3）进行机械化施工平面组织设计，合理布设机位和运行路线，避免机械运行和操作冲突，保证施工顺畅和安全；

（4）制定合理的机械维修及保养计划，提高设备利用率，保证机械化施工的连续性；

（5）核定机械作业量，确定机械种类和需要量，安排机械使用及作业调配计划；

（6）合理进行关键工程的施工机械组织，力求提高生产率，缩短作业工期。

三、机械化施工组织设计的影响因素

(一) 机械化施工的作业方式与施工特点

机械化施工具有两种形式，即单机或综合机械化作业方式。无论以什么方式作业，机械化施工都具有以下施工特点：

(1) 施工机械能够完成人力不及或具有一定风险性的施工作业：自然条件和施工条件虽然是影响机械化施工效果的关联因素，但在特殊的自然条件和施工环境中，人力达不到质量要求或人工作业存在一定风险的施工任务，均可通过机械作业完成并可达到预期的效果；

(2) 施工机械可从根本上改变劳动条件：只要有可能，采用机械化施工便可彻底改善劳动条件，提高生产力；

(3) 施工机械可以大幅度提高劳动生产率：机械施工与人力劳动相比，其生产效率可提高几十倍甚至上百倍；

(4) 施工机械具有机动灵活的特点，可以长时间连续作业：机械化作业的活动范围大，有效工作半径长，移动方便、迅速，可以针对作业量较大的施工任务长时间进行连续作业，还能适应流动性大的工程施工。

(二) 机械化施工组织的影响因素

(1) 机械完好率。机械需要经常维修和保养，使其处在正常的工作状态，才能保证施工作业的连续性，达到最大负荷运转。否则，进场的机械很多，可以利用的较少，部分机械即使可以勉强使用，又因机械故障频出导致机械作业断断续续，这样不仅影响作业进度，同时也增加了许多随机的组织协调和调度工作。特别是综合化机械作业，当主导施工机械出现故障时，往往会导致多种配合机械的台班损失和浪费。可见，机械的完好率越高，保证施工过程处在正常状态的可能性就大，就越有利于发挥机械效能，加快进度。

(2) 自然条件。不同地区的气象特征不同，南北方温度差异很大。当施工地点的气温过低或气温与大气压过高时，均会影响施工机械的作业效率，降低生产率。故在机械化施工组织时，必须要考虑自然条件的影响。比如土方施工时，当工点的地质、水文条件不良，或雨天泥泞等，会造成机械作业效率下降，必将减缓施工进度。此外，自然因素还会影响机械化施工任务的作业次序和时间，如北方严寒地区，沥青类路面一般必须在 9 月 15 日前完工，否则由于气温下降，无法保证路面的施工质量；南方地区在汛期到来之前最好完成桥梁下部施工的全部机械作业项目，否则将提高施工成本。

(3) 施工方案及其配套机械。施工方案与配套机械是相辅相成的关系，确定施工方案有时以选择主导机械为主，在施工方案确定的情况下，配套机械选择又会受到施工方案的限制。因此，根据施工方案来选择施工机械时，配套机械在型号、功率、容积、长度等方面必须要达到施工方案的要求，同时各种机械也应配合适当，否则就会降低作业效率，影响工程质量和进度，甚至损耗机器或造成机械损失。可见，施工方案是机械化施工组织重点考虑的因素，也是机械选型匹配的重要依据。

(4) 机械配套的合理性。在综合化作业过程中，如果工程主导机械的选择是正确合理的，能够持续稳定地进行施工作业，则其配套机械的好坏也会直接影响作业进度。因此，在机械化施工组织中，施工机械的选型与组合必须考虑：

① 施工机械的技术性能应满足工程的技术标准要求；

② 必须具有良好的工作性能；

③ 必须具有足够的工作稳定性及可靠性；

④ 尽量采用同厂家或品牌的配套机械，以保证最佳匹配且便于维修保养；

⑤ 为了充分发挥机械效能，保证工作效率，配套机械的匹配次数不宜过多；

⑥ 对配套机械必须定时、定期地检修，不能因为一台机器故障，而使整个施工生产停工。

（5）机械操纵熟练程度。主导机械的驾驶人员操纵机械的熟练程度对施工过程和进度的影响是很大的，它决定着作业速度的快慢，也影响作业质量。若驾驶员技艺纯熟，施工速度快、产出高，施工质量也有保证。否则，进度慢、效率低。如低等级公路面层施工时，采用平地机进行整平作业，驾驶员的操作技能对摊铺质量和进度的影响就是非常明显的。显然，机械驾驶员操纵机械的熟练程度也是影响机械化施工组织作业工期的重要因素。

（6）耐用台班数。机械的耐用总台班是指机械设备从开始投入使用至报废前所使用的总台班数。使用寿命是在正常施工作业的条件下，在其耐用总台班内，按规定的大修理次数划分的工作周期数。实用台班数量如果超过耐用总台班，则经济效益好，否则即差。在施工组织管理中，正确估价和计算现场机械的使用寿命和已用总台班，有利于合理处理闲置的台班数量，以保证施工现场机械的连续运转。否则，当机械已接近或达到使用寿命，使用完耐用总台班还在超负荷运转，就会出现现场停机或施工中断现象。

四、机械化施工组织原理

（一）机械化施工组织设计的特点

（1）组织目的不同。机械化施工组织的主要依据是施工总进度计划，其是在服从总进度计划的施工组织安排的前提下，在满足总进度计划的统一要求的基础上，针对主要机具设备的供应计划所进行的资源整合和优化，其目的是：

① 合理选用和配置各个施工环节的施工机械，充分发挥各种机械的效能；

② 合理利用施工机械设备，充分发挥施工主导机械的作用，提高相应施工环节的生产率，加快关键工程等重要施工环节的作业进度；

③ 科学维护和保养施工机械设备，提高机械完好率，保持机械作业过程的正常工作状态，从而保证施工总进度计划的顺利实施；

④ 优化可供利用的设备资源，合理进行机械的组织和调配，提高机械的利用率，保证施工机械能够连续均衡地进行生产作业，避免机械损失和浪费，提高经济效益。

显然，机械化施工组织仅仅是针对施工机械资源的合理配置和利用而进行的组织活动，且这些资源的配置及需求量是由施工总进度计划所决定的，而施工过程组织的目的是全过程、全方位地合理安排各项施工生产活动。二者的组织目的截然不同。

（2）组织对象不同。施工组织的对象是施工过程，如分部分项工程或半成品，而机械化施工组织的对象是完成这些施工过程(施工任务)所需配置的机械资源，即考虑机械资源配置的合理性、实效性和利用率。显然，二者的落脚点也不同。

(3) 组织内容不同。施工组织的主要内容包括时间组织和空间组织两个方面。施工组织的成果是施工进度计划，它是遵循施工生产的客观规律，按照时间和工艺顺序，对施工全过程的各项生产活动及其施工资源作出的科学合理的计划安排；而机械化施工组织只是施工组织的一个组成部分，仅仅针对机械设备资源的优化利用而言。二者的组织内容也不同。

(4) 侧重点不同。施工组织强调生产活动计划的合理性；机械化施工组织设计强调机械资源利用的实效性。

由以上比较可以看出，机械化施工组织有其自身的特点：

① 机械化施工组织的宗旨是最大限度地保持机械作业的均衡性和连续性；

② 机械化施工组织的重点是机械资源配置的合理性、实效性和利用率；

③ 与施工组织设计比较，组织内容单一；

④ 机械化施工组织具有从属性，即机械化施工组织是在施工总进度计划的基础上进行的，服从并从属于施工总进度计划的机械作业时间安排，其是为了总进度计划顺利实施而进行的组织活动；

⑤ 机械化施工组织以资源组织为主，施工组织主要以“计划组织”为主，需要安排各项生产活动的次序和时间，确定计划工期，机械化施工组织主要以“资源组织”为主，主要是合理配置各项施工活动的机械资源，解决机械设备资源的合理配置和有效利用问题。

(二) 机械化施工组织设计的内容

对于一个工程项目来讲，为了保证工程质量和进度，有时业主在招标文件中，针对施工过程中某些关键环节的主要机械设备配置提出一些具体的要求，如机械或设备的规格、型号及生产率等。通常承包商在进行机械化施工组织时，首先应满足招标文件或设计文件提出的要求；其次，才能根据施工方案及施工总进度计划合理地进行机械化施工组织。具体内容如下：

1. 机械化施工总体组织内容

(1) 制定机械设备供应计划；

(2) 组建机械设备资源管理机构，确定机械作业流程、方法及操作规程；

(3) 确定重点工程的机械化施工方案，合理配置机械设备；

(4) 合理进行机械化施工场地布设；

(5) 确定各季度计划台班数量，制定主要机械的作业计划。

2. 主要分部、分项工程机械化施工组织内容

(1) 合理配置与组合分部、分项工程的机械设备；

(2) 确定机械作业流程、方法及操作规程；

(3) 合理布设机械作业现场，保证安全生产；

(4) 制定分部、分项工程机械作业计划。

（三）机械化施工进度图的编制

1. 确定主要机具、设备作业计划

主要机具、设备的供应计划反映了完成合同段的全部施工任务所需要的机种以及各机种的需要量、规格型号、作业开始及结束时间和各机种作业的延续时间。其是机械化施工组织的基础，也是优化设备资源，协调、调度和安排机械作业的依据。主要设备机具的供应计划根据施工总进度计划制定，下面以混凝土路面施工为例，说明主要机具、设备作业计划的确定方法。

比如，某工程混凝土路面的工程量为 50000m^2，由施工总进度计划中查出，完成混凝土路面的计划工期(作业周期)为 160d，从 4 月 1 日开工到 8 月 10 日结束。试确定完成该项施工任务需要的机种及其台数以及各机种的作业量。

（1）首先根据施工进度图中的时间坐标进程，逐月统计每月已(或应)开工的施工任务(平行作业)的个数，并确定和记录各施工任务的开工和结束时间。本例中未列出从 4 月 1 日~8 月 10 日这一时段内与混凝土路面平行作业的其他几项施工任务。

（2）按各施工任务的实际工程量和相应机械台班消耗定额列出完成该任务需要的机种，并分别计算各种机械的作业量。

查定额可知，完成该项施工任务所需主要机种及其作业量如下(算法同前或在编制进度计划时记录以下内容)：

250L 搅拌机(主导机械)：

$$Q_A = 662(\text{台班})$$

真空吸水机械：

$$Q_B = 174(\text{台班})$$

混凝土切缝机：

$$Q_C = 173(\text{台班})$$

（3）根据各机种的作业量、作业周期并考虑作业班制及工作面等条件确定完成每项施工任务时各种机械的需要量。假定采用一班制作业，需要各机种数量为：

50L 搅拌机(主导机械)：

$$R_A = \frac{Q_A}{nt_i} = \frac{622}{1\times160} = 3.89 \approx 4\ \text{台/d}$$

真空吸水机械：

$$R_B = \frac{Q_B}{nt_i} = \frac{174}{1\times160} = 1.08 \approx 1\ \text{台/d}$$

混凝土切缝机：

$$R_C = \frac{Q_C}{nt_i} = \frac{173}{1\times160} = 1.08 \approx 1\ \text{台/d}$$

（4）按以上方法确定每一项施工任务的机种及各机种的作业量和每天需要台数，再逐月汇总各施工任务(指每月平行作业的施工任务)施工时需要的相同机种及其台数和每日需要台数，即可制定出整个项目的主要机具、设备计划。

2. 施工主导机械的横道图编制步骤

主导机械横道图应与总进度计划的总体安排一致，在总进度计划的基础上绘制，步骤如

表 9-1 所示。

表 9-1　某工程施工主导机械作业计划

序号	作业项目	工程量	单位	台班数/d	作业周期	主导机械作业进度/月										主导机械
						1	2	3	4	5	6	7	8	9	10	
1	准备工作	2714	m^2	90	45	2										
2	汽车运材料	6147	m^2	2140	194				11(台)							
3	集中土方开挖	53471	m^2	182	90				2							
4	汽车运土石方	63714	m^2	1452	121				12							
5	桥梁混凝土	1436	m^2	120	120					1						
6	管涵安装	625	m^2	68	68						1					
7	板涵安装	382	m^2	45	45							1				
8	沿线设施安装	253.5	t	120	60										1	

（1）根据施工总体进度计划，在横道图中按施工次序列出采用机械化施工且由主导机械控制施工进度的作业项目名称，并将主导机械的机种列入主导机械栏内，如表 9-1 所示。

（2）在施工总进度计划中，查出以上各作业项目的开、竣工时间（与总进度计划一致）及作业周期，并确定每天需要台数。

（3）按各作业项目的开、竣工时间及作业周期（与总进度计划一致），绘制主导机械的横图、某种机械横道图应与总进度计划的总体安排一致，仍在总进度计划的基础上绘制，步骤如下：

① 根据施工总体进度计划，列出使用该种机械的所有作业项目，并按其实际工程量和机械台班消耗定额确定各作业项目的作业周期及作业量（与总进度计划对应并一致），如表中“台班数量”中数字。

② 在横道图中按施工次序列出所有采用该种机械施工的作业项目，并依据开、竣工时间，作业周期（与总进度计划对应并一致）绘制该种机械的横道图。如表 9-2 所示。

表 9-2　某工程电焊机使用计划

序号	作业项目	工程量	单位	台班数量/d	作业周期	主导机械作业进度/月										主导机械
						1	2	3	4	5	6	7	8	9	10	
1	准备工作	2714	m^2	40	45	1										电焊机
2	汽车运材料	6147	m^2	0	194				0							电焊机
3	集中土方开挖	53471	m^2	0	90				0							电焊机
4	汽车运土石方	63714	m^2	0	121				0							电焊机
5	桥梁混凝土	1436	m^2	120	120					1						电焊机
6	管涵安装	625	m^2	68	68						1					电焊机
7	板涵安装	382	m^2	45	45							1				电焊机
8	沿线设施安装	253.5	t	120	60									1		电焊机

3. 关于机械化施工的网络计划

由于一般的网络计划只反映各施工任务的逻辑关系，不能在图上直观地反映各施工任务的时间进程，即各施工任务的开工和结束时间。所以，绘制机械化施工作业项目的一般网络计划现实意义不大，只有运用计算机技术绘制挂接资源的网络图，并利用计算机进行机械需要量统计和筛选后才有可能进行机械化施工组织。若将一般网络计划转变成挂接资源的时标网络，便能直观反映出平行的施工作业项目的开始、结束时间及施工过程的时间进程。据此，利用网络计划各线路的机动时间进行合理的机械资源平衡和调度，挖掘机械潜力，才有现实意义。这样，才能有的放矢地提高施工机械的利用率，保证机械化施工的连续性和均衡性。这也是利用计划内机械资源调控施工进度，科学地进行机械化施工组织的极为有效的方法。

（四）经济车辆数的确定

在机械化施工中，运输车辆常与其他机械设备搭配组合进行综合机械化施工作业。这种组合方式在施工过程中运用较多，所占的机械使用费也比较高。如果运输车辆不能与其他机械设备进行最佳匹配，势必也会造成一定的机械损失或浪费。因此，现以土石方运输车辆与挖掘机或装载机的匹配为例，说明其最佳和经济匹配方法。

1. 一般方法

（1）铲斗容积比的选择

挖掘机和汽车的利用率达到最高值时的理论铲斗容积比（汽车容量与挖掘机斗容量之比），是随着运距的增加而提高，随着汽车平均行驶速度增快而降低，也就是随着汽车循环时间的增加而提高的。当运距为 1~2.5km 时，理论的铲斗容积比为 4~7；运距在 3~5km 时，约为 7~10。目前，结合我国自卸汽车容量较小的情况，可取 3~5，最大不超过 7~8。实践表明，铲斗容积比宜取低值，但车箱不能过小，以免装载不便而延长装卸时间，而且容易损坏车箱。

（2）汽车载重量的利用程度

汽车载重量的利用程度与铲斗容积比、汽车载重量或车箱容积以及土的密度等因素有关。装满自卸车车箱所需铲装次数 n 一般应满足下列条件：

$$\frac{Q}{W} \geqslant n \leqslant \frac{V}{V_1} \tag{9-1}$$

式中，Q 为自卸车的载重量，t；W 为铲斗钟土的重量，t；V_1 为铲斗钟土的松方容积，m^3；V 为铲斗容积，m^3。

车辆载重量的利用程度是考核配套合理性的一个重要指标。一般与挖掘机、装载机配套适宜的车辆，其铲装次数在 3~5 范围内。

（3）当一台挖掘机或装载机配套自卸车时，其经济车辆数 N 为：

$$N = \frac{T}{t_1} \tag{9-2}$$

式中，T 为自卸车的工作循环时间，可由下式（9-3）计算：

$$T = t_1 + t_2 + t_3 + t_4 \tag{9-3}$$

式中：t_1 为用装载机械装满一车箱所需时间，min；t_2 为重车运输行驶时间和空车返回的行驶时间，min；t_3 为在卸料点倒车转向和卸料的时间，min，如表 9-3 所示；t_4 为在装载机械旁的调车时间，min，不包括因等候装车耽误的时间。

表 9-3　倒车和卸车时间 3t　min

作业条件	后卸车	底卸车	侧卸车
顺利	0.5	0.15	0.15
一般	0.3	0.5	0.5
不顺利	0.8	1.0	1.0

一般取大于上式计算结果的整数，以使运输车辆略有余地。车队生产率应取挖掘机或装载机的生产率为宜。在生产率计算中，应计入配套机械的时间利用率，使其符合实际情况。

2. 优化方法——排队论法

在上述计算车辆数量的公式中，是以装车时间和行驶时间均是固定不变为前提的。但实际上，车辆的工作循环时间难以保持相等，因为在装载机械附近有时是排队等候装车，有时会无车可装，这就意味着降低了装载机的生产率。显然这种算法的计算结果不够精确，但作为估算，还是简单实用的。

排队论法是用统计学来处理装车时间和行驶时间变化的方法。工程实践表明，采用排队论法求出的机械实际生产率和最经济的车辆数比较符合实际情况。运用这一方法时，认为装载时间出现的概率呈泊松分布或指数分布。

设 N 为车队中汽车的车辆数。a 为汽车的平均到达率，以每小时达到的次数计(按无延误计算，不包括装车时间)；L 为挖掘机每小时平均装车辆数：$\gamma=a/L$，L_a 为每小时到达率与每小时装车辆数的比值。设 P_0 为挖掘机无车可装的概率；P_t 为挖掘机有一辆车或 n 辆车可装的概率。为此，在挖掘机前不是无车可装，就是有一辆车可装，概率 P_0 和 P_t 之和必须为：$P_0=1-P_t$，为了计算 P_0 和 P_t 值，可先按下述方法求出 γ 值：

$$a=1/t_2;\ L=\frac{1}{t_1}=\frac{Q_W}{V};\ \gamma=\frac{a}{L}=\frac{t_1}{t_2}=\frac{V}{Q_W t_2} \tag{9-4}$$

式中，Q_W 为挖掘机的生产率；V 为汽车车箱的堆装容积。挖掘机无车可装的概率 P_0 和有车可装的概率 P_t，取决于汽车的辆数 N 和 P_0 值可用下式(9-5)精确计算出来：

$$P_0=\left\{\sum_{i=1}^{N}\frac{N!}{(N-i)!}\gamma^i\right\}^{-1} \tag{9-5}$$

运用排队论法确定挖、运机群可能达到的生产率 Q 可用下式(9-6)计算：

$$Q=1.03Q_w P_t \tag{9-6}$$

式中，Q_w 为挖掘机的正常生产率；1.03 指计算值与现场实测值比较的校正系数。于是，与一台挖掘机配套的最适宜车辆数的近似值 N 可由下式(9-7)计算：

$$N=\frac{1}{\gamma} \tag{9-7}$$

在沥青混凝土、水泥混凝土面层机械化施工中，也可用排队论法求得经济车辆数。

(五) 施工机械的使用与维修管理

1. 施工机械管理的内容

在现代公路建设中，机械设备的地位和作用越来越重要，一般占施工企业固定资产投资的 70%~80%，而且，许多施工任务都要通过机械作业来完成。在施工过程中，倘若不能充分发挥施工机械在生产中的作用，不仅直接影响企业的施工经营效益，而且对工程的质量、进度影响也很大。因此，为了确保施工机械正常运行和连续作业，必须对施工机械进行系统管理。

施工机械管理的内容分为装备管理、资产管理、使用管理、维修管理和经济管理五个方面，其中与施工密切相关的是使用管理和维修管理，包括以下内容：

(1) 合理选用机械，发挥机械效能；

(2) 正确使用机械，提高生产率；

(3) 做好维修保养，提高机械完好率；

(4) 合理储备配件及配料，满足维修保养需要；

(5) 更新改造机械，满足生产发展需要。

2. 施工机械的使用管理

施工企业购买机械设备的目的是为了在使用中改善劳动条件、降低劳动强度、创造经济效益。施工机械的使用价值只有在施工过程中才能体现出来。因此，企业对施工机械的使用管理水平的高低直接影响企业的经济利益。

(1) 企业合理使用机械的三个标志

施工机械使用管理的终极目标是使施工机械“合理使用”，而所谓“合理使用”的标志是：

① 高效率：指机械使用必须使单机或综合化作业的主导机械的生产技术性能得以充分发挥；

② 经济性：指在可能的条件下，使单位实物工程量的机械使用费成本最低；

③ 设备不正常损耗防护：指设法采取防护措施，避免机械性能不正常损耗现象的发生，如施工机械因使用不当或缺乏应有的保养措施引起的早期磨损、过渡磨损或事故损坏等终将导致施工机械效率的降低，施工生产率下降。

(2) 合理使用机械的基本要求

① 执行“人机固定”原则，实行“定机、定人、定岗位职责”的三定制度：人是机械管理的主导因素。

② 按最佳经济运行条件选择和配套特定施工方案的施工机械设备：针对特定的施工方案选择配套机械时，应处理好配套与效率的关系，把握配套要点，合理进行机械配套方案的技术与经济比较，按最佳经济运行条件选择配套方案。

③ 按照机械实际的运行工况合理使用机械设备，充分发挥机械的使用性能：通常不能按照机械的实际运行工况合理选用机械的现象有低载、低负荷使用(大马拉小车)，高载、高负荷使用，降低机械的性能范围使用(大材小用)，超越机械的性能范围使用。在使用机械过程中出现以上现象都意味着不能合理使用机械。

④ 合理采用技术服务措施，防止机械受到不正常因素损耗，保证机械设备正常投入使用：即严格执行磨合期规定，注意换季保养，对于以电动机作为动力的机械，还要注意供电质量。

(3) 施工机械使用状况评价

由于机械的使用状态对工程进度和效益的影响很大，特别是施工主导机械的使用状态直接影响着工程进展的速度。所以，在施工机械的生产管理过程中，首要解决的问题是评价自备或租赁机械设备的使用状况，统筹优化和合理利用可供利用的机械设备资源，以保证施工生产的顺利进行。

每台机械的使用状况好坏通常从以下 4 个方面评价：

① 机械作业效率对施工进度和质量有无影响；

② 出现故障和需要维修的频率(涉及机械利用率)对施工进度和质量有无影响；

③ 机械的使用状况对施工质量有无影响；

④ 使用中影响安全和环境的程度。

3. 施工机械维修管理

施工机械的维修管理主要指按照机械固有的运行规律所进行的维修和保养。通过维修保养补偿机械设备的有形损耗，恢复机械正常和应有的使用性能，其目的在于使施工机械经常处于完好状态，延长机械的使用寿命和利用率，力求最大限度地发挥各台机械的效能，从而能够正常、连续地为施工项目服务。

我国现行的维修制度是计划预期检修制，包括保养与检修两方面的内容，二者采用的技术措施以及实施目的和作用均不相同。其中，保养分为日常保养和定期保养两种方式。

(1) 日常保养

① 每日保养

每日保养是每天开始运转和运转结束后必做的保养，由机械操作员和辅助操作人员负责完成，包括擦拭、检查、调整和补充燃料、润滑油脂和冷却水。

② 每周保养(一级保养)

对每日保养所做不到的润滑油补充和离合器、制动器调整等保养工作，就只有每周来保养一次。保养工作除操作人员及其辅助操作人员以外，还需机械师指导保养。要及早发现漏油、裂缝、螺栓螺母的松动以及反常发热等异常情况，必须清理机械、记录结果、填报记录。

③ 每月保养(二级保养)

这种保养主要在当地的机械维修基地，由机械师和操作员进行检查、保养。保养规模大，除更换一些零部件外，也拆卸一部分外围部件进行保养。同时记录结果，填报记录表。

④ 润滑管理

在机械故障中，机件长期得不到润滑是主要原因。润滑工作的标准因机械种类不同而不同，一般按机械使用说明书所记载的标准执行即可。如果有特殊的规格，或有特殊的运转条件时，就要和机械制造厂家协商，采取适当的维护保养措施。进行正确的润滑工作，必须遵守四个原则：

a. 润滑必须在适当的时期进行；

b. 润滑必须在适当的部位进行；

c. 润滑必须选用适当润滑油；

d. 润滑油用量要适中。

(2) 定期保养

通过检查、调整、紧固和消除所发生的故障来恢复机械工作能力的保养。这种保养要求将机械置于防风、防尘的专用封闭场地，在机械师指导下进行。

(3) 定期中、大修

指以整机为对象所进行的关键部分恢复性修理或全面、彻底的恢复性修理。总之，施工机械维修和保养的好坏，直接影响施工机械的利用率和作业效率。正确维持施工机械的使用性能使其处在正常的作业状态是保证施工机械作业的先决条件。因此，合理制定机械的维修保养计划并适时进行施工机械的维修保养也是提高生产效率、保证生产秩序、降低施工机械使用费的有效途径。

五、施工机械

组织公路机械化施工主要解决两个问题，即施工机械的选型和配套。而了解和熟悉施工机械的技术性能与特点，熟知施工机械的合理应用条件与范围是保证机械选型与配套合理性的先决条件。本节主要介绍工程机械及其技术性能与特点。

（一）路基工程机械

1. 推土机

推土机是浅挖及短距离运土的铲土–运土机械，分为履带式和轮胎式两种类型，按工作装置形式又有直铲和斜铲之分。推土机的基本作业分为铲土、运土、卸土和空回四个工作过程。其中，运土作业又有沟槽推土法、并列推土法和下坡推土法。

在路基施工过程中，推土机的作用主要是：填筑坝堤；开挖路堑和河道、清除杂草树根；进行土、石及渣土推运；平整场地或回填；堆积路用散料等作业。有时也进行轻微碾压、牵引作业。

推土机的驾机人员一般为 2 名，经济运距为 20～50m，当推土机运土距离过小或超过 75m 时其生产效率会显著下降，一般情况下不超过 100m。推土机的使用范围：铲运软土，挖松冻土和硬土，劈挖分化岩石。

2. 铲运机

铲运机是一种能综合完成铲装、运输、卸土三个工作过程的土方机械，并兼有一定压实作用和平地性能。铲运机分为拖式和自行式(双驱或单驱)两种类型，以循环作业方式运送土方。通常考虑施工效率、地形条件和机械磨损等因素确定铲运机的运行路线，常用的运行路线有椭圆形、“8”字形、螺旋型和“之”字形。铲运机的基本作业分为铲装、运输、卸土和回驶四个工作过程。其中，铲土的方法又有一般铲土法、波浪式铲土法、跨铲铲土法、下坡铲土法和顶推铲土法。铲运机的机架人员一般为 2 名。

在路基施工中，铲运机主要用于填筑路基和开挖路堑。其经济运距与斗容的大小成正比，一般小斗容($6m^3$以下)铲运机最短的运距≥100m，最长应≤350m，最经济运距为 200～300m；大斗容($10～30m^3$)自行式铲运机最小运距≥800m，最长运距可达 2000m。

铲土机的适应范围：铲运机适合在Ⅰ、Ⅱ级土壤中施工，Ⅲ、Ⅳ级土应预松。最适宜在含水量低于 25%的砂土和黏土中作业，不宜在潮湿或沼泽地段以及干燥的粉砂土或夹带岩石的土中作业，同时，当下坡角超过 7°～8°时，其作业效率会显著下降。

3. 平地机

平地机是一种以刮刀为主，并配以其他多种可置换作业装置进行土地平整和整形作业的公路工程施工机械。分为拖式或自行式两种类型。平地机的基本作业有刮刀刀角铲土侧移、刮刀刮土侧移、刮土直移和机外刮土四种方式。一般机上驾驶人员为 2 名。平地机的使用范围：在路线施工中，可完成修整路基断面、填筑低路堤、开挖边沟、平整场地、路拌或摊铺路面材料、回填沟渠、整修路拱、精确整平、推送杂草、积雪、松土和修刷边坡等作业。通常与平地机匹配机械有碾压和运输机具。

4. 单斗挖掘机

挖掘机是挖装土石或挖弃土石的土方施工机械。按工作装置分为正铲、反铲、拉铲和抓铲挖掘机；按行走装置分为履带式和轮胎式两种类型。

挖掘机的基本作业由挖掘、回转、卸料和返回四个工作过程组成。正铲挖掘机可进行正向或侧向开挖作业，适应于挖掘停机面以上的Ⅰ、Ⅱ级土和爆破后的Ⅴ、Ⅵ岩石；反铲挖掘机可完成沟端或沟侧开挖作业，适用于挖掘停机面以下的Ⅰ、Ⅱ级土和爆破后的Ⅴ、Ⅵ岩石；拉铲挖掘机其作用半径较大，适用于挖掘停机面以下的Ⅰ、Ⅱ级土，多用于较大的沟渠及采料场开挖、水下挖砂或进行填筑路基、堤坝等作业；抓铲挖掘机适用于在深井和边坡陡直的基坑里水下作业，挖掘一般土壤或沙砾等松散物料。在公路工程中，挖掘机一般主要完成开挖路堑、填筑路堤两项作业，有时也可进行轻微的吊装作业。

挖掘机的使用范围：挖掘机主要挖掘Ⅰ～Ⅳ的土以及爆破后不大于斗容的石块。常与挖掘机匹配的施工机械为自卸车。

5. 装载机

装载机是一种可以循环进行装载作业的施工机械，分为履带式和轮胎式两种类型。装载机的基本作业由铲装、转运、卸料和返回四个工作过程组成。可以进行松散物料铲装作业、推运堆积作业和铲运松软土壤等作业；装载机的驾驶人员为：履带式 2 名，轮式斗容 $2m^3$ 以内 1 名，$3m^3$ 以上 2 名。当采、装、运循环作业时间不超过 3min 时，可作自铲运机具使用较为经济。通常与装载机匹配的施工机械是自卸车。

6. 压实机械

压实机械是一种利用机械自重、振动和冲击等作用对压实对象重复加载，减小内部空隙，使其达到一定密实程度的施工机械。压实机械按加载方式分为静力式、振动式和冲击式；按行走方式分拖式或自行式压路机；按轮碾的表面特征分为光轮和凸块式压路机（又称羊足碾）。压路机主要完成路线施工时的压实作业。一般振动及光轮压路机需要 1 名驾驶员；拖式或羊足碾及振动碾需要 2 名驾驶人员。

压路机的使用范围：

（1）静力式光轮压路机：轻中型一般多用于路面压实，重型多用于路基压实。进行路基压实时，适用于压实干容重要求较低的黏性土、砂砾料、分化料和冲击砾质土；还可用于稳压或整理性压实作业。

（2）羊足碾：具有较大的单位压力，多用于路基或填土的初压工作，特别是对于粒度不均匀的黏性土压实效果尤佳，忌压非黏土和高含水量黏土。

（3）胶轮压路机：适用于压实黏性土及非黏性土中的壤土、砂壤土、沙土和沙砾料，尤其是对沥青混凝土具有良好的压实效果。

（4）振动压路机振动碾：主要用于压实非黏性土，有效压实深度可达 1m 多。减振后可按光轮使用，适用于不同的土质条件。

（5）各种夯：适用于压路机无法作业的局部压实。

（二）路面施工机械

1. 稳定土拌和机

稳定土拌和机是一种直接在施工现场将稳定剂和土或砂石均匀拌和的专用自行式机械。有履带式和轮胎式两种类型。主要完成无机混合料的拌和作业、旧路面铣削作业，还可用于处理软化路基。通常采用路拌法施工时才使用稳定土拌和机，一般进行高等级公路的底基层或低等级公路的基层、面层施工。一般与稳定土拌和机直接匹配的施工机械为平地机与压实机具。

2. 稳定土厂拌设备

稳定土厂拌设备是专门用来拌和各种以水硬性材料为结合剂的稳定混合料搅拌机组。根据生产率的大小，稳定土厂拌设备分为小型（生产率<200t/h）、中型（200～400t/h）、大型（生产率400～600t/d）和特大型（>600t/d）四种。采用厂拌法施工时采用该种设备，主要完成底基层、基层混合料的拌和作业。在作业过程中，与该设备直接匹配的施工机具为装载机和运输车辆。

3. 稳定土摊铺机

稳定土摊铺机是用来摊铺稳定土的专用机械，它可一次完成摊铺、初步成型和捣实三道工序，是一种高效的路面施工机械。摊铺机配合拌和设备、自卸车和压路机进行联合作业，即可完成基层施工的全部工作。

4. 沥青混合料拌和设备

沥青混合料拌和设备是在规定温度下通过加热方式拌和沥青混合料的专门设备，分为固定、半固定和移动式三种类型。固定式适用于工程量集中的长距离路面工程；半固定式适用于工程量较大的养护工程和工程量较小的改建工程，如匝道、连接线；移动式适用于路面局部修补和养护。通常与沥青混合料拌和设备直接匹配的施工机械有运输车辆和装载机。

5. 沥青混合料摊铺机械

沥青混合料摊铺机械是专门摊铺沥青混合料的设备，同样，它也可一次完成摊铺、初步整平和捣实三道工序，是一种既能满足工艺技术要求，又能保证施工质量和进度的、高效实用的路面施工机械。沥青摊铺机与拌和设备、运输车辆、压路机协同作业可完成路面面层施工的全部工作。施工过程中，与摊铺机直接匹配的施工机械是运输车辆和压路机。

6. 水泥混凝土摊铺设备

水泥混凝土摊铺设备是在水泥混凝土路面施工过程中专门摊铺水泥混凝土拌和料的设备，分为轨道式和滑模式两种类型。与该设备组合的施工机械主要为装载、拌和、运输设备和其他小型机械，如振捣棒、真空吸水机、切缝机、拉毛机等。

（三）水泥混凝土机械

1. 水泥混凝土拌和站（机）

该设备是搅拌混凝土混合料的专用装置，分为装配式、整体移动式和汽车式三种类型。其中，装配式适用于工程量较大的集中工程或一定范围内的零星分散工地所需的混凝土拌和料；整体式一般用于中小型施工现场的混凝土拌和；汽车式适用于小型现浇构件。通常与混凝土搅拌站（机）配合的主要机械为运输及混凝土成型所需机具设备。

2. 混凝土运输机械

指运送混凝土拌和料的运输设备。主要有专用混凝土搅拌运输车、小型翻斗车、泵送混凝土和输送带等形式。混凝土搅拌运输车主要实现长距离运送及现场应急零星搅拌；泵送混凝土适用于工程量较大的集中工程的场内水平(200~700m)或垂直(单级泵送100m)运输；小型翻斗车适用于小型预制厂或中、小型集中工程的混凝土拌和料运送。

(四) 水平运输机械

指在水平方向上实现土石方或物资水平位移的机械设备，包括载重汽车、自卸汽车、手推车、拖拉机和混凝土输送带等。

(1) 载重汽车(货车)：主要侧重于场外运输。

(2) 自卸汽车：一般分为小型、重型和超重型载重汽车，通常与挖掘、装载或拌和机械配套使用，侧重于场内土方、材料等运输。

六、施工机械选择与组合的原则

(一) 施工机械选择的原则

机械选型的目的是为了针对具体施工方案和施工条件选择适宜的机械类型，使其既能保质保量地完成作业任务，又能充分发挥机械的性能优势及潜力，以期达到最佳的机械效益。选择施工机械，一般应根据施工方案和施工机械实际的运行工况，按照施工技术规范和施工质量的要求，遵循下述原则进行选择。

1. 保证工程质量要求

根据工程的技术要求，考虑施工机械的技术性能是否与施工质量及技术规范的要求相适应，能否达到相应的施工质量要求。对于技术要求高的作业项目，应考虑采用性能优良或专用的机械，以保证工程质量和较高的生产率。但不可片面追求高性能专用机械，须在满足工程质量要求的前提下，考虑专用机械的适应性，避免降低机械的性能范围使用施工机械，造成机械损失。

2. 保证施工安全性

在工程施工中，机械应具有可靠性和安全性，如行驶稳定，有翻车或落体保护装置、防尘隔音、危险施工项目可遥控作业等。此外，在保证施工人员、设备安全的同时，应注意保护自然环境、施工现场及其附近已有的其他建筑设施，不应因采用机械施工而产生负面影响。

3. 充分体现经济性

施工机械经济性选择的基础是单位实物量成本，主要和机械固定资产消耗及运行费等因素有关。固定资产消耗与施工机械的投资成正比，包括折旧费、大修费和投资的利息等费用；而机械的运行费用则是与完成作工量成正比的费用，包括劳动工资、直接材料费、燃料费、润滑材料费、劳保设施费等。一般在选择机械时，必须权衡工程量与机械费用的关系，同时要考虑机械的先进性和可靠性，这是影响经济效益的重要因素。如采用大型机械进行施工，虽然一次性投资大，但它可以分摊到较大的工程量当中，对工程成本影响较小。而采用先进的机械设备，由于其技术性能优良、构造简易、易于操作、故障与维修费大大降低，最终可取得较好的经济效益。

4. 保证施工机械的适应性

在公路施工过程中，施工范围非常广泛，施工条件千变万化，选用施工机械时应从机械类型及机械的技术性能两方面考虑机械的适应性。其一、机械的类型及其技术性能应适合于工地的气候、地形、土质、施工场地大小、运输距离、施工断面形状尺寸、工程质量要求等；其二、机械的容量或生产效率要与工程进度及工程量相符合，尽量避免因机械生产效率不足或剩余造成的延缓工期或低负荷作业现象，在条件允许的情况下，尽量选择最能满足施工内容的机种和机型。

5. 尽量选用系列产品

整个机械化施工中，应减少同一功能机械的品种类型，力求尽可能使用统一、标准化的系列产品，以便于维修和管理。

6. 拟选施工机械与其他配套机械的组合要合理可行

拟选机械在工作容量、数量搭配、生产效率及动力搭配方面，应与配套的组合机械彼此适应，协调一致。如挖掘机的斗容应与运输车辆的车厢容量保持适当的比例关系，一般以3~5斗装满车厢为宜。而运输车辆的生产率应略大于挖掘机的生产率，以求最大限度地发挥挖掘机的机械效能。

在实际的机械化施工组织过程中，一般在施工方案一定的情况下，选择施工机械除了满足上述原则外，还须考虑以下因素：

（1）在现有的或可能利用的机械中选择；

（2）满足施工需要，避免大机小用；

（3）合理选择主导机械，充分发挥主导机械的作用，力求组合机械最佳匹配：由于施工作业进度一般是以主导机械的生产能力为主来制定，或者说主导机械的生产能力决定着施工速度和进度。所以，要慎重选择施工主导机械，且以主导机械的生产能力为主配置辅助机械，此外，还应从全局出发，充分考虑主导机械的重复利用；

（4）工程量大，选择大型机械，工程量小选择常规和标准机械。

（二）施工机械的选择方法

在公路工程施工中，选择机械除了满足上述基本原则以外，还须根据机械的技术性能，结合施工方案的要求以及招标文件中有关技术规范、质量和进度的要求，针对施工项目的施工条件和实际情况，从下述几个方面出发，进行机械的合理选择。

1. 按作业内容选择机械

为了降低劳动强度，尽量使分部分项工程所包含的每一项作业都由相应的机械完成。一般根据机械的使用性能和分项分部工程的具体作业内容选择施工机械。可供路基工程各作业项目选择的施工机械见表9-4。

表9-4　路基工程施工机械选择表

工程类别	作业内容	可选择的机械设备
准备工作	1. 清基（包括清除树丛、草皮、黑土、岩基、冰雪）和料场准备； 2. 松土、破冻土（<0.2m）	伐木机、履带拖拉机和推土机、挖掘机、装载机、高压水泵、松土器、大犁、平地机

续表

工程类别	作业内容	可选择的机械设备
土方开挖	1. 底宽>2.5m 的河渠、基坑、池塘、港口、码头、采土场等； 2. 小型沟渠和基坑	推土机、铲运机、挖掘机、装载机、冲泥机、吸泥机、开挖机、清淤机
石方开挖	1. 砾石开采； 2. 岩石开采； 3. 石料开采；	挖掘机、推土机、空气压缩机、凿岩机、穿孔机、爆破设备、破碎机、筛分机
冻土开挖	河渠、基坑、池塘、港口、码头	推土机、冻土犁、冻土锯、冻土拍、冻土钻、冻土铲
土石填筑	1. 大中型堤坝、高质路基、场地等； 2. 小堤坝、路基、梯田、台阶等	推土机、铲运机、羊足碾、压路机、平地机、夯板碾压机、洒水车、推土机、铲运机、大犁
运输	1. 机械设备运输； 2. 土石运输	火车、轮船、拖车、汽车、起重机、推土机、铲运机、装载机、汽车
整形	1. 削坡； 2. 平整	平地机、大犁、推土机、铲运机、挖掘机、平地机、推土机、铲运机、大犁

实践证明，通常中、小型项目选择通用性较好的机械比较经济合理，大型项目要结合施工方案并针对具体作业内容慎重选择主导机械及配套机械，才能获得较好的经济效益。

2. 按土质条件选择

土石是机械施工的主要对象，其性质和状态直接影响施工机械作业的工效及成本等，因此，土质条件是选择机械的一个重要的依据。

(1) 按机械通行性选择施工机械

施工现场的便道、地形、土质及行驶质量状况对施工机械的作业效率影响较大，有时需要根据机械通行性选择施工机械。如地面潮湿、泥泞时，一般选用履带式机械，否则，根据需要选择轮胎式。

(2) 按土的工程类别及特性选择施工机械土的类别及软硬程度不仅对机械的通行性有影响，而且也左右着机械进行各种施工作业的可能性和难易程度。土的工程特性不同，施工时选择的机械也应不同。

为了便于根据土质的类别和特性选择施工机械，我们依据机械作业的难易程度姑且将土划分为软土和硬土两类。其中，软土包括淤泥、流沙、沼泽土和湿陷性大孔隙黄土、黑土及软弱黏土(含水量较大)等；硬土包括较为干燥的黏土、砂石、砂砾石、软石、块石和岩石等。

3. 根据运距选择施工机械

根据运距选择机械主要是针对铲运机械而言，考虑土的性质与状态，结合现场施工条件，参考下表 9-5 选用。

表 9-5 土方运输机械的经济运距

经济运距施工机械	履带推土机	履带装载机	轮胎装载机	拖式铲运机	自行式铲运机	轮式拖车	自卸汽车
经济运距/m	<80	<100	<150	100~500	300~1500	>2000	>2000
道路条件	土路不平	土路不平	土路不平	土路不平	土路不平	平坦路面	一般路面

4. 根据气象及气候特征选择施工机械

气象条件也是影响机械施工的因素之一，如雨季、冬季施工时，将会导致施工机械的作业效率下降，若不停工时，更应注意选择机械的特殊性。

如雨或积雪融化会直接影响土的状态，使施工现场的机械通行性下降，影响作业效率。为此，在雨季施工时，如不停工，就不得不考虑用效率差的履带式机械代替干燥条件下效率较高的轮胎式机械进行作业。

冬季施工选择机械时，首先应考虑施工机械的技术性能可否达到规定的技术和标准要求。其次，应选择适应于解破冻土和粉碎冻土的专用施工机械配合主导机械作业，如使用松土器、冻土犁松土，羊足碾碾压等。

有时也根据季节特征拟选施工机械，如少水河流在汛期预计流量增大时，主梁吊装可采用架桥机，而干旱期可考虑吊车吊装等。

5. 考虑机械的作业效率对进度的影响

机械的技术状况(完好程度)及施工现场的施工作业条件对机械生产能力(生产率)的影响较大，要注意在关键工程中配备作业效率较高的机械，以免影响施工进度。

(三) 施工机械组合的基本方法

在综合机械化组列(如路面施工的一系列配套机械)的施工过程中，协调均衡的配套关系是使综合机械化组列达到高效与经济运行的必要条件。可见，要想实现机械化施工的高效性和经济性，首先要使参与组合的各种机械之间配合协调，均衡作业。

1. 施工机械组合的基本条件

(1) 各种机械的技术性能必须符合施工质量要求；

(2) 各种机械应具备良好的使用性能，其作业效率和生产率须适应总进度和满足合同工期要求；

(3) 各种机械应具备良好的安全性和可靠性；

(4) 主导机械的实际运行工况良好。

2. 综合机械化组列内部配合的基本要求

(1) 以组列中的主要机械(或关键设备)为基准，其他配套机械都要以确保主要机械充分发挥效率为选配标准。配套组合应以配套设备的生产能力略大于主要设备的生产能力为原则。

(2) 综合机械化组列中的组合数越少越好。尽可能采用一些综合设备取代几个环节的作业，这样可提高整个组列运行的可靠性，保证组列的作业效率。

(3) 对于组列系统的薄弱环节(运行可靠性底的环节)，在可能的情况下适当地注意局部并列化，这样也可提高整个组列运行的可靠性。

3. 机械配套的基本原则

(1) 以主导机械为主匹配其他机械

机械组合首先要科学合理地选择施工任务的主导机械，确定其生产能力；其次，配套机械以主导机械为基准，围绕主导机械选型配套。在作业顺序上与主要机械相衔接的配套机械的工作容量、数量及生产率应稍有储备，力求充分发挥主要机械的生产效率。

(2) 尽量减少机械配套数量

配合作业机械组合数越多，其总的效率就越低，如两台效率均为0.9的机械组合时，其总效率只有0.9×0.9=0.81，而且每一组合中，当其中一台发生故障停机时，组合中的其他机械便无法正常工作。因此，在能完成作业内容的前提下，应尽量减少机械组合的数量。

(3) 力争组合并列化

为了避免上述不利情况的发生，应尽可能地组织多个系列的组合，并列进行施工，从而减少因组合中1台机械停驶而造成全面停工的现象，减少配合机械工作能力的损失。

(4) 配套机械系列化

同一方案采用同一系列的机械，以便于维修、保养和管理。

(5) 按照机械的实际运行工况合理配套各种机械设备

如路基施工中，有些辅助性机具或拖式机械通常需要配以另外的牵引车牵引才能作业。这时，两者的实际运行工况要协调、平衡。否则动力剩余过大造成浪费，或动力不够造成机械超负荷运转，甚至不能完成要求的作业。

4. 施工机械组合的基本方法

(1) 按招标文件及设计要求组合施工机械。在设计文件或招标文件的技术规范中，为了保证工程质量或满足设计上的技术要求，往往对施工方法及其主要机械的规格、型号及作业效率等提出了一些具体要求，进行机械组合时，首先要满足这些要求选择主导机械，然后以主导机械为主合理匹配其他施工机械。

(2) 按合同工期要求组合关键工程的施工机械。关键工程的作业进度对合同工期的影响很大，它往往决定着施工进度的节奏和快慢程度，比如在关键的大型土方工程或混凝土工程施工时，为了满足进度要求，施工主导机械宜选择大型机械设备，其他机械要以充分发挥主导机械的效能为原则进行选型配套。反之，工程量较小的非重点工程宜选用小型机械进行组合，以免机械效率损失和浪费。

(3) 满足施工方案要求组合施工机械。施工方案不同，所采用的机械设备也不同，机械选型与配套时，首先要与拟采用的施工方案相适应，选择主导及配套机械。其次，当施工方案的施工方法一定时，若按正常的施工组织条件和常规做法施工时，其主要机械设备也是一定的，如采用厂拌法进行路面面层施工时，其主要机械设备无非就是拌和站、摊铺机、运输车辆、压路机。这时只需满足质量和工期要求，按机械组合的原则组合施工机械即可。然后通过试验路段优化拟定的机械组合，并进行机械最佳匹配。

(4) 按最佳经济运行条件组合施工机械。在施工过程中，当施工的主导机械一定时，为了充分发挥综合机械化作业的生产效率，必须以主导机械的作业效率为主，合理进行其他机械的选型和配套，要基本做到“既能充分发挥主导机械的作用，又能合理运用其他机械，避免机械效率损失，使综合机械化作用处在最佳经济运行状态”。

(5) 按施工机械对作业对象的适应性，以提高利用率为原则合理组合施工机械。在合同段的施工过程中，同一类型的施工机械也许在许多分部分项工程中都要使用，因此，在进行某一分项的施工机械组合时，还要考虑这个分项工程采用的施工机械在其他施工项目中的重复利用问题，以便提高机械的利用率。同时，机械组合还须考虑作业对象的工程特性，因地制宜地选择施工机械，如土方压实时，应考虑压路机对不同土质的适应性，各种土质应采用与之相适宜的压路机进行压实，才能提高作业效率。

七、机械化施工方案

（一）路基工程机械化施工方案

1. 路堤填筑

路堤宜采用水平层填筑，即按照横断面全宽分成水平层次，逐层向上填筑。如原地面不平，应从最低处分层填起，每一层填至符合规定的要求后，再填上一层。原地面纵坡>12%的地段，可采用纵向分层填筑法施工，沿纵坡分层，逐层填压密实，但填至路堤上部，仍然采用水平填筑法。水平分层填筑是填筑路基的基本方法，它最能保证填土质量，也是路基机械化施工中被广泛采用的作业方法。

路堤机械化施工中应注意以下问题：

（1）由以上工艺流程可看出，路基机械化施工的配套机械主要为运土、整平和碾压机械，施工时注意根据运距、路况及作业段长度、平地机作业效率等因素合理匹配运土经济车辆数，并根据土质特性选择适宜的压路机类型和匹配压路机数量；

（2）不同土质的填料要分别分层填筑，不得混填，以免内部形成水囊或软弱面，影响路堤的稳定。路堤上部受车辆荷载的作用较大，一般在上部填筑水稳性、冻稳性较好的土质；

（3）透水性较大的土质填在透水性较小的土质之下时，如果两者的颗粒直径相差悬殊，应在层间加铺过渡垫层，以免上层的颗粒散落到下层路基中，反之，其顶面应筑成4%的双向向外横坡，以免积水；

（4）沿纵向同一层要改变填料种类时，应做成斜面衔接，且将透水性好的填料置于斜面的上面为宜；

（5）填方相邻作业段交接处若非同时填筑时，则先填筑地段应按1∶1坡度分层留好台阶，若同时填筑时，则应分层相互交迭衔接，搭头长度不得少于2m；

（6）机械化施工挖方工程应选好配套机械，对不良土质的碾压要合理选择压实机具。

2. 路堑开挖

（1）选择施工方案

路堑施工实际上是在挖方路段按设计要求进行土石挖掘，并将挖掘出来的土石运到路堤地段作为填料或者运往弃土地点抛弃的过程。开挖路堑的水文地质状况与开挖边坡的坡度大小有关，也与路堑边坡的稳定密切相关，如开挖边坡过陡，或施工中排水不良，或弃土堆离坡顶太近，都会引起边坡失稳，发生坍滑。

在山岭重丘区，路堑机械化施工的生产效率对总工期的影响很大，若施工方案不佳，机械选择与组合不当，不只是影响施工进度，还会造成巨大的机械损失和浪费，降低经济收益。所以，在施工组织中，人们一般都特别关注集中性路堑土方的机械化施工方案和组织措施。路堑施工一般采用横挖法和纵挖法，其施工方法与机械施工的配置有关，下面介绍横挖法、纵挖法。

① 横挖法：从路堑的一端或两端按横断面全宽逐渐向前开挖，适用于距离较短的山体土方。对于路堑深度不大时，可以一次挖到设计标高；路堑较深时，可分几个台阶用机械开挖。分层横挖使得工作面纵向拉开，多层多向出土，可以容纳较多的施工机械，加快施工的进度。采用挖掘机配合自卸车作业，台阶高度宜控制在3~4m。

② 纵挖法：沿路堑纵向将高度及深度分成不大的层次依次开挖，适用于距离很长的集中性土石方工程。如果路堑的宽度及深度都不大时，可以按横断面全宽纵向分层开挖，即分层纵挖法；如果路堑的宽度及深度都较大时，可沿纵向分层，每层先挖出一条通道，然后开挖两旁，称为通道纵挖法；如果路堑特别长，可在适当位置将路堑的一侧横向挖穿，把路堑分成几段，各段再采用上述纵向开挖，称为分段纵挖法。纵挖法能较大地开辟工作面，加快施工节奏，作为抢工期的组织措施是可取的。

(2) 机械化施工方法

路堑施工应选配适宜的施工机械，主要有挖掘机械、装载机械、运输机械等。机械的选用与组合应机动灵活，关键是与土质特性、经济运距等施工条件相适应，达到最佳经济运行效果。选择与组合路堑的施工机械时须注意：

① 根据工程量大小选择适宜的机械，确定其作业效率，注意各种运输机械的经济运距；

② 挖掘机或装载机与自卸车联合作业时，要考虑挖掘机、装载机、推土机和铲运机对土质的适应性，同时须要根据运距、行驶条件、挖掘机与装载机的作业效率等因素确定自卸车的经济车辆数；

③ 挖方工程的工作面是随着挖方工程的深入逐步展开的，因此，应考虑工作面大小的变化，适时调整施工机械的投入量。

（二）路面工程机械化施工方案

1. 沥青路面

沥青混合料路面施工的主要内容有：沥青混合料的制备、混合料的运输与摊铺以及混合料的摊铺层的压实。为保证沥青混合料路面的施工质量，有效地利用机械化程度，在施工组织方面应作如下考虑：

(1) 沥青混合料拌和基地选择

为保证路面施工有足够的沥青混合料供应，则应设置专门的沥青混合料拌和站。沥青混合料拌和站厂址的选择时应考虑如下几方面因素：

① 沥青混合料的施工温度

沥青混合料由拌和站运至施工现场，随运距的增大其温度会逐渐降低，当温度过低时会影响路面摊铺后的质量，沥青混合料的施工温度应不低于相关规范规定值。实践证明：沥青混合料的运输时间不应超过45~60min(气温在10℃以下，车速在30~40km以上)。

② 沥青混合料的合理运输距离

从沥青混合料的施工要求可以看出，运距越远，温降也越大。此外从工程成本费用方面来分析，运距越远，工程成本也越高。因此，在工程施工中，拌和站一般设在合同段所含路段的中间。如沥青混合料的总运输费用大于沥青混合料拌和场搬迁一次的搬迁费，则拌和站应选新址比较合理。

(2) 沥青混合料拌和设备

① 拌和机的种类

目前，各国采用的沥青混凝土拌和机可分为三大类：循环作业式、连续作业式以及综合作业式。

② 拌和机生产效率

沥青混合料拌和机是修建沥青混合料路面机械化的主要机械，其生产能力的大小是确定其他设备数量和作业效率的重要依据。

(3) 沥青路面面层机械化施工

目前，沥青混合料路面机械化施工一般采用的是综合机械化组列作业方式，主要由拌和设备、摊铺机、自卸汽车和压路机组合而成的。

① 沥青路面施工步骤

a. 确定料源并储备用料，检验进场材料质量；

b. 施工机械设备检查；

c. 铺筑试验路段；

d. 面层成型与养护；

e. 交竣工验收。

② 铺筑试验路段

a. 根据机械设备组合匹配原则，合理确定沥青面层施工的施工机械、机械数量及其组合方式；

b. 通过试拌确定拌和机的上料速度、拌和数量与时间、拌和温度等施工参数；

c. 通过试铺确定：a)透层沥青的标号与用量、喷洒方式和喷洒温度；b)摊铺机的摊铺速度、温度、摊铺宽度和自动找平方式；c)压路机的压实顺序、压实温度、碾压速度和碾压遍数；d)摊铺机的松铺系数、接缝方法等；

d. 验证沥青混合料配合比设计结果、确定施工配合比及沥青用量；

e. 确定粗粒式或沥青碎石面层的压实标准密度；

f. 确定施工产量及作业段长度，制定作业进度计划；

g. 全面检查材料及施工质量；

h. 确定施工组织与管理体系及其通信与指挥方式。

③ 沥青面层的摊铺过程

a. 自卸汽车在沥青混合料拌和站装料后将混合料运至施工现场。为防止沥青材料黏结在车箱上，装料前需在车箱内涂抹石油或废润滑油。如运距较远和气温较低时应加保温设备，以保证摊铺和压实温度；

b. 自卸汽车倒车，使汽车后轮支靠在摊铺机前端的推动滚上，此时将汽车变速箱放在空档位置；

c. 自卸车将部分料卸入摊铺机料斗内并输送至摊铺面，然后汽车与摊铺机联合作业，摊铺机以适当的速度推汽车前进，汽车边前进边卸料，而摊铺机边前进边摊铺；

d. 摊铺机摊铺的料层由振捣器初步捣实；

e. 熨平器对已铺好的料层进行最后的整平，可配合人工找平；

f. 压路机压实。

摊铺机在摊铺过程中可以沿前进方向连续施工，由于路面宽度问题使得摊铺机不能一次摊铺完成时，应根据路面宽度和摊铺机宽度在可调范围内进行摊铺。

2. 水泥混凝土路面

水泥混凝土路面机械化施工是由拌和机械设备、自卸运输车、水泥混凝土摊铺机等主要机械设备组成的综合机械化施工作业系统，其施工主要过程如下：

(1) 采用拌和机(或站)将砂、石、水泥、水等原料按施工配比拌和成混凝土拌和料；

(2) 用自卸车将水泥混凝土混合料运至铺筑地点，再由摊铺机按一定的技术要求摊铺、振捣并初步成型路面；

(3) 再辅以适当的人工跟补并在适当的时候进行拉毛等处理，经切缝、养生最终形成混凝土路面。

在水泥混凝土路面施工中，由于拌和机械设备远离路面铺筑现场，综合机械化施工系统运行状况要受机械性能、机械操作人员的技术水平、配套机械的运行工况、材料供应、自然环境等很多种不可预见因素的影响，因此，事先进行施工机械的合理型，并保证最佳匹配，对于提高综合机械化施工的生产率和稳定性、降低工程成本具有十分现实的意义。水泥混凝土路面综合机械化施工系统的理想运行过程是：当拌和机刚好拌制一车水泥混凝土拌和料时，就有一辆自卸车刚好到达拌和机装料；而摊铺机运行时，其面始终恰好保持 1～2 车水泥混凝土拌和料。这样便可形成一个良性、高效的循环作业过程。水泥混凝土路面机械化铺筑方式有两种：一种是轨道式摊铺机施工；另一种是滑模式摊铺机施工。限于篇幅，对两种机械的施工方法不再叙述。

(三) 桥梁工程机械化施工方案

桥梁施工的机械很多，施工的设备更多。如钢管脚手架(支架)、木模板、钢模板、组合钢模板、万能杆件(桁架、墩塔架、龙门架)、贝雷架及贝雷桁架等设备。起重设备还有扒杆、龙门吊机、浮吊、缆索起重机(主索、起重索、牵引索、结索、扣索、缆风索、塔架及索鞍、地锚、电动卷扬机等)。

桥梁施工方案不同，选择的施工机械也不同。通常桥梁施工机械是根据拟定的施工方法来选择，应以满足施工方案的进度、质量要求为前提进行选择。选择桥梁施工方案应考虑：桥梁上部结构的特点；桥位地形、环境和水文地质条件；桥梁安装方案的安全性、经济性和施工进度要求等；桥梁所在地的地理环境、气候条件、运输条件及临时用地等情况；施工企业的设备及施工技术水平等。只有综合考虑上述因素，权衡利弊，才可合理地选择施工方案。

随着大规模机械化施工的推广，桥梁施工技术的不断更新和发展，目前，修建桥梁已几乎不受任何障碍的限制。建造桥梁时，只要能够根据水文、地质情况合理地选择施工方案，并通过全方位的立体交叉作业方式进行施工组织，便可缩短工期，降低成本，保证施工质量。此外，随着预应力及部分预应力的出现，为桥梁施工技术开辟了更广阔的空间。就上部结构来说，已经产生了悬臂施工法、转体施工法等多种新的施工方法。这些多样化的施工法就是基于机械施工的发展应运而生的。

在组织桥梁的机械化施工时，首先应根据施工质量与合同工期要求选择合理可行的施工方案，其次，应以施工方案及其施工方法的需要为主选择主要施工机械及其配套设备，并根据施工对象及其施工条件进行配套设备的组合优化，最终实现施工机械的最佳匹配。下面以钻孔灌注桩基础施工和上部结构悬臂拼装法施工为例，说明桥梁施工机械选择与组合的共性与方法。

1. 钻孔灌注桩施工

钻孔灌注桩始于欧洲 20 世纪 40 年代初期，在我国 20 世纪 50 年代末期开始使用。最初钻孔时使用人力推钻孔，后来逐渐出现了冲抓锥、冲击锥、正反循环回旋钻、潜水电钻等钻孔机械。钻孔孔径也从 25cm 发展到 200cm 以上。钻孔机械的适用条件如表 9-6 所示，可参考之选择钻孔机械。

表 9-6　钻孔灌注桩的适用条件

钻孔方法	适用范围			是否需泥浆悬浮钻渣
	土层	孔径/cm	孔深/m	
人工或机动推钻	黏性土、砂类土、含少量砂砾石(少于30%，粒径小于10cm)的土	60~160	30~40	不需要
正循环回转	黏性粉砂，细、中、粗砂，含少量砂石、卵石(少于20%)的土，软岩	80~160	30~100	需要
反循环回转	黏性土，砂类土，含少量砂石、卵石(少于20%，粒径小于钻杆内径2/3)的土，软岩	80~120	真空泵<35 空气吸泥机<65	不需要
潜水钻机正循环	淤泥腐殖土、粉砂、砂类土	80~130	<50m	需要
冲击抓	淤泥腐殖土、密实黏性土、砂类土、砂砾石、卵石	100~200	>20m时进度慢	不需要
冲击实心锤	黏性土、砂类土、砾石、卵石、漂石、较软岩石	80~200	<50m	需要
冲击空心锤	黏性土、砂类土、砾石、松软卵石	60~150	<50m	需要
振动钻孔	软土、黏性土、砂类土、砾石、松软卵石	25~50		不需要
人工钻孔	各种土石		<15	

钻孔的常用方法分三种，即冲击法、冲抓法、旋转法等。冲击法用冲击钻孔或卷扬机带动冲锥，借助锥头自重下落产生的冲击力，反复冲击破碎土石或把土石挤入孔壁中，用泥浆浮起钻渣，或用抽渣筒或空气吸泥机排除钻渣而形成钻孔。冲抓法用冲抓锥靠自身重力产生冲击力，切入土层或破碎土层，叶瓣抓土、弃土以形成钻孔。旋转法用人力或钻机，通过钻杆带动锥或钻头旋转切削土壤，用泥浆浮起排除钻渣形成钻孔。

钻孔灌注桩的施工工艺是多变的，但常见的施工工序有埋设护筒、制备泥浆、钻孔、清底、钢筋笼制作与吊装、灌注水下混凝土。

埋设护筒是为了防止孔壁坍塌，其材料有木、钢板、钢筋混凝土等，要求坚固耐用、不漏水，内径应比钻孔直径大，每节长度2~3m，目前多用钢护筒。成孔是用各种钻孔方法将土石从设计桩位移走，达到设计要求的孔深和孔径。

钻孔桩施工的配套机械设备因钻孔方法不同而略有区别，但一般都包括钻进设备、吊装设备、清孔设备和搅拌、运输及灌注混凝土设备，有时还需要吸泥机及架设平台等，这些设备的选型及配套应符合施工机械组合的基本条件、原则与要求。

2. 悬臂拼装法

悬臂施工法从20世纪80年代中期开始使用，发展至今变化很大，但主要的工艺过程改变较小。目前在大跨径连续梁桥和斜拉桥上部结构的施工中采用此法较为广泛。悬臂拼装法所涉及的主要设备是挂篮。制作挂篮时，首先是在墩柱两侧设置托架支撑浇筑一定长度的梁段，这个长度称之为起步长度，然后在起步范围内根据施工需要拼制挂篮。挂篮的主要作用是为悬臂拼装提供作业空间和工作面，以便布设张拉设备、混凝土浇筑设备等，以便完成主梁块段制作。

(1) 挂篮制作

施工挂篮与托架挂篮是一个能够沿轨道行走的活动脚手架，悬挂在已经张拉锚固并与墩身连接成整体的箱梁节段上。在挂篮上可以进行下一节段的模板、钢筋、管道的安设，混凝土浇注和预应力张拉、灌浆等作业。完成一个循环后，新节段已和桥墩或梁体连成一个整体，成为悬臂梁的一部分，挂篮即可前移一段，再固定在新的节段位置上。如此循环直至悬臂梁浇筑完毕。挂篮的种类很多，其结构也随之而各有不同。挂篮的承重结构可用万能杆件或贝雷钢架，或采用专门设计的结构，它除了要能承受梁段自重和施工荷载外，还要求自重轻、刚度大、变形小及稳定性好、行走方便等。施工托架可根据墩身高度、承台形式和地形情况，分别利用墩身、承台和地面作支撑，设立支撑托架。墩顶梁段(零号块)或墩顶附近的梁段在托架上浇筑，施工挂篮就在已浇筑的梁段上拼装。托架可采用万能杆件制作，其高度和长度视拼装挂篮的需要和拟浇块件长度而定；横桥向的宽度一般应与箱梁底面纵向线型的变化一致。为了消除托架在浇注梁段混凝土时产生的变形，常用如千斤顶法、水箱法等对托架预加变形。

(2) 混凝土浇注工艺

混凝土浇注前，需用硬方木支垫于台车前轮分配梁上以分布荷载，减少轮轴压力。浇注混凝土的过程中，要随时观测挂篮由于受载而产生的变形。挂篮负荷后，还可能引起新旧梁段接缝处混凝土开裂。尤其是采用两次浇注法施工，第二次浇注混凝土时，第一次浇注的底板混凝土已经凝结，由于挂篮的第二次变形，底板混凝土就会在新旧梁段接缝处开裂。为了避免这种裂缝，对挂篮可采用预加变形的方法，如采用活动模板梁等。悬臂浇注作业的周期一般为6~10d，但依节段混凝土的数量和结构的复杂程度而不同。在悬浇施工中如何提高混凝土的早期强度对有效地缩短作业周期关系较大。这也是现场浇注施工的共同问题。墩顶零号块与桥墩临时固结是浇注混凝土过程中的另一个重要问题，在浇筑零号块之前，在墩顶靠两侧先浇筑50号的混凝土契形垫块，待零号块达到设计强度的70%以上时，在桥墩两侧各用10根ϕ32mm预应力粗钢筋从块件顶部张拉固定。这样就使得拼装过程中出现的不平衡力矩完全由临时的混凝土垫块和预应力筋共同承受。悬臂拼装的主要设备有挂篮、托架制作、混凝土运输设备、张拉设备和混凝土浇筑设备。采用此法施工时，应根据施工方案及其进度和质量要求合理进行相关机械设备的选型和匹配。

八、机械化组织施工

(一) 机械化施工组织的作用

施工机械在城市建设、交通运输、能源开发、国防建设中起着十分重要的作用。

土石方机械包括推土机、装载机、挖掘机、铲运机、平地机、凿岩机以及石料破碎、筛分机械等几个重要机种，它们是工程机械中用途最广泛的一大类机械，也是公路建设特别是高等级公路建设中土石方工程中的主要施工机械。

省力操纵、安全防护、降低噪声、提高可靠性及驾驶人员的舒适性等，将是土石方机械今后继续发展的方向。

由于现代工程的大型化，土石方机械继续向大型化方向发展，以适应巨大工程机械化施工的需要；同时为满足道路与桥梁建设、环保和窄小场地以及小型土石方工程的要求，小型、多功能、机动性好的机种也得到进一步的发展。现代计算机、电子和激光等技术的发展以及这些技术在土石方机械上的应用，将大大提高土石方机械的自动控制和智能化程度。同时，省力操纵、安全防护、降低噪声、提高可靠性及驾驶人员的舒适性等，将是土石方机械今后继续发展的方向。

（二）施工机械的选型与配套原则

作为生产工具的施工机械，它的购价都很高，因此使用费用很大（以土方工程为例，设备费约占工程费的 30%～40%）。工作环境（地形、土壤、质量）复杂工地施工条件艰巨时，工程的机械设备费用将更高，为了使施工机械在施工过程中发挥其最大的经济效益，顺利地完成工程任务，必须选择最适合施工条件的机种。这种选型工作在设计阶段应该考虑周详。在选定所需机种、数量、工程量等条件后，还需正确估算其成本，然后用优选法选出最优的机械配组，这才是施工机械选型和配组的目的。

一般性机械选定的考虑要点是：

（1）能适应工地的土质、地形；

（2）能满足工程质量要求；

（3）在保证质量的前提下，不影响和损坏附近建成的建筑物；

（4）能高效率地完成需要的工作；

（5）机械运转费少而施工单价低；

（6）容易进行运转、维修，可靠性又高的；

（7）可以自动化和省力的；

（8）安全而又不会污染环境的；

（9）易于筹办、便于转移的。

特殊性机械的选定：根据施工的需要，必须引进特殊机械时，除了上述要点外，还要考虑以下几点：

（1）有无可代替的其他施工方法；

（2）引进特殊机械后是否具备经营管理的能力并能充分发挥特殊机械的效能；

（3）能否成为今后新施工方法的典型。

机械选型配套应符合下列要求：

（1）在规定施工期内，机械应完成的工作量；

（2）要充分利用主机的生产能力；

（3）主体机械与辅助机械以及运输工具之间各机械的工作能力要保持平衡，还要使机组得到合理的配合和使用。

（三）施工机械组织措施

施工机械使用管理的基本要求是保持机械的良好技术状态，正确使用和优化组合，发挥机械的效能，以达到安全、优质、高效、低消耗地完成施工生产任务。

机械技术状态是指机械所具有的工作能力，包括性能、精度、效率、运动参数、安全、环保、能源消耗等所处的状态及其变化情况。

评定机械技术状态达到完好标准的要求，主要有以下三条：

（1）机械性能良好，机械的性能和精度能稳定地满足施工生产工艺要求，动力部分应能达到规定的功率；

（2）机械运转正常，部件齐全，安全防护装置良好，操纵、控制系统灵敏可靠，机械的牵引力和工作装置的效率应正常；

(3) 燃料、动能、润滑油料以及材料、配件等消耗正常，基本无漏油、漏水、漏电现象，外表清洁整齐。

根据技术合理和经济合理的要求，机械的正确使用主要应达到以下三个标志：

(1) 高效率，机械使用必须使其生产能力得以充分发挥，在综合机械化组合中，至少应使其主要机械的生产能力得以充分发挥；

(2) 经济性，使用管理的经济性；要求在可能的条件下，使单位实物工程的机械使用费成本最低；

(3) 机械非正常损耗防护，机械的非正常损耗是指由于使用不当而导致机械早期磨损、事故损坏以及各种使机械技术性能受到损害或缩短机械使用寿命等现象。

将直接关系到施工进度、质量和成本，是优质、高产、低耗地完成施工生产任务和充分发挥机械效能的关键。必须做到以下几点：

(1) 编好机械使用计划；

(2) 通过经济分析选用机械；

(3) 合理组合机械；

(4) 重视机械的配套使用；

(5) 提高机械操作人员素质；

(6) 机械进场运输；

(7) 机械施工组织准备；

(8) 机械施工计划的协调；

(9) 机械施工组织调度。

1. 编好机械使用计划。

根据施工组织设计编制机械使用计划，编制时要采用分析、统筹、预测等方法，计算机械施工的工程量和施工进度，作为选择调配机械类型、台数的依据，以尽量避免大机小用，早要迟用，既要保证施工需要，又不使机械停置，或不能充分发挥其效率。

2. 通过经济分析选用机械

任何工程配备的施工机械，不仅有机种上的选用，还有机型、规格上的选择。在满足施工生产要求的前提下，对不同类型的机械施工方案，从经济性进行分析比较。即将几种不同的方案，计算单位实物工程的成本费，取其最小者为经济最佳方案。对于同类型的机械施工方案，如果其规格、型号不相同，也可以进行分析比较，按经济性择优选用。

3. 合理组合机械

机械施工是多台机械的联合作业，合理的组合和配套，才能最大限度地发挥每台机械的效能。合理组合机械的原则是：

(1) 尽量减少机械组合的机种类，机械组合的机种数越多，其作业效率会越低，影响作业的概率就会增多，如组合机械中一种机械发生故障，将影响整个组合作业；

(2) 注意机械能力相适应的组合，在流水作业中使用组合机械时，必须对组合的各种机械能力进行平衡，如作业能力不平衡时，会出现一台或几台机械能力过剩，发挥不出机械的正常效率；

(3) 机械组合要配套和平列化，在组织机械化施工时，必须要注意机械配套，而且要注意分成几个系列的机械组合，同时平列地进行施工，以免组合中一台机械损坏造成全面停；

(4) 组合机械应尽可能简化机型，以便于维修和管理；

(5) 尽量选用具有多种作业装置的机械，以利于一机多用。

4. 重视机械的配套使用

要使选用的机械达到高效率，必须做到合理配套，主要有以下几个方面：

(1) 工序机械配套，如土石工程中，不仅有挖土、运土机械(挖掘机、推土机、运输车等)，还要有平整、压实机械(平地机、压路机、振动夯、洒水车等)，要做到机种和工序配套；

(2) 机械的规格、能力配套，如自卸汽车应和挖掘、装载机的容量相适应；

(3) 同一台机械的主机、副机和一机多用的配套；

(4) 组合机械中应以关键及重型机械为基准，其他配套机械都应以确保关键及重型机械充分发挥效率为选配标准。

5. 提高机械操作人员素质

施工机械是由操作人员直接掌握的，机械使用的好坏、生产效率的高低与工作人员的高度责任心和熟练的操作技术有关。因此，必须做好下列工作：

(1) 合理配备机械操作和维修人员，根据机械类型和作业班次，按照定额配备技术等级符合机械技术要求的操作和维修人员；

(2) 所有机械操作人员都应经过专业技术培训，按照应知、应会要求进行考核，合格者获得操作证，凭证操作机械；

(3) 坚持定人、定机，建立岗位责任制及交接班制度；

(4) 新工人在独立使用机械时，必须经过对机械的结构性能、安全操作、维护要求等方面的技术知识教育和实际操作及基本功的培训；

(5) 严格执行机械使用安全技术规程和使用监督检查制度，定期开展机械使用检查评比活动。

6. 机械进场运输

机械进场应选择合理的运输方式，尤其是距离较远的施工现场。选择运输方式的原则应以保证安全和按时投入施工为前提，综合考虑机械的体积、重量、行走装置、运输工具和条件、运输距离和装卸能力、运输费用等情况，经计算和评价。

7. 机械施工组织准备

机械施工组织准备应以施工计划为依据，以有利于施工指挥、调度和协作为原则。

(1) 编制作业班组。机械作业班组一般按机械类型或作业地点编制。由于施工机械种类繁多，工作性质和内容各不相同，因此，应根据施工任务和现场具体情况确定。总的要求是规定各班组的机械和人员组成、作业内容和职责要求等。

(2) 确定作业班制。机械作业班应根据施工进度计划确定，并在实施中根据施工进度情况随时调整，以保证按时完成施工任务。机械作业班制可分为单班制、双班制和三班制，在一般情况下，以采用双班制效率较高。

(3) 配备维修力量。根据机械数量及作业班次配备相应的维修力量。机械数量较多的施工现场应设置维修所，维修人员一般为操作人员的1/3~1/4，工种应根据需要配备，维修机具也应尽量配套。

8. 机械施工计划的协调

在机械施工计划中，有总的施工进度计划，短期(月、旬、日)施工作业计划，各工序(或流水作业)之间的机械协作计划，机械保养修理计划，物资供应计划等，这些计划互相联系，互相制约，只要一个计划执行不好，就会影响整个施工进度计划的完成，现场管理就是要根据机械施工的特点，注意各种计划的执行情况及有关信息，发现某计划失调或不平衡时，应及时采取措施进行协调，并注意以下三点：

(1) 机械施工进度计划和维修计划的协调

在编制机械施工进度计划时，应考虑机械的保养和修理时间，在确定保养和修理日期时，应考虑对施工生产的影响，尽量使保养、修理的停机时间不过分集中；对于施工高潮阶段，保养、修理应穿插进行，保养、修理周期也可适当提前或滞后。总之，应根据施工需要进行合理调节，使机械施工与维修作业基本均衡。

(2) 机械施工作业计划和供应计划的协调

机械施工作业计划的执行，决定于各项供应计划的实现，为此，应把材料、配件等供应计划统一在施工作业计划中，使机械施工计划有可靠的物质保证。在施工过程中，应随时掌握材料、配件的库存及消耗动态，做出预测及调节措施。如发现计划失调，应立即进行调整。

(3) 机械施工计划应留有余地

机械施工中存在一些不可预见的因素变化(如气候、不明地质以及事故等)随之调整，因此，机械施工长期计划应留有余地；对于施工短期计划的余地，一般应留在第四季度或年未月份，以利于年计划的完成并为明年施工做好准备。

9. 机械施工组织调度

机械施工组织调度应以施工计划为依据，对机械施工过程中各阶段、各工序进行组合排列和协调，以达到机械施工的连续和均衡。

全面了解和掌握机械施工进度以及影响进度的有关因素，统筹安排，合理调节。如重点工程的机械、人力和材料应优先安排，保证供给；受气候影响较大的施工项目，应在有利季节组织施工等。

合理组织机械施工必须把空间组织和时间组织结合起来，做出统一的施工组织。如流水作业，可按照工序或机械种类合理布置，要求达到工作面排列系统化，机械运行单向化，作业时间同步化，以缩短机械作业循环时间，提高生产率。

在施工过程中，当某一工序的机械发生故障或某一计划失调时，应从劳动组织或技术综合分析，采取果断措施，进行调度。为此，应广泛收集施工过程中的各种信息措施；还应建立信息反馈系统，提高组织调度效率。为了做好组织调度工作，应有科学的预见性和预防措施，如防洪、防火、防质量事故等。此外，在不影响竣工期的情况下，备留一些工程项目，作为施工淡季时调节备用。